Presque tout
LANGUIRAND

Données de catalogage avant publication (Canada)

Languirand, Jacques, 1930-

   Presque tout Languirand

   Pièces de théâtre

   ISBN 2-7604-0815-9

   I. Titre.

PS8523.A58A19 2001   C842'.54   C2001-940643-6

PS9523.A58A19 2001

PQ3919.2.L36A19 2001

En couverture:

Les Productions Stanké (photos en couleur); Archives de l'auteur (photo en noir et blanc).

Dépot légal: Bibliothèque nationale du Québec, 2001

ISBN 2-7604-0815-9

Les Éditions internationales Alain Stanké remercient le Conseil des arts du Canada et la Société de développement des entreprises culturelles (SODEC) de l'aide apportée à leur programme de publication.

Nous reconnaissons l'aide financière du gouvernement du Canada par l'entremise du Programme d'aide au développement de l'industrie de l'édition (PADIÉ) pour nos activités d'édition.

Stanké international

25, rue du Louvre

75001 Paris

Tél.: 01.40.26.33.60

Téléc.: 01.40.26.33.60

Les Éditions internationales Alain Stanké

615, boul. René-Lévesque Ouest, bureau 1100

Montréal (Québec) H3B 1P5

Tél.: (514) 396-5151

Téléc.: (514) 396-0440

editions@stanke.com

www.stanke.com

IMPRIMÉ AU QUÉBEC (CANADA)

Diffusion au Canada: Québec-Livres

Diffusion hors Canada: Inter Forum

Presque tout

jacques

LANGUIRAND

- THÉÂTRE -

- Les Insolites
- Le Roi ivre
- Les Grands Départs
- Le Gibet
- Les Violons de l'automne
- Les Cloisons
- Klondyke
- Man Inc.

Stanké

À Nicole Dumais,
tripative compagne du bel automne de ma vie.

Les Insolites

Pièce en trois actes

Un Languirand est un objet rare, aux contours fauves, de forme bizarre, dont les parois sont couvertes d'hiéroglyphes et qui tient, à la fois, de la boîte à surprise et de la pile électrique. On ne trouve guère, à Montréal, qu'un seul vrai Languirand.

Les Insolites, c'est les inflexions vitales d'une langue colorée, anarchique et fourmillante de nouveauté.

HUBERT AQUIN

Les Insolites *a été représenté pour la première fois le vendredi 9 mars 1956, par la Compagnie de Montréal, au Théâtre du Gesù, à l'occasion du Festival d'Art Dramatique de l'Ouest du Québec dans une mise en scène de Guy L'Écuyer, un décor de Jean-Claude Rinfret, des costumes de Yolande Delacroix-Pelletier et avec une musique originale d'André Mathieu.*

DISTRIBUTION

JULES	*Yvon Leroux*
ERNEST	*Guy L'écuyer*
LE BARMAN	*Hubert Loiselle*
PITT	*Edgar Fruitier*
BILL	*Gilbert Fournier*
LA VIEILLE	*Colette Courtois*
UN HURLUBERLU	*Jacques Zouvi*
BRIGITTE	*Monique Champagne*
LE RADIESTHÉSISTE	*Roland Laroche*
LE POLICIER	*Robert Des Roches*

Les Insolites *a remporté, au Festival régional d'Art Dramatique de 1956, le trophée Calvert pour la meilleure production, le trophée Arthur B. Wood pour la meilleure pièce canadienne, le prix Paul L'Anglais, à Hubert Loiselle, pour la meilleure interprétation d'un rôle secondaire, le prix Jean Lallemand, à Edgar Fruitier, pour la meilleure interprétation d'un rôle de soutien, et enfin, le prix Eugène Jousse, à Roland Laroche, pour la meilleure régie; et au Festival National d'Art Dramatique, le trophée Sir Barry Jackson, à l'auteur, pour la meilleure pièce canadienne.*

Personnages

JULES – Bilieux, mordant.

ERNEST – Bon bougre. Ses bottines craquent. S'oppose toujours à Pitt.

LE BARMAN – Au premier abord, sympathique. Type nerveux.

PITT – Philosophe raté. Souffre du cœur. Un parapluie au bras.

BILL – Américain. Type bon papa.

LA VIEILLE – Émouvante, fragile.

UN HURLUBERLU – Pauvre jeune homme agité.

BRIGITTE – Belle femme. Sex-appeal.

LE RADIESTHÉSISTE – Être halluciné. L'œil vif. Vêtu de sombre.

LE POLICIER – Pas très fort. Il s'écoute parler.

Décor

Un soir, dans un bar…

Acte I

En scène: Le barman qui est allé servir Bill nettoie la table et revient prendre place derrière le bar; Jules qui siffle un air agaçant et tire de temps à autre sa montre de poche, devant le bar; Ernest, Pitt et Bill à différentes tables. Visiblement, on s'ennuie.

JULES
Siffle.

ERNEST
Exaspéré, quitte sa table et s'approche de Jules. Il est timide. Il ne veut pas l'offenser.
Pardon.

JULES
Continue de siffler.

ERNEST
Regarde le barman, puis Jules.
Monsieur, monsieur, excusez-moi...

JULES
Continue de siffler.

ERNEST
Interroge le barman d'un mouvement de tête.

LE BARMAN

Fait le geste de la folie – le doigt en vrille sur la tempe, en indiquant Jules.

ERNEST

Ah! Je comprends... Il est sourd!

JULES

S'arrête net de siffler.

Je suis quoi?

ERNEST

... J'avais cru comprendre que...

JULES

Et qui vous a raconté que...?

LE BARMAN

Ce n'est pas moi, monsieur!

ERNEST

Oh! non, ce n'est pas lui... On m'avait dit que... comment dire?

JULES

Que quoi, au juste?

ERNEST

Eh bien! Que... que malgré votre jeune âge, n'est-ce pas, vous étiez atteint d'une affection bénigne – Oh! Très bénigne... – dans la région des oreilles et que, de ce fait, votre ouïe, n'est-ce pas, s'en ressentait – Oh! Très légèrement...

JULES

Ah!

Les Insolites

ERNEST

... Remarquez que c'est peu de chose. Personne ne saurait vous en tenir rigueur, surtout, n'est-ce pas, si vous n'en souffrez pas vraiment...

JULES

Ah! Ah!

ERNEST

... En eussiez-vous souffert que je vous aurais tout de suite encouragé à le prendre de haut...

JULES

De haut...

ERNEST

De haut, oui... La surdité, n'est-ce pas, ne doit pas être considérée comme une infirmité majeure. Elle est mineure...

JULES

Mineure...

ERNEST

Très. On peut être sourd et faire son chemin dans la vie. Il suffit de prendre son courage à deux mains.

JULES

À deux... quoi?

ERNEST
Fort.

À deux mains!

JULES
Furieux.
Je ne suis pas sourd!

ERNEST
Oh!... C'est vrai. Excusez-moi. Je vous demande pardon. Je suis confus. Vraiment confus...

JULES
Se remet à siffler.

ERNEST
Hésite, puis s'enhardit quelque peu.
Monsieur...

JULES
Siffle.

ERNEST
Doux et désespéré.
Monsieur, excusez-moi...

Il interroge de nouveau le barman d'un mouvement de tête.

LE BARMAN
Refait le geste de la folie en indiquant Jules.

ERNEST
Fait «oui» de la tête, mais visiblement n'a rien compris. Il hésite, puis dit sur un ton élevé.
Monsieur, excusez-moi... Mais c'est vraiment intolérable!

JULES
Furieux.
Je vous ai déjà dit que je ne suis pas sourd!

Les Insolites

ERNEST

Je sais... Je sais...

LE BARMAN

Il sait... il sait...

ERNEST

Mais ce n'est pas au sujet des oreilles... ou plutôt, si, justement, c'est au sujet des oreilles – des miennes.

JULES

Ah! Ah! Vous êtes sourd?

ERNEST

Non, justement. Je ne le suis pas. J'ai même l'ouïe très sensible!

JULES

Expliquez-vous!

ERNEST

Eh bien voilà! Ce n'est pas que vous sifflez mal. J'irais même jusqu'à dire que vous sifflez agréablement.

JULES

Alors?

ERNEST

Je vous écoute depuis un bon moment... Et je me suis demandé si vous n'auriez pas la gentillesse, n'est-ce pas, de siffler quelque chose de plus gai...?

JULES

De plus gai...?

ERNEST

Je vais vous expliquer. Moi, je suis d'un naturel plutôt jovial, mais ces derniers temps, il m'est arrivé une série de malheurs – au point que j'en ai perdu l'habitude de rire... Et je voudrais tellement me remettre à rire...

JULES

Des malheurs?

ERNEST

Tout d'abord, j'ai perdu ma belle-mère...

JULES

Ah! Ah! Très intéressant. Je vous prie de croire, cher monsieur, en l'expression de ma sympathie la plus vive...

ERNEST

Non, non, vous n'avez pas compris. J'ai perdu ma belle-mère, comme ça, à cause de la foule, dans une gare... Oui, oui... Et depuis, j'ai comme un verre d'eau froide au-dessus de la nuque: s'il fallait qu'elle revienne, monsieur, s'il fallait qu'elle revienne...

JULES

Ah! Je comprends...

ERNEST

Et puis, ma femme est partie!

JULES

Avec un autre?

ERNEST

Non, non, elle est partie...

Les Insolites

Geste de la folie.
Vous comprenez? Là-dedans, il n'y a plus personne. Le matin, elle s'installe dans sa chaise, et le soir, elle s'installe au lit... De temps en temps, elle dit qu'elle voudrait jouer du piano...

JULES

Laissez-la faire!

ERNEST

... Mais elle ne sait pas jouer. Alors, je suis triste... J'avais aussi un garçon... mais je préfère n'en pas parler.

JULES

Que lui est-il arrivé?

ERNEST

Non, non. Je préfère n'en pas parler...

JULES

C'est grave?

ERNEST

Très.

JULES

Vraiment très grave?

ERNEST

Très-très-très...

JULES

Tiens! Tiens! Tiens! Très intéressant...

ERNEST

Mon garçon, pour tout vous dire, c'est une fille...

JULES

Il est devenu amoureux d'une mauvaise fille?

ERNEST

Non, non, il est devenu une fille. Oui, oui. C'est très à la mode.

Il lui fait signe de se rapprocher.

Il fait...

Le reste à l'oreille.

JULES
Réaction.

LE BARMAN
Qui paraissait ne pas écouter.

Il fait quoi?

JULES

La folle. Il fait la folle...

ERNEST

C'est ça! Oui, oui... Il a même...

Le reste à l'oreille.

LE BARMAN

Il a quoi?

JULES

Il a... la cuisse légère!

Les Insolites

Le Barman
C'est tout un programme.

Ernest
C'est pourquoi, n'est-ce pas, je vous serais très reconnaissant de siffler quelque chose de gai.

Jules
Entendu!

Il se remet à siffler le même air.

Ernest
Soupire et va pour l'interrompre mais la porte s'ouvre.
Bruit de porte.

La Vieille
Entre en trottinant. Elle fait le tour des tables. Elle cherche quelqu'un. Puis elle choisit un coin discret où s'asseoir.

Jules
Siffle.

Ernest
Quitte la vieille des yeux, jette en passant un regard déçu sur Jules et va trouver le barman.
Mais pourquoi diable siffle-t-il aussi tristement?

Le Barman
Je vais vous dire: il attend sa femme. Tous les soirs à cette heure-ci, il attend sa femme.

ERNEST
Intéressé.
Et qu'est-ce qu'elle fait sa femme tous les soirs, à cette heure-ci?
Vous le savez?

LE BARMAN
Bien sûr que je le sais. Tout le monde le sait. Il n'y a que lui qui
ne sache rien...

Le reste à l'oreille.

JULES
S'arrête de siffler.

LA VIEILLE
Se lève et s'approche du bar.

ERNEST
*Éclate de rire. Puis il retourne s'asseoir, ouvre son journal derrière
lequel il disparaît.*

LA VIEILLE
Au barman.
Monsieur, j'attends un jeune homme blond, les yeux bleus, très
grand, très beau... c'est mon fils. Vous ne l'auriez pas vu?

LE BARMAN
C'est un habitué?

LA VIEILLE
Je ne sais pas.

LE BARMAN
Il vous a donné rendez-vous ici?

Les Insolites

La Vieille
Oui. Croyez-vous qu'il va venir?

Le Barman
Pourquoi pas?

La Vieille
Vous croyez, n'est-ce pas? J'aurais tant de peine s'il ne venait pas.
Je ne l'ai pas revu depuis plusieurs années. J'ai hâte de l'embrasser.

Le Barman
Et qu'est-ce que vous allez prendre en attendant?

La Vieille
À l'oreille.

Le Barman
*Hausse les épaules, puis disparaît derrière le bar et revient avec une
bouteille de lait.*

La Vieille
Merci, merci beaucoup...

Et elle s'en retourne.

Le Barman
La suit, un verre de lait à la main.
Et voilà!

Ernest
*Remet son journal sur la table et timidement suit le barman qui
retourne derrière le bar.*
Dites-moi. Vous n'auriez pas autre chose à me raconter? J'ai fini
de rire.

JULES
Bondit.

Sur le dos de ma femme!

ERNEST

Vous êtes méchant... Pourquoi êtes-vous méchant?... Ah! Si seulement vous connaissiez tous mes malheurs!

JULES

Là n'est pas la question!

ERNEST

J'ai une fille orpheline. Oui, monsieur! Je sais que ça peut vous paraître impossible. Mais sachez que le mot «impossible» ne devrait plus figurer dans le dictionnaire... Il y a quelques années, j'ai adopté une fille qui était orpheline; elle est aujourd'hui ma fille, n'est-ce pas, mais elle est tout de même orpheline... Imaginez, monsieur, la tristesse d'un père qui a une fille orpheline. Et ce n'est pas tout: je suis étranger...

JULES

Assez!!! J'en ai assez de vos sornettes!!! J'ai à vous parler dans le tuyau de l'oreille, mon gaillard!!!

Il l'entraîne loin du bar.

Tout à l'heure, je vous ai entendu, tous les deux. Vous avez parlé de ma femme.

ERNEST

Ah! Vous êtes certain?

JULES

Tout à fait certain. Et puis, vous avez éclaté de rire!

Les Insolites

ERNEST

Moi, j'ai éclaté de rire?

JULES

Oui, vous!

ERNEST

Quel dommage! Je ne m'en souviens même plus. Comme tout est éphémère. Décidément!

PITT

Au mot «décidément», il se lève.

JULES

Allez-vous, oui ou non, vous expliquer?

ERNEST

Je dois reconnaître, en effet, que vous avez l'oreille fine... Et moi qui n'arrive pas à m'enlever de la tête que vous êtes sourd comme un pot...

JULES

Que vous a-t-il dit? Parlez!!!

PITT

Va les trouver, solennel.

Excusez-moi, messieurs, de venir vous interrompre, mais j'ai voulu vous mettre d'accord tous les deux, et ce faisant, vous prouver que vous pouvez l'être avant qu'il ne soit trop tard. Il suffit de trouver un sujet...

JULES

Quel sujet?

PITT

Il faut bien trouver un sujet, n'est-ce pas? Un sujet au sujet duquel vous serez ou ne serez pas d'accord. Vous comprenez? Il est difficile d'être d'accord au sujet de rien. Le sujet, comment dire? est essentiel...

JULES

Au sujet de quoi?

PITT

Au sujet de moi! En effet, j'ai découvert un principe fondamental qui est le suivant: (suivez-moi bien)...

Mouvement des trois.
Deux individus peuvent être absolument du même avis sur un sujet qui ne les intéresse absolument pas, ni l'un, ni l'autre... C'est fort, n'est-ce pas? C'est un peu l'œuf de Colomb qui aurait fait des petits... Je poursuis mon raisonnement: (suivez-moi bien!) Allons! Écoutez-moi! Faites un effort! Je vous tends la perche de la bonne entente...

Tendant son parapluie.
Si comme j'ai lieu de le croire, ce que je suis, ce que je pense, ce que je fais ne vous intéresse nullement, vous serez donc à mon sujet du même avis... Vous irez sans doute jusqu'à prétendre que je suis un imbécile et, du coup, vous serez réconciliés... N'est-ce pas?

Petit rire.

ERNEST
Petit rire et regarde Jules.

Les Insolites

JULES
Petit rire et regarde Pitt.

PITT
Petit rire et regarde Ernest.

Éclat de rire général interrompu par…

PITT
Chut! Je me propose même de créer un organisme international qui aura pour fonction de suggérer aux peuples ennemis des «sujets» inintéressants sur lesquels il leur faudra bien se mettre d'accord ou avouer leur mauvaise foi... C'est fort, n'est-ce pas?

Petit rire... etc. interrompu par…

LA VIEILLE
Qui est allée trouver Pitt.
Monsieur, monsieur, excusez-moi.

PITT
Du geste invite les autres au silence.
Je vous écoute, madame.

LA VIEILLE
Excusez-moi...

PITT
Consultation gratuite.

LA VIEILLE
Mais ce n'est pas au sujet de ce que vous disiez...

PITT
Je vous écoute quand même...

LA VIEILLE
L'idée m'est venue que vous connaissiez peut-être mon fils...

PITT
Comment s'appelle-t-il?

LA VIEILLE
Gérard...

PITT
Comme s'il le connaissait.
Gérard!!!

Aux autres:
Connais pas!

LA VIEILLE
Vous comprenez, pendant plusieurs années, il a été à la guerre. Alors j'ai pensé qu'entre hommes... enfin! Excusez-moi. Je suis tellement anxieuse. Regardez mes mains: dedans, c'est mouillé. Et pourtant, je suis une vieille; ordinairement, j'ai les mains sèches. Ça me fait drôle, ça me rajeunit d'être nerveuse, ça me rappelle quand je prenais la main de... C'est loin tout ça!

La porte s'ouvre. Bruit de porte. Éventuellement, musique cocasse pour chaque entrée de ce personnage.

UN HURLUBERLU
Il entre, cherche, flaire, renifle, fait le tour, puis s'en va. Bruit de porte.

Les Insolites

LA VIEILLE
Ça m'a fait quelque chose. L'espace d'une seconde, j'ai cru que c'était lui. Excusez-moi...

Puis elle retourne s'asseoir dans son coin.

PITT
Tout à l'heure, l'un de vous a prononcé le mot «décidément»...

Les deux autres se regardent.
Je ne me souviens plus à quel propos, mais l'adverbe m'a frappé. Vous allez comprendre. Je dois ici ouvrir une petite parenthèse pour vous dire deux choses: premièrement, je suis philosophe – ce qui, du reste, n'a aucune espèce d'importance, et deuxièmement, je suis étranger...

JULES
Grinçant.
J'imagine que dans un cas comme dans l'autre vous n'y êtes pour rien.

PITT
Contrarié.
C'est exact. Et nous fermons la petite parenthèse...

Il les attire et commence une véritable scène de conspiration.
Or, il se trouve que je cherche une personne – précisons tout de suite qu'il s'agit d'une femme, ce qui éclaircit déjà l'affaire – une femme, donc, qui disait «décidément».

Dans un souffle.
J'ai vu cette personne, et puisque je vous ai déjà dit qu'il s'agissait d'une femme, il me faut désormais dire une femme – inutile de

revenir là-dessus – suivez-moi bien, je vous prie: vous allez voir comme la chose devient intéressante un peu plus loin...

Il respire.
Laquelle femme je n'ai pas revue depuis vingt-huit ans, presque jour pour jour – je dis «presque» parce qu'à l'époque j'étais noctambule...

Il rit tout seul.

JULES
Fort.

Eh bien!...

PITT
Conspirateur.

Chut!...

JULES
Plus bas.

Eh bien! Regardez donc dans un quelconque annuaire de télé-phone, vous trouverez peut-être?

PITT

Non.

JULES

Elle n'a pas de téléphone?

PITT

Je vous dois la vérité: je n'ai jamais su son nom...

ERNEST

Décidément...

Les Insolites

PITT

Précisément, elle disait souvent «décidément». Vous la connaissez peut-être?

JULES

Une femme qui dit souvent «décidément»... Et qui soit la même?

PITT

Même jolie fille, oui monsieur! Même ravissante créature...

JULES

Je ne veux pas vous enlever vos illusions, cher monsieur – vous m'êtes sympathique, mais permettez-moi d'attirer votre attention sur le point suivant: à savoir qu'une jeune fille à laquelle on ajoute vingt-huit ans donne une femme d'un certain âge... c'est connu!

PITT

Peut-être, monsieur, peut-être... Mais, dans ma tête, elle n'a pas vieilli...

JULES

Ce n'est malheureusement pas celle que vous cherchez...

PITT

Je ne comprends pas.

JULES

Celle que vous avez dans la tête: elle y est! Donc, vous ne la cherchez pas. Je disais: ce n'est malheureusement pas celle que vous cherchez... En d'autres termes: s'il s'agissait pour vous de retrouver celle que vous avez dans la tête, ce serait facile, puisqu'elle y est... mais non! Que je suis bête! Elle n'y serait pas non plus, puisque précisément vous la rechercheriez...

ERNEST

Et vous rendez-vous compte qu'elles sont nombreuses les femmes qui disent «décidément»!!!

PITT

Combien?

ERNEST

Pardon?

PITT

Combien sont-elles?

JULES

Il faudrait d'abord distinguer: il y a celles qui le disent très souvent et celles qui le disent occasionnellement.

PITT

Très juste.

JULES

La femme qui nous occupe le disait-elle souvent ou occasionnellement?

PITT
Après réflexion.

Comme ci, comme ça...

JULES

Mon pauvre ami!

Les Insolites

PITT
Conspirateur.
Chut!... Disons, pour faciliter les choses qu'elle disait «décidé-ment» de temps à autre, sans abuser...

Réaction des autres.
Il est vrai que ça ne facilite pas tellement les recherches. Je me rends très bien compte qu'il eût valu qu'elle employât le dit adverbe très-très-très souvent.

Furieux.
Mais je ne peux tout de même pas prétendre qu'elle le disait très-très-très souvent – sous prétexte de faciliter les recherches – alors qu'elle le disait de temps à autre, sans en abuser...

ERNEST
Et si, en vingt-huit ans... elle avait perdu l'habitude de le dire? Hein?

PITT
Ce n'est pas possible...

JULES
Allons! Avouez qu'il a raison. Supposez qu'elle dise maintenant autre chose...

PITT
Comme quoi?

JULES
Comme «eh oui!», «eh non!», «Ha! la! la!»...

PITT
Impossible! J'ai beaucoup voyagé!

ERNEST

Avouez, à ce moment de notre brillant entretien, qu'il serait utile de connaître d'autres détails. Par exemple, de quoi se nourrissait-elle?

PITT

De tout. Elle mangeait de tout. Omnivore comme vous et moi.

JULES

Mais quelles étaient ses préférences?

PITT

Voyons! Voyons!... des haricots... des petits pois... des carottes... des navets... des pommes de terre...

JULES

Des légumes surtout?

PITT

Non pas. Non pas. Elle mangeait aussi du poisson et de la viande.

JULES

Rien de particulier?

PITT

Omnivore. Omnivore. La jolie fille absolument omnivore.

JULES

Ah! Jolie!

PITT

Très.

Les Insolites

JULES

Nous y voilà. Parlons un peu de son physique!

PITT

Portrait rapide: blonde, quelques taches de rousseur, potelée, des yeux bleus...

La porte s'ouvre. Bruit de porte.

UN HURLUBERLU

Il entre, cherche, flaire, fait le tour, puis s'en va. Bruit de porte.

LA VIEILLE

Qui s'était levée se rassied.

JULES

Demeure sur place et regarde sa montre.

ERNEST

Entraîne Pitt par le bras vers l'une des tables.

Eh bien! Moi, cher monsieur, la vie ne m'a guère favorisé. Parlons un peu de moi, si vous le voulez bien, et nous reviendrons à votre affaire ultérieurement. Pour l'instant, ça me paraît sans issue... Et c'est pourquoi je suis particulièrement sensible à tout ce que vous m'avez raconté – de même qu'à ce monsieur!... J'étais alors voyageur de commerce dans les cosmétiques, et j'avais une petite amie qui répondait assez à la description que vous avez faite de la vôtre. D'ailleurs, elles se ressemblent toutes.

PITT

Je suis bien de votre avis.

ERNEST

Dans ce cas, pourquoi persistez-vous à chercher l'une d'entre elles en particulier?...

PITT

Tiens! C'est vrai ça!

ERNEST

Enfin, passons!

PITT

Oui, passons!

Ils s'assoient.

ERNEST

Eh bien! Imaginez que la petite garce dont je parlais...

Le reste à l'oreille.

PITT
Après un temps, éclate de rire.

C'est vraiment très curieux! La personne dont je parlais tout à l'heure avait aussi cette habitude... Tenez! Un jour, elle...

Le reste à l'oreille.

ERNEST
Après un temps, éclate de rire.

En grasseyant?

PITT

Hé oui! En grasseyant!...

Les Insolites

ERNEST
Décidément, elles sont toutes les mêmes!

PITT
Mais, dites-moi, de qui tenez-vous l'habitude de dire «décidément»?...

ERNEST
D'elle. Je la tiens d'elle. Je vais même vous raconter une anecdote extraordinaire...

Le reste à l'oreille. Et de temps à autre, ils poursuivront leur conversation à voix basse.

JULES
Se précipite vers le bar.

LE BARMAN
Inquiet.
Monsieur désire?

JULES
Vous connaissez ma femme?

LE BARMAN
Eh...

JULES
Faites-m'en une description.

LE BARMAN
Monsieur souhaite-t-il qu'on le mette dans un taxi qui le ramène chez lui?...

JULES

Faites-moi une description de ma femme.

LE BARMAN

Ah! monsieur se sent devenir amnésique peut-être? Ça s'est déjà vu. Que monsieur se rassure, demain il n'y paraîtra plus. Je parle d'expérience. Il m'arrive assez souvent d'oublier ma femme...

JULES

Faites-moi une description de ma femme!

LE BARMAN

Je ne comprends pas.

JULES

La connaissez-vous, oui ou non?

LE BARMAN

Bien! Bien! Bien!... Portrait rapide?

JULES

Oui.

LE BARMAN

Hé bien, madame est blonde...

JULES

Allez-y sans gêne...

LE BARMAN

Madame a quelques taches de rousseur, madame est potelée, madame a les yeux bleus... Quant au reste, monsieur est plus à même d'en parler...

Les Insolites

JULES

En êtes-vous tellement sûr?...

LE BARMAN

Absolument, monsieur peut être rassuré.

JULES

Blonde, quelques taches de rousseur, potelée, des yeux bleus?

LE BARMAN

Et voilà! Monsieur est-il satisfait?

JULES

Oui, oui, merci.

LE BARMAN

Je peux disposer?

JULES

Disposez! Disposez! Merci...

LE BARMAN

Va pour s'éloigner.

JULES

Hep!

LE BARMAN

Monsieur désire?

JULES

«Décidément», ça vous dit quelque chose?

ERNEST

Toujours en conversation à voix basse avec Pitt, éclate de rire. Pitt en fait autant. Réaction hostile de Jules. Ernest et Pitt s'arrêtent net.

LE BARMAN

Que monsieur m'excuse, je ne comprends pas...

JULES

«Décidément», l'adverbe! Ça vous dit quelque chose?

LE BARMAN

Ah! Oui, l'adverbe! Eh bien, non! Ça ne me dit rien. Je ne vois pas bien d'ailleurs ce que ça pourrait me dire...

JULES

Avez-vous déjà entendu prononcer cet adverbe?

LE BARMAN

Bien sûr!

JULES

Par qui?

LE BARMAN

Heu... une foule de clients, décidément!

JULES

Vous l'avez prononcé!

LE BARMAN
Inquiet.

Pourquoi pas?

Les Insolites

JULES

D'après vous, ma femme dit-elle souvent «décidément»?...

LE BARMAN

Je ne saurais dire. Je ne suis pas un intime de madame.

JULES

Allons! Faites un effort!

LE BARMAN
Poussé à bout.

Si, si, si, réflexion faite, je me souviens avoir entendu madame dire «décidément»...

JULES

Ah!

LE BARMAN

Parfaitement.

JULES

À quelle occasion?

LE BARMAN

Je ne saurais dire.

JULES

Cherchez un peu.

LE BARMAN

Voyons! Voyons! «Décidément»... «décidément»... Ah! J'y suis!... Madame parlait de la température.

JULES

Vous êtes certain?

LE BARMAN

Oui, oui, tout à fait certain. Je crois même me souvenir quelle disait: «Décidément, la pluie ne cessera jamais...»

PITT

Éclate de rire. Ernest en fait autant. Réaction hostile de Jules. Les autres s'arrêtent net.

JULES

«Décidément, la pluie ne cessera jamais...»

LE BARMAN

Exactement!

JULES

Et c'était vrai?

LE BARMAN

Qu'il pleuvait?

JULES

Oui.

LE BARMAN

C'était vrai. Elle a regardé dehors, et elle a prononcé la phrase. J'en fus comme soulagé...

JULES

Pourquoi?

Les Insolites

LE BARMAN
Comme si elle avait traduit ma pensée...

JULES
C'était de la télépathie.

LE BARMAN
Pardon?

JULES
Vous pensiez la même chose au moment où ma femme prononçait la phrase...

LE BARMAN
Oui, oui, c'est ça, c'est ça...

ERNEST
Éclate de rire.

En grasseyant.

PITT
Hé oui!

Il rit.
La porte s'ouvre. Bruit de porte.

BRIGITTE
À Jules, son mari.

Hello!

JULES
Ah! Te voilà!

PITT
Se lève.

Louise!!!

ERNEST
Se lève.

Gertrude!!!

BILL
Se lève.

Darling!!!

BRIGITTE
Traquée, elle lance un cri perçant.

Ah!

JULES

Une petite explication s'impose!

PITT

Est-ce croyable? Je vous retrouve après vingt-huit ans...

ERNEST

L'espace d'une seconde, j'ai cru à une apparition...

JULES

Vous permettez, oui?! Vous n'êtes pas sur la place publique! Et je n'ai pas l'intention de vendre ma femme aux enchères!

PITT

Sa femme! Quelle étrange coïncidence!

Les Insolites

ERNEST

Mais il s'agit aussi, monsieur, de cette jeune personne dont je vous parlais tout à l'heure!

LE BARMAN

Que je le veuille ou non, me voici témoin d'une situation pénible.

À Jules.
N'est-ce pas que tout est difficile?

JULES

Je me passerais volontiers de vos commentaires!

ERNEST

Décidément, la vie nous réserve de bien grandes surprises...

PITT

Et dire que j'avais entrepris mes recherches sans espoir...

ERNEST

Pincez-moi, je vous prie, pincez-moi!

On le fait.
Aïe!!! Alors, je suis devenu fou... Ce serait un bien grand malheur!

JULES
Qui ne parvient pas à les tirer de leur stupéfaction.
Vous pourriez être un peu plus discrets, sans vous fatiguer! Vous oubliez que vous êtes en présence du mari!

ERNEST

Avec l'image de la femme aimée, c'est toute une époque de ma vie qui me revient en mémoire... Ma foi, je suis ému!...

PITT
À Ernest.
C'est donc vous qui avez été à l'origine de ma rupture!

ERNEST
À Bill.
Un étranger! J'aurais dû m'en douter. J'avais été précédé par un étranger qui veut reprendre ma place dans le cœur de la belle...

JULES
Hors de lui.
Puis-je me permettre de vous rappeler qu'il s'agit de ma femme...

Menaçant et «mélo».
Ah!!!

PITT
Idem.
Ah!!!

ERNEST
Idem.
Ah!!!

Jules, Ernest et Pitt diront la suite ensemble, parodiant le théâtre lyrique. Ils s'arrêteront tour à tour: Jules d'abord, puis Ernest, enfin Pitt. Quelques secondes après le début de ces monologues entre le radiesthésiste et sa petite boule au bout de la ficelle; il la fait tourner avec l'air de chercher quelque chose.

JULES
Je commence à comprendre! Quel cocu magnifique j'ai été! Ma femme a fait le tour du monde de l'amour! Elle est une encyclopédie vivante de l'amour qu'on parcourt d'un doigt distrait! Et je

découvre, aujourd'hui, que ma vie n'a été qu'une farce, une plaisanterie de mauvais goût!

Apercevant le radiesthésiste.
Qu'est-ce que c'est?

Puis il observe le nouveau venu.

ERNEST
Je me rends compte aujourd'hui que tous les malheurs dont j'ai parlé tout à l'heure ne sont rien auprès de la perte tragique de Gertrude. Tous mes autres malheurs ont été causés par l'absence de Gertrude... Oh! Pourquoi, pourquoi m'a-t-elle abandonné? Je me suis retrouvé seul dans la vie, sans amour, sans argent, sans espoir – sans Gertrude! La vie est un concours, un grand concours de circonstances...

Apercevant le radiesthésiste.
Qu'est-ce que c'est?

Puis il observe le nouveau venu.

PITT
Louise! Vous avez été ma joie de vivre! Je vous retrouve, enfin! J'ai le cœur gros, très gros d'émotion: voyez j'ai les yeux noyés de larmes – et dire que j'ai failli perdre la vue! Un jour, en marchant dans le bois, j'ai égaré mes yeux dans un bosquet d'où me parvenait le bruissement d'un couple amoureux... et la gorge, oui, j'ai la gorge prise comme dans un étau – étau, étau, étau le reste! Qui s'en suit! Et je sens maintenant ta présence merveilleuse auprès de moi. Ignorons les autres et disparaissons ensemble, allons n'importe où...

Apercevant le radiesthésiste.
Qu'est-ce que c'est?

LE RADIESTHÉSISTE
Fascine tout le monde. Il fait tourner sa petite boule: les têtes roulent légèrement sur les épaules.

ERNEST
Timide. Tout en roulant légèrement de la tête, il s'approche du radiesthésiste.
Monsieur... monsieur...

LE RADIESTHÉSISTE
Cérémonieux et préoccupé, tend l'oreille.

ERNEST
À l'oreille, lui pose une question.

LE RADIESTHÉSISTE
Répond de même.

ERNEST
Transmet la réponse à Pitt. Et ainsi de suite, jusqu'au dernier.

LE BARMAN
Au public.
Il est radiesthésiste!

LE RADIESTHÉSISTE
Sursaute et corrige aussitôt.
Automatiste! Radiesthésiste automatiste!

Il éclate de rire, il prend une attitude dramatique, et monte sur un tabouret au milieu du plateau.

Les Insolites

De deux choses, l'autre! J'ai acquis la certitude que quelqu'un qui
– Ah! Ah! – que quelqu'un qui, dis-je, se trouve actuellement
parmi vous, ne sera plus de ce bas monde, demain matin.

Il éclate de rire.

*L'expérience a démontré qu'il est préférable de poursuivre la pièce sans
entracte jusqu'à la fin du deuxième acte. (Note de l'auteur)*

Acte II

Les personnages occupent la même place qu'à la fin de l'acte précédent.

LE RADIESTHÉSISTE
Éclate de rire… Et il s'arrête net. Un temps.

ERNEST
Hésite, et s'approche timidement du radiesthésiste qui se trouve toujours sur son tabouret.
Qui?

LE RADIESTHÉSISTE

Qui quoi?

ERNEST
… Qui… va mourir?

LE RADIESTHÉSISTE
Éclate de rire.

ERNEST
Retourne à sa place. Tous les autres rient de nervosité.
La porte s'ouvre. Bruit de porte.

UN HURLUBERLU
Il entre, cherche, flaire, renifle, fait le tour, s'arrête un moment pour regarder le radiesthésiste, puis s'en va. Bruit de porte.

La Vieille
S'approche du radiesthésiste.

Ça me serait égal de mourir. Si c'était moi, ça me serait égal. Gérard n'a plus besoin de moi. Je ne suis plus utile à personne. Comme on dit, j'ai fait mon temps. J'ai été très heureuse; j'ai aussi été très malheureuse. Ça m'est égal. Mais avant de mourir, je voudrais revoir une fois encore, une dernière fois, mon fils Gérard... Dites-moi, monsieur, est-ce que je le verrai? Je ne demande rien d'autre...

Le Radiesthésiste

Qui vous dit que vous allez mourir, vous, plutôt qu'une autre personne? Est-ce que j'ai désigné quelqu'un? Je ne suis pas la mort, je suis radiesthésiste.

La Vieille

Je suis vieille: j'ai pensé que le moment était venu...

Le Radiesthésiste

Tout le monde, ici, a pensé que le moment était venu.

Il éclate de rire.

Tout le monde. Vous, parce que vous êtes vieille. Un autre, parce qu'il souffre du cœur. Un autre, parce qu'il est fatigué. Un autre, parce qu'il est jeune, bien portant, parce qu'il n'a jamais sérieusement pensé à la mort et que, tout à coup, il s'est étonné d'être jeune, bien portant, de n'avoir jamais pensé à la mort – et pour la première fois, il s'est demandé: est-ce que c'est normal tout cela? Est-ce que la mort ne travaillerait pas plus à l'aise sous le couvert d'une vie bien en chair et en os?...

Il rit.

Les Insolites

LA VIEILLE
Dites-moi, monsieur – vous savez tant de choses –, savez-vous si Gérard va venir? Je suis inquiète, il devait être ici beaucoup plus tôt dans la soirée. S'il arrive tard, j'ai peur d'être fatiguée, de ne pas pouvoir le regarder, le manger des yeux, l'écouter me parler des pays qu'il a vus, des gens qu'il a rencontrés... Je veux me souvenir de tout ce qu'il me dira, et de tout ce qui va passer sur son visage – vous comprenez?...

LE RADIESTHÉSISTE
Il m'est impossible de vous dire quoi que ce soit concernant votre fils. Je regrette.

LA VIEILLE
Pourquoi? Avec votre petite boule au bout de la ficelle...

LE RADIESTHÉSISTE
Avec ma petite boule au bout de la ficelle, je ne m'intéresse pas à votre fils. Une seule chose m'intéresse: détecter la mort. Et, tout à l'heure, en franchissant le seuil, j'ai senti vibrer ma petite boule: aucun doute, la mort est parmi vous... Le reste m'est égal. Je suis venu ici pour la regarder opérer.

LA VIEILLE
Je comprends...

Elle retourne à sa place.

LE BARMAN
Craintif, il s'approche du radiesthésiste.
Qu'est-ce que vous allez prendre?

LE RADIESTHÉSISTE
Je n'ai pas soif.

LE BARMAN

Ce n'est pas dans les habitudes de la maison...

LE RADIESTHÉSISTE

Je n'ai pas soif. Merci.

BILL

Avec un léger accent américain.

Si c'est une question d'argent, vous pouvez être tranquille: vous êtes un «human being» de qualité, je vous offre à boire toute la nuit, si vous voulez...

LE RADIESTHÉSISTE

Inutile d'essayer de m'amadouer, je vous répète que je ne suis pas la mort. Quant à moi, en personne, sur cette chaise, je vous remercie, je n'ai pas soif – je l'ai déjà dit!

BILL

Well...

Il va se rasseoir.

ERNEST

S'approche timidement.

C'est... avec la petite boule... que vous avez découvert que...

LE RADIESTHÉSISTE

Oui. Au bout de la ficelle...

ERNEST

C'est... c'est très – comment dire? – Très puissant, hein?

LE RADIESTHÉSISTE

Très.

ERNEST

Est-ce que vous pourriez avec la petite boule... au bout de la ficelle, bien sûr!... Découvrir qui va...?

LE RADIESTHÉSISTE
Oui. Mais ça ne m'intéresse pas.

ERNEST
Ce serait tellement plus simple...

LE RADIESTHÉSISTE
Je m'intéresse au travail de la mort. Dès que je l'ai détectée, je m'installe pour l'observer...

Un temps.
Je me réserve des surprises!!!

Il saute sur le plateau aux pieds d'Ernest.

ERNEST
Cri de frayeur.
Ah!

BRIGITTE
Cri de frayeur.
Ah!

JULES
À *Brigitte.*
Toi, je t'en prie!

Au barman.
Donne-lui un cognac!

À *Brigitte.*
Passe inaperçue, c'est un conseil de mari! Tu as déjà fait suffisamment parler de toi. D'ailleurs, le moment venu, j'aurai deux mots à te dire...

BRIGITTE

Quoi? Quoi?...

JULES

Ne fais pas l'innocente. Tu sais très bien que maintenant et pour toujours, je suis un mari renseigné! Désormais, mes rapports avec ma femme seront ceux du maître à la servante. Avec tout ce que cela comporte de bêtise crasse comme l'ignorance!

BRIGITTE

Je refuse d'être la servante d'un cave! Et si tu ne peux pas prendre à la blague des aventures de jeunesse, je retourne chez ma mère.

Tous les autres suivent cette scène avec inquiétude.

JULES

Je suis assez favorable à ce projet! Mais tu n'iras pas avant d'avoir entendu ce que j'ai à te dire... Ensuite, ma putain de femme retournera chez son entremetteuse de mère – et tout rentrera dans l'ordre! Ordure!

BRIGITTE

Voilà la récompense d'une pauvre femme qui a sacrifié sa jeunesse auprès d'un sinistre individu...

JULES

Furieux.

Je te préviens! Je n'entends pas à rire!

Il se surprend à crier.
Le radiesthésiste avec sa petite boule au bout de la ficelle est tout près et sourit. Un temps.

PITT

Remarquez que je vois une solution... oui, oui... Plus j'y pense, plus elle me paraît extraordinaire...

ERNEST

Laquelle, cher ami?

PITT

Ne m'appelez pas «cher ami», je sais maintenant qui vous êtes.

ERNEST

Avouez que je n'y suis pour rien. J'étais, n'est-ce pas, le jouet du destin.

PITT

Suffit!... Laissez-moi parler. Ce qui pèse présentement sur nous, depuis la révélation de ce monsieur, c'est une menace de mort. Quelqu'un doit mourir...

Au radiesthésiste.

C'est exact?

LE RADIESTHÉSISTE

C'est exact.

PITT

Bien! Il nous faut donc, sans plus tarder, en finir avec la menace et passer au fait.

ERNEST

C'est un excellente idée!... Si je vous tuais!

BILL

Éclate de rire, mais s'arrête net – le radiesthésiste l'observe. Un temps.

PITT ET ERNEST

Si nous faisions la promesse...

PITT

Pardon...

ERNEST

Je vous en prie...

PITT

Après vous.

ERNEST

Je n'en ferai rien. Qu'alliez-vous dire?

PITT

Puisque vous insistez...

Il s'apprête à poursuivre.

ERNEST

Oui, oui, j'insiste, j'insiste. J'ai le plus grand respect pour votre belle intelligence.

PITT

Moi de même. Tenez-vous le pour dit.

Il s'apprête à poursuivre.

ERNEST

Je vous écoute, je vous écoute.

Les Insolites

PITT

Hé bien, j'allais dire: si nous faisions la promesse solennelle de ne
tuer personne avant l'aube...

JULES

Pourquoi? Vous avez tendance à tuer les gens, comme ça, la nuit,
dans les bars?...

PITT

Pas du tout. Je proteste. Je vous trouve agressif. Vous êtes un pro-
vocateur. L'être le plus dangereux parmi nous, c'est vous.

JULES

Ah! vraiment... Vous me devez une explication!

PITT

C'est pourtant simple. Il suffit de vous voir agir. Il y a un moment,
vous avez brutalisé votre femme, et maintenant vous me cherchez querelle, à moi!

JULES

Avouez qu'il y a de quoi.

PITT

Je suis même certain que tout à l'heure vous allez vous disputer
avec... ce monsieur!

Désignant Ernest.

ERNEST
Inquiet.

Avec moi?

PITT

Oui! Et avec ce monsieur!

Désignant Bill.

BILL

Occupez-vous de vos affaires!!!

PITT

Et voyez! Voyez comme vous êtes tous agressifs!!!

ERNEST

... C'est que, cher ami, vous avez tendance, il faut bien le dire, à nous jeter dans la gueule du loup!

Mouvements divers d'inquiétude.

JULES

... J'ai mal compris?

ERNEST

Je vous demande pardon. Sincèrement pardon. J'ai pris la liberté d'employer une expression toute faite. Voilà bien où mène la paresse – qui est la mère de tous les vices, comme chacun sait... Je suis confus!

PITT

Silence!!!

La porte s'ouvre. Bruit de porte.

UN HURLUBERLU

Il entre, cherche, flaire, renifle, fait le tour, puis s'en va. Bruit de porte.

ERNEST

Que disiez-vous, cher ami?

Les Insolites

PITT

Il faut absolument faire la promesse solennelle de ne tuer personne avant l'aube, et j'ajoute de n'engager aucune conversation acerbe avec son prochain... Se taire! Avoir le courage de se taire! Et s'il le faut: souffrir, mais en silence!

JULES

Vous en parlez à votre aise!

ERNEST

Il a raison. Il a raison. Moi, je vais m'asseoir dans mon coin et je ne dis plus rien.

PITT

Moi de même.

ERNEST

Plie soigneusement son journal, contourne la table occupée par l'inquiétant radiesthésiste, et veut reprendre son verre qui se trouve précisément sur cette table. Un faux mouvement entraîne la chute du verre qui se brise sur le plancher. Les autres regardent les débris, le barman, puis Ernest. Mal à l'aise, il s'approche du bar.

Au barman.

Vous... vous êtes fâché?...

LE BARMAN
Tendu.

Non.

ERNEST

Merci... merci beaucoup…

Il va s'asseoir.

LE RADIESTHÉSISTE
Après un temps, rompt le silence.
Je voudrais savoir...

Les autres sursautent
... qui vous a dit qu'un crime serait commis... Pour ma part, j'ai parlé de la mort. L'éventualité d'un crime n'est évidemment pas exclue – c'est possible, pas plus... Seriez-vous ennemis les uns des autres? Comment se fait-il que l'idée d'un crime vous soit tout de suite venue à l'esprit?

PITT
Ennemis les uns des autres?... Non!!!

À *Ernest.*
Vous ne m'en voulez pas, n'est-ce pas?

ERNEST
Pas le moins du monde. Je préfère n'y pas penser. C'est aussi dans mon intérêt.

À *Jules.*
Vous n'avez pas l'intention de me tuer, n'est-ce pas?

JULES
Non.

ERNEST
Et... vous n'avez pas non plus l'intention de... tuer votre femme, n'est-ce pas?

JULES
Pourquoi cette question?

Les Insolites

ERNEST

Pour savoir.

LE BARMAN

Monsieur veut sans doute dire que si vous avez l'intention de la tuer, il serait souhaitable de le faire tout de suite – ça soulagerait tout le monde.

BRIGITTE

C'est bien ce que tu as voulu dire, Ernest?

ERNEST

Oh! Non, ma chérie, oh! Non...

JULES
Furieux.

Je vous en prie!!! Vous pourriez employer des mots moins provocants, vous ne trouvez pas?

ERNEST

Vous avez parfaitement raison.

JULES

Et pour répondre à votre question idiote: non, je n'ai pas l'intention de tuer ma femme – j'ai une autre idée...

BRIGITTE

Laquelle, je te prie?

JULES

Ne m'interromps pas.

ERNEST

Vous... vous ne lui ferez pas mal, n'est-ce pas? Pas trop...

PITT

Je vous en prie, je vous en prie...

ERNEST

Il a raison. Il a raison.

JULES

La tuer? Pourquoi? Elle n'en vaut pas la peine...

ERNEST

J'allais le dire. Vous avez parfaitement raison! Elle n'en vaut pas la peine!

BILL

Je proteste!

ERNEST

Vous, occupez-vous de vos affaires!

BILL

Vous avez raison. Excusez-moi.

PITT
À *Ernest.*

Vous vous conduisez comme un lâche!

ERNEST

C'est vrai!

BRIGITTE

Petite vipère!

ERNEST

Tout à fait juste!

Les Insolites

LE RADIESTHÉSISTE
Suffit!... Je constate que personne ici n'éprouve le besoin irrésistible de tuer son semblable...

PITT
Voilà!

LE RADIESTHÉSISTE
Du moins, pas plus ce soir qu'en temps ordinaire.

PITT
...

LE RADIESTHÉSISTE
Je tiens encore une fois à préciser que la mort peut se présenter sous divers aspects; le crime est une possibilité parmi d'autres...

Regardant Ernest.
Vous pourriez, par exemple, mourir d'une indigestion...

ERNEST
Moi?

Au barman.
Qu'est-ce que j'ai bu, ce soir?

LE RADIESTHÉSISTE
C'était un exemple.

ERNEST
Ah! Bon... merci...

LE RADIESTHÉSISTE
Regardant Pitt.
Ou d'une crise cardiaque...

PITT
Tragique.
Comment savez-vous que je souffre du cœur?

LE RADIESTHÉSISTE
Vous souffrez du cœur? Je n'en savais rien.

PITT
Si, vous le saviez!

LE RADIESTHÉSISTE
Je vous assure...

PITT
Vous le saviez. Quand vous avez prononcé le mot «cardiaque», vous avez eu une lueur dans l'œil...

LE RADIESTHÉSISTE
Mais non!

PITT
Si, si, je l'ai vue. Ça m'a frappé.

BRIGITTE
Vous l'avez dit sur un ton qui...

JULES
À *Brigitte.*
Tais-toi!!!

LE RADIESTHÉSISTE
Rassurez-vous, monsieur, je parlais au hasard.

Les Insolites

BILL
Il rit doucement, et de plus en plus fort.
Très drôle! Vraiment très drôle!...

LE RADIESTHÉSISTE
Regarde Bill.

BILL
S'arrête net.

PITT
Vraiment?

LE RADIESTHÉSISTE
Je le jure.

PITT
Je veux vous croire.

LE RADIESTHÉSISTE
La mort peut aussi frapper notre barman – pourquoi pas?

LE BARMAN
Qui achève de ramasser les débris de verre.
Je ne suis pas un client, moi!

LE RADIESTHÉSISTE
Pour la mort, vous êtes un client!

LE BARMAN
Ah! Vraiment?

LE RADIESTHÉSISTE
Il désigne Brigitte.
Au même titre que madame!

Puis, la vieille.
Que madame d'ailleurs!

Enfin, Jules.
Au même titre que monsieur!

JULES
Au même titre que vous, n'est-ce pas?

LE RADIESTHÉSISTE
C'est exact. Je ne suis pas immortel.

JULES
Et si c'était vous, cette nuit?

LE RADIESTHÉSISTE
Cette nuit? Impossible: la mort ne se trompe jamais.

JULES
Et la radiesthésie, est-ce qu'elle se trompe, parfois – la radiesthésie?

LE RADIESTHÉSISTE
La radiesthésie?

JULES
Oui, la radiesthésie!

LE RADIESTHÉSISTE
Si la radiesthésie se trompe parfois – c'est bien ce que vous voulez savoir?...

Les Insolites

JULES

Mais ne vous fatiguez pas à fabriquer une réponse puisqu'elle n'intéresse que vous, n'est-ce pas? Si vous êtes absolument certain que la radiesthésie ne peut pas se tromper, vous êtes rassuré...

LE RADIESTHÉSISTE
Inquiet.
Oui, oui, je suis rassuré...

JULES

N'est-ce pas?

LE RADIESTHÉSISTE

Tout à fait, tout à fait rassuré... Je disais donc...

PITT

Peu importe, nous avons fort bien compris: cette nuit, la mort va venir pour l'un de nous... Mais j'y pense! Si la personne visée quitte le bar!...

LE RADIESTHÉSISTE

Si la personne visée quitte le bar, elle mourra ailleurs, voilà tout. La question est de savoir où vous voulez mourir... Vous n'y avez jamais pensé?

PITT

Je sais où je veux être enterré. Quant à savoir où je veux mourir...

LE RADIESTHÉSISTE

Et d'ailleurs qui vous dit que vous allez mourir, vous, plutôt qu'un autre? Conclusion: pourquoi partir?

ERNEST

Il y a deux conclusions. Celle que vous dites, et l'autre: pourquoi ne pas partir?

LE RADIESTHÉSISTE

Hé bien! Partez!

ERNEST

Moi?

LE RADIESTHÉSISTE

Puisque votre conclusion...

ERNEST

Mais je ne veux pas mourir tout seul comme un chien. Et puis, si ce n'était pas moi le mort, demain matin...?

PITT

Il nous faut donc vivre exactement comme si de rien n'était, comme si nous ne savions rien!...

BILL

Excellente idée!

PITT
Nerveux.

Ne nous énervons pas. Soyons calmes-calmes-calmes! La nervosité est la mère de tous les vices. Il faut prendre sur soi. Il faut nous attacher aux réalités de ce monde. Il faut converser – oui, converser! – exactement comme si la petite boule n'avait pas eu le vertige en entrant dans ce maudit bar. N'est-ce pas?

ERNEST

Parfait!

Les Insolites

PITT

Hé bien! Nous vous écoutons, cher ami...

ERNEST

Moi?

PITT

Oui, vous!

ERNEST

Pourquoi moi?

PITT

Vous paraissiez tellement de mon avis, tout à l'heure...

ERNEST

Pour être de votre avis, je suis de votre avis... Mais je n'ai rien de particulier à raconter, moi...

JULES

Il ne s'agit pas de raconter quelque chose de très particulier, mais de dire n'importe quoi, tout ce qui vous passera par la tête – comme nous faisons tous normalement, quoi!

ERNEST

Eh bien! Pourquoi pas vous?

JULES

Parce que, moi, normalement, je suis taciturne...

ERNEST

Ah!... Vous êtes taciturne?

JULES

Très.

ERNEST

... Et moi, je ne suis pas taciturne?

PITT

Allons! Allons! Cher ami, vous savez bien que normalement vous n'êtes pas taciturne!

ERNEST

Peut-être... Mais je me demande si normalement vous n'êtes pas plus bavard que moi!

PITT

Peu importe.

ERNEST

Eh non! Justement!... Et puis, moi, je suis triste. Je vous l'ai déjà dit: je suis venu dans ce bar, ce soir, avec l'intention bien arrêtée de rire.

PITT

Eh bien, riez! Qui vous en empêche?

ERNEST

Je ne peux pas, comme ça, rire tout seul. Pour rire, il faut que quelqu'un me fasse rire. Ah ça! Je vous promets de rire si seulement quelqu'un raconte quelque chose de nature à me faire rire. C'est juré!

Il rit jaune...
Je ne demande que ça!...

Les Insolites

Il s'arrête net de rire.
Mais je crois bien que normalement j'étais en voie de devenir taciturne. Plus j'y pense, plus je crois être ce qu'on appelle une bonne graine de taciturne. Jusqu'à maintenant, j'ai vécu comme un taciturne qui s'ignorait. Ce sont des choses qui arrivent, n'est-ce pas? Vous voulez un exemple? Eh bien, moi, j'ai un garçon, ou plutôt, c'est une fille...

PITT
Faudrait savoir!...

ERNEST
En fait, c'est un garçon, du moins il a toujours vécu comme tel, et puis, un matin, crac! Il a changé son fusil d'épaule! Oui, oui, il est devenu fille. Ce qui prouve... Ce qui prouve quoi? Hé bien! Je n'en sais rien, rien de rien, mais je n'en continue pas moins de croire que ça devrait prouver quelque chose...

Il demeure un moment en carafe, puis il poursuit dans un souffle.
Si quelqu'un veut bien avoir la gentillesse de me donner la réplique comme ça se fait normalement tous les jours dans la vie, moi, je n'en peux plus, je suis à bout de souffle et vraiment... je ne trouve plus rien à dire, plus rien, plus rien...

Il se fige.

PITT
Allons! Cher ami, qu'avez-vous?

ERNEST
Un trou!

PITT
Un trou? Où ça?

ERNEST
Désignant sa tête.
Ici, là-dedans, partout! Un trou!

PITT
Expliquez-vous.

ERNEST
Je renonce, je renonce à soutenir le poids d'une conversation normale, à cause du trou!

JULES
Quel trou?

BILL
Il y a, comme ça aux É.-U...

JULES
Vous!...

BILL
«Occupez-vous de vos affaires»...

JULES
J'allais le dire!

PITT
Eh bien! Cher ami, et ce trou?

ERNEST
Ce trou?...

PITT
Oui...

Les Insolites

ERNEST

Ce trou, c'est moi!

PITT
Sérieux.

C'est vous?!

ERNEST

J'ai la révélation du trou.

Tragique.
Oui, c'est moi! Ce trou, c'est ma vie, ma vie de péchés!

BRIGITTE
Lance un cri perçant.

Ah!

JULES

Qu'est-ce qui te prend?

BRIGITTE
Elle désigne l'avant-scène.

Il a raison!

Elle s'y rend comme au bord d'un trou.
Tout tourne autour du trou!!!

Tous les personnages regardent l'endroit qu'elle a désigné et se placent autour de ce trou imaginaire, sauf la vieille.

LA VIEILLE
Qui s'approche, regarde les autres puis le plancher, et s'avance.

Mouvement des autres qui la croient perdue.

LA VIEILLE
Simplement.
Je ne vois rien, je ne vois rien...

PITT
Après un temps.
Elle a raison. Elle a parfaitement raison: il n'y a rien.

JULES
Après un temps qui permet aux protagonistes de se remettre.
Ensuite?

LE BARMAN
Ensuite? Rien! Ce qui prouve que personne n'est capable de soutenir le poids d'une conversation normale.

BRIGITTE
Que faire?

BILL
Dans mon pays...

JULES
Nous n'y sommes pas.

BILL
Sans doute, mais sachez que dans mon pays...

JULES
Nous n'y sommes pas.

Les Insolites

BILL

Sans doute...

Il va ajouter quelque chose, mais se ravise.
Il a raison. Il a parfaitement raison.

LE RADIESTHÉSISTE

Il est très intelligent.

JULES
Au radiesthésiste.
Plus que vous ne croyez, monsieur!

LE RADIESTHÉSISTE

Que voulez-vous dire?

JULES

L'heure de démasquer le trouble-fête est venue.

LE RADIESTHÉSISTE

Je ne comprends pas.

JULES

Le trouble-fête, c'est vous!

LE RADIESTHÉSISTE

Moi?!

JULES

Oui, vous!

LE RADIESTHÉSISTE

Expliquez-vous!

JULES

La radiesthésie, y'a du pour, mais y'a du contre. C'est comme les vitamines, il faut en prendre et en laisser. Le moment est venu d'en laisser tomber!

LE RADIESTHÉSISTE
Vexé.

Peut-être...

JULES

Après tout, si vous n'étiez qu'un beau parleur!

ERNEST

Il a raison. Si nous étions les victimes d'une plaisanterie de mauvais goût?!

PITT

Si cet individu à la mine patibulaire et aux airs de torero n'était qu'un vil plaisantin?!

JULES

Vous êtes tous de mon avis, n'est-ce pas? S'il s'agissait d'un vulgaire menteur?!

Un temps.

Répondez!

LE RADIESTHÉSISTE

Que voulez-vous que je réponde?

JULES

Expliquez-vous! Donnez des preuves!

Les Insolites

LE RADIESTHÉSISTE

Je n'en ai pas...

JULES

Vous avez entendu? Il n'a pas de preuves...

Il rit. Et tous les autres de rire.
Qu'avez-vous à dire pour votre défense?

LE RADIESTHÉSISTE

Rien...

JULES

Et si je vous cassais la gueule?!

LE RADIESTHÉSISTE

À quoi bon!

JULES

C'est ce que nous allons voir!

LE RADIESTHÉSISTE

Un instant!

Il s'est écarté.
Et si je n'avais pas menti...

Les autres baissent la tête un à un, sauf la vieille dont le visage est radieux.

LA VIEILLE
Admirative, elle s'approche du radiesthésiste.
Il faut absolument que vous me parliez de Gérard... Il y a plusieurs années, il est parti pour la guerre. C'est terrible, n'est-ce pas? Il a

été fait prisonnier. Et j'ai peur, terriblement peur, qu'il ne soit plus tout à fait le même... Mon petit garçon... Est-ce que j'ai raison d'avoir peur?

LE RADIESTHÉSISTE

Vous avez raison.

LA VIEILLE

J'ai raison, n'est-ce pas? Mais pourquoi?

LE RADIESTHÉSISTE

On a toujours raison d'avoir peur, même si on ne sait pas pourquoi. Il faut prévenir, il faut avoir peur...

JULES

Eh bien! Moi, j'en ai assez. Advienne que pourra, j'entends me conduire exactement comme si vous n'étiez pas venu parmi nous avec votre petite boule au bout de la ficelle! J'en ai assez!!!

LE RADIESTHÉSISTE

D'avoir peur?

JULES

De vous! De vos discours nauséabonds et fétides qui saturent et empoisonnent l'atmosphère!

BILL

Bravo! Bravo! Voulez-vous répéter s'il vous plaît?

JULES
Sur le même ton.

J'en ai assez de vos discours nauséabonds et fétides qui saturent et empoisonnent l'atmosphère!...

Les Insolites

BILL

Bravo! Très bien! Ah! Cette langue française! Aucun doute, c'est nous qui l'avons inventée... French is made in U.S.A... Mais je ne suis pas d'accord avec vous: dans mon pays, ce monsieur avec la petite boule, ce serait la mort.

Au radiesthésiste.
Puis-je vous offrir un voyage aux É.-U., monsieur.

LE RADIESTHÉSISTE

J'ai horreur des voyages, à l'exception du dernier – cela va sans dire...

LA VIEILLE
À Bill.
Vous avez beaucoup voyagé, n'est-ce pas?

BILL

En effet.

LA VIEILLE

Gérard aussi. C'est mon fils. Il a voyagé avec les forces armées. Il est allé partout. Un temps, j'ai cru qu'il ferait le tour du monde. Et pendant ses voyages, moi, j'ai beaucoup vieilli. J'ai peur de n'être plus la même à ses yeux... Qu'en pensez-vous? Et s'il fallait qu'il ne soit plus le même lui non plus.

Un temps.

BILL

Ensuite?

LA VIEILLE

Ça vous intéresse vraiment ce que je vous raconte?...

BILL

Madame, vous êtes la seule personne ici qui soit capable de parler normalement...

LA VIEILLE
Confuse.

Oh! C'est vrai. J'avais oublié... Excusez-moi.

JULES

Pourquoi vous excuser? Au contraire, parlez...

LA VIEILLE
Figée.

JULES

Vous ne voulez plus parler?

LA VIEILLE

Non.

JULES

Pourquoi?

LA VIEILLE

Je ne sais pas... Je pense que si quelqu'un était certain de mourir
cette nuit, ce serait à lui de parler... ou de choisir de se taire...

PITT

Si seulement cet imbécile avec sa boule décidait d'éclairer nos
lanternes!

La lumière commence à vaciller.

Qu'est-ce que c'est?

Les Insolites

LE BARMAN

Mon Dieu! Mon Dieu! Pourvu que les fusibles tiennent le coup!

JULES

Qu'est-ce qui se passe?

LE BARMAN

Nous avons ajouté un circuit ce matin; le compteur n'est peut-être pas assez puissant...

La lumière se stabilise, on se calme. Bref vacillement. Inquiétude des personnages. Stabilisation.

Un moment, j'ai cru que nous allions être plongés dans le noir.

JULES

Vous avez peur des ténèbres?

LE BARMAN

Ce soir, oui.

PITT

Vous avez fait le rapprochement entre la menace de panne et la menace de mort, n'est-ce pas?

LE BARMAN
Avale difficilement.

Oui.

PITT

Aucun doute, nous sommes hypertendus...

BILL

Comment dites-vous?...

PITT

Hypertendus!

BILL

Ah! Oui... je comprends... Hypertendus. Très joli!...

ERNEST
Il rit. Crescendo.

JULES

Qu'est-ce qui vous prend?

ERNEST
Sans cesser de rire.
Ce n'est rien... Je suis hypertendu!

JULES
Il rit lui aussi.

Fou rire général. Puis, néant. Le noir absolu sur scène (en pratique, il faut conserver une source de lumière, mais aussi discrète que possible – dans la salle, par exemple – afin d'éviter la panique chez les spectateurs.)

LE BARMAN

Merde! Ça y est!

Réaction des autres.

LE BARMAN
Nerveux.
Ce n'est rien. C'est le compteur. Je vais changer les fusibles...

Les Insolites

Il allume une lampe de poche: le rayon balaie la scène, et même la salle.
J'y vais, j'y cours, j'y vole. Ne quittez pas l'écoute... *Rire idiot.*
C'est un incident technique... N'ajustez pas votre appareil...

PITT
Je vous en prie, ne restez pas derrière votre bar, avec cette lampe
sur nous, c'est énervant...

LE BARMAN
Vous avez raison, monsieur. Le client a toujours raison. Je m'en
vais de ce pas changer les... trucs, les machins... Quelle affaire!
Quelle histoire! C'est fou ce que tout est difficile!...

Il est sorti.

JULES
Un temps.
Ridicule! C'est ridicule!

BRIGITTE
Un temps.
Où es-tu, chéri?... Chéri? Où es-tu?

JULES
C'est... à moi que tu parles?

BRIGITTE
A-t-on jamais vu! Dans un bar! Où est mon sac? Ah! Le voici...
Oh! Excusez-moi, monsieur!

BILL
Vous feriez mieux de rester à votre place, vous finirez par vous
casser la figure. Et puis, si vous cherchez votre mari, c'est dans
l'autre direction!

BRIGITTE
Bas.

Ingrat!...

BILL
Fort.

Ingrat! Moi?!...

BRIGITTE

Mais enfin! Il n'a pas disparu mon mari!

BILL

J'allais le dire. Prenez votre mal en patience...

Bruit de porte.

PITT

Chut!... Il m'a semblé entendre battre la porte...

ERNEST

La... la porte? Vous êtes certain?

PITT

Vous n'avez rien entendu?

ERNEST

Oui, oui, mais je croyais que mes oreilles... Depuis plus d'une heure, j'entends comme à travers des colimaçons. Alors, vous comprenez, je ne me, je n'y me, je n'a mis, je ne m'y fie pas trop... oui, oui, c'est ça!

LA VIEILLE
Fragile.

Gérard? C'est toi, Gérard?

Les Insolites

GÉRARD

… Maman?

LA VIEILLE

C'est toi, Gérard?

GÉRARD

C'est toi, maman?

LA VIEILLE

Où es-tu?

GÉRARD

Ici. Et toi?

LA VIEILLE

Je suis ici.

BILL

Extraordinaire!

GÉRARD

Parle.

LA VIEILLE

Marche lentement. Tu n'es pas loin. J'entends respirer…

GÉRARD

Je marche…

LA VIEILLE

C'est ta main?

GÉRARD

Maman, si tu savais...

LA VIEILLE

Je sais, mon chéri, je sais...

GÉRARD

Comme ta voix a changé, maman...

LA VIEILLE

C'est pour mieux te parler, mon enfant...

BILL

Extraordinaire! Il y a comme ça aux É.-U...

Bruit de porte.

On dirait la porte!

PITT

Qui vient d'entrer? Répondez!!!

Un temps.

Répondez, je vous en conjure!

ERNEST

Il vous en conjure!

Un temps.

JULES

Ou alors, qui est sorti?

Les Insolites

Bill

Très intelligent, ce mari! Bruit de porte, c'est-à-dire on est entré ou on est sorti. Très intelligent... Vous êtes satisfait? Ce n'est pas moi!!!

Pitt

Est-ce vous, cher ami?

Ernest

Non, cher ami. Vous devriez le savoir, puisque j'ai parlé depuis l'affaire du second bruit de porte...

Pitt

C'est exact! Je m'excuse, cher ami...

Jules

Qui a trouvé.

Ah! la vache! Je m'en doutais...

Brigitte

C'est moi, la vache?

Jules

Pour une fois, ce n'est pas toi...

La lumière revient: le radiesthésiste a disparu.

Ernest

... Le radiesthésiste...

Jules

Un lâche! Un dégoûtant! Si jamais j'ai la chance de lui mettre mon pied aux fesses, il s'en souviendra longtemps!...

La Vieille

Qui cachait Gérard dans ses bras, le relève lentement pour découvrir l'hurluberlu qui cherche, flaire, renifle, etc.
C'est toi, Gérard?

Gérard

Oui, maman.

Il ne la reconnaît pas non plus.

La Vieille

C'est terrible, la guerre.

Gérard

Oui, maman.

La Vieille

J'ai beaucoup changé, moi aussi?

Gérard

Renifle, puis regarde les gens autour de lui. Il s'attarde sur Brigitte, et met des lunettes.

La Vieille

Je suis heureuse, tu sais...

Gérard

Regarde encore une fois autour de lui, s'attarde sur Brigitte, et se dégage lentement des bras de sa mère.

La Vieille

Tu m'écoutes, Gérard? Tu m'écoutes?...

Les Insolites

GÉRARD
S'approche de Brigitte.

BRIGITTE
Sincère.
Qu'est-ce qu'il me veut, cet idiot?

Puis, elle le reconnaît.
Gérard!!!

GÉRARD
Détourne la tête, et va pleurer sur l'épaule de sa mère.

LA VIEILLE
Qu'est-ce que tu as mon petit?... Il faut l'excuser. C'est terrible la guerre. Il voulait travailler dans un garage pour devenir mécanicien, mais on n'a pas voulu de lui, alors il est allé à la guerre; il y a été trois, ou quatre fois, je ne me souviens plus. Et puis, il a été fait prisonnier... Viens, Gérard, viens...

BRIGITTE
À Jules.
Pourquoi me regardes-tu comme un imbécile? C'est une vieille histoire d'avant-guerre...

GÉRARD
Sursaute. Se dégage de sa mère. Sort un revolver.
Les autres reculent, effrayés.

BRIGITTE
Ce n'est pas une raison sérieuse, Gérard!

Elle va vers Bill.
Sa main tremble! Il va me tuer!... Tu approches... Il approche...

BILL

Nous approchons, vous approchez, ils approchent! Très bien! Mais je t'en prie, Brigitte, va retrouver ton mari...

LE BARMAN
Revient joyeux.
Cette fois, ça y est, j'ai tout vérifié de a jusqu'à z. Vous pouvez boire sur vos deux oreilles...

Il voit le revolver. Cri de stupeur.
Ah!...

GÉRARD
Laisse échapper le revolver.
Tous les personnages se ruent sur l'arme, sauf le barman et la vieille.

LE BARMAN
Dose un fou rire en crescendo jusqu'à la fin de l'acte, et joue à cache-cache derrière le bar.

LA VIEILLE
Tente de tirer Gérard de la cohue.

On se dispute. Coup de feu. Recul, chacun croit avoir été atteint: l'un à la cuisse, l'autre au coeur, etc. L'arme se trouve sur le plancher. Le groupe se reforme lentement autour de l'arme. Puis, on se précipite. Nouvelle cohue. Coup de feu.

Acte III

Les personnages se passent le revolver de l'un à l'autre tel qu'à la fin de l'acte précédent.

LA VIEILLE
Un cri...

Hi!...

Elle tombe.
Mais déjà, sans qu'on sache qui a commencé, les personnages se passent le revolver de l'un à l'autre – comme s'il s'agissait d'un plat trop chaud.

GÉRARD

Conserve finalement le revolver. L'air béat, il sera dépassé par les événements jusqu'à la fin de l'acte.

LE BARMAN
S'agite.

Qu'est-ce que c'est? Que s'est-il passé au juste?... Je n'arrive pas à comprendre...

Rire nerveux. Crescendo.

BRIGITTE

Comme pour ponctuer le rire du précédent qui s'arrête, elle lance un cri perçant.
Ah!... C'est moi! C'est moi qu'on visait! C'est moi qui devrais être étendue sur le plancher, avec la petite tache de sang!... Ce

n'est pas elle!... Je la déteste! Elle adressait la parole au premier venu. Sa conduite n'était pas digne d'une femme de son âge... N'est-ce pas? N'est-ce pas que j'ai raison?

JULES
Négligent.
Ta gueule, ta gueule...

LE BARMAN
Éclate de rire.
Excusez-moi, c'est nerveux... J'ai l'impression d'avoir cassé des vitres... avec une fronde! Hi! Hi! Hi!

Près de la vieille, il s'arrête de rire et lance un cri perçant.
Ah! Le corps!

PITT
Toute cette affaire est un malentendu. Le coupable, c'est le radiesthésiste.

ERNEST
Vous avez raison! C'est lui qui a tiré le coup de feu...

JULES
Ironique.
Vous croyez vraiment?...

ERNEST
... Je veux dire... Comme aux courses, n'est-ce pas? Nous étions les chevaux et le radiesthésiste a tiré le coup de feu du début de la course.

Il se met à bafouiller lamentablement.
La chival, li li chodal, avi leur cocol sar li...

Ad lib. Geste d'impuissance. Sur le point de pleurer.

Les Insolites

PITT
Veut donner un bon conseil. Ad lib.

Char imo...

Se reprend.

Chir ramo... mora chi...

Furieux.

Cher ami!!! Rosez-la... la repok...

Furieux.

Reposez-vous!!!

LE BARMAN

Je - je - je...

Furieux.

Je veux tout savoir. De a jusqu'à z, oui, tout! Premièrement: qui l'a tuée?... Non! Premièrement: il faut appeler la police, oui, oui, et fermer la porte... Où est la porte?... Peu importe la porte!

Tout à coup.

Ne touchez pas au cadavre! Ah! Une couverture, oui, oui, une couverture sur le... j'ai vu ça... au cinéma!

Il recouvre le cadavre d'une nappe.

J'aime beaucoup aller au cinéma... Et vous? Ah la la! Quelle affaire! Un vrai mort, un vrai cadavre, dans un vrai bar, avec un vrai barman... Qu'est-ce que vous allez prendre? Vous prendrez bien quelque chose: quelques années de prison, peut-être?... Ou bien la corde? Ça fonctionne comme un ascenseur, avec cette dif-férence qu'on reste accroché...

ERNEST

Mais si elle n'était pas morte, si elle n'était que blessée?!

LE BARMAN

Il faut appeler un médecin! Le téléphone!

Il prend le bras de Pitt pour le téléphone.
Allô? Allô? Ne quittez pas...

Se rend compte de sa méprise et raccroche.
Où est le téléphone? C'est fou ce que tout est difficile. Mais à l'impossible nul n'est tenu...

BILL

Inutile de demander un médecin. Aux É-U., j'avais l'habitude de ces sortes de choses...

LE BARMAN

Bien! Très bien! Tout s'arrange! Il suffit de prendre les choses avec un grain de sel... Et tout s'arrange pour le mieux dans le meilleur des mondes... À quoi bon s'énerver? Ça ne mène à rien...

BILL
Penché sur la vieille.
Voyons d'abord le pouls... Tiens! Tiens! Tiens!

LE BARMAN

Allô? Allô? Que dit-il?

BILL

Morte.

Les Insolites

LE BARMAN

Morte?... Mais c'est affreux. On ne voudra jamais croire qu'elle est morte accidentellement! C'est une espèce d'accident de chasse, n'est-ce pas? C'est ça, oui, oui, une balle égarée... Une balle qui avait perdu la tête. Elle avait trop bu... Hi! Hi! Hi!

Un temps.

Répondez!

BILL
Hausse les épaules.

LE BARMAN

Et la réputation de l'établissement? Ça vous est égal, à vous la réputation de l'établissement! Après tout, vous auriez pu aller faire ça plus loin! Non?! Ah! Mais... ça ne se passera pas comme ça. Parole d'honneur!...

JULES

Et comment?

LE BARMAN

Vous dites? Qu'est-ce que vous dites? Je n'ai pas compris, vous parlez de travers!

JULES

Comment cela va-t-il se passer?

LE BARMAN
Il imite Jules.
Comment cela va-t-il se passer?...

Puis il se le demande.

Comment cela va-t-il se passer? Quelle question idiote! Mais je n'en sais rien, moi! Absolument rien! C'est affreux...

BILL

Allons! Allons! reprenez vos esprits!

LE BARMAN

Ah!... Je crois que je me sens mal...

BILL

Vous permettez que je vous gifle?

LE BARMAN

Me gifler? C'est une drôle de proposition, vous ne trouvez pas?

BILL

Ça calme!...

LE BARMAN

Vous croyez vraiment?

BILL

Positif!

LE BARMAN

Et pourquoi n'avez-vous pas giflé tout le monde, tout à l'heure?!...

Il reçoit une gifle.

Aie!...

BILL

Dieu me le rendra! Ça va mieux?

LE BARMAN

Oui, merci. Vous êtes bien bon...

Les Insolites

BILL
Aux É.-U., il y a chaque année, la semaine de la bonté...

LE BARMAN
Ici aussi, monsieur, ici aussi. Et je n'aurais pas hésité une seconde à vous gifler si vous aviez été comme moi tout à l'heure sur le point de tourner de l'oeil...

BILL
Ah! Cette semaine de la bonté...

LE BARMAN
Ah! Oui... Autrefois, les gens étaient bien cruels, la vie n'était pas facile, alors qu'aujourd'hui...

BILL
Aujourd'hui, on est bon!...

LE BARMAN
C'est la preuve, monsieur, que tout n'est pas perdu...

BILL
Mais rien n'est perdu!

Il cherche.
Comment dit-on en français?... Ah! Oui... Tant va la cruche à l'eau qu'à la fin...

LE BARMAN
Involontairement avec l'accent américain.
Elle se brise!...

Il se reprend.
Brise! Bref, elle se casse!!!

BILL

Je ne vous l'ai pas fait dire...

LE BARMAN
Sincère.
Monsieur, dans l'exercice de mon métier, j'ai rencontré beaucoup de gens, mais rarement des êtres aussi extraordinairement lucides que vous.

Il bute sur le corps.
Ah! Qu'est-ce que c'est? Le cadavre! J'ai failli tomber sur le cadavre! Hi! Hi! Hi!... Je l'avais oublié...

BILL

Allons! Allons! Du calme! Du calme!

LE BARMAN
Oui, oui, c'est vrai, vous avez raison, la gifle m'a fait du bien. Ça va mieux, beaucoup mieux...

Il avale difficilement, puis il lance un cri.
Ah!...

PITT

Taisez-vous, à la fin! Ne savez-vous pas que je suis cardiaque? Vous êtes criminel de crier à tout propos et à propos de rien! Cette nuit, j'ai certainement raccourci ma vie de deux ou trois ans. J'ai des palpitations! Ça palpite là-dedans! À gauche, à droite, devant, derrière, et ça fait le tour...

ERNEST

Et moi aussi, moi aussi...

Les Insolites

LE BARMAN
Mais enfin, qui a tué? Qui est le meurtrier?

BILL
Chut...

LE BARMAN
Chut?...

BILL
Il est là, derrière vous...

JULES
Si c'est bien lui.

LE BARMAN
Derrière moi?

BILL
À quelques pas derrière vous.

LE BARMAN
Ah! Vraiment... Il est tout près, n'est-ce pas?

BILL
Retournez-vous! Vous êtes énervant à la fin! Je vous dis qu'il est là, derrière vous!

LE BARMAN
J'ai compris... j'ai compris...

Il se retourne et lance un cri.
Ah!... Le revolver!...

PITT

Furieux.

Si vous criez encore une fois, je prends mon chapeau et je m'en vais!...

ERNEST

Moi aussi. D'ailleurs, je ne faisais que passer. J'étais venu pour rire, n'est-ce pas, et j'ai beaucoup ri. Maintenant, ça ne m'amuse plus, je veux m'en aller...

JULES

Vous êtes ridicules. Vous oubliez que la vieille, elle n'est pas morte de palpitations!

LE BARMAN

Le revolver!!!

PITT

Taisez-vous, imbécile!

BRIGITTE

C'est elle qui est morte, mais c'est moi que vous avez voulu tuer. Je le dirai. Je dirai tout. Vous avez tenté de tirer parti de ma faiblesse. Je dirai tout.

JULES

Toi, tu ne diras rien, parce que tu n'as rien compris.

LE BARMAN

À Gérard.

Psst! Psst!... Monsieur, monsieur, s'il vous plaît, le revolver... laissez le revolver! Jetez-le par terre, ou plutôt non! Mettez-le sur une table, n'importe laquelle... Allô? Allô?... c'est curieux, on dirait qu'il ne m'entend pas...

BILL

Le coup de feu lui a peut-être bouché les oreilles, parlez plus fort!

LE BARMAN

Monsieur! Psst!!! Allô?... C'est au sujet du revolver... Allô?... Il ne m'entend pas, c'est certain...

BILL

Il a l'air absent, profitez-en pour lui enlever l'arme...

PITT

C'est une excellente suggestion...

ERNEST

Allez-y courageusement: il n'a pas l'air très malin.

LE BARMAN

Peut-être. Mais il n'avait pas l'air plus malin tout à l'heure, avant de tirer...

JULES

Si c'est bien lui qui a tiré...

PITT

Qu'allez-vous chercher là, cher ami!...

Au barman.

Allez! Allez! Il faut tout de même en finir.

BILL

Aux É.-U., on dit que le client a toujours raison, aussi je vous en prie, faites quelque chose.

LE BARMAN

Oui, oui, vous avez raison. Il faut faire quelque chose. Tout à fait raison. Pas l'ombre d'un doute. Ça saute aux yeux. Il faut faire quelque chose... Oui, oui, oui, mais... quoi?... Ah! J'y suis: la police! Il faut faire venir la police! J'ai déjà trop tardé. Le téléphone, où est le téléphone?

Il répète son rôle.

«Allô? Police? c'est au sujet d'un meurtre... ou plutôt d'un accident, d'un accident mortel»... Je n'y arriverai jamais. J'ai le trac... L'annuaire, où est l'annuaire?

Il va derrière le bar et revient en tournant les pages d'un annuaire imaginaire.

Dans les quatre ou cinq premières pages, c'est écrit «police», je me souviens! Il y a aussi «pompiers» et d'autres mots qui font peur, qui font peur...

Un cri.

Ah!... J'ai eu peur... Mais où est le téléphone?

BILL

Aux É.-U., on dirait que vous n'êtes pas l'homme de la situation...

LE BARMAN

Pourquoi? Il est derrière moi, le téléphone? Non, non... derrière moi, c'est le revolver. C'est affreux. Je suis cloué sur place... Un marteau, des clous – cloué sur place!

GÉRARD
Laisse tomber le revolver.

Les Insolites

LE BARMAN

Ah!!!... Qu'est-ce que c'est?

PITT

Si vous criez encore une fois, je vous assomme!

ERNEST

Nous sommes cardiaques, monsieur! Oui, oui, très cardiaques!

LE BARMAN

Qu'est-ce que c'était?

JULES

Il a laisse tomber le revolver: Ramassez-le, c'est le moment...

PITT

Courage, courage... et silence!

ERNEST

Il n'a pas l'air très malin!

LE BARMAN

Oui, oui, c'est ça. Il n'a pas l'air très malin, il n'a pas l'air très malin; il faut que je me retourne, il faut que je me retourne; il faut que je ramasse le revolver, il faut que je ramasse le revolver... Je suis le barman, je suis le barman de la situation...

BILL

Aux É.-U., c'est très populaire...

JULES

Les meurtres?

BILL

Je veux parler de l'autosuggestion!

JULES

L'autosuggestion?

BILL

Comme il faisait tout à l'heure: «Il faut que je me retourne, il faut que je ramasse le revolver, je suis le barman, je suis le barman...»

LE BARMAN

Non, monsieur! C'est moi qui suis le barman, c'est moi qui suis le barman; il faut que je ramasse l'arme du crime, l'arme du crime...

Un blanc.

PITT

Qu'avez-vous?

ERNEST

Qu'est-ce qu'il a?

LE BARMAN

... L'arme du crime, c'est terrible. Tout est difficile...

Il avale difficilement. Puis il fait lentement ce qu'il décrit.
Et tout à coup, comme si rien ne s'était passé, je me retourne, et je marche, et je marche, et je ramasse le revolver...

BILL

Bravo! Vous devenez l'homme de la situation...

LE POLICIER
Entre. Personne ne le remarque.

Les Insolites

Le Barman
Il rit nerveusement.
Hi! Hi! Hi!... C'est drôle! J'ai envie de rire. Excusez-moi, c'est nerveux! Hi! Hi! Hi!...

Il aperçoit le nouveau venu… et s'arrête de rire.

Le Policier
Cynisme, mm?

Le Barman
Qui êtes-vous? Un client? C'est fermé!

Le Policier
Police... Un voisin. Coup de téléphone. Le civisme est une foule de petites choses... Je croyais arriver trop tard. Mais veinard comme toujours, je surprends le meurtrier, l'arme du crime à la main.

Le Barman
Moi???...

Le Policier
Pourquoi pas? Donne ça!

Le Barman
Haut les mains!!! Tous!!! J'en ai assez! Je ne suis pas plus idiot qu'un autre... Haut les mains!!! Nous allons voir un peu qui est le barman ici! Allez! Au fond!

Il hurle.
Au fond!!!

PITT

Je vous en supplie...

LE BARMAN

Pas de supplication qui tienne!

PITT

Je vous en supplie, permettez-moi de baisser les bras, c'est très mauvais pour mon cœur...

LE BARMAN
Éclate de rire.
C'est votre cœur ou le mien! Quand vous avez les mains en l'air, c'est mauvais pour le vôtre, et quand vous avez les mains en bas, c'est très mauvais pour le mien. Haut les mains!!!

Un temps.
Et puis soyez calmes! Pas d'affolement!

Nerveux.
Oui, calmes! Placides! Pondérés! Posés! Sereins!!!

Au policier.
Et maintenant, c'est à vous que je m'adresse...

Il s'assied.
J'ai tout de suite vu que vous étiez un imbécile. Vous vous méprenez, monsieur le policier des jours maigres! Je ne suis pas le criminel. Il se trouve parmi eux, le criminel. Quant à vous dire qui en particulier, je n'en sais rien... Mon opinion personnelle?

Il montre Gérard toujours inexpressif.
C'est lui!...

Les Insolites

LE POLICIER
J'ai déjà entendu ça quelque part!

LE BARMAN
Je vous conseille de m'écouter jusqu'au bout! Un malheur est si vite arrivé, n'est-ce pas?

Un temps.
Quand je suis né...

Réaction de lassitude chez les autres.
... ma mère avait seize ans, oui, seize ans. C'est jeune, n'est-ce pas? Tellement jeune, en effet, qu'elle n'était pas mariée... or...

BRIGITTE
Oscar, écoute...

JULES
Réaction de surprise.

LE BARMAN
Pas d'Oscar qui tienne, Brigitte!

BRIGITTE
Sois raisonnable, tu ne vas pas profiter de la situation et nous imposer ton histoire de famille...

LE BARMAN
Et pourquoi pas? Je suis le barman, oui ou non?

BRIGITTE
Bien sûr, mais...

LE BARMAN
Alors, tenez-vous le pour dit... Et toi, en particulier, ma belle...

JULES
Au barman.
Je vous interdis de...

LE BARMAN
Tu m'interdis quoi au juste, pépère, face de cocu? Hein?

Il tire en l'air.

JULES
Recule, les bras levés.

LE BARMAN
Tu vois, tu ne m'interdis rien du tout. Tu es même très gentil... C'est d'ailleurs ce que j'ai toujours prétendu. Tu peux demander à Brigitte: je n'ai jamais manqué l'occasion de dire du bien de toi!...

Menaçant.
Alors, qu'on se le tienne pour dit!!!...

Un temps.
Qu'est-ce que je disais?... Ah! Oui, ma mère!

Réaction de lassitude chez les autres.
Hé bien, ma mère... Et puis, à quoi bon? Personne ne peut comprendre, comprendre que tout est difficile. C'est terrible...

Il constate un relâchement.
Haut les mains!!!... Dussiez-vous mourir d'épuisement, vous allez m'écouter jusqu'au bout. Même si je dis des sottises. Hi! Hi! Hi!

Les Insolites

Brandissant le revolver.
C'est moi qui ai le crachoir. Ce que j'ai à dire tient... en trois phrases. Première phrase: je ne suis pas responsable de la mort de cette vieille.

Il gueule.
Non!!! Deuxième phrase: je ne suis pas coupable de meurtre.

Il gueule.
Non!!! Troisième phrase...

Il cherche.
Troisième phrase:...

Il gueule.
Non!!!

Au policier.
Vous avez compris? C'est clair?

Petit à petit, il devient plus mou.
Pourquoi me regardez-vous avec ces yeux incrédules? Vous avez l'air d'un cheval...

Il regrette.
D'un beau cheval, d'un cheval de race...

LE POLICIER
S'avance lentement pendant que le barman poursuit.

LE BARMAN
Bien sûr... je n'aurais pas dû vous traiter brutalement, à la pointe du revolver. C'est une mauvaise note, n'est-ce pas? Ça vous a mis

la puce à l'oreille. Et je regrette d'avoir agi sans réfléchir. Au fond, vous avez l'air intelligent. Vous auriez compris sans cela, j'en suis sûr. On devrait toujours tourner la langue sept fois. Et même, sept fois ce n'est pas beaucoup. C'est terrible, on ne peut jamais recommencer. Les gens ont beau dire, ils n'oublient jamais. Maintenant, c'est fait. Et moi non plus, je n'oublierai jamais. C'est terrible. On ne peut pas revenir en arrière. Vous êtes là. Je suis ici. Nous ne sommes pas ailleurs, et ce qui est fait est fait. Mais je veux me racheter...

La discipline faiblit.
Ne bougez pas encore! Il faut que je répare! Donnez-moi une chance!

Au policier.
Monsieur, pour réparer, je vous demande pardon.

Il retourne le revolver.
Je renverse la vapeur, comme on dit. Et j'ai confiance, j'ai confiance en vous: je sais que vous n'abuserez pas de votre pouvoir. Je m'en remets entièrement à vous...

Il lui tend le revolver. Les autres baissent les bras et soupirent de soulagement.

LE POLICIER
Sort un mouchoir pour y recueillir le revolver qu'il met dans la poche de son imperméable.

LE BARMAN
J'ai eu raison, n'est-ce pas? Dites-moi que j'ai eu raison...

LE POLICIER
Lui fait signe de se retourner.

Les Insolites

LE BARMAN
Croit qu'il y a quelque chose derrière lui.

LE POLICIER
Lui donne un formidable coup de pied au cul.

LE BARMAN
Contient sa rage, et se rend derrière le bar.

LE POLICIER
Se mouche bruyamment.

BILL
Moi, monsieur le policier...

LE POLICIER
Inspecteur!

BILL
Moi, monsieur l'inspecteur, j'arrive des É.-U....

LE POLICIER
Ça m'est égal!

BILL
J'arrive sérieusement des É.-U.

LE POLICIER
Ça m'est sérieusement égal!

À Gérard.
C'est d'abord ce monsieur que je veux interroger...

ERNEST

Je dois vous dire que...

LE POLICIER

Vous êtes son grand-père?

ERNEST

Moi? Oh! Non...

LE POLICIER

Laissez-le répondre...

À Gérard.

Quel rôle avez-vous joué dans cette affaire?

Un temps.

Répondez!

PITT

Parole d'honneur, monsieur l'inspecteur, il n'a pas ouvert la bouche depuis le coup de feu!

LE POLICIER

Je vois ce que c'est. La peur a fait la preuve par le vide... Qui est-il?

PITT

Nous avons cru comprendre qu'il s'agit du fils de la... victime!...

LE POLICIER

Tiens! Tiens! Tiens!...

Il examine Gérard.

Il m'a l'air dépassé par les événements...

Les Insolites

À *Gérard*.

Dites: «Ha»...

Un temps.

Je vois ce que c'est. On parle avec sa mère de choses et d'autres, et surtout d'autres choses, et puis crac!... On ne parlera jamais plus avec sa maman! C'est un coup dur.

Il l'examine avec une loupe.

Il me paraît non récupérable... Je serais au désespoir de l'avoir un jour comme témoin. Hé oui! Le genre humain déborde d'individus qui ne pourraient même pas servir de témoins dans une cause paysanne de piquets de clôture!

À *Pitt*

Et vous, qu'avez-vous à dire?

PITT

Je dois tout d'abord vous signaler que ce jeune homme à la mine patibulaire a tout de même apporté ici l'arme du crime...

LE POLICIER

Êtes-vous tuberculeux?

PITT

Hé... non! Je ne vois pas bien le rapport.

LE POLICIER

Et qui vous dit que vous n'avez pas transmis le microbe de la tuberculose, impuissant sur vous, à une autre personne qui, elle, en est morte... hein?

PITT

J'avoue que...

Le Policier

Que vous êtes coupable de meurtre? C'est bien ce que vous avouez?...

Pitt

Non, non, non...

Le Policier

Tout en parlant, il examine le cadavre, va, vient, inspecte, s'arrête au milieu d'une phrase ou même d'un mot, par exemple, pour retirer une poussière sur l'épaule de quelqu'un.

Dans ce cas, vous ne m'intéressez pas. S'il fallait remonter à la source, monsieur, la justice n'en finirait pas. Les nations n'auraient même plus besoin de faire la guerre! Ne sommes-nous pas tous, plus ou moins directement, coupables de crimes?...

À Ernest.

Avez-vous déjà jeté un regard concupiscent sur une fille publique?...

Confusion d'Ernest qui détourne la tête.

Si vous l'avez fait, vous encouragiez en quelque sorte ce commerce honteux, bien qu'universel et séculaire... Croyez-moi, monsieur, lorsqu'un meurtre a été commis, on recherche la main qui a tenu l'arme... La justice n'est pas un institut généalogique... Nous devons nous en tenir à la première génération, à moins de circonstances imprévisibles...

À Pitt.

Dites-moi, d'après vous, qui est coupable?...

Les Insolites

PITT
Il ne m'est pas possible de porter une accusation. D'ailleurs, après votre sortie sur la justice, je ne suis pas très à l'aise pour vous signaler qu'un radiesthésiste est venu parmi nous, ce soir...

LE POLICIER
Je le connais... c'est un fou. Tous les radiesthésistes ne sont pas fous, mais plusieurs fous sont radiesthésistes... Quant à celui dont vous parlez, nous n'avons pas encore accumulé suffisamment de preuves pour le faire enfermer. Il est fou, c'est un fait... Mais il se trouve qu'il est aussi, parfois, un excellent radiesthésiste!

ERNEST
Je vous assure qu'il avait l'air très fort. Il nous a dit que la mort se trouvait parmi nous...

LE POLICIER
Et alors?

ERNEST
Montrant la vieille.

Elle!

LE POLICIER
Ce qui prouve quoi?

ERNEST
Ce qui prouve...

Il s'y perd.

LE POLICIER
Ah! Ah!...

Montrant Gérard.

C'est lui que vous accusez?

ERNEST

Moi? Non.

LE POLICIER

Racontez-moi votre soirée.

ERNEST

Ma soirée?

LE POLICIER

Oui.

ERNEST

Moi, je suis venu dans ce bar pour rire...

LE POLICIER

Avez-vous bien ri?

ERNEST

Oh! Oui...

Désignant Pitt.

J'ai fait la connaissance de monsieur avec lequel...

JULES

Avec lequel il avait des souvenirs communs – si j'ose ainsi m'exprimer... Ils étaient de vieux amis sans le savoir!... Inspecteur! Soyez bon prince, acceptez de répondre franchement à la question que je vais vous poser...

Les Insolites

LE POLICIER

Je suis bon prince. Allez-y. Je vous en poserai quelques-unes ensuite!...

JULES

Connaissez-vous ma femme?

LE POLICIER
Il s'approche de Brigitte.
Pourquoi cette question?

JULES

Elle est très importante.

LE POLICIER
Il examine Brigitte.
Je suis ravi de faire ce soir sa connaissance...

BRIGITTE
À *Jules.*
Tu vois! Tu es ridicule!!!

JULES

J'aurais pu l'être davantage!...

LE POLICIER

À mon tour!

Il se mouche.
Première question: pourquoi m'avez-vous posé cette question?

JULES

Parce que tout le monde ici, à ma grande honte, a connu ma femme assez intimement...

BRIGITTE

Monsieur l'inspecteur, c'était avant mon mariage...

LE POLICIER

Ne vous tourmentez pas, je ne suis pas de la «brigade spéciale»...
D'ailleurs, maintenant, nous allons parler sérieusement. Nous
avons fait suffisamment de bulles!

ERNEST

De quoi?

LE POLICIER

De bulles!!!

Il examine le plancher et le plafond.
Il s'y est pris par deux fois... n'est-ce pas?

Un temps pendant lequel il s'assied. Les autres sont mal à l'aise.
Vous n'allez tout de même pas me dire que vous ignorez qui a
tiré... hein?

Ils se regardent.
Vous étiez tous ici! Deux coups de feu ont été tirés, et personne
n'en aurait eu connaissance?!... Allons! Réfléchissez!...

*Ils ont baissé la tête à l'exception du barman qui est très nerveux,
comme sur le point de dire quelque chose. Le policier s'en rend
compte.*
Quelque chose à dire?

LE BARMAN

Pourquoi me regardez-vous? Pourquoi moi? Tenez! Je ne saurais
même pas vous dire le nom de cette femme.

Les Insolites

Le Policier

Il est plus facile de prouver qu'on connaissait une personne, puisqu'on connaissait son nom, que de prouver qu'on ne connaissait pas une personne, puisqu'on ne connaissait pas son nom!

Le Barman

Et alors? Et alors? Où voulez-vous en venir? Tout cela m'énerve. Je n'y comprends rien. Vous parlez, vous parlez comme un moulin et plus vous parlez, plus je m'enfonce, moins je comprends... Mais vous finirez par m'accuser du meurtre de cette femme! Je le sens...

Le Policier

Holà! Holà! Mon ami, pas si vite...

Le Barman

Ce langage familier m'est intolérable quand je ne suis plus de service. Tenez-vous le pour dit!

De temps à autre, le policier veut l'interrompre, mais en vain.
Et si vous avez soif, vous irez boire ailleurs. Je ne suis plus de service. Ce sera bientôt le jour, et moi, le jour, je dors. J'en ai le plus grand besoin d'ailleurs!... Je fais un métier difficile. Plaire à tout le monde n'est peut-être pas difficile pour une personne naturellement affable, mais c'est très difficile pour un irascible, comme moi! Il va sans dire que je ne suis pas très heureux, mais je ne me plains pas. J'ai découvert un moyen d'échapper au malheur absolu. Oui, j'ai échappé à l'enfer... *mystérieux* parce que, chaque chose en son temps, ou si vous préférez: un temps pour chaque chose... Saint Paul a dit: «Je sens deux hommes en moi». C'est merveilleux. J'ai lu cette phrase, j'avais dix ans, et j'en ai reçu une très forte impression, jusqu'à croire que je l'avais écrite moi-même... dans une autre vie, bien sûr, une vie antérieure... «Je sens

deux hommes en moi»... celui pour les heures de service et l'autre... Et maintenant, je ne suis plus de service! Je suis l'autre!!! Aussi différent de l'un que celui qui se regarde dans un miroir est différent de celui du miroir qui regarde l'autre regarder celui du miroir qui... Vous connaissez ces petites boîtes de carton sur lesquelles se trouve un homme qui tient une petite boîte de carton sur laquelle se trouve un homme qui tient une petite boîte de carton, et ainsi de suite jusqu'à l'infini: un homme, une boîte, un homme, une boîte... une poule, un oeuf, une poule, une oeuf... Ou plutôt non! Je crois que c'est une femme sur la boîte de carton!

LE POLICIER
Suffit! Répondez à mes questions...

LE BARMAN
Laissez-moi m'expliquer. On laisse les gens s'expliquer. Je suis l'autre! Et heureux, oui, heureux de me trouver maintenant dans la peau de cet autre qui n'a pas de clientèle, lui, et qui parle...

LE POLICIER
Qui parle trop!

LE BARMAN
Ah! Bien sûr!... J'aurais dû m'en douter, vous êtes comme les femmes, incapable de comprendre saint Paul.

Le policier hausse les épaules, écœuré.
J'aurais voulu que l'autre épousât la femme de sa vie...

Il regarde Brigitte.
Mais rien à faire: les femmes veulent qu'on soit de service. Saint Paul n'aimait pas les femmes...

Les Insolites

LE POLICIER

Suffit! Taisez-vous!

LE BARMAN

De quel droit m'ordonnez-vous de me taire?

LE POLICIER

Je suis de service, moi, monsieur!

LE BARMAN

Je déteste les gens de service! Si seulement vous n'étiez pas de service, votre «autre» et mon «autre» pourraient avoir ensemble une conversation enrichissante. Je n'ai jamais eu de conversations enrichissantes, jamais! Ou bien j'étais de service, ou bien on était de service. Il se trouve toujours une bonne moitié de la population de service, pendant que l'autre moitié attend bêtement son tour...

Il s'arrête.

LE POLICIER
Qui était occupé à autre chose.
Tiens! Il s'est arrêté tout seul...

Aux autres.
J'en profite pour vous remercier de votre précieuse collaboration. Et je pense que vous serez à la disposition de la justice pour venir éventuellement témoigner...

Au barman.
Vous pouvez poursuivre!

LE BARMAN

Poursuivre?

LE POLICIER

Oui...

LE BARMAN

Poursuivre qui?

LE POLICIER

J'ai dit: vous pouvez poursuivre votre déposition...

LE BARMAN

Ma déposition?

LE POLICIER

Deux hommes en vous... vous y êtes?

LE BARMAN

En moi?

LE POLICIER
Impatient.

Saint Paul! Ça vous dit quelque chose?

LE BARMAN

Saint Paul?...

LE POLICIER
Fort.

Oui, saint Paul!!!

LE BARMAN

Priez pour nous!!!

Les Insolites

LE POLICIER

Mais non!

LE BARMAN

Mais si!

LE POLICIER

Mais non!

LE BARMAN

Mais si!

LE POLICIER

... Enfin, bref! Encore une enquête qui tourne en queue de poisson!

LE BARMAN
Éclate de rire.

Ah! Ah! Ah!...

LE POLICIER

Vous riez?!

LE BARMAN

En queue de poisson...

LE POLICIER

Et alors?

LE BARMAN

Jonas...

LE POLICIER

Jonas?!

Suspicieux.
Quelqu'un parmi vous s'appelle Jonas?...

LE BARMAN
Jonas dans la baleine, aux heures d'affluence, montait en queue...

LE POLICIER
Expliquez-vous!

LE BARMAN
Montait en queue...

LE POLICIER
Et alors?

LE BARMAN
En queue de poisson!...

LE POLICIER
... Oui, c'est bien ce que je disais, encore une enquête qui n'a pas tenu ses promesses. On croit se trouver sur une belle affaire et puis crac! Ça tourne à la niaiserie: il sent deux hommes en lui... Certaines heures, certains jours, il ne peut s'empêcher d'être l'autre, il s'efforce de résister, mais rien à faire, il sombre, il sombre, il fait des gestes qu'il ne ferait pas s'il n'était pas cet autre!... Par exemple, il tue...

Un temps.
Quelqu'un a-t-il quelque chose à ajouter? Faites vite! D'ici peu, je ne serai plus de service, moi non plus...

Un temps.

Les Insolites

Les autres baissent la tête.

LE POLICIER
Sort les menottes qu'il passe l'une au poignet du barman, l'autre au sien.

LE BARMAN
Qu'est-ce que c'est?...

LE POLICIER
Un moment, j'ai cru que le temps allait se remettre au beau, mais pas question! Il a la tête comme un paquet de bourrasque!

Il se mouche bruyamment et se rend à la porte. Au barman.
Après vous!

Au moment de sortir, il s'arrête.
Ah! J'oubliais... Ne vous inquiétez pas, la morgue va venir d'une minute à l'autre. Et les photographes! Et tous les abonnés habituels!... Encore une fois, merci!

Ils sortent. Bruit de porte. L'éclairage baisse lentement.

BILL
Hésite, puis va trouver Gérard, comme pour lui poser une question. Il se ravise et c'est à Jules qu'il s'adresse.
Croyez-vous vraiment... que...

JULES
Se détourne.

BILL
Retourne a sa table.

BRIGITTE
À suivi machinalement le policier et le barman jusqu'à la porte où elle demeure figée.

PITT
Va retrouver Ernest.
À quoi pensez-vous, cher ami?....

R I D E A U

MONTRÉAL, 1956.

Le Roi ivre

Farce en deux tableaux

Le Roi ivre, *farce en deux tableaux de Jacques Languirand, a été représenté pour la première fois au Théâtre de Dix Heures le 1er novembre 1956 par la troupe «Les Insolites».*

Tout au long du Roi ivre, les intentions parodiques de Languirand sont évidentes; tour à tour, le roi se comporte tel Néron, Henri VIII, Ponce Pilate ou Jésus. Le bouffon, lui, semble avoir opté pour la tactique de Lorenzo de Médicis: jouer le jeu du roi pour mieux avoir sa tête. En définitive, l'essentiel du Roi ivre, sur le plan de la signification, est là, dans cette volonté de puissance, dans cette lutte pour la domination, dans ce jeu du pouvoir. Les intentions parodiques de Languirand, c'est d'abord sur une situation politique qu'elles s'exercent; sur une situation politique qui, par-delà l'affabulation, fait irrésistiblement songer au moyen âge qui était celui du Québec à l'époque de la création du Roi ivre, ne serait-ce que par cet invraisemblable mélange du cynisme et du dédain, ou du religieux et du politique.

RENALD BÉRUBÉ
Université du Québec à Montréal

Personnages

CŒUR-DE-FER – le Roi. Despotique, cruel et débauché, il s'ennuie.

BOUTADE – le bouffon. Hideux, ricaneur et peureux.

LA REINE – douce et simple.

L'ABBÉ – décharné, pâle et nerveux.

LES GARDES – ils sont deux et s'opposent physiquement.

Décor

L'action se situe dans un moyen âge de carton-pâte.

Un seul décor: la salle du trône qui comporte une entrée du côté opposé à celui où se trouvent quelques marches et le trône.

Au fond, quelques marches qui mènent au balcon, ou plus simplement un dégagement.

Un coffre.

On peut jouer dans les rideaux. La fantaisie est de rigueur.

Il en va de même pour les costumes.

Premier tableau

Au lever du rideau, le roi avachi sur son trône observe d'un œil désa-
busé son bouffon qui fait le chien au milieu du plateau ; à quatre pattes,
le bouffon aboie avec frénésie.

BOUTADE
S'arrête d'aboyer et demande au roi.
Encore ?

LE ROI
Encore !

Boutade aboie un moment.

LE ROI
Tu aboies sans conviction, Boutade. Le cœur n'y est pas. Fais le
chien, vraiment le chien...

Boutade marche à quatre pattes, renifle, aboie. À un moment il
tourne le dos au roi.
Le roi se lève vivement et va lui donner un coup de pied.
Boutade hurle comme un chien.

LE ROI
Rit à gorge déployée puis devient morose.
Oh ! Que ce royaume est triste où le roi malheureux ne trouve de
plaisir que dans les vignes de ses terres et le sang de ses fermiers.

Oh! Que ce royaume est triste où le vin se laisse boire sans m'étrangler la gorge; où les sujets me laissent les crever d'injustice et de haine, sans me venir occire en ce château, de leurs mains calleuses. Ces hommes en guenilles, ces femmes en loques et ces enfants qui vont, cul nu, par les villes et les villages en ruines, ont accepté ma férule avec patience et résignation; ils m'ont enlevé du coup la nécessité de la conquête et les joies effrénées qu'elle entraîne toujours par ses massacres et ses sacrilèges. Oh! Que ce royaume est triste! Boutade!!!

Boutade aboie frénétiquement.

LE ROI

Ta gueule!

BOUTADE

Majesté...

LE ROI

Approche, Boutade. Traîne la graisse de ton ventre sur les marches du trône.

Boutade s'approche.

LE ROI
Il se verse à boire et boit.
Relève ta tête de chien et regarde-moi dans les yeux...

Un temps.

Je ne comprends pas que tu puisses me faire rire. Je voudrais ouvrir ton crâne pour examiner ta cervelle de fou et savoir comment te viennent les farces. Ah! Ah! Ah! Je n'aurais plus besoin de toi. Ta cervelle dans une petite boîte me suffirait. Aux heures d'ennui, je la gratterais avec l'ongle et je découvrirais des farces!

Le Roi ivre

Ah! Ah! Ah! Ce qui se trouve dans ta tête m'amuse encore, mais toi tu me dégoûtes.

Il le repousse du pied.
Je connais le répertoire de tes grimaces par cœur. Celle de la joie quand tu es saoul de mon vin; celle de la tristesse quand ton ventre affamé s'essouffle et gémit; je connais même les grimaces de ta souffrance lorsque mes gardes abattent leurs fouets sur ta bosse de viande et de cartilages. Oh! Que ce royaume est triste où le roi ressent le même ennui à être méchant qu'il en éprouverait à être bon!

Il se verse à boire et boit.
Tais-toi, tu parleras quand tu auras la parole! Hier encore, j'ordonnais à mes bourreaux de trancher trois ou quatre têtes — je ne sais plus — et je me suis rendu à l'exécution pour observer la chute de ces boules grotesques qui roulent dans le bran de scie et le fumier puant de mes écuries, mais je n'en éprouvai aucun plaisir. Je n'ai pas souvenir d'une exécution plus terne. Ils ont accepté la mort avec résignation...

BOUTADE
Votre peuple vous aime, Majesté.

LE ROI
Tu mens effrontément, Boutade. Tu ne possèdes pas encore l'art de me flatter, insignifiant crétin. Le peuple me déteste et je le lui rends bien.

BOUTADE
Du moins, il se tait.

LE ROI

Il se tait... Ce peuple terne était né pour un roi sans orgueil, sans volonté de puissance, pour un roi délicat de l'estomac alors que je suis hautement superbe et dévoré d'une ambition gloutonne!

BOUTADE

Oui, Majesté.

LE ROI

Et puis, il y a les rats, les milliers de rats qui jaillissent à tous les tournants des routes et des ruelles de mon royaume pour s'engager le diable sait où.

Quelle malédiction! Il dut y avoir un jour une pluie de rats, de petits rats, de gros rats; toutes espèces de rats venus s'abattre sur mon royaume pour se gaver d'orge et de blé — les cochons! — et s'engraisser à même mon fief. Je règne sur une multitude de rats malheureux!

BOUTADE

Pourquoi croyez-vous, Majesté, que les rats sont malheureux?

LE ROI

Parce qu'ils vivent en mon royaume!

BOUTADE

S'ils étaient vraiment malheureux, ils auraient déjà quitté le royaume.

LE ROI

Non.

BOUTADE

Si, Majesté.

Le Roi ivre

LE ROI

Non.

BOUTADE

Si, Majesté.

LE ROI

Toi-même pourquoi ne quittes-tu pas ce royaume?

BOUTADE

Parce que j'y suis heureux, Majesté.

LE ROI

Tu mens. Et tu le sais très bien. Tu demeures auprès de moi, Boutade, parce que tu n'as pas le choix. Si un matin je m'éveillais sans te trouver endormi dans ta niche, je ferais mettre le royaume à feu et à sang, je te ferais poursuivre sur toutes les routes, je mettrais tout en œuvre et je finirais bien par te retrouver. Et alors, Boutade, ma vengeance serait terrible, et tout à fait réjouissante. Que ne pars-tu, mon fou, que ne cherches-tu à t'enfuir? J'aurais tellement de plaisir à imaginer un supplice original — un chef-d'œuvre dont tu serais la matière première. Boutade, tu aimerais être la matière première d'un chef-d'œuvre? C'est tentant. Laisse-toi séduire, mon fou. Pense à la grandeur de l'œuvre d'art. Je ne sais pas encore ce que serait ton supplice, mais il ne manquerait pas de panache sur ce point, je me fais confiance. L'artiste travaille instinctivement...

Boutade aboie avec frénésie.

LE ROI

Ta gueule, Boutade. Tu me coupes l'inspiration! Qu'est-ce que je disais?

BOUTADE

Vous parliez de votre mère, Majesté...

LE ROI

C'est faux!

BOUTADE

Des larmes que votre mère versait en abondance sur votre âme dont elle disait...

LE ROI

«Ton âme verte d'un côté et pourrie de l'autre!» C'était le bon temps. Ah! Ah! Ah!

BOUTADE

Chaque matin, à l'aube, vous établissiez le programme de votre journée...

LE ROI

Et chaque soir, je trouvais ma mère en larmes! Un monstre! Elle disait que j'étais un monstre! C'était le bon temps. Ah! Ah! Ah!

Puis il s'arrête net.
Boutade, c'est de toi que nous parlions tout à l'heure...

Boutade hurle comme un chien blessé.

LE ROI
Il va vers son fou et le relève brutalement.
Sais-tu ce qui m'amuserait?

BOUTADE
Craintif.
J'aimerais le savoir, Majesté...

Le Roi ivre

LE ROI

Te pendre par la gueule à un crochet de boucherie, et m'asseoir un peu à l'écart pour te regarder gigoter dans le vide. Tu sais, Boutade, la mouche, les pattes prises dans les fils de son bourreau l'araignée, se débat pour s'enliser toujours un peu plus dans la glue soyeuse qui lui sera funeste. Il en serait de toi comme de cette mouche. Ton corps s'ébrouerait de révolte et de douleur, et le crochet dans ta gueule toujours plus profondément, petit à petit, s'enfoncerait.

Il le repousse et délire.

Et le sang par caillots épais et chauds roulerait de ta gorge ouverte pour se glisser, sinueux, sur ton habit comique et sécher en croûtes. Et les mouches, Boutade, les petites mouches à la fontaine de ta gorge éclatée viendraient se délecter d'un peu de ton sang. Elles tremperaient leur petit suçoir velu, délicatement dans ton sang. «À la tienne», dirait une mouche à sa voisine. «Je m'amuse follement, dirait une autre, je suis saoule du sang d'un bouffon»... Ah! Ah! Ah! Tu aimerais, Boutade?

BOUTADE

Ma vie ne m'appartient pas. Ma mort pas davantage, Majesté. Je l'ai compris très jeune.

LE ROI

Tu es sage, Boutade, tu es un fou sage... Et tu m'ennuies profondément... Prends garde! Je lève ma coupe à ta santé, mon fou, à ta bonne santé. Ah! Ah! Ah!

BOUTADE

On dit que les morts jouissent d'une excellente santé, Majesté.

LE ROI
Tu m'as compris, Boutade? Non, je ne te ferai pas mourir — sacrifiant même le plaisir de te voir frétiller au crochet d'une boucherie —, car tu demeures le seul d'entre mes sujets capable de saisir la méchanceté de mes allusions.

Entrent les gardes.

UN
Majesté...

LE ROI
Je t'écoute.

UN
Un moine qui chemine à dos de mulet a été aperçu sur la route.

DEUX
Les moines se font de plus en plus rares sur les routes de votre royaume, Majesté. C'est pourquoi nous avons pensé...

UN
Coup de coude à Deux.
Que vous aimeriez en savoir davantage. On nous a dit que Rome l'a envoyé jusqu'ici...

DEUX
Il est certain qu'il n'est pas venu de son propre chef dans un royaume où...

UN
Coup de coude à Deux.
Où il se trouvera dans très peu de temps.

Le Roi ivre

DEUX
Devons-nous lancer les chiens à sa rencontre?

LE ROI
Comment est-il?

DEUX
C'est un mulet qui a plutôt l'air inoffensif. Avec ses grandes oreilles...

UN
Coup de coude.
... Le teint vert, la langue pâle, il a l'air d'un moine studieux. Il se nourrit de pain sec et d'eau fraîche.

DEUX
Il paraît s'entraîner au régime qu'il devra subir dans ce royaume...

UN
Coup de coude.
Bref, il vit dans la plus grande austérité.

LE ROI
Est-il porteur d'un message?

UN
Il a fait quelques allusions; elles laissent à penser, en effet, qu'il est porteur d'un message.

DEUX
Les commentaires vont bon train. Dans la ville, on prétend que Rome veut vous inciter à plus de piété...

UN
Coup de coude.
Mais le moine s'est refusé à tout commentaire.

DEUX

Le courrier l'a menacé de lui brûler la plante des pieds s'il persistait à ne pas vouloir exposer le motif de son voyage, mais le moine a répondu que ses pieds appartenaient au Seigneur. C'est un saint homme!

UN
Coup de coude.
Quels sont les ordres, Majesté?

LE ROI
Boutade!

BOUTADE
Majesté.

LE ROI
Je veux d'autres détails.

BOUTADE
À votre service, Majesté...

Et il sort.

LE ROI
Il s'approche des gardes. Au premier.
On t'a déjà dit que tu étais laid? Réponds!

UN
Non, Majesté. Ma mère me trouvait même une certaine beauté...

LE ROI
Les maux de cœur et les maux de tripes d'une grossesse suffisent à peine à excuser son erreur de jugement. Elle est énorme! Ton

Le Roi ivre

roi te fait l'honneur de t'apprendre que tu es laid. Cette constatation venant de ma part te flatte-t-elle?

UN

Je suis flatté, Majesté.

LE ROI
Il éclate de rire.

Je sais que tu me détestes! Et toi de même! Tous les gens de ce château me détestent; et le peuple aussi me déteste. La haine que j'inspire ne souffre pas d'exception.

DEUX

Le peuple vous aime, Majesté.

LE ROI
Il éclate de rire.

Il vous ressemble, le peuple. Il me craint! Il a peur, il tremble au seul écho du nom qu'il m'a lui-même donné! Cœur-de-fer! Cœur-de-fer!

À *Un.*

Lève ton bras de côté...

Un le fait.

LE ROI

Tu trembles?... Et toi?

Deux lève un bras de côté. Il tremble visiblement.

LE ROI
Il éclate de rire.

Mon peuple n'éprouve que haine et dégoût pour moi! Je le sais! Et je m'en réjouis! attendu que les sentiments sucrés m'agacent!

Il n'est pas un jour, pas une heure, qui ne vous surprenne à souhaiter ma mort! votre délivrance!...

Il n'est pas un jour, pas une heure, qui ne vous surprenne à caresser le projet d'abréger mes jours!

Je vous connais, sale vermine! Ma vie encombre tous les cerveaux de ce royaume! Mais je demeure le plus fort, le plus grand! et je vivrai vieux!

Il éclate de rire.

Un sang bouillant coule toujours et pour longtemps dans mes veines. Il chante les saisons et l'amour! Il chante la vie!

DEUX

C'est là notre plus cher désir, Majesté.

LE ROI

Votre plus cher désir est de me tuer, mais vous êtes trop lâches pour le faire. Vous tremblez comme des gazelles! Vous n'avez pas l'âme suffisamment héroïque pour délivrer le peuple qui gémit; pour le soulager du poids de mon règne qui l'oppresse; pour me tuer, et pour mourir ensuite de la main de mes lieutenants.

Pour lui-même.

D'ailleurs dans le cas d'un franc régicide, il n'est pas tellement certain que mes lieutenants condamneraient les meurtriers: eux aussi me détestent.

Alors qu'attendez-vous? Je suis seul et sans armes; vous êtes deux, la lance au poing.

Tirez! Tirez la lance sur moi. Et qui sait? Peut-être deviendrez-vous par la suite des notables que le peuple respectera.

Et vous nagerez dans l'or! Et toutes les femmes de ce royaume vous seront acquises à l'avance: vous pourrez toutes les engrosser!

Et dans dix ans, la jeune génération vous appellera du doux nom de père... Alors qu'attendez-vous?

Le Roi ivre

Et quand vous serez morts, chaque année, en grandes pompes, le peuple portera sur vos tombes des charrettes de fleurs, tirées par de magnifiques taureaux blancs!

En votre honneur, pour glorifier votre nom, on élèvera un monument. Et les vieux du pays apprendront aux plus jeunes à se découvrir respectueusement en passant devant vos bustes de pierre.

Alors qu'attendez-vous?

Qu'êtes-vous? Des gardes. Que sont des gardes? Rien, ou si peu.

Vous avez une femme, des enfants peut-être? Fadaise! Aujourd'hui, là même, plantés devant moi, vous tenez l'occasion de poser le geste qui vous élèverait! qui donnerait un sens à votre vie, en même temps qu'il vous mériterait les honneurs!

Êtes-vous nés pour le poser ce geste? ou pour une routine idiote? Pourquoi ne me tuez-vous pas?...

Vous avez peut-être, qui sait?, quelque vague idée de l'honneur? Peut-être ne voulez-vous pas me tuer parce que je me présente à vous nu comme un ver et sans défense?... Je veux bien reconnaître que vous êtes animés d'un aussi noble sentiment...

À *Un*.

Donne-moi ta lance.

Un la lui donne.

LE ROI
À *Deux*.

Armes égales. Alors qu'attends-tu?

Deux hommes sont face-à-face. Toi et moi.

Je manie la lance aussi bien que toi; si tu m'attaques je me défendrai.

Alors qu'attends-tu? Que je te provoque? Tiens! Pour te provoquer.

De sa lance, il le pique au ventre, pique et repique.
Tiens! Pour te provoquer...
Alors qu'attends-tu? Qu'une goutte de ton sang coule?
Tiens! Pour te provoquer...

Il le pique à la main.
Deux porte la main à sa bouche dans le geste de sucer le sang.

LE ROI

Il coule ton sang? Il coule? Réponds!

DEUX

Oui, Majesté.

LE ROI

Je ne suis plus ton roi, mais ton égal!

Deux fait non nerveusement de la tête.

LE ROI

Nous ne sommes pas égaux! Tu as raison! Le monde se divise en deux: il y a moi et les autres! Je suis seul et vous êtes une multitude qui ne valez pas mieux que les femmes et les vieillards. Dépose ta lance! Dépose...

Deux obéit.

BOUTADE
Entre. Il est essoufflé.
Majesté, réjouissez-vous! Il s'agit bien d'un envoyé de Rome. Il a mission de s'entretenir avec vous. Votre mariage ne paraît plus tenir qu'à un fil!

Le Roi ivre

LE ROI

Qu'on me verse à boire!

Boutade le fait.

LE ROI

Mon cœur est dans l'allégresse! Demain, nous allons déposer mon épouse sur le dos d'un mulet et la retourner à son père! Ce sera un jour de fête!

Il boit.

Gardes! Prévenez-moi dès que le moine sera descendu de sa monture et conduisez-le jusqu'ici!

Il leur indique la sortie.
Les gardes sortent.

BOUTADE

Il y a longtemps que je n'avais vu mon roi le cœur aussi léger!

LE ROI

Enfin! Rome acquiesce à ma demande. Boutade, l'heure est aux réjouissances! Quel jeu nouveau vas-tu imaginer?

BOUTADE

J'y ai pensé toute la nuit, Majesté, et j'en ai trouvé un excellent.

LE ROI

Toute la nuit? Aurais-tu peur de mourir, Boutade?

BOUTADE

Je ne crains ni la vie, ni la mort, Majesté.

LE ROI

Et que crains-tu donc, présomptueux fou?

BOUTADE

Un bouffon ne craint que son roi.

LE ROI

Tu sais bien ta leçon, fou ennuyeux. Continuons: Boutade, as-tu fait ta prière, la nuit dernière?

BOUTADE

Comme toutes les nuits, Majesté, j'ai prié pour vous.

LE ROI

Tu es toujours très occupé, la nuit, Boutade. Tu pries, tu cherches des jeux pour le lendemain, et tu te promènes beaucoup dans le château: où vas-tu, la nuit, Boutade, quand je dors?

BOUTADE

Que voulez-vous dire, Majesté?

LE ROI

Où vas-tu, la nuit, Boutade, quand je fais semblant de dormir?

BOUTADE

Je... je cours au soulagement que Votre Majesté devine!

LE ROI

Tu te soulages beaucoup de ce temps-ci, la nuit.

BOUTADE

Ce sont les fruits, Majesté.

Le Roi ivre

LE ROI

Les fruits d'un complot, Boutade?

BOUTADE

Majesté, vous vous amusez de moi!

LE ROI

J'ai fait un rêve la nuit dernière. Tu faisais le chien au pied du trône, et puis tu es devenu un chat hideux, toutes griffes dehors, et les babines frémissantes!... Tu as bondi sur moi et tu m'as labouré le visage de tes griffes.

BOUTADE

C'est un mauvais rêve, Majesté.

LE ROI

Un cauchemar, Boutade. Et s'il m'arrivait d'en faire un aussi terrible cette nuit, dès le réveil je te ferais enfermer pour organiser la réalisation du cauchemar sur toi. Tu as compris, Boutade?

BOUTADE

Oui, Majesté... Mais je ne suis pas responsable du cauchemar!

LE ROI

Je ne veux pas le savoir. Ça ne m'intéresse pas. Une seule chose m'intéresse: m'amuser! Nous allons nous amuser ensemble Boutade, ou bien je vais m'amuser de toi.

BOUTADE

Oui, Majesté...

LE ROI

Et maintenant, Boutade, à quoi allons-nous nous amuser ensemble?

BOUTADE

Je vais faire le chien...

LE ROI

Non!

BOUTADE

Je vais chanter!

LE ROI

Non!

BOUTADE

Je vais danser!

LE ROI

Non!

BOUTADE

Je vais raconter des histoires. Il y a celle de la bergère que vous ne connaissez pas... la bergère qui avait un amant très beau et...

LE ROI

Je la connais!

BOUTADE

Nous allons célébrer la bonne nouvelle que vient vous annoncer le moine...

LE ROI

Ouvre le coffre, Boutade! et donne-moi la couronne des jours de fêtes et d'orgie!

Boutade sautille jusqu'au coffre et l'ouvre.

Le Roi ivre

LE ROI
Il bondit sur Boutade.
Arrête!

Il referme le coffre.
L'espace d'une seconde tu as eu le regard de ce chat dans mon rêve.

Il s'écrase sur le coffre. Boutade s'écarte. Il a peur.

LA REINE
Elle entre.
Majesté, je m'attriste de vous trouver dans une position aussi peu avantageuse...

LE ROI
Et de quel droit venez-vous ici sans avoir été annoncée?

LA REINE
Je viens humblement implorer votre clémence, Majesté.

LE ROI
Baissez le ton, je vous prie!

Il se relève.

LA REINE
Elle baisse la tête
La nuit dernière, j'ai pleuré, Majesté...

LE ROI
Décidément, il se passe beaucoup de choses dans ce château, la nuit — on prie, on pense, on pleure... Et qu'est-ce qui me vaut l'honneur de votre visite?

LA REINE

Majesté, j'ai appris qu'un moine porteur d'un message de Sa Sainteté serait bientôt dans ce château et je vous supplie de le recevoir comme il convient.

LE ROI
Il éclate de rire.

Boutade! Rassure la reine, mon épouse! Dis-lui tout l'intérêt que nous prenons à cette visite!

BOUTADE
À la reine. Confus.

Beaucoup d'intérêt, Majesté, beaucoup d'intérêt!

LA REINE
Au roi.

Vous êtes atroce!

LE ROI
Il éclate de rire.

Oh! Que j'aime les mots durs dans votre bouche quasi virginale! Comme ils en sortent ronds et savoureux. Dites m'en d'autres, chère épouse, dites m'en d'autres!

LA REINE

Qu'allez-vous encore exiger de votre humble servante?

LE ROI

De même que les expressions violentes, la résignation vous sied à ravir. Décidément, vous étiez née pour devenir l'épouse d'un roi... N'est-ce pas Boutade?

Le Roi ivre

BOUTADE
Confus.

Hé! Hé! Hé!

LE ROI

Et vous me voyez comblé d'une fière satisfaction maritale.

LA REINE

Pourquoi ne m'avez-vous pas aimée?

LE ROI
Capricieux.

Votre odeur, à la longue, m'est devenue fade. Aujourd'hui que ma curiosité de vous se trouve satisfaite, votre seule présence sous mon toit m'horripile et m'agace furieusement, aussi n'ai-je qu'un désir en cervelle, épouse bien-aimée, celui de vous retourner à l'insignifiant auteur de vos jours.

LA REINE

Pourquoi vous montrez-vous si cruel envers moi qui fus toujours d'un poids bien léger?

LE ROI

J'aurais aimé une femme rousse, aux cheveux de flamme; vous êtes fade.
J'aurais aimé une femme aux lèvres épaisses pour y coller ma bouche et mordre passionnément; les vôtres sont minces. J'aurais aimé une femme grande, aux chairs fermes et brunes; vous avez la peau molle.
J'aurais aimé une femme aux yeux vifs, aux yeux de furie; les vôtres sont dociles et blêmes.
J'aurais aimé une femme qui ait du goût pour les couleurs vives et les combats de taureaux; vous n'en avez que pour les teintes

pâles et la musique religieuse, et les langueurs de la lyre te comblent d'aise. J'aurais aimé une femme!!!... Ces paroles vous font mal?

LA REINE

Elles me blessent profondément...

LE ROI

Le jeu dépasse les espérances?

Il éclate de rire.

Oh! hirondelle, oh! mésange du poète, tourterelle au roucoulement tendre et soumis. Épouse mille fois désirable, sache que je m'apprête à enfoncer un dard aigu.

LA REINE

Je vous suis soumise puisque le ciel l'a voulu...

LE ROI

Le ciel! oui, le ciel! Je l'ai appelé, je l'ai convoqué le ciel! J'ai formulé à sa face ma royale demande! Je lui ai fait parvenir un coffre plein d'or et trente bœufs blancs! On ne reste pas insensible à de tels arguments!

Il éclate de rire.

Soyez tranquille, chère épouse, nous allons recevoir le moine qui nous est envoyé aujourd'hui comme s'il était notre frère... N'est-ce pas Boutade?

BOUTADE

Comme s'il était notre frère!

Le Roi ivre

LE ROI

Oh! puisse-t-il venir bien vite cet émissaire tant attendu, porteur de la dissolution officielle de notre idylle. Officielle! oui, chère épouse! L'opinion de mon peuple me préoccupe encore à mes heures de tendresse. Qu'en dites-vous?

LA REINE

Je dis que vous devez être bien malheureux.

LE ROI

Moi?! Je déborde d'allégresse: mon cœur fête la nouvelle jeunesse qui lui est déjà promise. Et la royale ambition se partage mon âme de colosse avec le royal orgueil: je suis le plus violent champ de bataille qui se fût jamais vu. Que puis-je désirer de mieux?

LA REINE

La paix.

LE ROI

Oui, chère épouse, la paix que je vais éprouver dès l'instant où vous quitterez ce château, vous, votre corps, votre âme, vos fringues et vos frusques!... J'en ai assez de vos reproches!!!

LA REINE

Vous ai-je jamais adressé un seul reproche?

LE ROI

Quand vous marchez, c'est un reproche!
Quand vous respirez, c'est un reproche!
Quand vous ouvrez les yeux, c'est un reproche!
Quand vous mangez, c'est un reproche!
Votre vie est différente de la mienne! Tout ce que vous faites est un reproche!

Vous avez une façon d'incliner la tête, vous avez une façon de détourner les yeux, vous avez une façon de ne pas faire attention à ce que je dis, de partir quand je me saoule; vous avez une façon d'être absente qui est un reproche...

LA REINE

C'est votre conscience...

LE ROI

Taisez-vous! La conscience est une invention de l'envie des autres! Je n'en ai que faire! Puissez-vous apporter avec vous ce qu'il en reste! Les lambeaux d'une conscience ivrognesse et débauchée! J'ai précisément besoin de changer l'air ambiant.

LA REINE

Qu'ai-je à voir avec l'air ambiant?

LE ROI

Mon air ambiant, c'est vous!

Il éclate de rire.
Entrent les gardes.

UN

Majesté, l'abbé Tirelenlaire, envoyé de Sa Sainteté auprès de Votre Majesté!

LE ROI

Ramenez la reine dans la profonde solitude de ses appartements!

Les gardes accompagnent la reine qui se retire.

BOUTADE

Et l'abbé Tirelenlaire, Majesté?

Le Roi ivre

LE ROI

Qu'il entre!... Qu'il entre ce remarquable porteur de la bonne nouvelle!

Il prend place sur son trône.

BOUTADE
Qui est sorti revient presque aussitôt.

Majesté, l'abbé Tirelenlaire, envoyé de Sa Sainteté auprès de Votre Majesté!

Entre l'abbé.

L'ABBÉ

Oh!... Cœur-de-fer, puissant roi de ce royaume florissant, colossal monarque de cette monarchie rayonnante, je viens vers vous, moi, l'humble émissaire de Sa Sainteté et me fais votre humble serviteur, obéissant ici, d'une part, à un ordre agréable de celui qui m'envoie vers vous et d'autre part, à mon désir qui fut toujours de vous être agréable, Cœur-de-fer...

LE ROI
Ravi.

Ah! Ah!

L'ABBÉ

C'est donc l'âme débordante d'allégresse que je me trouve aujourd'hui l'envoyé de Sa Sainteté auprès de vous, Cœur-de-fer...

LE ROI
Ravi.

Ah! Ah! Ah!

L'ABBÉ

Le cœur encore enivré du spectacle réconfortant que j'eus le loisir d'admirer chemin faisant, de ce peuple qui vous adule, vous adore et vous porte aux nues!

LE ROI

C'est bien haut, cher abbé, c'est bien haut de me porter...

L'ABBÉ

Fi donc! Cœur-de-fer, assez de modestie... j'en suis abasourdi... Enfin, bref, vous me voyez aujourd'hui...

BOUTADE

Le cœur en fête...

LE ROI

Boutade tais-toi!

L'ABBÉ

Votre bouffon, Majesté, a cent fois...

BOUTADE

Mille fois...

L'ABBÉ

Mille fois raison: je viens à vous le cœur en Fête — avec un grand F...

BOUTADE

Un F majuscule...

L'ABBÉ

Et bien éloquent...

Le Roi ivre

BOUTADE

Oh! Foui!...

LE ROI
Bas à Boutade.
Cette entrée en matière, Boutade, ne me déplaît pas; elle présage d'une attitude compréhensive du pape envers moi.

À l'abbé.
Comment se porte-t-il?

L'ABBÉ
De qui Votre Majesté me fait-elle l'honneur de me parler?

LE ROI
De Sa Sainteté notre pape vénéré.

L'ABBÉ
Hélas! Pas trop bien, Majesté. Vous n'ignorez pas que Sa Sainteté a dû se contraindre à l'usage de deux béquilles et je dois dire que n'en ayant pas contracté l'habitude dès son jeune âge — de cause à effet —, Sa Sainteté ne se porte, hélas, pas bien du tout...

LE ROI
Ah!... Dommage! Mais qu'y puis-je? Et quelle nouvelle en ce jour me venez-vous porter, ambassadeur abbé?

BOUTADE
Hélas! Pas trop bonne, Majesté.

LE ROI
Boutade, tais-toi.

BOUTADE

Je dis la vérité, Majesté!

LE ROI

Et qu'en sais-tu ignoble fou?

BOUTADE

Il n'est que de regarder la couleur vert-de-gris de sa face de freluquet, pour bien voir que l'énergumène est porteur d'un refus de Sa Sainteté. Observez son allure d'enterrement, Majesté: on dirait qu'il s'est ici rendu pour le vôtre!

LE ROI

Ou pour le sien, monsieur l'abbé ne l'ignore pas. N'est-ce pas monsieur l'abbé?

L'ABBÉ

Il se trouve des cas sur lesquels — bien entendu — Sa Sainteté se penche et se recueille plus longuement que sur d'autres: il me faut dire ici que le vôtre en fut. Ayant bien pesé le pour et...

BOUTADE

Le contre...

L'ABBÉ

Et le contre, en effet! Sa Sainteté bien qu'elle ne cache pas le bien-fondé de votre requête — loin de là puisqu'elle insiste pour que de mon côté...

BOUTADE

J'insiste...

L'ABBÉ

J'insiste même auprès de vous...

Le Roi ivre

LE ROI

Bref?!

BOUTADE

Bref?!

L'ABBÉ

Bref?

Un court temps.

Hélas, Majesté, je suis irresponsable des messages qu'il me faut porter.

LE ROI

Quoi! Sa Sainteté refuse de rompre mon mariage!

L'ABBÉ

Hélas, oui...

LE ROI

Quoi! L'éclat dont mes ancêtres firent étinceler le bouclier qui maintient puissamment ce royaume ne lui suffit pas en gage de ma sincérité!?

L'ABBÉ

Hélas...

LE ROI

Quoi! Les trente bœufs blancs qu'en signe d'amitié je fais annuellement parvenir à Sa Sainteté — à l'image du don de trente vierges que de son temps mon père distribuait largement à ses amis princiers — ne lui suffisent pas!?

BOUTADE

Hélas, pauvres bœufs blancs...

LE ROI

Je lève mon verre à la santé de Sa Sainteté! Que le jus de la treille déborde sur mon jupon blanc et que ton sang, petit abbé, retombe sur moi et sur mes enfants — car tu seras puni!!!

L'ABBÉ

Majesté, je ne suis pour rien dans les décisions de Sa Sainteté.

LE ROI

N'es-tu pas le représentant du Saint-Siège auprès de moi?!

BOUTADE

Hélas, oui...

LE ROI

Tu seras donc puni en tant que ce représentant!
Assez de se moquer du roi que je suis, de la couronne sur ma tête, et de mon sceptre au poing!
Encore un peu de temps et nous te verrons, encore un peu de temps et nous ne te verrons plus!
Quel jour sommes-nous, Boutade?

BOUTADE

Hélas... Vendredi saint, Majesté.

LE ROI

Excellente idée, Boutade. Gardes!

Les gardes entrent.
Emmenez l'abbé freluquet pour qu'il soit crucifié!

Le Roi ivre

L'Abbé
Majesté... l'heure aurait-elle sonné de ma fin?...

Il pleure.
Pitié, Majesté, pitié... je suis si jeune encore.

Boutade
Hélas...

Le Roi
Aux gardes.
Vous planterez bien droite et haute la croix sur cette colline abrupte et rocailleuse qui me sert d'horizon lorsque du balcon royal de ce château royal j'exhibe son roi au peuple qui le réclame! Obéissez!

Les gardes traînent par les bras l'abbé qui pleure comme un enfant.

Le Roi
Boutade!

Boutade
Majesté?

Le Roi
Apporte du vin, beaucoup de vin rouge que je puisse me laver symboliquement les mains...

Boutade
Voilà Majesté!

Il verse à boire.

LE ROI
Se lave les mains jusqu'au coude puis il dit:
Pardonnez à mes gardes et à mes bourreaux, Seigneur Dieu, car ils ne savent ce qu'ils font.

— *NÉANT* —

Deuxième tableau

Roulement de tambour. La lumière revient lentement. La scène sera moins éclairée qu'au premier tableau. Le roi est seul. Il a des gestes brusques comme s'il voulait chasser un mauvais rêve.

BOUTADE
Il entre.

Majesté.

LE ROI
Il sursaute.

Où étais-tu Boutade?

BOUTADE

Un peu partout, Majesté. J'étais aux nouvelles...

LE ROI

Je ne veux plus que tu me laisses seul. Tu as compris?

BOUTADE

Oui, Majesté.

LE ROI

Quelles nouvelles rapportes-tu?

BOUTADE

Excellentes, Majesté. Le cortège s'est engagé sur le petit chemin de la colline et l'abbé traîne péniblement sa croix.

LE ROI

Il éclate de rire. Puis redevient inquiet.

Rien d'autre?

BOUTADE

Le peuple gronde sourdement: au cours de réunions louches qui se tiennent dans les bouges du royaume on parle de révolte.

LE ROI

Ah! Ah! Ah! Révolte? Le peuple est trop lâche!...

BOUTADE

Les chiens courent dans les rues, la queue basse et la babine écumante...

LE ROI

Va pour les chiens baveux... Ensuite?

BOUTADE

Il n'y a plus un seul rat dans la ville, Majesté!

LE ROI

Tant mieux!

BOUTADE

Mais le peuple s'inquiète, Majesté.

LE ROI

Et pourquoi s'inquiète-t-il?

BOUTADE

Il dit que la subite disparition des rats n'augure rien de bon pour le royaume...

Le Roi ivre

LE ROI

Qu'on leur donne des rats!

Il précise.

Des rats et des jeux!

BOUTADE

Il n'y a plus de blé dans les greniers.

LE ROI

Qu'y puis-je?

BOUTADE

Plus de blé: plus de pain, Majesté...

LE ROI

Ah! voilà donc pourquoi les rats sont partis...

BOUTADE

L'abbé de votre chapelle royale a disparu, Majesté.

LE ROI

S'il revient qu'on le crucifie — la tête en bas: ça lui apprendra à disparaître.

BOUTADE

La chapelle est sombre et les chauves-souris survolent sournoisement les statues.

LE ROI

Elles en ont décapité quelques-unes?

BOUTADE

Aucune, Majesté

LE ROI

Qu'on laisse donc ces aimables mammifères se prélasser de la nef aux absides et du chœur aux voûtes! Quoi encore?

BOUTADE

La reine pleure, Majesté.

LE ROI

Excellente idée, Boutade! Qu'on la fasse venir ici! Le spectacle de ma reine en larmes va me rendre la joie de vivre!

Il se verse à boire.

BOUTADE

Va pour sortir, mais il s'arrête et annonce.
Sa Majesté la reine!

LE ROI

Prendrait-elle l'habitude agaçante chez une femme de l'initiative personnelle...

BOUTADE

Je cours aux nouvelles, Majesté?

Il va sortir.

LE ROI

Excellente idée, Boutade. Et reviens vite me décrire la souffrance que tu croiseras sur ta route!

Il rit. Puis sévère.
Mon épouse, quel bon vent vous amène?

Le Roi ivre

LA REINE
Elle est entrée.
Un vent chargé de gémissements de votre peuple, Majesté.

LE ROI
Je ne lui en demande pas tant!

LA REINE
Majesté, je ne viens pas implorer plus d'indulgence à mon endroit, plus de compréhension...
J'accepte mon destin, aussi pénible soit-il. Vous ferez de moi ce qu'il vous plaira.
Mais souffrez que je vous parle de ceux dont vous êtes le chef temporel... Vos malheureux sujets pleurent sur vous et sur vos péchés...

LE ROI
Ça les occupe! Et ça vous occupe! Mais vous allez tout de même vous faire un devoir de m'obéir: reprenez le fuseau et les aiguilles, chère épouse, tel est votre destin. Tenez-vous-y!

LA REINE
Le peuple craint la vengeance divine!

LE ROI
Le monde n'est en somme qu'une immense tempête divine. Et dans ce naufrage grotesque et gigantesque, votre place n'est pas ici!

LA REINE
Rendez votre peuple heureux! Donnez à vos sujets la paix du cœur!

LE ROI
Il rit.

Il n'y a pas assez de guerres! Les rois s'ennuient! Et pour ce qui est de la paix du cœur, ce n'est pas mon fait! Je ne suis pas le roi du ciel; je suis un roi de la terre! Adressez-vous ailleurs!

LA REINE

Majesté, je vous en supplie, écoutez-moi. J'ai séché mes larmes inutiles, et je suis venue vous dire la détresse, je suis venue vous dire la grande lassitude de votre peuple.

LE ROI
Il rit.

Ma foi, mon épouse, vous êtes sous pression! J'ignorais que vous fussiez capable de t'enflammer... Continuez, vous m'amusez...

LA REINE

Ouvrez les yeux, Majesté, et voyez la souffrance qui règne autour de vous! Voyez!

LE ROI
Dans une grande colère.

Et puis, non! J'en ai assez! Ça ne m'amuse plus! Courbez l'échine et taisez-vous! Nous allons maintenant nous employer à meubler votre esprit! Lorsque ce soir vous rentrerez dans vos appartements, vous aurez le souvenir d'une journée mémorable! Elle va exiger plusieurs mois de digestion pendant lesquels vous ne viendrez plus nous importuner!

Vous allez me tenir compagnie pendant une heure. Ne pouvez-vous veiller une heure avec moi?... Ensemble, spectateurs ravis, nous allons assister dans quelques instants à la mise en croix d'un minable abbé.

Le Roi ivre

LA REINE

Vous êtes atroce!

LE ROI

Taisez-vous! Souvenez-vous du joli matin de mai où vous m'avez juré fidélité et obéissance. C'était devant les autels. Et prenez garde que je vous y ramène, les pieds les premiers!

Il rit. Comédien.

Et tout le peuple prendra le deuil. Et je verserai des pleurs sur votre dépouille.

Et on vous enfermera en grandes pompes au plus profond d'un immense caveau dont nous aurons la précaution de verrouiller la porte — de peur qu'il ne vous prenne la fantaisie coupable de res-susciter!

Il rit.

Dans quelques minutes, sans pudeur, sans même la réserve la plus élémentaire, un moine va se donner en spectacle sur le sommet de cette colline. Savez-vous seulement pourquoi je le fais crucifier?

LA REINE

Il était porteur du refus de Sa Sainteté à votre demande de disso-lution de mariage...

LE ROI

Que vous êtes bavarde! Vous n'ouvrez la bouche que pour dire des sottises! Et vous avez toujours été bêtement ignorante des joyeuses fantaisies de votre époux.

Eh bien! non, chère épouse, le moine freluquet ne sera pas cruci-fié pour cette seule raison. Il en est une autre beaucoup plus simple: il ne m'était pas sympathique! Plus il parlait, plus j'éprou-

vais le besoin de m'opposer à lui, de faire un geste pour marquer mon antipathie... Et puis son froc sentait le mulet... Voilà!
Vous baissez la tête?
Vous avez raison de baisser la tête devant moi, mon enfant, je suis à l'image de Dieu: impénétrable en mes desseins.

Boutade entre en courant.

LE ROI

Quelles nouvelles, Boutade?

BOUTADE

Le vent tourne en rond sur la colline!

Depuis l'entrée de Boutade l'éclairage baisse lentement.

LE ROI

Ensuite?

BOUTADE

Les ivrognes ont le vin triste!

LE ROI

Ensuite?

BOUTADE

Les hommes parlent à voix basse. Les femmes se taisent et s'enferment dans les maisons avec les enfants.

LE ROI

Et les chiens?

BOUTADE

Toujours aussi baveux.

Le Roi ivre

LE ROI
Et les rats?

BOUTADE
Manquent à l'appel, Majesté.

LE ROI
Et le peuple?

BOUTADE
Il est gris, Majesté.

LE ROI
Allons au spectacle!

Mouvement.

Ensuite?

BOUTADE
Voyez vous-même, Majesté, on s'apprête à planter la croix sur laquelle mourra bientôt le coupable.

LE ROI
L'innocent, Boutade! L'innocent!

D'ailleurs en disant «coupable», tu gâcherais le plaisir de la reine.

LA REINE
J'ai peur, laissez-moi partir!

LE ROI
Taisez-vous et restez auprès de moi!

BOUTADE
Majesté, voyez comme le ciel est noir.

LE ROI

Très noir, oui...

Puis il éclate de rire.

BOUTADE

Quelle pensée vous fait rire, Majesté?

LE ROI
Morose.
Je pense, Boutade, que déjà ce spectacle est sur le point de m'ennuyer profondément...

BOUTADE

Il est pourtant de choix: la crucifixion d'un innocent, un Vendredi saint à trois heures.

LE ROI
Dramatique.
Boutade!

BOUTADE

Majesté?

LE ROI

Dis-nous quelque chose de drôle!

BOUTADE

De drôle?... Auriez-vous peur, Majesté?

Roulement de tambour au loin.

LE ROI

Dis-nous quelque chose de drôle!

Le Roi ivre

BOUTADE

Vous n'avez rien à craindre, Majesté! Vous êtes le maître! On a déjà vu avant aujourd'hui des nuages s'amonceler au-dessus de la colline, n'est-ce pas? Regardez! regardez les nuages, Majesté! On dirait un chat.

Il ricane.
Le roi lui donne un coup de pied.

BOUTADE
Il se retrouve un peu plus loin et miaule.
Miaou! Miaou! Quelque chose de drôle? Attendez! Voyons si Élie viendra le délivrer.

La reine s'enfuit.
Roulement de tambour et de vent sur la scène.

BOUTADE

Vous entendez, Majesté, la belle histoire! Il y avait des curieux. Une foule de curieux. Des hommes qui passaient la main dans leur barbe en calculant, en s'interrogeant sur l'Homme-Dieu qui ouvrait ses bras pour étreindre la foule des hommes en son amour immense.
Vous entendez, Majesté, la belle histoire!
Il y eut du sang. Il y eut un homme qui est mort, les pieds et les mains cloués sur deux bouts de bois...

Le roi, pendant ce qui suit, est comme foudroyé par un éclair. Et le tonnerre gronde.

BOUTADE

... «Au même instant, le voile du temple se déchira depuis le haut jusqu'en bas, la terre trembla, les pierres se fendirent, les tombeaux s'ouvrirent...»

LE ROI
Il s'écrase à quatre pattes.
Boutade... Boutade...

BOUTADE
Ferme.
Majesté?

LE ROI
Étrangle la reine, elle est responsable du cataclysme! Étrangle, tu auras de l'or. Étrangle...

BOUTADE
La reine est déjà loin, Majesté...

LE ROI
Boutade, mes yeux sont-ils ouverts?

BOUTADE
Grands ouverts, Majesté.

LE ROI
Et mes jambes, dis-moi, sont-elles toujours sous mon corps?

BOUTADE
Vous êtes assis dessus, Majesté.

LE ROI
Je ne les sens plus, Boutade, elles sont paralysées et je suis aveugle.

BOUTADE
Miaou! Miaou! fff! fff! fff!
Il rit.

Le Roi ivre

LE ROI

Tu auras les yeux crevés, les pieds et les mains coupés...

BOUTADE

Votre Majesté jouit d'une imagination bouillonnante de fertilité.

LE ROI

Je te ferai étriper par nos chiens!

BOUTADE
Rageur.
Et mon cœur vous sera servi sur un plateau d'argent? Miaou! fff! Ah! Ah! Ah!

LE ROI

Boutade, je vais mourir.

BOUTADE

Miaou!!!

LE ROI

Quel artiste va mourir...

BOUTADE

Un aigle, tu croyais être un aigle, mais ne fus toujours qu'un vulgaire corbeau que la mort aujourd'hui rappelle à l'ordre.

LE ROI
Il meurt.

BOUTADE

En ce jour de colère et de justice, tu meurs comme un chien galeux!

Il le pousse du pied et va d'un bout de la scène à l'autre en criant:
Le roi est mort! Vivat! Le roi est mort! Vivat!
Boutade se verse à boire. Boit et vide la coupe sur le cadavre du roi ivre, en riant.

R I D E A U

1ᵉʳ SEPTEMBRE 1956.

Les Grands Départs

Départs

Pièce en trois actes

Préface

Dans Les Grands Départs, *une terrible solitude referme les person-nages sur eux-mêmes; ils poursuivent un monologue interminable, ne s'entendent pas et ne se répondent pas; ils se regardent comme des choses transparentes, observant au-delà des autres leurs rêves et leurs désirs frustrés. Le sous-entendu, dans la pensée aussi bien que dans le geste, enveloppe les êtres et les objets, en ce lieu clos où les personnages s'écorchent les uns les autres avec ce souverain mépris des fauves mis en cage.*

Les Grands Départs *pourrait se définir par la dualité du ridicule et du sublime qui se chevauchent tout au long de la pièce; de même que par un humour bien particulier dont le style de Languirand est toujours imprégné.*

Les Grands Départs *demeure une pièce qui ne se laisse pas découvrir du premier coup parce qu'elle se morcelle constamment. Mais lors-qu'on rassemble les morceaux de ce casse-tête, on se trouve, selon moi, devant une œuvre qui marque une étape très importante de notre théâtre.*

LOUIS-GEORGES CARRIER

Personnages

HECTOR – le père.

MARGOT – la mère.

EULALIE – la tante de Sophie, sœur de Margot.

SOPHIE – la jeune fille.

ALBERT – le prétendant d'Eulalie.

LE GRAND-PÈRE – paralytique, père de Margot.

Décor

Un seul décor représentant la salle commune d'un modeste appartement. Le désordre règne: meubles entassés, valises, objets divers – sommier, pendule, globe terrestre, etc. Une entrée principale et deux portes: l'une donne accès à la chambre d'Eulalie, l'autre ouvre sur un couloir qui dessert le reste de l'appartement.

L'action se passe en une seule nuit.

NOTE: Les notes de mise en scène de l'auteur sont disponibles sur demande.

Acte I

HECTOR
Au milieu de la pièce. Comme s'il faisait des essais de voix.
Hector! Hector!

Puis, de l'autre côté.
Hector! Hector!

MARGOT
Arrivant.
Qu'est-ce qui te prend, Hector? Tu te fais des signes?

HECTOR
Écoute...

Comme plus haut.
Hector! Hector!

MARGOT
Quoi?

HECTOR
L'écho... Hector! Hector!

À Margot.
Ma voix résonne comme dans une gare! La maison est pleine de trous, pleine de poches d'air... Ça donne le vertige!

MARGOT

Et puis?

HECTOR

Et puis? Rien… Ma voix me revient, c'est tout.

MARGOT

Mon pauvre Hector!

HECTOR

… Tu as entendu?

MARGOT

Quoi?

HECTOR

Tu as dit «Hector», et le nom est revenu. Tu as entendu?

MARGOT

J'ai dit: «Mon pauvre Hector»… Voilà ce que j'ai dit!

HECTOR

Et le nom est revenu tout de même.

Imitant l'écho.

Hector…

MARGOT

C'est bien le moment de perdre du temps, le camion va arriver d'une minute à l'autre.

HECTOR

Tout est prêt!

MARGOT

Et grand-père? Où est grand-père?

Les Grands Départs

HECTOR

Parmi les bagages.

MARGOT

Où?

HECTOR

Il se trouve sur son matelas, devant le bahut, à côté de la grande caisse de carton, un peu derrière les boîtes à beurre!

MARGOT
Se rend dans la direction indiquée.
Je ne le vois pas. Où as-tu mis grand-père?

HECTOR

Puisque je te dis qu'il est quelque part parmi les bagages.

Ironique.
À moins qu'il ne soit sorti sur la pointe des pieds, prendre l'air un moment...

MARGOT

Hector! Je te rappelle que mon père est devenu paralytique à la suite d'une querelle avec toi.

HECTOR

Si on ne peut plus discuter...

On entend une plainte déchirante.

MARGOT

Qu'est-ce que c'est?

HECTOR

Eh bien! grand-père!...

MARGOT

Pauvre grand-père!

HECTOR

Il ne se rend même pas compte que nous déménageons.

MARGOT

Mais il se plaint.

HECTOR

Moi aussi, je me plains.

MARGOT

Ce n'est pas la même chose.

HECTOR

Bien sûr! Lui se plaint pour rien, tandis que moi...

MARGOT

Hector!

HECTOR

Je finis par en avoir par-dessus la tête. Il n'arrive jamais rien. Je manque d'inspiration.

MARGOT

Fais appel à ton imagination!

Les Grands Départs

HECTOR

J'ai commencé trois ou quatre romans dans lesquels le personnage principal est un paralytique, et je me suis arrêté un peu avant la fin du premier chapitre.

MARGOT

Tu me fais rire.

HECTOR

Tu es bien la seule que ça amuse, alors que précisément tu devrais t'inquiéter: si je ne termine pas l'une de mes œuvres, comment allons-nous vivre?

MARGOT

Et comment avons-nous vécu jusqu'à maintenant?

HECTOR

Je me le demande.

MARGOT

Eh bien! moi, je peux te le dire: nous avons mangé les économies de mon père, mangé les économies de ma sœur, et mangé les miennes! Voilà comment nous avons vécu jusqu'à maintenant?!

HECTOR
Impressionné.

Une belle famille économe.

MARGOT

Sais-tu bien que tu vis, pour ainsi dire, à mes crochets depuis vingt ans?

HECTOR

Le temps passe vite.

MARGOT

Et nous n'avons plus d'argent. C'est la raison pour laquelle nous déménageons.

HECTOR
Doctoral.
Situation embarrassante. Que faire?

MARGOT

Il va falloir travailler, Hector.

HECTOR

Je vois où tu veux en venir.

MARGOT

Tu dois prendre une décision.

HECTOR

Minute! Le moment est venu de faire le point. Sophie veut se marier; ton père mange de moins en moins; quant à ta sœur, si nous allons demeurer dans un appartement plus petit, elle devrait envisager sérieusement de nous quitter; reste nous deux – prenons la résolution de vivre pour les choses de l'esprit, et nous sommes sauvés!

MARGOT

Et tu te demandes pourquoi tes romans n'ont jamais été publiés?

HECTOR

Parce que je demeure un incompris.

MARGOT

Tu arrives au bout de ton rouleau, mon pauvre ami.

Les Grands Départs

HECTOR

Si j'ai attendu jusqu'à ce jour pour m'exprimer vraiment, j'avais mes raisons.

MARGOT

Tu permets que...

HECTOR

Remontons au déluge, si tu le veux bien, c'est-à-dire à ma vingtième année – époque où je t'ai connue! Je savais déjà qu'un jour j'accoucherais d'une œuvre importante. Mais qu'a-t-on à dire à vingt ans? Rien. À vingt ans, on pisse vinaigre. Il faut avoir le courage de ne pas avorter; il faut porter à terme. Aurais-je dû accoucher à trente ans? J'ai fait une tentative.

MARGOT

Infructueuse...

HECTOR

C'est exact. Infructueuse parce qu'à l'époque, les problèmes de la vie quotidienne me dévoraient vivant.

MARGOT

Tu veux dire que j'étais entrée dans ta vie.

HECTOR

Je veux dire qu'avec toi, les mille et une choses de la petite vie ont tenté une invasion dans mon œuvre; et je n'ai pas su prendre la situation en main. J'ai attendu dix ans pour comprendre ce qui s'était passé en moi jusqu'à ma vingtième année. Mais au moment d'écrire, je me suis aperçu qu'il me fallait assimiler mon expérience de vingt ans à trente ans, parce que précisément, elle remettait tout en question.

MARGOT

Et ainsi de suite...

HECTOR

Et ainsi de suite, parfaitement!

MARGOT

Jusqu'à maintenant!

HECTOR

Jusqu'à maintenant!

MARGOT

Tu t'écoutes parler.

HECTOR

Je suis mon plus fidèle auditeur. Mais j'écoute aussi le monde.

MARGOT

Dans ce cas, écoute-moi bien! Que comptes-tu faire?

HECTOR

Je compte accoucher bientôt. Je suis prêt.

MARGOT

Tu m'en vois ravie.

HECTOR

Je savais que tu comprendrais.

MARGOT

Moi? Pas du tout. Je ne comprends rien! Et je ne veux rien comprendre!

Les Grands Départs

HECTOR

Ainsi, tu m'abandonnerais au seuil de la gloire! Ainsi, je vais faire seul mon entrée dans le monde officiel de la création littéraire!

MARGOT

Je refuse de comprendre! La poire refuse de comprendre! Le citron qu'on pressure refuse d'être pressuré davantage.

HECTOR

C'est la révolte des fruits et légumes!

On entend une plainte déchirante.

MARGOT

Va voir ce qu'il veut.

HECTOR

Je ne suis pas devin. C'en est un autre qui ne s'exprime pas clairement!

MARGOT

Va!

HECTOR

Il se rend auprès du grand-père.

Ça va?

Il revient.

Ça va.

MARGOT

C'est tout ce que tu trouves à lui dire?

HECTOR

Il n'est guère loquace non plus.

MARGOT

Tu es inhumain.

HECTOR

Ce n'est pas facile de toujours interpréter ses silences! As-tu déjà interrogé un arbre?

MARGOT

Avec ton imagination, tu devrais pouvoir faire parler les arbres.

HECTOR

Je ne suis pas un fabuliste.

MARGOT

Il devrait t'être encore plus facile de comprendre le langage intérieur d'un paralytique.

HECTOR

Quand il est content, il se tait; quand il est furieux, il se tait. Et dans les deux cas, la façon de se taire est tellement semblable qu'on s'y tromperait! Rien ne ressemble plus au silence d'un paralytique qu'un autre silence de paralytique.

MARGOT

Où est Sophie?

HECTOR

Je n'en sais rien.

MARGOT

Sophie! Sophie!

Les Grands Départs

HECTOR

Tu as entendu l'écho?

MARGOT

Je t'en prie! Sophie! Où es-tu?

HECTOR
Imitant l'écho.

Tu... tu...

MARGOT

Tu as bientôt fini de faire le perroquet?

Sophie arrive de la chambre d'Eulalie.

SOPHIE

J'étais avec tante Eulalie.

MARGOT

Et alors?

SOPHIE

Elle ne veut pas bouger de son lit. Elle prétend qu'on ne l'a pas consultée au sujet du déménagement. Elle refuse de partir.

HECTOR

Eh bien! qu'elle reste! La vie est courte! Le moment est venu de trancher dans le vif.

MARGOT

Elle a raison. Nous aurions dû la consulter. Pour la forme.

HECTOR

Je veux bien la consulter maintenant! Qu'est-ce que je risque? Ou bien elle est favorable à l'idée de déménager et tout va pour le mieux dans le meilleur des mondes, ou bien elle s'y oppose et nous l'abandonnerons dans son lit, son lit dans sa chambre noire, sa chambre noire dans la maison vide – voilà! Tranchons dans le vif!

MARGOT

Ma parole! Tu es inconscient! Oublies-tu que ma sœur a consacré sa vie à prendre soin de mon père?

HECTOR

Qui nous est finalement tombé sur les bras.

MARGOT

Laisse-moi finir! Et que, de ce fait, tu as eu ta large part des économies familiales.

HECTOR

Moi ou l'hospice, quelle différence?

SOPHIE

Tante Eulalie prétend qu'elle n'est pas le chien de la famille.

HECTOR

Heureusement! Les nouveaux propriétaires interdisent les enfants en bas âge et les chiens; c'est écrit en toutes lettres dans le bail.

MARGOT

Tes plaisanteries sont de mauvais goût!

HECTOR

Je plaisante parce que j'en ai par-dessus la tête de tante Eulalie.

Les Grands Départs

MARGOT

Maintenant que le citron n'a plus un sou, qu'il n'en reste plus que l'écorce!

HECTOR

Encore la révolte des fruits et légumes!

MARGOT

Ma sœur est malade, Hector!

HECTOR

Toute ta famille est malade! Fondez un hôpital!

MARGOT

Tu devrais avoir honte.

HECTOR

La honte est un sentiment que je refuse d'éprouver désormais. Je vais entrer bientôt dans ma grande époque de création, et j'ai décidé de me protéger; à l'avenir, je serai égoïste pour sauver l'essentiel. Tante Eulalie, c'est l'accessoire! Et j'en ai par-dessus la tête de son univers intime, comme elle le dit si bien. Je m'en balance de son univers intime. A-t-on idée de vivre au lit quand on n'est pas malade, et dans le noir encore! A-t-on idée d'avoir peur à ce point de la lumière! *Fiat lux*, madame Eulalie! *Fiat lux* et *lux fuit*! Non mais! Elle se conduit comme si elle couvait une œuvre philosophique. Elle vit comme un penseur! Je vais lui en faire voir des pensées, moi, et de toutes les couleurs...

MARGOT

J'ai honte pour toi!

HECTOR

C'est une excellente idée!

SOPHIE

Je te remercie, papa.

HECTOR

Me remercier? Pourquoi?

SOPHIE

Je voulais savoir quel était le sort de ceux qui refusent de faire leur vie, de ceux qui se sacrifient pour les autres. Maintenant, je sais: ils finissent comme des chiens. Je te remercie de m'avoir appris.

Elle sort.

MARGOT

C'est du propre. Malheur à ceux par qui le scandale arrive!

HECTOR

Le scandale? Je ne comprends pas...

MARGOT

Tu vas prendre dix ans pour assimiler cette expérience, je suppose?

Elle sort par la porte empruntée par sa fille.

HECTOR

Qu'est-ce qu'ils ont tous? Si seulement je pouvais faire le tour de tous ces problèmes – un véritable chapelet de problèmes!

On entend une plainte déchirante.

Ah, vous! Je vous en prie! La paix! Vous comprenez, la paix! Si ce mot a encore une signification pour vous...

Les Grands Départs

Je sens confusément naître en moi une grande énergie créatrice; de la matière grise de mon cerveau à l'encre de mon stylo, je veux une ligne droite – le plus court chemin entre deux points. Et désormais, tout ce qui va menacer ma muraille de Chine, je vais l'écarter, le repousser violemment: je ne veux plus rien entre ma véritable identité et mon œuvre. Vous avez compris? Vous vous taisez, bien sûr. Vous réalisez que je suis maintenant en possession de tous mes moyens... J'interprète votre silence comme une soumission à la force qui émane de moi. Je suis comme la femelle qui prépare le nid où déposer son œuf; je vais pondre, monsieur mon beau-père! Je suis sur le point de!...

Vous avez raison de garder le silence. Il vaut mieux s'incliner devant la force que de se raidir et d'être cassé par elle comme une éclisse de bois sec.

Entre Sophie.

J'ai l'œuf dans les tripes! Arrière! Je deviens méchante! Je protège mon petit! Le sang de mon sang! La chair de ma chair!

SOPHIE
Tranquille.

Qu'est-ce qu'il en pense?

HECTOR
Sursaute.

Tu pourrais frapper avant d'entrer!

SOPHIE

Qu'est-ce qu'il en pense de ton œuf, grand-père?

HECTOR

Il n'a pas desserré les lèvres.

SOPHIE

Il se tait, lui.

HECTOR

Tu ferais bien d'en faire autant.

SOPHIE

Oh! moi, il y a longtemps que j'ai compris.

HECTOR

Et quoi, au juste?

SOPHIE

Qu'il n'y a rien à comprendre.

HECTOR

Méditatif.

Qu'il n'y a rien à comprendre... Où as-tu lu ça, toi?

SOPHIE

Sur une feuille manuscrite d'un de tes œufs!

HECTOR

J'ai écrit ça, moi?

SOPHIE

Oui.

HECTOR

Qu'il n'y a rien à comprendre...?

SOPHIE

Qu'il n'y a rien à comprendre!

Les Grands Départs

HECTOR
Et c'est vrai! C'est vrai qu'il n'y a rien à comprendre!

SOPHIE
Pourquoi persister à vouloir tout expliquer puisqu'il n'y a rien à comprendre?

HECTOR
Voilà! C'est ça! Pourquoi persister? Pourquoi?

SOPHIE
Je te le demande!

HECTOR
Moi aussi!

SOPHIE
Mais la phrase complète n'est pas de toi, elle est de moi.

HECTOR
Elle n'est pas de moi?

SOPHIE
Puisqu'il n'y a rien à comprendre, dis-tu, pourquoi persistes-tu à vouloir tout expliquer? La question est de moi.

HECTOR
Puisqu'il n'y a rien à comprendre, tais-toi!

Au grand-père.
Et vous aussi!

À Sophie.
Prends exemple sur ton grand-père!

Soudain.

Regarde-moi...

SOPHIE

…

HECTOR

Si je comprends bien, tu te moques de moi.

SOPHIE

Je veux m'en aller!...

HECTOR

T'en aller, toi? Où ça?

SOPHIE

Peu importe. L'essentiel, c'est de partir.

HECTOR

Oh! moi aussi, à l'époque, j'ai voulu partir.

SOPHIE

Et puis?

HECTOR

Et je suis resté! Voilà!

SOPHIE

Par conséquent, tu voudrais que je reste.

HECTOR

Par conséquent, tu vas rester.

Les Grands Départs

SOPHIE

Situation classique.

HECTOR

Rien de neuf sous le soleil, ma pauvre Sophie.

SOPHIE

Il y a ceux qui restent et il y a ceux qui partent.

HECTOR

Et ceux qui partent finissent toujours par rester quelque part, un jour ou l'autre. Il faudrait toujours partir.

SOPHIE

Eh bien! moi, je commence ce soir. Quelqu'un d'autre fera la tisane de tante Eulalie, à l'avenir. Je me sens prise dans un cercle vicieux dont je veux sortir.

HECTOR

Pour aller te faire prendre ailleurs. À quoi bon? Le cercle n'est pas plus vicieux ici qu'ailleurs, crois-moi.

SOPHIE

Grand-père a sacrifié sa vie pour ses enfants, tante Eulalie a sacrifié la sienne pour grand-père; et moi, il faudrait que j'en fasse autant pour tante Eulalie? Je refuse.

HECTOR

En un sens, tu as raison. On dirait de vieux arbres secs appuyés les uns sur les autres. Ça ferait un beau feu...

SOPHIE

Je suis revenue te dire que je partais.

HECTOR

Oui, tu es bien la fille de ton père! Moi aussi, je suis toujours revenu dire que je partais...

SOPHIE

Et pourquoi n'es-tu jamais parti?

HECTOR

À cause de toi, par exemple.

SOPHIE

Pour que je ne puisse jamais partir, moi non plus, à cause de toi, par exemple.

HECTOR

Et où irais-tu?

SOPHIE

Je ne sais pas.

HECTOR

Moi aussi, c'est là que je voulais aller... Si tout le monde partait, tout le monde se retrouverait là. Mais comme personne ne part jamais, on ne saura jamais où c'est...

SOPHIE

Tu te moques de moi.

HECTOR

Non.

SOPHIE

Parce que tu n'as pas eu le courage de partir, tu t'imagines que personne ne l'aura jamais.

Les Grands Départs

HECTOR
Un jour, j'ai compris que je n'aurais jamais le courage de partir.

SOPHIE
Et tu n'as pas voulu en finir?

HECTOR
J'ai commencé à espérer secrètement que les autres le trouve-raient, eux, le courage de partir! Ce qui aurait eu le même résul-tat pour moi...

SOPHIE
Aide-moi à partir.

HECTOR
Pars!

SOPHIE
Aide-moi vraiment.

HECTOR
Pars, Sophie, pars!

Un temps.

EULALIE
Voix en coulisse.
Sophie! Sophie! Sophie! Sophie!

Un temps, puis plus fort.
Sophie! Sophie! Sophie!

Sophie hésite, puis elle répond à l'appel d'Eulalie.

HECTOR

Demeure seul. Il se ronge un ongle un moment. Puis, sentencieux, s'adresse au grand-père.

Quand je pense que demain matin le soleil va se lever! Quelle dérision! Il est sûr de lui, le soleil – il est au-dessus de tout... Et quand je pense que l'homme n'a même pas une paire d'ailes! J'ai l'impression qu'on se moque de nous... Qu'en dites-vous, grand-père? Oh! n'essayez pas de m'attendrir avec votre paralysie. Nous sommes tous paralytiques – un peu plus, un peu moins, quelle différence?! Je me sens rigide. La vie grouille autour de moi: le règne végétal, le règne animal – et vous et moi, nous appartenons au règne minéral. Nous sommes des os – essentiellement des os rigides. Je voudrais être un orchestre pour jouer une symphonie... Plus je vous regarde, plus je trouve que vous avez l'air d'un violoncelle. Mais ça ne suffit pas! Vous entendez! ça ne suffit pas pour jouer une symphonie! Et moi, de quoi ai-je l'air dans tout ça? Je vous le demande...

Un temps.

J'ai l'air d'un trombone. D'un trombone à coulisse, bien glissant, bien braillard... Et ça ne suffit pas non plus...

MARGOT

Entre en coup de vent.

Et alors?! Monsieur parle tout seul.

HECTOR

Solennel.

Et toi, tu as l'air d'une trompette bouchée!

MARGOT

Tu deviens fou?

Les Grands Départs

HECTOR

Musicien. Je deviens musicien. J'ai une symphonie dans l'âme.

MARGOT

Ecoute-moi bien! Tu vas te rendre dans la chambre de ma sœur pour lui faire des excuses.

HECTOR

Moi?

MARGOT

Eulalie pleure.

HECTOR

Eulalie pleure?

MARGOT

À cause de toi!

HECTOR

À cause de moi?

MARGOT

Tu lui as fait de la peine!

HECTOR

Tu vois! J'ai fait quelque chose! Tu prétends toujours que je ne fais rien.

MARGOT

Ne tente pas de brouiller les pistes. Eulalie pleure parce que nous ne l'avons pas consultée au sujet du déménagement.

HECTOR

Bien! Dis-lui que je suis triste d'apprendre qu'elle pleure. Dis-lui qu'à l'avenir, avant de déménager, nous la consulterons. Dis-lui mille choses...

MARGOT

Va le lui dire toi-même.

HECTOR

Je n'aime pas ça! La peine des autres est une prison.

MARGOT

Eulalie va peut-être nous quitter pour l'hospice.

HECTOR

Je ne suis pas contre un tel projet! Je te rappelle que nous déménageons dans un appartement plus petit.

MARGOT

Et le remords?

HECTOR

Quel remords?

MARGOT

Allons!

HECTOR

Quel remords? C'est vaste le remords; un grand bassin dans lequel nous baignons... À quel remords en particulier fais-tu allusion?

MARGOT

Tu as vécu en parasite sur le porte-monnaie de tante Eulalie. Et maintenant qu'elle n'a plus un sou, tu la laisserais partir?

Les Grands Départs

HECTOR

Je n'aime pas les parasites!

MARGOT

Tu parles en connaissance de cause!

HECTOR

Quand j'étais un parasite, je n'avais pas d'estime pour moi-même. Désormais, le parasite c'est tante Eulalie, et tu voudrais que je l'en estime?

MARGOT

Hector! je suis nerveuse... Tu comprends ce que cela veut dire?

HECTOR

À peu près.

MARGOT

Quand tu auras fini de jouer sur les mots!

Sophie entre.

SOPHIE

Maman, tante Eulalie veut te parler.

MARGOT

J'y vais. Pendant ce temps, tu ferais bien de réfléchir, Hector.

Elle se retire.

HECTOR

Je te promets d'employer les minutes qui viennent à la réflexion.

SOPHIE
Après un temps.
Je voudrais n'avoir pas vécu.

HECTOR

Je voudrais n'avoir pas vécu...

SOPHIE

Ou bien recommencer à neuf. Oublier le passé, et recommencer.

HECTOR

Il faut essayer.

SOPHIE

... Je suis amoureuse.

HECTOR

C'est de ton âge.

SOPHIE

Très amoureuse.

HECTOR

C'est de ton âge.

SOPHIE

Mais lorsque je suis avec lui, je n'arrive jamais à oublier la maison. Je vous traîne derrière moi.

HECTOR

Comme un boulet...

SOPHIE

Oui, comme un boulet!

HECTOR

Ce n'est pas très agréable à entendre ce que tu dis, Sophie, mais je t'écoute.

Les Grands Départs

SOPHIE

C'est tout.

Un temps.

MARGOT
Entre en trombe.
Je ne l'ai jamais vue dans cet état! Hector, fais quelque chose! Va la trouver.

HECTOR

Elle pleure encore?

MARGOT

Elle a cessé de pleurer.

HECTOR
Sentencieux.
Ah! Ah! C'est plus grave que je ne l'avais pensé.

Eulalie fait son entrée, une carabine de chasse à la main. Elle tremble. Hector la voit le premier. Surpris.
Eulalie...

Les autres se retournent.

MARGOT
Lançant un cri.
Eulalie, tu es folle!

Sophie s'éloigne à reculons.

EULALIE
À *Hector.*

Ah! vous voulez que je parte! Hé bien, je reste... Et vous allez tous partir! Je veux voir ça! Vous allez tous partir, et je reste! C'est ma façon à moi de partir... Tu n'auras pas un sou de l'héritage! Tu entends? Pas un sou!... Voilà ce que je dirais si seulement tu n'avais pas mangé l'héritage!

HECTOR

Où a-t-elle pris cette carabine?

MARGOT

C'est la carabine de chasse de grand-père.

HECTOR

Est-ce que la carabine est chargée, Eulalie?

EULALIE

Chargée ou non, quelle différence puisque je ne sais pas me servir d'une carabine.

Elle éclate en sanglots.

HECTOR

Tu as fait une entrée remarquée, Eulalie. Il ne faut pas pleurer. C'était tout à fait réussi. Je comprends ton mouvement; si j'avais su où se trouvait la carabine, je n'aurais pas résisté, moi non plus, à faire une entrée aussi remarquée. À la pointe de la carabine, j'aurais coincé Margot, histoire de tout remettre en question, une fois de plus... Et le lendemain, nous aurions recommencé à vivre à la petite journée... Allons! ne pleure pas, Eulalie... Mais réponds à ma question: la carabine est-elle chargée?... Un drame est si vite arrivé. Regarde grand-père qui poursuivait son petit bonhomme de chemin, et puis crac!

Les Grands Départs

MARGOT

Donne la carabine, Eulalie.

EULALIE

La donne à Margot.

C'est raté! J'ai voulu terroriser la famille, et c'est raté. Tout ce que je fais se termine toujours de cette façon. Je n'ai jamais eu le courage de charger la carabine...

Le coup part accidentellement. Réactions.

HECTOR

Tendu.

Retourne dans le noir, Eulalie.

EULALIE

Pour ne pas voir vos visages, oui! Tu as raison! Ne pas voir le tien surtout, Hector.

MARGOT

Je t'en prie, Eulalie, le moment n'est pas choisi pour ressasser tes griefs envers ce pauvre Hector...

EULALIE

Ce pauvre Hector! À l'époque, il avait la tête pleine d'étincelles.

Elle le regarde.

Je te hais.

HECTOR

Retourne dans le noir, Eulalie, tu te fais du mal. Tu n'as pas l'habitude de converser, tu vas y perdre des plumes.

EULALIE

C'est tout ce qui me reste le noir de ma chambre et mon lit comme un radeau au milieu de notre naufrage.

MARGOT

Hector a raison, Eulalie...

EULALIE

Hector a toujours eu raison. Mais depuis le temps que je vis seule sur mon radeau, c'est à mon tour de parler!

MARGOT
Allusion à Sophie.

La petite...

EULALIE

Sophie? Qu'elle entende, Sophie!

HECTOR

Mon petit doigt me dit que tu vas encore me rendre responsable de ton esclavage.

EULALIE

Il a vu juste, ton petit doigt, Hector. Ah! je le revois encore le bel Hector, amoureux de Margot.

HECTOR
Comme s'excusant.

Oh!

EULALIE

Oui, amoureux de Margot comme la vache est amoureuse de l'herbe!

Les Grands Départs

HECTOR

Je ne vois pas très bien le rapport.

EULALIE

Il venait me trouver dans la cuisine, et m'embrasser dans le cou...

HECTOR
Comme s'excusant.
Oh! machinalement... comme au début du mariage on met un doigt dans la sauce pour goûter.

EULALIE

Oui, m'embrasser dans le cou! Nie-le! Nie-le!

HECTOR

Je ne le nie pas, mais permets que j'expose les circonstances atténuantes.

EULALIE

Pour m'engourdir, pour m'expliquer que mon père pourrait un jour avoir besoin de moi, que Margot, elle, avait trouvé l'amour... Hé!

Désignant Hector.
Ça! l'amour, ça! et on ne fait rien pour protéger les jeunes filles contre ça!

MARGOT

Je t'en prie, Eulalie!

EULALIE
Sarcastique.
«Je t'en prie, Eulalie!... Hector est mon mari, c'est à moi seule qu'il appartient de le juger et de lui dire son fait! Chasse gardée!»

Hé bien! non, Margot ma sœur, moi aussi j'ai le droit de le détester Hector!

HECTOR

Allons! Allons! vous n'allez pas vous disputer pour si peu...

EULALIE

J'ai raté ma vie à cause de lui. Il m'a fait la cour...

MARGOT

Sophie! Sors!

EULALIE

Non! reste! Je précise: à la manière d'un futur beau-frère. Il m'a fait la cour pour me vendre l'idée de consacrer ma vie à papa. Et moi, la sotte, l'Eulalie dévouée, je l'ai cru.
J'ai renoncé à l'amour, j'ai renoncé à avoir un foyer bien à moi, pour m'occuper de notre père...
Ah! les belles paroles qu'il a trouvées pour te soulager du fardeau, Margot! pour que tu puisses, toi, te marier tranquillement, élever une famille!

HECTOR

... être heureuse!

EULALIE

Oui, être heureuse, malgré tout!... Vous ne savez pas ce que c'est d'avoir été séduisante, d'avoir laissé passer l'occasion, et de vieillir... «Cueille, cueille la rose», dit le poète! Il a bien raison.

HECTOR

Tu permets?

Les Grands Départs

EULALIE

Quoi? Quoi?

HECTOR

Est-ce que je peux dire quelque chose?...

Un temps.

Ma chère Eulalie...

EULALIE

Va! Va! Pendant que tu y es, embrasse-moi dans le cou et empêche-moi de vivre encore une fois!

HECTOR

Tu oublies tout de même un détail important!

MARGOT

Baisse le ton, les voisins peuvent entendre.

HECTOR

Peu importe. Nous déménageons... Détail important, Eulalie: tu n'étais pas assidûment courtisée.

EULALIE

Hé! Qu'en sais-tu?

HECTOR

N'est-ce pas, Margot?

EULALIE

Vivre normalement, ce n'est pas si difficile. Être courtisée, être aimée, se marier, avoir des enfants – ce n'est pas si difficile que ça!

HECTOR

C'est ce que tu crois!

EULALIE

Ah! je te vois venir, Hector. Tu vas encore profiter de ma faiblesse. Tu es ignoble.

HECTOR

Tu ne devrais pas te mettre dans un tel état, tu finiras par te rendre malade: tu as le teint d'un petit jaune légèrement verdâtre...

EULALIE

Je ne veux pas t'écouter! Je sais que tu peux me rendre malade!

HECTOR

J'ai pris beaucoup d'importance dans ta vie, Eulalie. Beaucoup plus que dans celle de ma femme...

MARGOT

Je t'en prie, pas devant la petite! Quand tu te vides le cœur, ça sent mauvais!

On sonne à la porte.

SOPHIE

Les camionneurs!

EULALIE

Qu'est-ce que je fais, moi?

HECTOR

Comme bon te semble!

Les Grands Départs

MARGOT

Prépare-toi, Eulalie, nous partons tous cette nuit!

On sonne.

HECTOR

Ça va! Ça va!

Il va répondre.

MARGOT
À *Eulalie.*

Tu veux mon avis, Eulalie?

EULALIE

Non!

MARGOT

Il suffit d'attendre les événements.

Sophie éclate de rire.

Qu'est-ce que ça signifie?

EULALIE

Tais-toi, Sophie. J'ai compris.

MARGOT

Explique-moi.

EULALIE
Amère.

«Il suffit d'attendre les événements...»

HECTOR
Ouvre la porte.
Nous vous attendions, en bavardant.

ALBERT
Entrant.
Ça m'étonnerait!

HECTOR
Vous êtes un des camionneurs?

ALBERT
J'ai été tailleur, laveur de vaisselle, plombier, j'ai exercé divers métiers, mais je n'ai jamais été camionneur – non pas que je répugne à m'occuper de transport par camion, mais l'occasion ne s'est jamais présentée...

HECTOR
Qu'est-ce que vous voulez?

ALBERT
Mon cher Hector, aurais-tu vieilli au point de ne plus te souvenir de moi...

Eulalie lance un cri et s'évanouit.

Acte II

MARGOT

Eulalie!

Elle se précipite pour la relever.

HECTOR

Sophie! Tu pourrais aider ta mère!

SOPHIE

Tante Eulalie...

HECTOR
À Albert.

Vous comprenez, nous attendons les camionneurs; il suffit d'un coup d'œil pour se rendre compte...

ALBERT
Qui n'a pas cessé de regarder Eulalie.

J'ai donc failli ne pas vous trouver ici, ce soir.

MARGOT

Eulalie! Qu'est-ce que tu as? Reviens à toi, Eulalie, le déménagement ne se fera pas sans toi.

À Sophie.

Tire le fauteuil. Aide-moi à la transporter.

À Hector.

Et toi, es-tu devenu manchot?

HECTOR

Je faisais la conversation.

À Albert.

Excusez-moi...

Il va pour aider sa femme à relever Eulalie.

ALBERT

Je vous en prie, je peux très bien m'occuper d'Eulalie.

HECTOR
Réaction de surprise.

Mais...

ALBERT
Se rend auprès d'elle.

Il suffit de la mettre dans ce fauteuil; elle va tout de suite recouvrer ses esprits. Je connais ce genre de malaise, j'étais infirmier pendant la guerre.

Ils la soulèvent et la portent dans le fauteuil.

Eulalie... je suis revenu... J'ai beaucoup à te dire, mais c'est idiot, je ne trouve rien à ajouter: je suis revenu... Tu m'entends? Je suis revenu...

MARGOT
Qui le reconnaît.

Albert!

Les Grands Départs

ALBERT
À Margot.

Et puis après?!

MARGOT

Ça alors...

HECTOR

Ce n'est pas possible!

Il rit bêtement.

ALBERT

Et pourquoi pas?

HECTOR

Je te croyais devenu pâtissier dans le sud... on m'avait dit...

ALBERT

Pâtissier, je l'ai été. Et puis après?!

HECTOR

Tu comprends, nous attendions les camionneurs...

MARGOT

J'en ai des palpitations.

ALBERT

Eulalie! Eulalie! Je suis là...

EULALIE
Qui revient à elle.

Albert, c'est toi? c'est bien toi?

ALBERT

En chair et en os.

EULALIE

Je te demande pardon...

ALBERT

Pourquoi?

EULALIE

Je te demande pardon, Albert: au cours de ces longues années d'attente, il m'est arrivé de douter...

ALBERT

Peu importe maintenant, puisque tout rentre dans l'ordre. Je suis revenu pour t'arracher à ta famille, Eulalie; la vie commence à cinquante ans!...

Le grand-père se lamente dans son coin.

HECTOR

Chut!

EULALIE

Albert, tu n'as pas changé.

ALBERT

Le temps n'existe pas. Tu te souviens quand tu me mordais dans le cou?

EULALIE

Je m'en souviens comme si c'était hier.

Les Grands Départs

ALBERT

Tu vois que le temps n'existe pas.

EULALIE

Albert!

ALBERT

Tu m'as attendu. C'est la preuve que nous sommes destinés l'un à l'autre.

EULALIE

Ce n'est pas vrai! Je rêve! Réveillez-moi!... Je vais secouer mon lit jusqu'à ce qu'on m'entende, jusqu'à ce qu'on m'éveille.

ALBERT
Solennel.

Eulalie, tu ne rêves pas. C'est moi, Albert, c'est bien moi...

EULALIE
Elle le regarde un moment.

Si je rêve, tant pis! Je ne veux plus qu'on m'éveille!

MARGOT
Émue. Elle sanglote.

Eulalie! Albert! c'est trop beau! Embrassez-vous!

HECTOR

Nous ne sommes pas au cinéma! Vous vous embrasserez plus tard, quand la petite ne sera plus au premier rang! Ce n'est pas un spectacle pour elle!

SOPHIE

Tante Eulalie! c'est merveilleux, je suis heureuse pour vous...

HECTOR

Sophie! tu vas te rendre dans ta chambre immédiatement!
Malheur à ceux par qui le scandale arrive!

MARGOT

Il n'y a plus un meuble dans la chambre de la petite! Et d'ailleurs,
tu es ignoble! Pour son plus grand malheur, la petite n'aura jamais
vu de scène aussi touchante entre nous.

HECTOR

Heureusement! Tout ce miel suffirait à écœurer un régiment.

ALBERT

J'ai été très amoureux d'Eulalie, Hector. Et tu le savais. Mais tu as
tout fait pour détruire notre amour... Me voici de retour. Et de
nous deux, je suis le plus fort. J'en ai la ferme conviction, sans
même savoir ce qu'à été ton expérience de la vie. Je te regarde
dans les yeux, et ça me suffit pour me rendre compte. Tu n'as pas
changé, Hector, alors que je suis devenu quelqu'un!

HECTOR

Je dois reconnaître que tu es plus nerveux qu'autrefois. Mais où
veux-tu en venir?

ALBERT

Tel que tu me vois, je suis un être plein de jeunesse. Je déborde
de dynamisme. La vie commence à cinquante ans.

EULALIE

C'est merveilleux...

MARGOT

Tu entends, Hector? Albert te donne une leçon!

Les Grands Départs

HECTOR

Vous n'allez pas tous me tomber dessus, maintenant!

MARGOT
À Hector.

Aujourd'hui, je m'aperçois que tu m'as entraînée dans un cul-de-sac!

Elle se détourne de son mari.

Albert, je te revois pour la première fois depuis vingt ans; mais j'ai toujours su, il me semble, que j'allais un jour te revoir et te trouver aussi énergique, mais aussi calme, aussi sûr de toi que dans le passé. Plus j'y pense, moins je suis étonnée de te voir ici, ce soir...

HECTOR

On dit ça...

MARGOT

On le dit parce qu'on le pense!

Elle regarde Hector.

Folle que j'étais! J'ai pu hésiter...

HECTOR

Que veux-tu dire?

MARGOT

Je me comprends.

HECTOR

Tu es bien la seule.

EULALIE

Non, Hector, elle n'est pas la seule. Je comprends très bien, moi, son allusion.

HECTOR

Tu as bien de la chance.

EULALIE

C'est plus fort qu'elle cet instinct de détruire ce qui l'entoure!

MARGOT

Eulalie, il y a des moments où tu es d'une inconscience! J'ai toujours été plus qu'une sœur pour toi – une mère!

EULALIE

Sous prétexte qu'Albert t'a fait la cour pendant quelques mois, tu laisses entendre qu'il t'a proposé le mariage. Si tu avais eu le choix, ma pauvre Margot, tu n'aurais pas hésité entre l'un et l'autre... C'est bien la preuve qu'Albert ne t'a jamais aimée!

HECTOR

Vous allez fort, toutes les deux. Personnellement, ça m'est égal de tout remettre en question – ce qui d'ailleurs n'a jamais rien donné. Mais ne le faites pas sur mon dos. Je me souviens parfaitement d'Albert à l'époque où nous fréquentions assidûment votre salon familial – par désœuvrement: il était aussi imbécile que moi, puisque nous étions amis.

ALBERT

Mais depuis. J'ai fait le tour du monde!

MARGOT

J'ai toujours été certaine que tu y parviendrais, Albert. Je n'ai jamais douté de toi...

Les Grands Départs

EULALIE

Margot, à mon tour de te rappeler à l'ordre! Tu m'as assez long-temps reproché de tutoyer Hector!

MARGOT

Tu ne voudrais tout de même pas...

HECTOR

Silence!!! Albert et moi, nous conversions... Tu as fait le tour du monde, disais-tu? Pourrais-tu seulement faire le tour de mon jardin?!

Margot a un rire ironique. Eulalie ajoute son rire à celui de Margot.

HECTOR

C'est ridicule de jouer les gamines à votre âge. Vous n'avez plus vingt ans!

ALBERT

Et puis après?!

HECTOR

Tu me fais rire, tiens!

ALBERT

La vie commence à cinquante ans!

HECTOR

Non mais! Regarde-toi dans une glace, mon pauvre Albert. Raconte des histoires aux femmes, si ça peut te faire plaisir. Actuellement, elles en ont plein la vue; ton retour inattendu a

provoqué une réaction chimique; elles sont redevenues des papillons, elles ont quinze ans... Je voudrais bien, moi aussi, les gaver d'illusions le plus longtemps possible, mais un jour ou l'autre, elles se retrouveraient sur le plancher des vaches!
Aussi bien en finir tout de suite. Plus on tombe de haut, plus on risque de se casser le cou. Et quand elles auront vraiment mal, toi, tu seras loin... Non mais! «La vie commence à cinquante ans»! tu me fais rire, tiens! Je t'imagine en culotte courte!

EULALIE
Hector!

MARGOT
Tu es ignoble!

HECTOR
Bien sûr! Monsieur s'absente pendant plus de vingt ans – un détail! – et puis, une nuit, sans prévenir, il nous revient! C'est facile d'être un héros après vingt ans d'absence!
En être un de la petite vie quotidienne pendant le même temps, c'est beaucoup plus difficile.

ALBERT
Tu es un petit personnage.

HECTOR
Je sais bien, moi, pourquoi tu es revenu!

ALBERT
Je t'écoute.

HECTOR
Pendant des années, tu as été un aventurier parmi d'autres aventuriers. Tu as pu vivre de belles expériences, je ne le nie pas, mais

personne de ton entourage ne s'en est étonné. Les autres vivaient les mêmes expériences que toi, et peut-être même de plus belles... C'est le désir d'étonner qui te ramène parmi nous. Tu as besoin de mesurer le chemin parcouru et nous sommes à tes yeux la borne qui marque ton point de départ. Rien d'autre.

ALBERT

Hector, aussi longtemps que tes propos ne mettront pas en cause le sentiment profond que j'éprouve pour Eulalie, tu pourras discuter le nez au vent! Mais tu me trouveras sur ton chemin à la moindre allusion qui pourrait semer le doute dans l'âme sensible d'Eulalie.

EULALIE

Albert, est-ce toi? Est-ce bien toi? J'ai peur de m'éveiller...

MARGOT

Comment peux-tu douter, Eulalie? La même allure, la même façon de raisonner, le même dynamisme... c'est lui!

HECTOR

En plus mûr!

EULALIE

Je t'écoute, Margot, et je découvre que je te hais.

MARGOT

Je ne te comprends pas, Eulalie. Est-ce que j'ai dit quelque chose qui ait pu te blesser?

EULALIE

Si tu pouvais m'écraser, tu le ferais. Tu brûles d'envie! Tes jupes sentent le roussi!

MARGOT

Tu es demeuré le même, Albert, mais je ne pourrais pas en dire autant de ma petite Eulalie. Elle a beaucoup changé.

EULALIE

Tu vas te taire, Margot! Et si ton mari est trop faible pour te retenir, c'est moi qui...

MARGOT

Allons, Eulalie! Tu as très mal interprété mes paroles. Ou plutôt, disons que je me suis mal exprimée...

HECTOR

D'ailleurs, tu n'as pas tellement l'habitude de t'exprimer clairement.

MARGOT

Tu comprends, Albert, ma sœur a beaucoup souffert de ton départ précipité. Elle en a fait une véritable maladie. Si je te disais qu'elle ne peut pas supporter la lumière. Elle vit dans la plus totale obscurité!

HECTOR

Et ainsi de suite! Quand chacun t'aura dit ce qu'il pense des autres, quand tu auras bien mesuré notre vide, quand ta présence aura brouillé toutes ces eaux qui avaient eu le temps de déposer tranquillement, tu pourras partir, Albert.

ALBERT

Je voudrais faire une petite mise au point.

HECTOR

Nous t'écoutons, nous sommes ici pour ça.

Les Grands Départs

ALBERT

J'ai décidé de m'établir.

HECTOR

De fonder un foyer, peut-être?

ALBERT

Jusqu'à maintenant, j'ai toujours eu le courage de partir, moi!
Maintenant, je veux avoir celui de rester...

HECTOR

Tu souffres de rhumatisme?

ALBERT

L'homme a deux vies à vivre.

HECTOR

C'est nouveau, ça! Continue, je te prie.

ALBERT

Je commence ma seconde vie.

HECTOR

Eulalie aussi, sans doute. D'ailleurs, ça se voit, vous avez l'air de
deux adolescents.

ALBERT
Furieux.
Eulalie! Fais ta valise, nous partons ensemble.

EULALIE

Tout de suite! Sophie, aide-moi!

SOPHIE
Où irez-vous, ma tante?

EULALIE
Je n'en sais rien. Où sont mes valises?

SOPHIE
Parmi les autres. Un peu derrière grand-père.

MARGOT
Eulalie, ma petite sœur, as-tu bien réfléchi?

EULALIE
Il y a vingt ans que je veux m'en aller. Et je m'en vais. Je ne pensais pas que ça pouvait être aussi facile. J'aurais dû partir plus tôt, aller rejoindre Albert quelque part dans le monde. Au lieu de me dessécher parmi vous. Que de temps perdu.

HECTOR
Bah! la vie commence à cinquante ans...

ALBERT
Tu sens le besoin de te défendre, Hector.

HECTOR
Je me contente de vous regarder commencer votre vie.

MARGOT
Inquiète.
Tu as du travail, Albert?

ALBERT
Du travail et des économies, tu peux être tranquille pour ta sœur.

Les Grands Départs

MARGOT

Oh! je suis tranquille. Je m'informais, rien de plus.

HECTOR

On ne t'a pas demandé ton avis.

EULALIE

Je suis prête.

MARGOT

Où allez-vous?

ALBERT

Quelque part dans le monde.

MARGOT

C'est merveilleux.

HECTOR

Il n'y a pas de quoi s'émerveiller. Quelque part dans le monde, ça peut être à deux pas d'ici. D'ailleurs, nous sommes tous actuellement quelque part dans le monde.

MARGOT

Et grand-père, Eulalie? Tu as pensé à grand-père?

EULALIE

Il n'a plus besoin de moi.

MARGOT

Je veux dire: la pension de grand-père. Pourras-tu partager les frais avec nous?

EULALIE

Je n'ai pas fait ma part?

MARGOT

Tu déplaces la question, ma petite Eulalie...

EULALIE

Tu parles chiffres, n'est-ce pas?

MARGOT

Un peu.

EULALIE

J'ai déjà tout sacrifié pour grand-père et pour ta famille. Maintenant, je commence à vivre. À vous de faire le reste, comme il se doit.

MARGOT

Je demandais ça pour savoir.

EULALIE

Eh bien! tu sais... Autre chose?

MARGOT

Tu vas nous écrire?

EULALIE

Bien sûr.

MARGOT

Ça me fait drôle.

EULALIE

Quoi donc?

Les Grands Départs

MARGOT

C'est peut-être vrai que la vie commence à cinquante ans...

EULALIE

C'est sûrement vrai!

MARGOT

En quelques minutes, tu es presque redevenue la petite jeune fille d'il y a vingt ans.

HECTOR

Si ma femme se met à avoir de l'imagination maintenant, on n'en sortira plus.

ALBERT

Tu viens, Eulalie?

EULALIE

Encore un petit moment, mon chéri, que je regarde bien cette maison et ces êtres. Le cauchemar s'achève et je veux le détailler pour n'en plus avoir peur...

SOPHIE

Tante Eulalie...

EULALIE

Au revoir, Sophie. Tu as bien de la chance, toi, tu peux encore vivre deux vies. Ce n'est pas la peine de rater la première sous prétexte que l'autre commence à cinquante ans. Efforce-toi de vivre pleinement les deux.

SOPHIE

Tante Eulalie, au fond, j'aimais bien aller vous porter votre tisane le soir.

EULALIE

Au revoir, Margot.

MARGOT

Si tu es malade, écris-nous.

EULALIE

Au fond, nous aurions pu nous aimer toutes les deux, si nous n'avions pas vécu ensemble sous le même toit.

MARGOT

C'est vrai.

EULALIE

Si tu pouvais obtenir d'Hector qu'il travaille.

MARGOT

Il va s'y mettre, tu peux me croire, maintenant que nous avons mangé toutes les économies.

EULALIE

Au revoir, Hector. Tu vois, ce qui m'enchante dans ce départ avec Albert c'est la certitude que j'ai de n'être pas seulement désirée...

HECTOR

Je ne croyais pas que tu aurais le courage de le souligner toi-même.

EULALIE

Cet affreux désir sexuel n'est plus de notre âge, c'est merveilleux.

HECTOR

Pourquoi me dis-tu ça, à moi?

Les Grands Départs

Tu le sais très bien.

Puis elle se dirige du côté du grand-père.

J'ai voulu commencer mes adieux avec Sophie et les terminer avec vous, parce que je n'avais rien de désagréable à lui dire pas plus qu'à vous. J'ai sacrifié vingt ans de ma vie pour prendre soin de vous, mais vous n'êtes pas responsable; est-ce que je pourrais vous reprocher d'être devenu paralytique?...

Elle l'embrasse sur le front.

Au revoir.

Elle va vers Albert.

Je suis prête, Albert.

ALBERT

Partons.

Ils se dirigent du côté de la porte.

EULALIE
S'arrête.

Albert, dis-moi encore une fois que la vie commence à cinquante ans.

ALBERT

Mais oui! bien sûr! La vie commence à cinquante ans...

EULALIE

Je te crois...

Ils sortent.

MARGOT
Après un temps.

Alors?

HECTOR

Je me demande si les camionneurs vont venir cette nuit. Ils sont très en retard.

MARGOT

C'est tout ce que tu trouves à dire?!

HECTOR

Le déménagement requiert toute mon attention.

MARGOT

Au sujet de ce qui arrive à Eulalie?!

HECTOR

Je préfère n'y pas penser. Je tiens à préserver l'essentiel. Eulalie, c'est l'accessoire. J'en ferai peut-être un chapitre de roman, mais pour le moment, je préfère n'y pas penser...

MARGOT

L'ancien amoureux d'Eulalie vient la chercher après une absence de vingt ans, et tu n'es pas scandalisé?!

HECTOR

Pourquoi le serais-je? Ils sont en âge de savoir ce qu'ils font! Ils n'ont pas cessé de nous rappeler qu'ils avaient plus de cinquante ans! Plus d'un siècle ensemble!

MARGOT
Inquiète.

Hector?

Les Grands Départs

HECTOR

Quoi donc?

MARGOT

Est-ce que la vie pourrait ne commencer qu'à cinquante ans, selon toi?

HECTOR

J'ai déjà prétendu ça, moi?

MARGOT

Non, mais...

HECTOR

Si la vie commençait vraiment à cinquante ans, ça nous aurait frappé avant aujourd'hui.

MARGOT

Peut-être.

HECTOR

Essaie d'être lucide.

MARGOT

Pour ce qu'on en tire de la lucidité! Je changerais bien pour un peu de naïveté...

HECTOR

Allons bon! Voilà que le virus la mord.

MARGOT

Hector, il se passe quelque chose d'étrange en moi.

HECTOR

Je t'ai dit la semaine dernière de consulter le médecin. Maintenant, il est trop tard: Eulalie est partie avec le peu d'argent qu'il nous restait.

MARGOT

C'est dans ma tête qu'il se passe quelque chose.

HECTOR

Tiens! tu m'étonnes...

MARGOT

As-tu l'impression que nos journées n'ont aucun sens et que nous sommes vides tous les deux?

HECTOR

Oui, bien sûr. Mais, tu sais, tout le monde en est là.

MARGOT

C'est faux!

HECTOR

Que veux-tu dire?

MARGOT

Eulalie et Albert ont raison de croire que la vie commence à cinquante ans.

HECTOR

Tu es libre de le penser si ça t'amuse.

MARGOT

Ils ont raison; c'est dans cette conviction qu'ils puisent l'énergie de réagir.

Les Grands Départs

HECTOR

Réagir contre quoi?

MARGOT

Contre la vie.

HECTOR
Dans un haussement d'épaules.
On ne réagit pas contre la mer, on se laisse porter. Et puis un jour, la barque pourrie, coule à pic, et voilà!

MARGOT
Mais de penser de cette façon ne te donne rien. Si nous prenions la résolution de croire que la vie commence à cinquante ans!

HECTOR
Ma pauvre Margot, on ne prend pas la résolution de croire à ceci ou à cela; on croit ou on ne croit pas.

MARGOT
Et si tu essayais de recommencer à neuf avec moi!

HECTOR

Et toi?

MARGOT
Moi aussi. Je m'efforcerais de recommencer à neuf. Nous serions deux jeunes mariés.

HECTOR

C'est ridicule!

MARGOT

Essayons...

HECTOR

Tu voudrais peut-être, aussi, que je t'enlève avec une échelle!

MARGOT

Tu préfères t'enfoncer dans la boue!... C'est vrai que tu es un petit personnage!

HECTOR

Après cette belle phrase, ne me dis pas que tu pourrais recommencer comme si nous n'avions pas vécu des années ensemble!

MARGOT

Il faut être deux pour recommencer.

HECTOR

Pourrais-tu seulement oublier toute la déception dont je t'ai abreuvée...?! Je préfère regarder la situation en face. Elle n'est pas très brillante, je le reconnais. Mais je la préfère encore à un monde d'illusions qui prend feu comme de la paille.

MARGOT

Ce serait tellement merveilleux que la vie commence à cinquante ans!

HECTOR

Bah!...

SOPHIE
Après un temps.

Je veux aller au cinéma.

HECTOR

Ce soir?

Les Grands Départs

SOPHIE

Oui, ce soir.

MARGOT

Nous attendons les camionneurs, tu vas demeurer avec nous.

SOPHIE

Je vous en prie, laissez-moi aller au cinéma.

MARGOT

Je savais que tout cela finirait par l'énerver. Va tenir compagnie
à grand-père!

HECTOR

Oh! si elle préfère le cinéma, cette petite, c'est bien son droit!

MARGOT

Je ne comprends pas que tu prennes toujours sa défense.

HECTOR

Nous avons quelque chose en commun, Sophie et moi.

MARGOT

Quoi donc?

HECTOR

Tous les deux nous vivons avec toi, tu ne saurais croire combien
ça nous a rapprochés.

MARGOT

Quand je t'écoute, j'imagine ce qu'Albert doit penser de toi et
j'en tire une grande consolation.

HECTOR

Bravo! La visite d'Albert aura été utile à plusieurs titres. J'en suis ravi.

SOPHIE

Je veux aller au cinéma.

MARGOT

Et puis, pourquoi pas? Va au cinéma, Sophie. Ça vaut mieux que de suivre notre conversation vide.

HECTOR

Va au cinéma, Sophie.

Et Sophie se retire cependant qu'Hector regarde fixement la porte par où elle est sortie.

MARGOT

Qu'est-ce que tu as?

Hector a le regard fixe. Soudain.
Hector! tu me caches quelque chose!... Réponds!

HECTOR

Je ne te cache rien.

MARGOT

Hector! Si elle ne revenait pas!

HECTOR

Qui? Eulalie?

Les Grands Départs

MARGOT

Mais non! Sophie...

HECTOR

Si je comprends bien, l'idée des grands départs fait son chemin...

MARGOT

Si elle ne revenait pas! Sophie...

Elle lance un cri.

Sophie!

Elle va vers la porte et revient vers Hector.

Si elle ne revenait pas...

HECTOR

La vie commence à vingt ans...

Acte III

HECTOR
Après un temps.

Qu'est-ce que tu dis?

MARGOT

Rien. Je ne dis plus rien. Je n'ai plus rien à dire.

HECTOR

Ah!...

MARGOT
Après un temps.

Hector, est-ce que Sophie t'a déjà dit qu'elle voulait partir?

HECTOR

Vaguement...

MARGOT

Que veux-tu dire?

HECTOR

Elle caressait, je pense, le vague projet de partir. Comme nous tous.

MARGOT

Je suis inquiète... Qu'allons-nous faire?

HECTOR

Attendre que Sophie revienne du cinéma.

MARGOT

Et si les camionneurs arrivaient?

HECTOR

Depuis une heure, j'ai perdu tout espoir de ce côté.

MARGOT

Qu'est-ce qu'ils t'ont dit, au juste, les camionneurs?

HECTOR

Qu'ils viendraient ce soir ou demain matin à la première heure. Ils ont des clients plus intéressants que nous. Je me demande même comment nous ferons pour les payer. Un chèque, oui, c'est ça!

MARGOT

Mais tu n'as pas de fonds à la banque.

HECTOR

Puisqu'il faut déménager!

MARGOT

Tout cela finira mal...

HECTOR

Ça finira comme ça a commencé. Nous sommes sur une pente, et le temps joue contre nous; plus il passe, plus nous glissons rapidement.

MARGOT

Tu me donnes le vertige.

Les Grands Départs

HECTOR

Nous allons finir par toucher le fond. Le plus tôt serait le mieux.

MARGOT

Rassure-moi, dis-moi que Sophie est allée au cinéma!

HECTOR

Sophie est allée au cinéma, et nous attendons les camionneurs tous les deux, en compagnie de grand-père que la situation laisse indifférent.

MARGOT

Tu ne me rassures pas du tout!

HECTOR

Que veux-tu que je te dise? Que nous allons bientôt sentir une violente secousse, et nous trouver au bout de la corde?

MARGOT

Sophie...

HECTOR
S'adressant au grand-père.

Alors, grand-père, la barque prend l'eau?

Le grand-père gémit sourdement.

Pas ça! Je n'aime pas quand vous me donnez l'impression d'avoir compris!

MARGOT

Oui, je t'ai aimé comme Eulalie aime Albert. Et ce soir, quand je les ai vus tous les deux ensemble, je pensais à nous...

HECTOR

Ce que nous étions, nous ne le sommes plus!

MARGOT

Ce n'est pas vrai!

HECTOR

Nous sommes des épaves tirées, poussées, bousculées par un flot capricieux...

MARGOT

Ce n'est pas vrai! Ce que j'ai été, je peux l'être encore. Tout cela sommeille en moi. Il faut éveiller ce qui sommeille.

HECTOR

Chut! Écoute...

MARGOT

Quoi?

HECTOR

J'ai cru entendre la voix de Sophie...

MARGOT

Tu mens. Tu dis ça pour distraire mon attention! Tu dis ça pour ne pas entendre des mots qui te font mal. Tu es un lâche.

HECTOR

Je t'assure que j'ai cru entendre la voix de Sophie... Écoute!

Les Grands Départs

MARGOT

Tu mens, et je le sais. Comme tu es sûr de toi! Tu es sûr que je vais me rendre à la porte...

Elle s'y rend, l'entrouvre, puis la referme. Elle dit tout bas:
Une marionnette...

Et répète le mot de plus en plus fort en fonçant sur Hector.
Une marionnette dont tu tires les ficelles.

Elle pleure.

HECTOR

Je me suis trompé. C'est peut-être le vent qui siffle dans le carreau brisé par grand-père dans sa chute... Tu te souviens, la nuit de sa première crise?... J'aurais dû remplacer la vitre... Maintenant, il est un peu tard...

MARGOT

Ne dis plus rien.

Après un temps, le grand-père gémit sourdement.

HECTOR

Ça ne va pas, grand-père? Êtes-vous confortable? Oui? Tant mieux! C'est vrai que vous n'êtes pas un vieillard grincheux! Jamais un mot plus haut que l'autre...

MARGOT

On croit épouser quelqu'un, et le lendemain de la noce on s'éveille en compagnie d'un étranger dont on porte le nom... Et puis on devient enceinte. Et la vie continue.

HECTOR

De quoi te plains-tu?

MARGOT

Et si c'était vrai que la vie commence à cinquante ans!

HECTOR

Assez!!

MARGOT

Je ne veux plus déménager.

HECTOR

Tiens!

MARGOT

À quoi bon déménager?! À quoi bon s'installer ailleurs! Les mêmes êtres, les mêmes habitudes, les mêmes meubles!

HECTOR

Le loyer de l'appartement que nous occupons actuellement est trop élevé!

MARGOT

Hector, si tu travaillais vraiment, au lieu de vivre d'expédients.

HECTOR

Tu as toi-même décidé que je devais me consacrer à mon œuvre, il y a de ça dix ans! Et aujourd'hui, sans raison apparente, tu reviendrais sur ta décision?

MARGOT

Hector, si tu veux, nous allons regarder la situation en face. Il y a dix ans, je croyais encore en toi...

Les Grands Départs

HECTOR
Et maintenant?

MARGOT
J'ai cessé d'y croire.

HECTOR
Tu ne mâches pas tes mots.

MARGOT
Tu sais, je ne suis pas très exigeante. Je n'ai jamais eu beaucoup d'ambition. La gloire, le succès, ça m'aurait fait peur! Aujourd'hui, je sais que tu n'as pas de génie et, pour tout dire, ça me rassure. Je n'ai pas besoin que tu sois plus intelligent que tu ne l'es. Tu aurais un petit emploi quelque part dans un bureau, et nous vivrions au jour le jour que je serais pleinement heureuse. Et c'est ainsi que nous pourrions commencer notre vie à cinquante ans!

HECTOR
Ça t'a frappée, toi, le slogan d'Albert!

MARGOT
Pourquoi pas?

HECTOR
Si tu as cessé de croire en moi, nous n'avons plus rien à faire ensemble.

MARGOT
Ne te fâche pas, Hector. Mais regarde les choses en face.

HECTOR

Si je te donne raison, Margot, j'admets par le fait même que nous avons perdu les plus belles années de notre vie.

MARGOT

Pourquoi s'acharner? Ne perdons pas celles qui nous restent. Si tu n'as pas de talent, eh bien! tant pis, tu n'as pas de talent. Tu ne serais pas le premier à t'en apercevoir sur le tard. Et puisque ça m'est égal, à moi!... Si tu l'admettais, il me serait tellement plus facile de recommencer à t'aimer.

HECTOR

Et moi?

MARGOT

Quoi?

HECTOR

Et moi? Et ma vie engagée dans une voie? Ça ne compte pas à tes yeux?!

MARGOT

C'est l'avenir qui m'intéresse ce soir.

HECTOR

L'avenir!

MARGOT

Oui, l'avenir!

HECTOR

Il n'est pas encore de retour du cinéma, l'avenir!

Les Grands Départs

MARGOT
Subitement inquiète.
Je te préviens, Hector, si la petite ne rentre pas tout à l'heure, je te tiendrai responsable de son escapade!

HECTOR
Bien sûr!

MARGOT
Et tu iras demander à la police de la rechercher.

HECTOR
Bien sûr!

MARGOT
Sophie subit ton influence sans le savoir.

HECTOR
Bien sûr!

MARGOT
Après un court temps, elle pleure.
Que doit-on faire, Hector, dans une telle situation?

HECTOR
Attendre.

MARGOT
Chut!

HECTOR
Quoi?

MARGOT

Tu as entendu?

HECTOR

Non.

MARGOT

Ouvre! Elle est là, derrière la porte! Je le sens dans mon ventre.

Hector hausse les épaules et se rend docilement à la porte, qu'il ouvre toute grande. On aperçoit Eulalie, en pleurs, les vêtements défaits, le chapeau sur le derrière de la tête.

MARGOT

Eulalie!

EULALIE
En pleurs.

Oui...

MARGOT

As-tu vu Sophie dans la rue?

EULALIE

Il s'agit bien de Sophie!

MARGOT

Entre. Ne reste pas là comme une idiote.

EULALIE

J'ai couru. J'ai eu tellement peur que vous soyez partis avec les camionneurs!

Les Grands Départs

MARGOT
Entre!

EULALIE
Merci, Margot!

HECTOR
Alors?... Si je comprends bien la vie ne commence vraiment qu'à soixante-quinze ans!

Eulalie éclate en sanglots et laisse tomber sa petite valise.

MARGOT
Albert n'est pas avec toi?

EULALIE
Parti...

MARGOT
Que s'est-il passé?

EULALIE
Je veux aller dans ma chambre et rester dans le noir. J'ai peur de la rue, de la ville, des autobus...

HECTOR
Peur de la rue! Ce n'est pas une raison pour laisser s'envoler l'oi-seau rare. Et ton bonheur avec Albert, fini?

EULALIE
Je veux aller dans ma chambre.

MARGOT

Il n'y a plus un meuble dans ta chambre, Eulalie, il faut en prendre ton parti!

EULALIE

Est-ce que Sophie pourrait me préparer un bol de tisane?

MARGOT

Toutes vos histoires lui ont tourné la tête! Elle a insisté pour aller au cinéma, mais je suis très inquiète! Tu es certaine de ne pas l'avoir vue dans la rue?

EULALIE

Il faut absolument que Sophie revienne! La vie, c'est terrible! Elle ne pourra pas se défendre!

HECTOR

Que s'est-il passé entre toi et Albert?

EULALIE

Tout à coup, j'ai compris que j'entrais dans le monde... J'ai regardé autour de moi et j'ai eu peur... Comme un pressentiment.

HECTOR

Quand ça?

EULALIE

En franchissant le seuil.

HECTOR

Tu n'as pas perdu de temps!

Les Grands Départs

EULALIE

Nous avons marché, côte à côte, pendant quelques minutes. Et les gens se retournaient sur notre passage. Mais ça m'était égal. Je sentais sa chaleur à travers les vêtements, et j'étais heureuse... Puis il m'a dit: «Eulalie, j'ai beaucoup voyagé ces derniers temps, et je suis fatigué.»

HECTOR

Ah! je vois où tu veux en venir...

EULALIE

Il a ajouté qu'il nous fallait trouver une chambre quelque part pour passer la nuit.

MARGOT

Les hommes! Tous les mêmes!

HECTOR

Pensais-tu qu'ils allaient dormir à la belle étoile, et chanter des sérénades à la lune?

EULALIE

Alors, j'ai été déçue!

HECTOR

Les sentiments les plus divers se bousculent en toi, un vrai feu d'artifice!

EULALIE
Elle pleure.

Je n'avais pas du tout imaginé que ça se passerait de cette façon! J'ai souvent pensé qu'Albert viendrait un jour me délivrer de ma prison...

MARGOT

Ce n'est pas très gentil pour moi, mais continue!

EULALIE

... Je voyais ça autrement. Alors, j'ai été déçue.

HECTOR

Tu imaginais un mariage en robe blanche...

EULALIE

Oui.

HECTOR

Avec faire-part, fleurs, cloches et le reste!

EULALIE

Oui.

HECTOR

C'est idiot!

EULALIE

Je sais.

HECTOR

Tu le reconnais?

EULALIE

Oui, maintenant je le reconnais.

HECTOR

C'est toujours ça!

Les Grands Départs

EULALIE

Et puis, le couloir sombre de l'hôtel, et la petite chambre avec son lit de fer, et la petite ampoule jaune – j'avais froid au cœur!

HECTOR

L'as-tu dit à Albert?

EULALIE

Non, je n'ai pas pu. Il a retiré sa veste...

MARGOT

Ah! les hommes...

EULALIE

Ce n'est pas ce que tu penses, Margot.

HECTOR

C'est pire?

EULALIE

Il a retiré sa veste, et j'ai remarqué qu'il portait de grosses bretelles...

HECTOR

Et alors?...

EULALIE

Je n'avais jamais imaginé Albert avec de grosses bretelles.

HECTOR

C'est idiot!

MARGOT

Et puis?

EULALIE

Et puis, il m'a parlé.

HECTOR

Il t'a conté fleurette?

EULALIE

Il m'a dit qu'il n'a jamais pu faire le tour du monde.

HECTOR

Lui non plus! C'est donc bien difficile de faire le tour du monde!

EULALIE

Pendant dix-huit ans, il a travaillé dans une ville du sud. Il m'a dit le nom de la ville, mais je ne m'en souviens plus...

HECTOR

Ça n'a pas d'importance. Continue.

EULALIE

C'est tout. Il a détruit mon beau rêve. Plus il parlait, plus je sentais s'écrouler mon rêve. Maintenant, il ne me reste plus rien...

HECTOR

Et vous vous êtes quittés sur ces belles paroles?

EULALIE

À un moment, il s'est excusé pour aller...

HECTOR

Passons!

Les Grands Départs

EULALIE

... dans le couloir. Et j'ai décidé de m'enfuir. J'ai couru comme une folle. Je suis tombée plusieurs fois. Ma robe est déchirée...

MARGOT

Tu n'as pas pensé qu'il pourrait revenir à la charge. Les hommes sont tenaces.

EULALIE

Ça m'est égal. Maintenant, je suis ici et je n'ai plus peur. S'il revient je n'aurai qu'à fermer les yeux, et me laisser mourir...

Hector lève les yeux au ciel.
Est-ce que vous acceptez de me reprendre avec vous?

MARGOT

Ma pauvre Eulalie, ton escapade avec Albert, c'est un peu comme si tu étais allée chercher des allumettes au coin de la rue...

HECTOR

Tu as vécu à l'extérieur un peu moins d'une heure – n'en parlons pas!

EULALIE

Merci.

MARGOT

Et voilà!

HECTOR

Eh! oui, voilà!

EULALIE

Je vais m'occuper de grand-père. Je peux aussi laver la vaisselle...

HECTOR

Je t'en prie, Eulalie, nous connaissons tes qualités!

EULALIE

Je voudrais faire davantage à l'avenir...

HECTOR

Oui, nous savons, la vie commence à cinquante ans!

EULALIE

Après un temps.
Qu'est-ce que nous faisons, maintenant?

MARGOT

Nous attendons Sophie...

EULALIE

Et les camionneurs?

HECTOR

Pour ma part. Je ne les attends plus avant demain matin, à la première heure.

MARGOT

Sait-on jamais!

HECTOR

Puisque nous attendons Sophie et les camionneurs, je parie qu'Albert va surgir!

Les Grands Départs

EULALIE

Ne prononce plus jamais son nom devant moi, Hector, je t'en supplie...

MARGOT

Eulalie a raison. Ne prononçons plus jamais le nom d'Albert. Ma petite sœur a le cœur transpercé.

EULALIE

Je voudrais qu'il n'ait jamais vécu.

Plainte du grand-père. Un temps, puis on reprend le dialogue.

HECTOR

La personnalité d'Albert, ma pauvre Eulalie, est l'œuvre de ton imagination. Il n'a jamais vécu. Celui qui est venu t'enlever, ce soir, n'a rien de commun avec celui que tu aimes. Continue d'aimer l'homme de tes rêves.

EULALIE

Je ne peux plus!

HECTOR

On ne peut pas vivre sans amour, Eulalie. Continue d'aimer l'homme de tes rêves. Mais cesse de l'appeler Albert!... C'est simple, le bonheur.

EULALIE

Comme tu es intelligent, Hector!

MARGOT

Il ne faut rien exagérer.

EULALIE

Je t'assure que ton mari prononce les mots que j'ai besoin d'entendre.

MARGOT

Il parle tellement.

EULALIE

Pour oublier, peut-être.

MARGOT

Il n'a pas de mérite. S'il avait plus d'argent pour boire, il parlerait moins.

EULALIE

Je ne te comprends pas, Margot. Tu as tout pour être heureuse, et tu es amère.

MARGOT

Tout? Tout quoi?

EULALIE

Tu as un mari... Si tu savais ce que je donnerais pour avoir un mari...

MARGOT

Qu'est-ce que tu en ferais?...

Un temps.

HECTOR
Avec détachement.
Il est évident que la vie quotidienne ne suffit plus.

Les Grands Départs

EULALIE
Et tu as une fille...

MARGOT
Une fille.

Un temps.
Hector, tu vas te rendre au cinéma...

HECTOR
Lequel?

MARGOT
Retrouve Sophie!

HECTOR
Et si elle n'est pas au cinéma?

MARGOT
Il faut appeler la police.

HECTOR
Et si ta fille revient, de quoi aurons-nous l'air?

MARGOT
Il est normal que les parents s'inquiètent du sort de leurs enfants!

HECTOR
Que diras-tu aux policiers?... Que Sophie a manifesté le désir d'aller au cinéma, mais que tu la soupçonnes de vouloir quitter le bercail? En quels termes penses-tu exposer la situation?

MARGOT
Tu n'aimes pas ta fille!

EULALIE

C'est faux! Il aime sa fille.

MARGOT

Eulalie, je te rappelle à l'ordre!

EULALIE

Il aime sa fille! Un mari aime sa fille!

MARGOT

De quoi te mêles-tu?

EULALIE

L'attitude que tu as prise envers ton mari m'est intolérable! C'est beau, c'est grand, c'est fort, un mari! Il faut aimer son mari!... Dans la vie, il faut trouver un homme, n'importe lequel, et l'aimer de tout son être, pour ses défauts comme pour ses qualités. Je t'assure, Margot, qu'une femme peut être heureuse avec un mari comme le tien!

HECTOR

Même avec un mari comme moi...

EULALIE

Il faut l'entourer d'affection, le couver de tendresse, l'emprisonner à force d'amour! le garder pour soi!

HECTOR

Le mari idéal est celui qu'on peut mettre dans un placard.

MARGOT

C'est la déception qui te fait parler, Eulalie!

Les Grands Départs

EULALIE

Je vois la vie différemment, c'est tout.

MARGOT

Si n'importe quel homme te paraît un excellent objet d'amour,
que n'es-tu demeurée avec Albert?

EULALIE

Je ne veux plus entendre parler d'Albert. N'importe lequel, mais
pas lui. Il voulait mon argent! Il voulait monnayer les souvenirs
de jeunesse. J'ai lu la déception sur son visage quand je lui ai dit:
«Albert, il faut que tu saches! C'est merveilleux! Je n'ai plus un
sou... Nous commençons vraiment notre vie...»

HECTOR

Il n'a pas aimé l'idée de commencer vraiment sa vie?

EULALIE

Il a fait: «Ah!»

HECTOR

C'est tout ce qu'il a trouvé à dire?

EULALIE

Oui.

HECTOR

«Ah!»

EULALIE

C'est tout. Mais j'ai très bien compris.

HECTOR

Pauvre Eulalie...

Un temps.

EULALIE

Hector, j'ai toujours voulu te poser une question...

HECTOR

Laquelle?

EULALIE

Elle est grave.

HECTOR

Je t'écoute.

EULALIE

Et j'ai toujours voulu te poser cette question devant ma sœur.

HECTOR

Nous t'écoutons.

EULALIE

Elle est très grave... Hector, quand tu venais dans la cuisine me faire des agaceries, à l'époque où tu fréquentais Margot, as-tu pensé – oh! seulement l'espace de quelques secondes – as-tu pensé que tu pouvais m'aimer?...

Un temps.

... L'espace de quelques secondes...

MARGOT

Suffit! Eulalie, ma petite sœur, ta rupture avec Albert a été douloureuse, nous comprenons! Mais je t'en prie, ne profite pas de la situation pour secouer le panier de crabes.

Les Grands Départs

On sonne à la porte.

EULALIE

Albert!

MARGOT

Sophie!

HECTOR

Les camionneurs!

MARGOT

Va ouvrir, Hector.

Hector se rend à la porte et l'ouvre.

SOPHIE
En larmes.

Papa...

MARGOT

Sophie!

HECTOR
Serre sa fille contre lui.

Tu n'as pas pu, je sais... Ce n'est pas la peine de pleurer... Tu n'es pas la première à ne pas pouvoir...

MARGOT

Sophie!

Elle arrache sa fille à Hector.

Tu es de retour, enfin! J'ai craint le pire. J'ai pensé que le mauvais exemple de ta tante Eulalie... Mais tu es avec nous. Nous sommes

ensemble... Toute la petite famille est là: grand-père, tante
Eulalie, ton père, et nous deux. Ne pleure pas. Tu vois, tante
Eulalie est revenue, elle aussi. Elle a choisi de revenir au foyer...
Je suis contente que tu sois de retour, si tu savais! Un jour, tu
seras mère, toi aussi, et tu comprendras... Grand-père, notre
petite fille est de retour! Vous aussi, vous avez pensé qu'elle ne
reviendrait plus!

HECTOR

Que s'est-il passé, Sophie?

SOPHIE

Je vous demande pardon...

HECTOR

Tu peux parler franchement. Au point où nous en sommes aussi
bien continuer de laver notre linge sale.

SOPHIE

Je ne veux rien dire...

MARGOT

Tu as voulu t'en aller? c'est ça?... Oh! je le savais qu'Eulalie finirait par lui monter la tête. Ma sœur est une ensorceleuse à sa
façon!

HECTOR

As-tu été au cinéma?

SOPHIE

Oui.

HECTOR

Vraiment?

Les Grands Départs

SOPHIE

Oui.

HECTOR

Tu as décidé de ne pas demeurer jusqu'à la fin?

SOPHIE

Oui.

EULALIE

C'était un mauvais film?

SOPHIE

Je ne sais pas.

MARGOT

Qu'est-ce que tu fais quand tu vas au cinéma?

HECTOR

Elle pleure...

Sophie éclate en sanglots.

MARGOT

Pourquoi pleures-tu, Sophie?

SOPHIE

Laissez-moi.

EULALIE

As-tu vraiment été au cinéma?

MARGOT

Cesse de la harceler, Eulalie.

SOPHIE

Oui, j'ai été au cinéma.

HECTOR

Tu aurais préféré ne pas aller au cinéma?

SOPHIE
Se jette dans ses bras.

Papa...

MARGOT

Qu'est-ce que je dois comprendre?

HECTOR

Ne pleure pas. Les camionneurs vont venir. Demain, nous serons loin. À dix ou quinze minutes d'ici, c'est toujours ça!

SOPHIE
Sèche ses larmes.

J'étais prête à partir avec lui...

MARGOT

Qui «lui»?

HECTOR

Tais-toi!

SOPHIE

... Mais il a préféré aller au cinéma.

Les Grands Départs

MARGOT

Qui «lui»?

HECTOR

Quelle importance? C'est elle qui est triste, pas lui!

EULALIE

Après un temps.

Quelle heure est-il?

MARGOT

Le réveille-matin est au fond de la grande malle d'osier.

EULALIE

Tant pis...

MARGOT

Pourquoi veux-tu savoir l'heure?

EULALIE

Pour rien.

MARGOT

Tu devais avoir une raison pour demander l'heure?!

EULALIE

Je ne sais pas.

MARGOT

Où as-tu la tête?

EULALIE

J'ai demandé l'heure sans raison. Et voilà!

MARGOT

A-t-on idée de demander l'heure sans raison?

EULALIE

J'ai demandé l'heure parce qu'il est réconfortant de savoir, de temps à autre, l'heure qu'il est.

Margot hausse les épaules.

HECTOR
Caresse les cheveux de Sophie.
Mon pauvre petit...

SOPHIE

Il m'a promis qu'un jour il m'emmènerait très loin.

MARGOT

Où?

HECTOR

Et vous êtes entrés au cinéma... Il a déjà tenu parole!

MARGOT
Après un temps, dans un mouvement d'enthousiasme.
Il se passe quelque chose en moi. Comme si j'avais pleuré. Je n'ai plus cette boule dans la gorge. Notre petite famille a traversé ce soir une grande épreuve dont elle sort purifiée...

HECTOR

L'épreuve de la purgation.

MARGOT

Il nous faut maintenant repenser notre vie familiale.

Les Grands Départs

EULALIE
La vie va reprendre comme avant.

MARGOT
Non.

HECTOR
Où veux-tu en venir?

MARGOT
Tu ne comprends pas, Hector, que c'est le moment de réorganiser notre vie familiale.

HECTOR
Tu devrais attendre que nous soyons installés dans notre nouvel appartement...

MARGOT
Peu importe le nouvel appartement. Je ne sens plus ma petite boule dans la gorge, tu comprends?

HECTOR
Cesse de tourner en rond. Elle va revenir la petite boule.

MARGOT
Eulalie, éprouves-tu un certain bien-être à te trouver avec nous? Réponds!

EULALIE
Oui.

MARGOT
Et toi, Hector, ne sens-tu pas comme il est bon, comme il est tiède, d'être tous ensemble?

HECTOR
Tu m'inquiètes. Je ne t'ai jamais vue dans un pareil état.

MARGOT
Je suis presque heureuse. Et je le dis précisément pour me com-
promettre à vos yeux...

Un temps.

HECTOR
Qu'est-ce que tu en penses, Eulalie?

EULALIE
J'ai peur. Je voudrais être dans mon lit.

MARGOT
Il ne faut pas! Je ne sais pas comment vous expliquer... Aide-moi,
Hector!

HECTOR
Je le voudrais, Margot, mais j'avoue que je ne te comprends pas.

MARGOT
Sophie, ma petite fille. Tu es jeune. Tu peux comprendre ce que
je ressens.

SOPHIE
Je vous demande pardon...

EULALIE
Margot! J'ai compris! Tu es amoureuse d'Hector!

MARGOT
Peut-être.

Les Grands Départs

HECTOR

Tu m'inquiètes de plus en plus, Margot. Que se passe-t-il en toi?

MARGOT

Au moment où Sophie a franchi le seuil, j'ai eu un éclair. J'ai compris que ma petite fille avait voulu s'enfuir; j'ai compris qu'elle cherche le bonheur; et j'ai compris qu'il est ici le bonheur, qu'il faut le faire à la maison!

HECTOR

Ensuite?

MARGOT

Mais nous devons nous mettre à la tâche tout de suite.

HECTOR

Avant que ta petite boule ne revienne?

MARGOT

Il est urgent d'être heureux...

Plainte du grand-père.
Un temps.

EULALIE

Est-ce que grand-père a mangé, ce soir?

HECTOR

Comme tous les soirs.

EULALIE

Il se plaint.

HECTOR

Oui...

MARGOT

Vous ne voulez rien comprendre!!!

HECTOR

Margot, tu remues les eaux dormantes et ce n'est pas le moment. Nous attendons les camionneurs. S'ils ne sont pas venus dans une heure, nous étendrons des matelas pour passer la nuit. Et demain, nous aviserons.

MARGOT

Et après?

HECTOR

Nous allons devoir faire des compromis pour vivre tous ensemble dans un appartement plus petit.

MARGOT

Et après?

HECTOR

Nous irons ailleurs dans un appartement encore plus petit, et ainsi de suite, de plus en plus petit.

MARGOT

Très intéressant!

HECTOR

Les membres de notre famille ne sont pas immortels; il est possible que nous soyons de moins en moins nombreux pour déménager.

Les Grands Départs

MARGOT

Tu me dégoûtes.

HECTOR

Dis-moi que ta petite boule est revenue dans la gorge.

MARGOT

Oui...

EULALIE

Et la petite boule de chacun est revenue.

HECTOR

C'est ici qu'il faut refermer la parenthèse. L'incident est clos.

EULALIE

Tu as raison, Hector. Maintenant, je ne suis ni plus heureuse, ni plus malheureuse qu'avant. J'ai retrouvé mes vieux vêtements. Dites-moi, est-ce que j'aurai ma chambre dans le nouveau logis?

HECTOR

Nous aviserons.

EULALIE

Je ne veux plus voir personne; me plonger dans le noir, et vous sentir près de moi, il ne m'en faut pas davantage.

HECTOR

Le plus difficile, c'est de siroter une tristesse dont on n'a pas l'habitude...

MARGOT

Et Sophie?

HECTOR

Sophie, c'est un oiseau, mais il a reçu du plomb dans l'aile; il ne pourra plus facilement s'envoler.

MARGOT

Et moi?

HECTOR

Regarde-toi dans une glace!

Un temps.

EULALIE

Hector, si tu étendais les matelas maintenant. Je voudrais dormir...

HECTOR

Nous allons attendre encore une quinzaine de minutes.

Un temps, puis le grand-père se plaint. Personne ne réagit. Près du grand-père une valise tombe.

MARGOT

Grand-père!

Elle se précipite pour replacer la valise. Elle regarde le grand-père et lance un cri de frayeur.
Hector!...

Une boîte bouge.

HECTOR
Se précipite à son tour.

Que se passe-t-il?

MARGOT

On dirait qu'il veut se lever.

Les Grands Départs

EULALIE
Demeurée sur place, lance un cri.
Grand-père!

HECTOR
Serait-il sur le point de mourir?

MARGOT
Grand-père, calmez-vous.

Le grand-père s'accroche au bras de Margot.
Vous me faites mal! Hector, regarde ses yeux... Grand-père, qu'avez-vous?

HECTOR
Il nous méprise...

Le grand-père s'accroche aussi au bras d'Hector et se lève lentement.

MARGOT
Retournez sur votre matelas, grand-père. Eulalie va s'occuper de vous. Et Sophie. Et moi-même. Nous vous aimons.

Le grand-père les regarde tous, puis repousse violemment Margot et Hector. Il s'empare d'un objet qu'il lance sur le plancher. L'objet se brise. Puis il cherche parmi les bagages et trouve une petite valise. Il se rend à la porte. Il les regarde tous encore une fois, et sort en refermant la porte violemment.

R I D E A U

Le Gibet

Pièce en trois actes

Le Gibet *a été représenté pour la première fois le 10 novembre 1958 sur la scène de la Comédie canadienne (direction Gratien Gélinas) dans une mise en scène de l'auteur et un décor de Jean-Claude Rinfret.*

DISTRIBUTION

Gus	*Jean-Claude Deret*
Luna	*Gisèle Schmidt*
Perplex	*Jacques Languirand*
Menu	*Louis De Santis*
Bis	*Luc Durand*
Slim	*Jean Doyon*
La Vieille	*Colette Courtois*
Berthe	*Claudine Thibodeau*
Pipe	*André d'Hostel*
Bébert	*Bernard Sicotte*
Paulo	*Jean-Louis Millette*
Muguette	*Céline Léger*
Pierre	*Mathieu Poulin*
Un policier	*Jacques Bilodeau*
Le Laitier	*Robert Des Roches*

Préface

C'est par hasard – le hasard justifie toujours les vocations – que Jacques Languirand s'est trouvé certains soirs juché entre ciel et terre sur son poteau.

Et justement – cet effet du hasard est un symbole – cet homme doit souffrir (son drame et son angoisse) d'être obligé de marcher à cause de ses ailes, ou de la nostalgie d'un sol cartésien lorsqu'il vole.

Cette angoisse, son problème et notre plaisir, existe dans toutes les œuvres que je connais de lui et singulièrement dans Le Gibet.

Je vois en Jacques Languirand un homme qui se déploie lentement, passant du langage au cri, de la cogitation solitaire aux contacts sensoriels.

Je vais le mettre en colère, et il aura raison, lorsque je parlerai à cause de lui de Beckett ou d'Ionesco. Je n'ai pas dit Adamov, Brecht ou Ghelderode. Il y a des parentés qui ne sont point des plagiats, des concordances de dates dans la production artistique qui ne sont pas des réminiscences.

Il y a ainsi, de par le monde, des hommes qui ont le cœur et l'esprit en communauté involontaire, dont le génie est une réponse implicite à la demande des hommes de demain. Ce n'est pas leur faute: leur montre est en avance d'une heure. Et le sonnet des voyelles d'Arthur Rimbaud ne souffre plus aucune objection du plus commun des lecteurs.

À bien lire Le Gibet, on voit bien qu'il s'agit d'un véritable poète dramatique qui pense «théâtre», écrit «théâtre», produit «théâtre»…

De par la grâce de son éditeur, Le Gibet vous sera un «spectacle dans un fauteuil» jusqu'à ce qu'il reprenne vie sur les planches – qu'à Dieu ne plaise.

JAN DOAT

Personnages

PERPLEX – «*J'étais attentif à la naissance du jour…*»

LUNA – *femme de Perplex.* «*Tu n'es pas si mal là-haut!*»

GUS – *imprésario de Perplex.* «*Nous allons, ta femme, toi…
et moi…*»

PAULO – *acolyte de Gus.* «*J'ai dit que Perplex tremblait de tous ses
membres…*»

BÉBERT – *pendant de Paulo.* «*Moi aussi!*»

MADAME BERTHE – *voisine d'un certain âge.* «*Si nous étions plus
heureux, nous deviendrions vieux moins vite…*»

MONSIEUR PIPE – *voisin d'un certain âge.* «*Je vois que nous avons là-
dessus les mêmes idées, Madame Berthe.*»

LA VIEILLE – *énigmatique et cocasse.* «*Vous ne voulez plus que nous
habitions sous le même toit?*»

SLIM – *chef de bande.* «*Alors, ça va le petit commerce?*»

MENU – *acolyte de Slim.* «*C'est le moment!*»

BIS – *pendant de Menu.* «*Tu crois vraiment que…*»

MUGUETTE – «*Je me suis donnée à toi, Pierre…*»

PIERRE – «*C'est fait comme ça, un homme…*»

LE LAITIER – «*Si vous saviez comme ça me réconforte de vous savoir au bout de votre poteau, Monsieur Perplex…*»

LE POLICIER – «*Je suis venu vous prévenir, en éclaireur…*»

Décor

Le décor représente une ruelle dans un quartier pauvre et populeux de la périphérie d'une grande ville, à proximité d'une gare de triage d'où parviennent de temps à autre des bruits de chemin de fer.
Au premier plan, de chaque côté, les maisons de Madame Berthe et de Monsieur Pipe. Les fenêtres de l'étage supérieur sont praticables, de même que les portes, au rez-de-chaussée.

Au second plan, une clôture, une poubelle et le poteau.

Au troisième plan, une cour et le logis des Perplex.

Au loin, on devine la ville.

On doit pouvoir circuler assez librement entre les divers éléments, et surtout autour du plus important: le poteau qui occupe le centre. Au bout de ce poteau se trouve une boîte ouverte devant, et sans toit, un peu comme un poste de vigie dans un mât. Cette boîte est habitable, mais peu confortable.

Acte I

C'est le matin. On entend une petite musique et quelques bruits de chemin de fer. Le jour va s'établir lentement. Perplex est seul sur scène, au bout de son poteau. Puis entre le laitier.

LE LAITIER

Bonjour, Monsieur Perplex!

PERPLEX

Ah! bonjour... Je ne vous avais pas entendu venir.

LE LAITIER

Vous dormiez?

PERPLEX

J'étais attentif à la naissance du jour... J'aurais dû réfléchir avant de monter sur ce poteau.

LE LAITIER

Vous le regrettez?

PERPLEX

C'est que je n'ai pas choisi le meilleur poteau.

LE LAITIER

Il est trop petit, n'est-ce pas? Un poteau plus gros aurait été plus confortable...

PERPLEX

J'en ai surtout à sa position par rapport aux maisons; d'où je suis, je ne vois pas le soleil se lever... Oh! j'ai bien tort de me plaindre: je peux écouter les bruits de la ville. La nuit, le monde devient une grande chambre de marbre: les bruits de pas, les voix, le vacarme de la gare de triage, tout me parvient distinctement... Il me semble même entendre les confidences des amoureux. Et dans les petits logis, lorsque les enfants dorment, le père et la mère se retrouvent au milieu du lit j'entends gémir les sommiers... La vie pousse!

LE LAITIER

Les oreilles vous tintent. Depuis le temps que vous êtes là-haut, la fatigue vous aura gagné!

PERPLEX

Et puis, c'est la nuit de plus en plus profonde un trou noir... À peine un cri de temps à autre, un taxi qui s'entête tout près, un éclat de rire, un train qui déchire le silence et tout redevient noir! Le monde plonge dans le temps... Quand la lune se montre, elle traîne un grand manteau d'ombre dans les rues, et les toits bleutés émergent du silence... À un moment, cette nuit, mon ombre a passé lentement sur cette fenêtre, celle de la chambre où dormait ma femme. Je veillais sur elle... Quand je serai mort, je viendrai, la nuit, la couver de mon ombre...

Il rit.

Savez-vous quelle fut la première parole prononcée ce matin dans le quartier?

LE LAITIER

Non.

PERPLEX

Une voix d'enfant a rompu le charme de la nuit. Ça venait de ce côté.

Le Gibet

LE LAITIER

Il pleurait?

PERPLEX

Il a crié «maman, pipi»!... Et lentement, le jour s'est levé...

LE LAITIER

Si je comprends bien, Monsieur Perplex, de là-haut vous voyez la vie d'un œil neuf!

Il dépose une bouteille chez Pipe.

PERPLEX

J'ai découvert une nouvelle dimension.

LE LAITIER

Ah!...

PERPLEX

Le recul... Mais il ne faut pas le dire!

LE LAITIER

Je suis plus discret qu'un arbre.

Il dépose une bouteille chez Berthe.

PERPLEX

Ma mère aurait dû me mettre au monde sur un poteau! Avec les années, il me serait peut-être poussé des ailes...

LE LAITIER

Pourquoi ne tentez-vous pas de battre le record de l'homme-oiseau?

PERPLEX

L'homme-oiseau?

LE LAITIER

Il a des ailes qui s'ouvrent comme un parachute.

PERPLEX

Est-ce qu'il s'en sert pour monter dans le ciel?

LE LAITIER

Non. Il s'en sert pour descendre.

PERPLEX

Alors, ça ne m'intéresse pas.

LE LAITIER

À quel moment comptez-vous revenir sur terre, Monsieur
Perplex?

PERPLEX

Je ne sais pas encore.

LE LAITIER

Si vous tenez jusqu'à demain midi, vous aurez battu le record
d'endurance sur un poteau. C'est merveilleux! Je vous en prie,
Monsieur Perplex, tenez bon!

PERPLEX

Si j'abandonnais, vous seriez déçu?

LE LAITIER

Oui.

PERPLEX

C'est donc important pour vous que je batte le record?

Le Gibet

LE LAITIER

Très important. Pour moi, et pour quelques autres. Oh! je ne parle pas de ceux qui ont fait des paris...

PERPLEX

On a fait des paris?

LE LAITIER

Vous ne le saviez pas? Votre imprésario, Monsieur Gus, a mis sur pied tout un système de paris!

PERPLEX

Ah!

LE LAITIER

Je serais très déçu, si vous ne teniez pas jusqu'à demain.

PERPLEX

Vous avez fait un pari?

LE LAITIER

Non...

PERPLEX

Alors, pourquoi tenez-vous tellement à ce que je batte le record?

LE LAITIER

C'est difficile à dire. Vous êtes là-haut et je suis ici. Il faudrait que je puisse vous expliquer d'homme à homme...

PERPLEX

Nous sommes seuls. Je vous écoute.

Le Laitier

Il est important que vous teniez bon pour tous ceux qui n'ont pas le courage d'aller jusqu'au bout... Ils sont nombreux, Monsieur Perplex!

Perplex

Pour tous ceux qui n'ont pas le courage d'aller jusqu'au bout...

Le Laitier

Moi aussi, j'aurais voulu réussir de grandes choses. Mais je n'ai pas pu. Faites-le pour moi, et pour tous les autres comme moi!

Perplex

Je vais essayer...

Le Laitier

Merci, Monsieur Perplex!... Oh! quelle heure est-il?

Perplex
Regarde dans le ciel.

Sept heures trente.

Le Laitier
Il dépose une bouteille chez les Perplex.

Si vous saviez comme ça me réconforte de vous savoir au bout de votre poteau. Le matin quand j'approche, j'ai toujours peur de ne plus vous y trouver. Quelle déception ce serait! Et cette conversation que nous avons tous les jours me donne le courage de continuer, c'est-à-dire de porter le lait, et puis, la journée finie, de rentrer à la maison, de faire le tour de mon jardin même s'il est petit... Ce matin, je vous ai dit des choses auxquelles j'ai souvent pensé, mais que je n'ai jamais osé confier à personne... Vous êtes devenu un ami!

Le Gibet

Sur le point de s'en aller.
Mais j'ai peur de ne plus être capable de vous parler aussi ouvertement quand vous serez de retour parmi nous, sur le plancher des vaches... À demain, Monsieur Perplex.

Il sort.

PERPLEX

À demain...

Depuis un moment, on entendait quelques bribes d'une marche au tambour. Entre Gus qui joue des cymbales, suivi de Paulo au tambour, et de Bébert au clairon. Ce dernier pousse une voiturette qui sert à la vente de limonade et à ranger les instruments. Cacophonie.

GUS

Halte!

BERTHE
Paraît à sa fenêtre, en robe de nuit.
C'est une honte! À votre âge, faire des plaisanteries de collégiens débauchés! On devrait enfermer tous les chômeurs professionnels de votre espèce!

GUS

Madame Berthe...

BERTHE

On a bien raison de prêcher le retour à la terre. Je vous en ferais étendre, moi, des tonnes de fumier... Ah! elle est belle, la race! Et ce pauvre Monsieur Perplex que vous obligez à demeurer sur un poteau depuis huit jours...

GUS

Neuf! Neuf jours, ce matin!

BERTHE

Et puis après?

GUS

Après neuf, dix! Et le record est battu!

BERTHE

Des hommes! On appelle ça des hommes! Ça organise des records d'endurance sur un poteau, et je parie que ça ne peut même pas couvrir sa femme deux fois la semaine!

Elle se retire.

GUS

Nous en couvrons de plus jolies que toi! Et plusieurs fois de suite!

Bébert et Paulo rient.

GUS

Attention, Messieurs!

Ils se mettent au garde à vous et d'un coup de cymbale Gus donne le signal de la cacophonie pseudo-militaire. Le concert est offert à Madame Berthe. Du côté opposé, Monsieur Pipe paraît à sa fenêtre, en pyjama, une carabine à la main. Il épaule. De la coulisse parviennent des protestations et si on le juge à propos quelques vieilles chaussures, des boîtes de conserve, etc.

PIPE
Après un petit rire diabolique.

Feu!!!

Le coup part. Gus le reçoit dans les fesses. Mouvements divers et lazzi. On entend pleurer quelques bébés du voisinage.

Le Gibet

GUS

Aïe! Aïe! Aïe! Au feu!

BÉBERT

Au viol!

PAULO

À l'assassin!

GUS

Si on ne peut plus s'amuser, maintenant!

BÉBERT

À cette heure-ci, tout le monde devrait entendre à rire!

PAULO

Allez donc rendre service aux gens!

BERTHE
Revenue à sa fenêtre.
Bravo, Monsieur Pipe, bien visé!

PIPE

J'ai encore bon pied, bon œil!

LUNA
Sort de chez elle en déshabillé.
Que se passe-t-il... Oh! Ce pauvre Monsieur Gus s'est encore mis
le doigt entre l'écorce et l'arbre...

PERPLEX

Bonjour, Luna chérie...

GUS

Ah! Madame Perplex... Comme c'est charitable de vous
inquiéter de mon sort...

BÉBERT

Monsieur Pipe est un assassin!

PAULO

Je vais prévenir la police!

GUS
Soudain refroidi.

La police! Malheureux, ne prononce jamais ce mot devant moi...
Tu nourris mes ulcères d'estomac!

LUNA

Pauvre Gus!

PERPLEX

Bonjour, Luna chérie!

LUNA

Monsieur Pipe, vous êtes un vieux tordu!

PIPE

Hi! Hi! Hi! Hi!...

LUNA

Quand j'étais petite, vous me suiviez, la langue pendante, dans
les rues les plus sombres du quartier... Vous aviez les jambes raides
comme des béquilles!

PIPE

Tu lisais déjà trop de petits romans, Luna!

LUNA

Un soir, vous m'avez attendue au coin de la rue des Martyrs, vous
vous êtes mis en travers, et j'ai dû m'arrêter, vous avez alors

regardé mon chandail avec des yeux comme des tire-bouchons, et vous avez dit: «Tiens! ça pousse, hein, ça pousse!»

BERTHE

De quoi te plains-tu, Luna? Tu n'avais déjà plus rien à perdre!

LUNA

Vous êtes complice de l'assassin!

PIPE

Ma carabine était chargée de gros sel...

BERTHE

Tu as entendu, Luna? De gros sel! Ça te le conservera, l'imprésario!

PIPE

Encore une dizaine de coups, et tu pourras le mettre au frais pour l'hiver!

Paulo montre du doigt Gus qui se tient les fesses, et il éclate de rire.

GUS

Ça t'amuse, toi?

PAULO

Est-ce que vous avez peur de perdre le fondement?

GUS

Se lance sur Paulo, pour lui donner un coup de pied, mais s'allonge sur le sol.
Ouch!!!

BÉBERT

Oh!

LUNA

Gus!

PIPE

Sur le dos, les ulcères!

BERTHE

Ah! Ah! Ah!

LUNA

Pauvre Gus...

Elle l'aide à se relever.
Venez à la maison, j'ai du bon café!

GUS

Vous êtes bien aimable...

PERPLEX

Luna, mon amour, as-tu bien dormi?

LUNA

Très bien, chéri, et toi?

PERPLEX

J'ai eu du mal à m'endormir...

GUS

Ce n'est pas le moment de faire des phrases, Perplex, attends que les journalistes t'interrogent.

Le Gibet

LUNA
C'est merveilleux, chéri, tu as rendez-vous avec la gloire…

GUS
J'accepte votre invitation, Luna. Un peu de café me fera du bien!

À *Paulo*.
Et toi, attends mon retour! Nous en reparlerons… Toi aussi, tu as rendez-vous avec la gloire! Et faites marcher le commerce! je reviens tout de suite…

Il suit Luna.

LUNA
C'est une honte de tirer du gros sel à un honnête citoyen comme vous…

Ils entrent au logis de Perplex. Luna a ramassé la bouteille de lait.

BERTHE
Et vous, au bout de votre poteau, vous laissez faire ça!

PIPE
Si seulement vous saviez vous servir d'une carabine, je vous prêterais volontiers la mienne…

PERPLEX
Ne parlez pas de malheur!

PAULO
Limonade!!!

BÉBERT
Le record d'endurance au bout d'un poteau! Par ici…

PAULO

Limonade!!!

BERTHE

Ah!... Vous nous cassez les oreilles! Et c'est idiot de vendre de la limonade à cette heure-ci du jour!

PAULO

C'est pour que le patron sache que nous travaillons!

PIPE

Je suis certain que parfois ça l'ennuie de vous entendre travailler, le patron!

PERPLEX

Taisez-vous!

BERTHE

... Ça vaut peut-être mieux!

Elle se retire.

PIPE

On appelle ça un imprésario!

Il se retire. On entend siffler un train.

PAULO

Limonade!...

PERPLEX

Paulo!

Le Gibet

PAULO

Monsieur Perplex?

PERPLEX

Ils ont oublié de me donner à manger ce matin...

PAULO

Limonade!!!

PERPLEX

Je n'ai rien mangé ce matin, j'ai mal au ventre, et j'entends des
cloches dans ma tête...

PAULO

... Limonade!!!

BÉBERT
Qui a jeté un regard en coulisse.

Paulo, regarde!

PAULO

Filons!

Ils disparaissent avec la voiturette et les instruments.

PIPE
À sa fenêtre.

Monsieur Perplex... pouvez-vous m'accorder *une petite* minute?

PERPLEX

Je vous écoute, Monsieur Pipe.

PIPE

J'ai décidé de faire mes comptes, et je n'y arrive pas...

PERPLEX

Est-ce que je peux vous aider?

PIPE

Il s'agit de très petits chiffres...

PERPLEX

J'ai l'habitude des miens...

PIPE

Si je retire deux cent cinquante-huit de deux cent treize, combien me reste-t-il?

PERPLEX

... Vous voulez dire le contraire?

PIPE

Non, non. Si je retire deux cent cinquante-huit de deux cent treize, combien me reste-t-il?

PERPLEX

Il ne vous reste rien, Monsieur Pipe, depuis un bon moment...

PIPE

Je serai donc à l'hospice plus tôt que je ne le pensais...

Il se retire. On entend siffler un train. Entre le policier.

LE POLICIER

Alors! neuvième jour ce matin?

PERPLEX

Oui.

Le Gibet

LE POLICIER

Ah! Il y a de quoi être fier. Les nôtres ont du courage... Franchise et ténacité! Les discours politiques auront servi à quelque chose...

PERPLEX

Le plus souvent, c'est la peur qui nous empêche d'aller jusqu'au bout...

LE POLICIER

Lorsque vous aurez battu le record mondial, Monsieur Perplex, vous devriez poser votre candidature aux élections. Le pays a besoin de gars comme vous. Et avec Gus pour organiser l'affaire, vous seriez élu en un coup de fusil!

PERPLEX

Vous croyez?

LE POLICIER

Il est très fort, Gus! Ça me fait mal quand je suis obligé de le mettre en prison... D'ailleurs, j'ai toujours prétendu qu'il n'y avait pas de travail sérieux dans le quartier: je préfère revenir bredouille le plus souvent possible, afin de le prouver. Vous comprenez?

PERPLEX

Il y va souvent, Gus, en prison?

LE POLICIER

De moins en moins. Il a plus d'expérience, il va finir par connaître la loi par cœur. C'est toujours plus facile de s'en tirer quand on peut jouer avec la loi. Vous verrez! Un jour, Gus aura son mot à dire au gouvernement... Dites-moi, il est venu beaucoup de monde pour vous voir?

PERPLEX

Aux heures de pointe, c'est impressionnant. Je ne pourrais jamais regarder cette foule en face, mais d'en haut, c'est plus facile... Savez-vous ce qui m'a frappé le premier jour? La diversité des crânes. Il m'arrive d'en avoir le vertige. Alors, je regarde le ciel...

Luna paraît à la fenêtre, et se retire aussitôt.

LE POLICIER

... Hier soir, je crois avoir aperçu votre femme.

PERPLEX

Elle est allée rendre visite à la tante.

LE POLICIER

Elle était avec Gus...

PERPLEX

Il n'aura pas voulu qu'elle aille seule...

LE POLICIER

... Ils étaient au «Bar de Minuit»!

PERPLEX

... Ils avaient sans doute donné rendez-vous à la tante au «Bar de Minuit»...

LE POLICIER

C'est une tante à elle ou à vous?

PERPLEX

À moi... La pauvre, elle est impotente...

Le Gibet

LE POLICIER

Ah... Votre famille doit être fière de son Perplex: on parle de vous dans les journaux! Avez-vous lu tous les articles?

PERPLEX

Non, on me les a montrés d'en bas.

LE POLICIER

Quelques-uns sont défavorables.

PERPLEX

Ah!...

LE POLICIER

On prétend que c'est un moyen de gagner de l'argent sans travailler.

PERPLEX

Pensez-vous! C'est l'art pour l'art!

LE POLICIER

Oui, bien sûr... Sacré Gus! Moi, je ne demande qu'à fermer les yeux. Pourvu que l'affaire ne fasse pas trop de bruit... Au revoir.

PERPLEX

Au revoir.

On entend quelques bruits de chemin de fer.

LUNA

Passe la tête par la porte entrouverte.

Il est parti...

Puis, elle s'avance vêtue d'une robe aguichante.
Vous pouvez sortir...

GUS

Ce n'est pas que les policiers m'intimident, mais je suis devenu superstitieux... Chaque fois que j'en rencontre un, ça me porte malchance: ou bien il se met à pleuvoir et j'ai oublié mon parapluie... ou bien je perds mon mouchoir! C'est bête, mais je suis superstitieux... Et maintenant, si nous nous occupions de l'artiste. Ça va?

PERPLEX

Bonjour, Luna, je t'embrasse.

LUNA

Ton imprésario te demande si ça va...

PERPLEX

... Ça va.

GUS

Tu peux tenir bon?

PERPLEX

Oui...

GUS

Bravo! On pense à sa femme, on devient ambitieux, on va tenir bon! Mais si tu étais sur le point de tourner de l'œil, n'hésite pas à le dire: je te ferais monter une bouteille de vinaigre. Je ne connais rien de plus efficace comme stimulant!

LUNA

D'ailleurs, tu n'es pas si mal là-haut.

Le Gibet

PERPLEX

Ça va beaucoup mieux, en effet, depuis que je ne sens plus très bien mes membres... Mais je suis loin de toi, Luna, et je ne peux pas être vraiment heureux loin de toi.

LUNA

Je ne te comprends pas, Perplex, tu es installé sur le poteau qui se trouve le plus près de la maison... Nous ne pouvions tout de même pas planter un poteau dans notre chambre!

PERPLEX

Tous les matins, il me semble que le poteau s'est allongé durant la nuit, et que nous sommes de plus en plus loin l'un de l'autre...

LUNA

Est-ce que tu deviendrais myope?

PERPLEX

Il ne faut pas voler le grain d'une poule aveugle!

GUS

Bravo! Tu diras des phrases un peu nébuleuse aux journalistes, ce sera parfait!

LUNA

Tu comprends, Perplex, ce n'est pas le moment d'avoir un tête-à-tête.

PERPLEX

Je comprends...

GUS

Tout va très bien, il est conscient de ses responsabilités. Précisément, Perplex, j'ai une proposition à te faire. Es-tu disposé à l'entendre?

LUNA

Il écoute.

GUS

Demain, à midi, tu auras battu le record d'endurance sur un poteau! Bravo!... Mais le moment est peut-être venu de voir grand! Puisque la température a été clémente, puisque tu es en pleine forme, une décision grave paraît s'imposer...

LUNA

Très grave décision, Perplex. Écoute attentivement.

PERPLEX

J'écoute.

GUS

Pourquoi ne pas pousser plus loin l'expérience? Pourquoi ne pas établir un record d'envergure qui découragerait tous tes adversaires? Et ils sont nombreux qui se proposent de relever le défi....

PERPLEX

Que devrais-je faire?

GUS

Rien. Ou presque rien.

PERPLEX

Mais encore?

Le Gibet

GUS

Tout simplement demeurer là-haut deux ou trois jours de plus...

PERPLEX

Deux ou trois jours... Je veux connaître l'opinion de Luna.

GUS

Luna n'a pas été facile à convaincre, crois-moi. Elle était partagée entre le désir de te voir de plus près, et la satisfaction de te laisser réaliser ton destin. Elle a choisi.

PERPLEX

Ah! Qu'a-t-elle choisi?

GUS

Ta femme clairvoyante a choisi le plus difficile pour elle, le devoir.

PERPLEX

C'est-à-dire?

LUNA

Perplex, tu dois aller jusqu'au bout. Je ne suis pas de ces femmes qui gardent leur mari au foyer, prisonnier d'une paire de pantoufles... Tu es très haut, Perplex, dans mon estime. Et tu ne dois pas me décevoir.

GUS

Imagine la tête de ces messieurs de la presse, de la radio et de la télévision, venus pour assister à la descente, et à qui nous annonçons que tu vas pousser plus loin, encore plus loin, l'expérience! Tu deviendras l'homme du jour aux quatre coins du globe, Perplex!... Déjà ta renommée s'étend d'heure en heure.

Mais pour vraiment posséder le monde, pour que ton nom soit imprimé dans tous les journaux de la terre, prononcé sur toutes les longueurs d'onde, et que ta photographie apparaisse sur tous les écrans... il suffit de si peu: cinq peut-être six jours de plus!

LUNA

Gus a pensé à tout, Perplex. C'est extraordinaire! Tu es en voie de devenir l'homme du siècle... Je devrais peut-être pas te le dire maintenant, mais il est question que tu fasses le tour du monde!

PERPLEX

Moi?

GUS

Oui, toi!!!

PERPLEX

À quel titre?

GUS

«Monsieur Perplex, recordman mondial d'endurance sur un poteau»!... Et nous allons parcourir la terre!...

PERPLEX

Je ne comprends pas.

LUNA

Monsieur Gus, je vous en prie, exposez-lui votre grand projet.

GUS

Perplex l'avenir t'appartient! Nous allons, ta femme, toi et moi, parcourir le monde, et dans chaque capitale, tu vas battre ton propre record!... Washington dix-huit jours! Mexico, vingt jours!

Le Gibet

Santiago du Chili, vingt-deux jours! Londres, un mois! Paris, six semaines! Berlin, sept semaines! Tokyo, deux mois! *Et caetera*, trois mois!...

LUNA

N'est-ce pas merveilleux?

PERPLEX

Tu trouves?

LUNA

Le monde à tes pieds!

GUS

«Perplex, recordman des recordmen». «Il bat son propre record, de capitale en capitale!»

LUNA

Tu hésites?

PERPLEX

C'est que je n'avais pas envisagé de vivre pendant des années sur un poteau.

GUS

Dans la vie, il faut être disponible! Si le cheval de la chance vient manger dans ta cour, il faut l'attraper par la bride et monter dessus!... Moi-même, j'étais loin de penser que j'allais un jour devenir l'imprésario du recordman des recordmen. Mais j'ai toujours été disponible... Perplex, me voici! «On a souvent besoin d'un plus petit que soi».

LUNA

«La chance sourit aux audacieux».

PERPLEX

... «La nuit porte conseil».

On entend siffler un train.

LUNA

Je vais aller te chercher à manger.

PERPLEX

Je n'ai plus faim.

GUS

Tu ne manges presque pas...

PERPLEX

L'air est bon ici...

GUS

Il fallait me prévenir, Perplex, nous t'aurions mis officiellement à la diète. Tu vois ça d'ici: «Perplex établit un record d'endurance et ne mange que de la soupe»! Et nous pouvions même faire de la publicité pour une marque de soupe particulièrement riche en vitamine...

PERPLEX

Ça m'est égal.

LUNA

Es-tu malade, Perplex?

PERPLEX

Même pas.

Le Gibet

GUS

Votre mari est un artiste, Madame Perplex: il vit au ralenti afin de tenir bon le plus longtemps possible... J'ai connu un grand chanteur d'opéra qui agissait de la même façon. À une époque, il a battu le record mondial! C'est lui qui poussait la note la plus aiguë!

LUNA

Comme j'aurais voulu l'entendre!

GUS

Une note tellement aiguë que la peur de voir éclater l'artiste gagnait le public. Les spectateurs surveillaient les veines de chaque côté du cou... Ah! C'était émouvant!

LUNA

... Oh!

GUS

J'ai aussi connu le danseur qui a sauté le plus haut. Un grand artiste, lui aussi. Et votre mari, Madame Perplex, agit instinctivement comme eux: il se replie, se concentre avant de frapper le grand coup!... Il ira loin.

Ils sont presque dans les bras l'un de l'autre, sous le poteau.

LUNA

Grâce à vous, Monsieur Gus...

De part et d'autre, Berthe et Pipe paraissent sur le pas de leur porte. Ils se saluent timidement, puis chacun prend sa bouteille de lait et se retire. Paulo, suivi de Bébert qui pousse la voiturette, surprend Luna et Gus qui se dégagent aussitôt.

GUS

Où étiez-vous?

PAULO

Nous avons fait le tour du parc...

GUS

Et la publicité?

BÉBERT

Paulo a dit à tout le monde que Perplex ne tiendrait peut-être pas jusqu'à demain!

GUS

Tu es fou, Paulo!

PAULO

J'ai dit ça pour faire venir les gens à l'heure du repas! J'ai laissé entendre que Perplex tremblait de tous ses membres, qu'il allait peut-être tomber de son poteau d'une minute à l'autre, et s'écraser au milieu des spectateurs!... J'ai agi dans votre intérêt, patron! Vous verrez qu'ils vont venir le voir manger, à midi, plus nombreux que jamais...

GUS

Bravo, Paulo! La perspective d'un peu de sang ajoute toujours de l'intérêt.

À *Bébert.*

Le sang est le sel de la propagande!...

Bébert veut répondre, mais comme toujours on l'interrompt.

Je crois, Luna, que nous ferions bien de préparer des frites pour répondre à la demande.

Le Gibet

LUNA
À Perplex en se dirigeant vers le logis.
Pourvu que le succès ne te monte pas à la tête!

GUS
Tu as une femme admirable, Perplex.

Il va la suivre.

PAULO
Un petit instant, patron!

GUS
Quoi donc?

PAULO
Le succès de l'entreprise est peut-être... compromis!

GUS
Compromis?!

PAULO
Bébert et moi, nous avons rencontré deux individus louches de la
bande à Slim qui ont voulu... nous intimider.

GUS
Vous intimider?!

PAULO
À ce qu'il paraît, Slim n'est pas content qu'on veuille battre son
record d'endurance sur un poteau...

GUS
Alors quoi! L'esprit sportif se meurt?

BÉBERT

Il veut tendre un piège...

GUS

Perplex n'a qu'à demeurer là-haut, et nous allons remporter la victoire.

PAULO

Mais Slim a beaucoup d'esprit d'initiative, patron!

GUS

Un peu de discrétion, Paulo... Il ne faut pas trop parler devant l'artiste!

PAULO

Mieux vaut qu'il sache à quoi s'en tenir: Slim aurait l'intention de lui faire des propositions pendant la nuit.

GUS

Perplex a signé un contrat avec moi.

PAULO

J'ai peur qu'il aille jusqu'à faire scier le poteau...

LUNA

Prévenons la police!

GUS

Pas question d'intéresser la police à cette affaire! On n'est pas trop en faveur des artistes à la police.

LUNA

Il faut faire quelque chose!

Le Gibet

GUS

Premièrement: ne pas s'énerver! Deuxièmement: c'est toujours ça de pris!

SLIM
Entre.

On peut regarder l'artiste entre les repas?

GUS

Bien sûr, Slim.

SLIM
À Perplex.

Pas facile de battre le record, hein?

À Gus.

On peut avoir de quoi se rafraîchir un peu?

GUS

Tout de suite. Paulo, donne une bouteille à Slim.

PAULO

Voilà.

Il prend une bouteille de limonade et un verre de carton, puis referme distraitement le dessus de la voiturette sur les doigts de Bébert.

SLIM

Combien?

GUS

Allons! Entre nous, artistes, on peut bien s'offrir les rafraîchissements...

SLIM

Merci, Gus. Alors, ça va le petit commerce?

GUS

Oh! pas tellement...

SLIM

On dit ça!

GUS

Tu voulais me parler, Slim?

SLIM

Non. Je venais tout simplement regarder l'artiste travailler sans filet...

GUS

Dans ce cas, je vais te laisser, j'ai beaucoup à faire, tu comprends?

SLIM
Regarde Luna.

Je comprends.

GUS

Je te laisse en compagnie de Paulo et de Bébert... Allons préparer les frites, Luna!

Gus et Luna se retirent.

SLIM

Quel temps fait-il là-haut?

PERPLEX

Variable.

SLIM

La neuvième journée, c'est la plus difficile...

Le Gibet

PERPLEX

Vous croyez?

SLIM

Je suis passé par là. C'est la journée des tentations fortes. Toi, tu veux demeurer là-haut, mais ton dos n'est pas du même avis: il voudrait bien s'étendre dans un bon lit, ton dos...

PERPLEX

Il ne faut pas y penser.

SLIM

Mais ce n'est pas le pire!

PERPLEX

Ah!

SLIM

... On ne s'étend pas toujours tout seul dans un bon lit... Elle est bien ta femme. Je suis certain qu'elle a le sang chaud. Mon petit doigt me dit qu'elle doit se morfondre...

PERPLEX

Luna ne se plaint pas.

SLIM

Bien sûr. Mais elle n'en pense pas moins, crois-moi. Quand j'ai établi le record, moi, ma petite amie se roulait dans le sable tellement elle se morfondait...

PERPLEX

Ma femme a du caractère.

SLIM

C'est une arme à deux tranchants...

Il se dirige vers Paulo de manière à l'intimider.
On ne sait jamais comment les choses peuvent tourner. Un jour, on se retrouve sans travail. On est bien content, alors, d'avoir des amis.

PAULO
Rit nerveusement.
... Si nous allions faire une petite tournée de publicité, Bébert...

BÉBERT
Oui, avec un peu de sang...

Ils sortent avec la voiturette.

SLIM
Nous sommes seuls, Perplex, et sans doute pour quelques minutes seulement, nous allons en profiter pour parler sérieusement.

PERPLEX
Gus n'aimera pas ça...

SLIM
Tu sais que Gus a organisé des paris.

PERPLEX
On me l'a dit.

SLIM
En tant que recordman mondial, j'en ai organisé de mon côté. Tu le savais?

PERPLEX
Vous aviez donc confiance en moi!

Le Gibet

SLIM

Imbécile! J'ai parié que tu ne battrais pas mon record! Tu devrais bien t'en douter!

PERPLEX

Je n'entends rien aux affaires. Gus s'occupe de tout.

SLIM

Fais un effort! C'est tout de même facile de comprendre que si tu bats mon record, ou je perds beaucoup d'argent, ou je change de quartier...

PERPLEX

Alors, vous n'aviez pas confiance en moi?

SLIM

Il ne s'agit pas de confiance, mais d'argent!

PERPLEX

Si vous saviez comme je suis loin des soucis d'argent sur mon poteau.

SLIM

Écoute, Perplex, ne perdons pas de temps! Combien Gus te donne-t-il pour battre mon record?

PERPLEX

Je n'en sais rien. Nous n'en avons jamais parlé. Il en a peut-être touché un mot à ma femme. Je ne suis pas monté ici pour de l'argent...

SLIM

Tu m'énerves! C'est tellement plus simple de parler argent avec des gens que ça intéresse...

Depuis un moment, on entendait marmonner la vieille qui entre. Une fleur se balance sur son chapeau. Slim observe ce personnage énigmatique dans le but évident de l'intimider. Elle regarde le poteau, traverse la scène, et se trouve du côté de chez Monsieur Pipe; après un moment, elle esquisse un sourire timide à l'adresse de Perplex, et se retire en marmonnant.

Écoute! Je suis venu te faire une proposition. Cartes sur table. Je dois remporter mes paris. Jusqu'ici, tu comprends?

PERPLEX
C'est-à-dire que vous ne voulez pas que je batte votre record?

SLIM
Si tu acceptes de descendre de là-haut avant le temps, je te donne vingt pour cent de l'argent que j'empocherai.

PERPLEX
Vingt pour cent?

SLIM
Je dis mieux: vingt-cinq pour cent!

PERPLEX
Vous m'embrouillez! J'aime les chiffres quand ils servent à compter des fruits dans un arbre, ou des enfants dans un parc, mais je n'entends rien aux questions d'argent...

SLIM
Ça représente une jolie somme, Perplex: de quoi vivre largement pendant un mois, toi et ta femme, de quoi lui acheter des robes avec une grande ouverture pointue devant, et derrière, si tu veux!

PERPLEX
C'est à Luna qu'il faut raconter ça!

Le Gibet

SLIM

Tu comprends, Perplex, dans la vie, c'est chacun pour soi. Suppose que nous soyons en prison tous les deux, sans cigarettes, et que je trouve un mégot, qu'est-ce que je fais? Je le fume tout seul, en cachette.

PERPLEX

Pourquoi me dites-vous ça?

SLIM

Pour que tu comprennes bien ceci: si tu ne veux pas descendre de plein gré, je trouverai bien le moyen de te faire descendre de force. Et tu n'auras pas le pourcentage des bénéfices... Alors?

PERPLEX

... Je crois que vous n'êtes pas très honnête.

SLIM

Tous les moyens sont bons pour sauver sa peau. Si tu es compréhensif, je t'aiderai à sauver la tienne à l'avenir.

PERPLEX

Gus me dit la même chose.

SLIM

Gus n'est pas de taille. Tu as quelques heures pour le comprendre. Salut!

Il se retire. On entend siffler un train.

PIPE
Sort de chez lui, aussi élégant que possible.
Monsieur Perplex!...

PERPLEX

...

PIPE

Monsieur Perplex, vous aviez raison! Je vais devoir entrer bientôt
à l'hospice...

PERPLEX

Votre garçon ne peut rien pour vous?

PIPE

C'est que la vie continue. Maintenant, je suis dépassé par elle...
On abandonne les vieux le long de la route... Je n'aime pas l'hospice: on y trouve des gens inutiles, qui ne peuvent plus se faire
d'illusions et qui attendent... L'hospice, c'est la dernière étape.

PERPLEX

Je croyais que votre garçon avait une belle situation dans le sud...

PIPE

Je l'ai laissé croire. Un orgueil de vieux papa, vous comprenez!

PERPLEX

Il vous écrit de temps à autre?

PIPE

Jamais... Ah! si les vieux étaient des arbres, on les abattrait; ça
ferait un grand bruit de branches sèches, et puis voilà!

PERPLEX

Est-ce que je peux vous aider?

PIPE

L'argent mène le monde, Monsieur Perplex, mais vous n'en avez pas.

Le Gibet

PERPLEX

... Il faudrait s'aimer les uns les autres; rassembler tous ceux qui ont des difficultés et fonder une ville!

PIPE

Qu'est-ce que ça donnerait? Vous ne trouvez pas que la vie en a rassemblé un nombre important dans le quartier? Et qu'est-ce que ça a donné?

PERPLEX

Si seulement je pouvais comprendre quelque chose à l'argent, et remuer de grosses sommes!

PIPE

Vous êtes un artiste, Monsieur Perplex... Mais si vous aviez eu de la chance, vous ne seriez plus dans ce quartier.

PERPLEX

J'aurais des yeux pour voir, il me semble.

PIPE

Mais aussi, bien autre chose à regarder!

PERPLEX

... Qu'allez-vous faire?

PIPE

... À moins de trouver une vieille compagne dans la même situation que moi! Nous pourrions nous appuyer l'un sur l'autre.

PERPLEX

Avez-vous fait des démarches?

PIPE

Oh! plusieurs démarches... Sous prétexte, par exemple, de louer une chambre. Bien sûr, ce n'est pas très romanesque... Mais, croyez-moi, il est plus facile de vendre un vieux piano!

PERPLEX

Et si, précisément, vous vendiez les meubles et tous les objets dont vous ne vous servez plus?

PIPE

Je n'en tirerais pas grand-chose.

PERPLEX

Mais si je faisais l'encan pour vous, moi, du haut de mon poteau?

PIPE

Me défaire de tout ce qui m'entoure?...

PERPLEX

Pour gagner du temps. C'est le seul moyen de demeurer encore parmi nous.

PIPE

Mais je ne suis plus utile à personne.

PERPLEX

Nous avons l'habitude de vous voir dans le quartier, Monsieur Pipe; si vous partez nous allons tous avoir un petit frisson dans le dos... Les gens vont se dire: le temps passe... Mieux vaut sans doute ne pas trop s'en rendre compte.

PIPE

... Et Monsieur Gus?

Le Gibet

PERPLEX

Je lui dirai que c'est un coup de publicité! Il n'est pas méchant, au fond, Monsieur Gus. Je commence à le comprendre: il ne s'opposerait pas à un beau geste, s'il se présentait comme une affaire louche...

PIPE

Je vous aime bien, Monsieur Perplex.

PERPLEX

Moi aussi, je vous aime bien, Monsieur Pipe.

PIPE

Et je suis triste de ce qui vous arrive... Après deux jours sur ce maudit poteau, vous auriez dû en descendre pour vous battre! Vous êtes trop doux!

PERPLEX

Gus avait confiance en moi. Il est allé jusqu'à prendre des paris... Je ne pouvais pas le trahir.

BERTHE
Paraît à sa fenêtre.
Je suis tout à fait de votre avis, Monsieur Pipe!

PERPLEX

Vous écoutez aux fenêtres maintenant, Madame Berthe?

BERTHE

Depuis que vous êtes sur ce poteau, on fait la conversation dans la cour; la tentation est forte d'écouter un peu aux fenêtres.

PIPE

La vie va devenir monotone quand vous serez de retour parmi nous, Monsieur Perplex.

BERTHE

Je peux même vous dire que votre expérience a rapproché les gens du quartier. On en a parlé, on en a discuté. Et puis, d'une chose à une autre, on en est venu à raconter ses petites misères. On a appris à mieux se connaître...

PIPE

Je suis bien de votre avis, Madame Berthe.

PERPLEX

Je n'avais pas pensé que de monter sur un poteau allait rendre service à ce point! Si j'avais su, je serais monté plus tôt.

BERTHE

Tenez! par exemple, je n'aurais jamais cru que Monsieur Pipe pouvait être un vieux sympathique.

PIPE

Hi! Hi! Hi! Et moi, Madame Berthe, je croyais que vous étiez une vulgaire chipie!

BERTHE

Moi, que vous étiez un vieux trousseur!

PIPE

Une habitude navrante!

BERTHE

Un sinistre agité!

PIPE

Un reste faisandé!!!

Le Gibet

BERTHE

Un paquet d'os à la retraite!!!

PERPLEX

Allons! Allons! Vous n'allez pas vous quereller maintenant!...

BERTHE

D'ailleurs, nous avons changé d'avis, n'est-ce pas Monsieur Pipe?

PIPE

À mes yeux, vous êtes une dame respectable.

BERTHE

Et vous, un vieillard honorable.

PIPE

Mais je suis beaucoup plus vert qu'on ne le pense...

BERTHE

Je ne vous ferais pas l'affront d'en douter.

PIPE

Ce sont les jeunes qui nous font vieux. Je ne me trouve pas tellement différent du jeune homme que j'étais.

BERTHE

J'ai toujours pensé qu'on ne doit pas se fier aux apparences...

PIPE

Comme vous avez raison, chère Madame, les principaux
engrenages se trouvent en dedans. Et de ce côté, ça va très bien.
Je n'ai jamais fait d'abus...

BERTHE

Si je vous disais qu'il m'arrive d'avoir des réflexes de jeune fille.

PIPE

Vous ne m'étonnez pas, j'ai déjà surpris dans vos yeux un je ne sais quoi d'adolescent.

BERTHE

Ne croyez-vous pas, Monsieur Pipe, que si nous étions plus heureux, nous deviendrions vieux moins vite?

PIPE

Ah! Madame Berthe, vous avez mis le doigt sur le point le plus important: le bonheur...

On entend quelques bruits de chemin de fer.

PERPLEX

Je ne regrette pas d'être monté sur un poteau.

BERTHE

Mais on n'est jamais sûr de ceux qu'on laisse en bas. C'est l'ennui...

PIPE

Pour ceux d'en bas, c'est un peu comme si Monsieur Perplex était en voyage.

BERTHE

La confiance règne, c'est beau, Monsieur Perplex! mais dangereux pour vous...

PIPE

Au début, on s'est occupé de vous comme d'un prince. Monsieur Perplex par-ci, Monsieur Perplex par-là! A-t-il bien mangé? bien bu? bien dormi?... Vous étiez, aux petits soins sur votre poteau. Aussi bien l'avouer, je vous enviais... Oui! Et je regrettais secrètement de n'avoir pas eu l'idée de monter sur un poteau avant vous!... Mais je me suis vite rendu compte qu'on tressait la corde pour vous pendre!

BERTHE

Par la suite, quand ils ont eu la certitude que vous alliez demeurer là-haut et battre le record, ils sont devenus moins prévenants...

PERPLEX

À plusieurs reprises, j'ai pensé descendre. Mais il y a tous ceux qui ont parié...

PIPE

Tant pis pour eux! Pensez à vous!

PERPLEX

Il y a tous ceux à qui ça rend service que je sois sur un poteau... Ceux qui avaient perdu confiance et à qui ça donne du courage de me voir persévérer...

BERTHE

Vous n'êtes pas saint Vincent-de-Paul!

PERPLEX

Mais je suis Perplex!

Il se lève.

Et je dois aller jusqu'au bout de Perplex, même si j'ai mal...

PIPE

Je vous admire...

BERTHE

Vous auriez pu faire quelque chose de grand dans la vie, si vous aviez épousé une femme à la hauteur.

PIPE

La vie du couple, c'est très important.

BERTHE

Très...

Le temps s'assombrit. Il va pleuvoir.

PIPE

Je vois que nous avons là-dessus les mêmes idées, Madame Berthe.

BERTHE

Si un jour vous n'avez rien à faire, Monsieur Pipe, venez prendre une tasse de café à la maison; nous pourrons en parler plus longuement.

PIPE

C'est promis, Madame Berthe. Un jour où je n'aurai pas un emploi du temps trop chargé, j'irai prendre le café chez vous... Celui que je me fais n'est pas très bon...

PERPLEX

... Il commence à pleuvoir.

BERTHE

Au revoir...

Elle se retire.

PIPE

Au plaisir, chère Madame... Avec votre permission, Monsieur Perplex, je vais me retirer, ça va tomber dru.

Le Gibet

Je vous en prie, Monsieur Pipe...

Au revoir, Monsieur Perplex!

Il se retire.

Au revoir...

Il pleut.

Luna! le parapluie!!!
Gus! il pleut! le parapluie!!!
Vous ne pouvez pas me laisser comme ça...
Luna! je t'aime!!!
Gus! il pleut! le parapluie!!!
Vous ne pouvez pas me laisser comme ça...
Luna, ma femme, ma vie, je t'aime!!!

Depuis un moment, on entend la petite musique du début et le rideau tombe lentement.

Acte II

C'est la nuit. On entend une petite musique et quelques bruits de chemin de fer. Après quelques instants, Menu soulève le couvercle de la poubelle et passe la tête.

MENU
À voix basse.
Bis! Bis! c'est le moment...

BIS
Apparaît de derrière une des clôtures.
Il dort?

MENU
Comme l'enfant dans son berceau...

Il sort de la poubelle.

BIS
Rejoint Menu au pied du poteau.
Tu crois vraiment que...

MENU
Nous ne pouvons pas attendre plus longtemps: l'heure a sonné...

BIS
Quelle heure est-il?

MENU
Je n'en sais rien.

Le Gibet

BIS

Comment peux-tu dire qu'elle a sonné?

MENU

Tu m'énerves!

BIS

... Si on nous surprenait?

MENU

Nous dirions que nous sommes de ses admirateurs: nous attendions son réveil pour lui demander un autographe...

BIS

Mais s'il nous arrivait quelque chose, est-ce que nous aurions un bon avocat pour nous défendre?

MENU

L'avocat de Slim fait des miracles! Une véritable crapule!... Où sont les outils?

BIS

Derrière la clôture.

Il s'y rend et revient avec une scie impressionnante.

Nous aurions pu apporter des outils moins encombrants.

MENU

Hé! Hé! Avec ça, à moins d'avoir à scier deux ou trois clous, nous aurons terminé le travail avant même qu'il n'ouvre son petit œil.

BIS

Je ne suis pas tranquille. J'ai peur qu'il bondisse au premier coup de scie, et qu'il ameute le quartier!

MENU

Pense à autre chose! Pense à ta femme...

BIS

C'est malheureux, tout de même! Quand je travaille, je dois penser à ma femme pour me donner du courage; quand je fais l'amour avec elle, je dois penser à d'autres femmes; et quand je suis au bar avec deux ou trois filles, je pense à ma femme... On n'en sortira donc jamais!

MENU

C'est l'homme...

BIS

Si tu veux mon avis, Perplex a bien raison de monter sur un poteau!

MENU

Ce n'est pas l'opinion de Slim! Il faut toujours être de l'avis de celui qui te fait vivre... Au travail!

BIS

À la grâce de Dieu!

Chacun tient un bout de la scie, de part et d'autre du poteau.

MENU

On peut arriver à faire le travail sans éveiller l'artiste: il suffit de scier le poteau au rythme de sa respiration... Un, deux! Un, deux! Do-Do! Do-Do!

BIS

Do-Do!

Le Gibet

MENU

Do-Do! Do-Do!

BIS

Do!...

Il se fige.

MENU

Ça ne va pas?

BIS

... J'ai l'impression qu'on nous voit!

MENU

Ma femme m'a dit la même chose pendant notre nuit de noces...
Ce que ça peut tomber sur le système!

BIS

Je t'assure, Menu!

MENU
Écoute un moment, puis il lance.
Attention!

Ils prennent vite les positions du début. Arrive la vieille qu'on entendait marmonner depuis un moment. Elle s'arrête, craintive, regarde autour d'elle, veut adresser la parole à Perplex, mais se ravise, et traverse la scène jusqu'à la porte de Monsieur Pipe. Menu soulève le couvercle de la poubelle qui retombe avec fracas au moment où la vieille allait frapper. La vieille lance un cri de terreur, relève ses jupes et s'enfuit en marmonnant.

BIS
Passe la tête au-dessus de la clôture.

Alors?

MENU
Soulève le couvercle.

Chut!...

Et se cache. Bis fait de même.

PERPLEX
... J'ai cru entendre une drôle de musique...

Il s'imprègne de la nuit. Lentement, la lune s'est levée.
C'est tout de même merveilleux de s'offrir à la nuit, au bout d'un poteau. Je voudrais être une fleur au bout de sa tige; une fleur offerte à la main qui veut la cueillir...

Entrent les amoureux pressés l'un contre l'autre.
Lune... Luna... Luna...

On entend quelques bruits de chemin de fer. Perplex observe très attentivement la scène qui suit. Pierre tente d'embrasser Muguette.

MUGUETTE
Pas maintenant, Pierre! La lune s'est levée. Elle nous regarde.

PIERRE
Elle en a vu d'autres, et d'un œil complice. Nous n'allons pas la faire rougir...

MUGUETTE
Ce n'est pas le moment, notre amour est encore trop vert.

Le Gibet

PIERRE

N'attends pas qu'il pourrisse, Muguette. Si tu te poses trop de questions, les vers vont s'en mêler.

MUGUETTE

J'ai peur... Tu es entré dans ma vie avec fracas.

PIERRE

J'ai toujours aimé casser des vitres.

Il la serre contre lui.

MUGUETTE

Tu me fais mal, Pierre!

Elle veut se dégager.

PIERRE

J'ai besoin d'imprimer mon nom dans ta peau...

MUGUETTE

C'est difficile d'être une fille...

PIERRE

Si tu te raidis, la vie te cassera. Il faut être souple.

MUGUETTE

Il n'y a pas tellement longtemps, tu aimais briser les poupées des petites filles. Je me souviens... Après l'une, l'autre!

PIERRE

Ce n'est pas si compliqué, l'amour!

MUGUETTE

Mais les poupées ne te suffisent plus...

PIERRE

Tu ne veux pas comprendre. J'ai besoin d'être certain que tu m'aimes.

MUGUETTE

Tu le sais bien.

PIERRE

Ça ne suffit pas!

Il la tire à lui.

MUGUETTE

Non... Non... Pierre! Je t'en prie!

PIERRE

Je veux sentir ton corps tout contre le mien. Rien de plus.

Ils s'embrassent. Menu sort un moment la tête de la poubelle.

MUGUETTE

Allons-nous en!

PIERRE

Tu es chaude comme un petit animal.

MUGUETTE

... Tu ne sens pas comme je suis tendue! J'ai peur.

PIERRE

Peur de moi?

Le Gibet

MUGUETTE

Peur de moi, surtout.

Elle lui prend la main et l'examine.
C'est vrai que tu es devenu un homme.

PIERRE

Viens, Muguette.

MUGUETTE

Où?

PIERRE

Là.

Il indique la cour où se trouve Bis.
Nous serons plus tranquilles pour bavarder...

MUGUETTE

Non, Pierre!

PIERRE

Ici, on peut nous surprendre.

MUGUETTE

Je n'ai rien à cacher!

PIERRE

Regarde-moi... Je te dégoûte à ce point?

MUGUETTE

Je n'ai pas dit ça!

PIERRE

Tu n'as pas confiance en moi?

MUGUETTE

Beaucoup plus que ça, Pierre!

Ils s'embrassent passionnément. Menu sort un moment la tête de la poubelle.

MUGUETTE

Pierre, pourquoi es-tu devenu si vite un homme?

PIERRE
Il rit.

MUGUETTE

... Et si je refuse, que vas-tu faire?

PIERRE

Je ne sais pas.

MUGUETTE

J'ai peur de tes réactions...

PIERRE

Toi et moi, seuls dans la nuit...

On entend quelques bruits de chemin de fer.

MUGUETTE

Si je te perdais, ce serait terrible, Pierre. Je tomberais dans le vide...

Le Gibet

PIERRE
Viens!

MUGUETTE
C'est difficile d'être une fille... À une condition!

PIERRE
Laquelle?

MUGUETTE
Je vais te décevoir, Pierre, je le sens.

PIERRE
Quelle condition?

MUGUETTE
Il faut me promettre d'être sage.

PIERRE
Qu'est-ce que tu veux dire?

L'ampoule au-dessus de la porte chez les Perplex s'allume. Les amoureux s'enfuient. Bis, traqué, bondit hors de la cour et s'enfuit.

PERPLEX
Tourné du côté où les amoureux sont sortis.
Luna! Oh! Luna!...

Luna, vêtue d'une robe aguichante, sort de chez elle.
Oh! Luna...

LUNA
Tu ne dors pas encore?

PERPLEX

J'ai mal, si tu savais...

LUNA

Veux-tu un cachet d'aspirine?

PERPLEX

Tu es partie avec lui dans cette direction!

LUNA

Quand?

PERPLEX

Il y a plusieurs années.

LUNA

Est-ce que tu deviens fou, Perplex?

PERPLEX

Mais tu ne voulais pas le suivre...

LUNA

Qui?

PERPLEX

Oh! Luna, je sais tout. Et je t'en aime davantage...

LUNA

Je ne comprends pas.

PERPLEX

On t'a prise au piège, Luna!

Le Gibet

LUNA

Tu as la fièvre, mon pauvre Perplex.

PERPLEX

C'était par une nuit comme celle-ci...

LUNA

Si maintenant tu as des visions, nous n'en sortirons plus! Et surtout, pas un mot à Gus! Il serait bien capable de faire de toi un saint homme et de transformer la cour en un lieu de pèlerinage! Je vois ça d'ici: les boiteux, les paralytiques, les miteux, les aveugles feraient la queue pour te toucher! Et moi, pauvre Luna, il me faudrait jouer l'illuminée! Non, vraiment, si tu as des visions, Perplex, n'en parle a personne!...

PERPLEX

... J'ai eu très mal.

LUNA

Le moment n'est pas choisi pour te consoler puisque tu ne peux pas venir me rejoindre au lit!

PERPLEX

J'ai senti une brûlure en dedans.

LUNA

Quand on n'est pas en mesure d'être consolé, on s'efforce de ne pas avoir de peine!

PERPLEX

Laisse-moi te dire mon amour, Luna!

LUNA

Fais vite, mon chéri, je dois aller au cinéma.

PERPLEX

Seule?

LUNA

Avec Gus, bien sûr! Je surveille tes intérêts!

PERPLEX

On s'occupe tellement de moi, de ce temps-ci...

LUNA

Gus va faire quelqu'un de toi!

PERPLEX

Ça lui est venu comme ça! Je le connaissais depuis des années, mais c'est à peine s'il m'adressait la parole... Un jour, je l'invite à la maison; et depuis, il m'a entrepris avec acharnement! Une véritable mère...

LUNA

Réjouis-toi.

PERPLEX

En un sens, je me réjouis...

LUNA

Qu'est-ce qui ne va pas?

PERPLEX

Oh!... Comment pourrais-je te reprocher d'être belle?

LUNA

Tu ne vas pas te mettre à pleurer!

Le Gibet

PERPLEX

Pas devant toi.

LUNA

Je ne te comprends pas, Perplex. Si seulement tu n'étais pas si faible...

PERPLEX

Ne dis pas ça! Si tu savais comme parfois la tentation est grande de devenir injuste!... Oh! Luna, pouvoir te prendre une bonne fois, et te garder comme un objet précieux que personne ne peut approcher... «Regardez mais ne touchez pas!» Et construire une jolie cage dorée pour t'enfermer!

Il élève le ton.

Ou encore prendre un bâton pour chasser tous le chiens qui se bousculent derrière toi!

LUNA

Mon pauvre Perplex, je me demande si tu vas pouvoir tenir jusqu'à demain...

PERPLEX

Pardon, Luna! Je me suis laissé emporter. C'est la première fois...

LUNA

Et la dernière.

PERPLEX

Je sais. Je n'ai pas le droit de crier. Je ne suis rien. Un petit gars qui a toujours vécu dans un sale quartier et qui n'en sortira jamais. Tandis que toi, tu aurais pu t'envoler, mais tu as choisi de demeurer pour moi...

LUNA

Si tu le prends ainsi, de quoi te plains-tu?

PERPLEX

Je ne dirai plus rien. J'aurais trop peur que tu t'en ailles...

LUNA

Je me demande comment j'ai pu t'épouser!

PERPLEX

Un jour tu seras guérie, et tu m'appartiendras tout à fait...

LUNA

Guérie? mais je ne suis pas malade!

PERPLEX

Quand tu seras moins belle, je serai peut-être encore là avec mon amour, accroché au bout d'un poteau...

LUNA

Ce que tu peux avoir l'air triste, là-haut.

PERPLEX

C'est à cause de la nuit. Le jour, je pense moins.

LUNA

Quelle heure est-il?

PERPLEX

Il est trop tard pour aller au cinéma...

LUNA

Gus doit m'attendre! Oh! sois sans crainte, ce n'est pas ce que tu penses, je sais le remettre à sa place!

Le Gibet

PERPLEX

Je me languis loin de toi!

LUNA

Tu es vieux jeu, mon pauvre Perplex.

PERPLEX

Parce que je t'aime?

LUNA

Tu t'excites inutilement! Tu vas finir par faire des fredaines tout seul... À ton âge, quelle misère!

PERPLEX

Luna, je t'aime!

LUNA

Surtout, ne t'avise pas de descendre avant d'avoir battu le record mondial!

PERPLEX

Même si je voulais descendre, je n'en trouverais peut-être pas le courage... Il faut être fort pour vivre sur le plancher des vaches!

LUNA

Tu me rassures. Je t'embrasse... À tout de suite!

Elle sort. On entend siffler un train.

PERPLEX

Si seulement ce poteau pouvait se transformer en fusée, et me conduire loin d'ici, quelque part dans le ciel!... Mais j'appartiens à la terre. Je suis lourd de racines qui s'enfoncent en elle; et lourd

d'hésitation et de peur; et lourd de rêve et de fumée... Luna...
Luna, mon amour... Tu me fais souffrir, et tu ne me regardes
même pas souffrir. Oh! Luna... Je suis monté sur un poteau, et la
vie continue en bas, sans moi... Mon rôle ne devait pas être bien
important, puisque la vie continue en bas, sans moi...

*Et Perplex se couche comme un chien dans sa niche. Lentement,
Menu sort de la poubelle et s'éloigne. Avant de disparaître, il croit
entendre un bruit et s'arrête. Puis, il s'élance et saute par-dessus une
clôture. On l'entend qui tombe au milieu de quelques poubelles et
d'une bande de chats. Il s'éloigne en jurant. De l'autre côté, apparaît
Bis qui se rend à la poubelle sur la pointe des pieds. Il soulève le couvercle et constate la disparition de Menu. Au moment de s'en aller il
entend quelques bribes d'une conversation animée et quelques éclats de
rire qui viennent de chez Madame Berthe. Inquiet, Bis se cache à son
tour dans la poubelle. Perplex est encore une fois tiré de son sommeil.*

BERTHE
Sort de chez elle en riant, suivie de Monsieur Pipe.
Vous êtes entreprenant comme une armée de lutins.

PIPE
Vous en plaignez-vous, chère amie?

Il lui fait des agaceries.
Hi! Hi! Hi!

BERTHE
Mais soyez discret... Si on nous voyait!

PIPE
Je n'ai pas honte de ce que je ressens!

BERTHE
Avouez tout de même que nous sommes un peu ridicules...

Le Gibet

PIPE

Apercevant Perplex.

Ah! Monsieur Perplex, je ne suis pas mécontent que vous soyez témoin de ce qui nous arrive!

BERTHE

Vous avez été le prétexte d'une rencontre au cours de laquelle Monsieur Pipe m'a fait des aveux...

PIPE

... dont vous avez rougi comme une jouvencelle!

BERTHE

Je l'avoue. J'avais d'ailleurs perdu depuis longtemps tout espoir de rougir encore avant de mourir... C'est donc bien fort le sentiment! Je vous remercie, Monsieur Perplex...

PERPLEX

Il n'y a vraiment pas de quoi!

PIPE

Vous avez tiré les ficelles qui nous ont rapprochés Madame Berthe et moi.

BERTHE

L'ennui dans la vie, c'est de ne pas savoir ce que pense l'autre...

PIPE

Ah! Si nous pouvions toujours savoir ce que pense l'autre, la vie serait une véritable orgie! C'est effrayant ce que tout le monde pense à la même chose!!!

BERTHE

Allons! Allons!

PIPE

Madame Berthe a été très étonnée d'apprendre qu'à plusieurs reprises je suis allé flairer à sa fenêtre, la nuit...

BERTHE

Et le lendemain, il me saluait avec une tête d'enterrement!... De mon côté, je peux bien le dire, puisque maintenant la glace est rompue, j'ai toujours eu un faible pour Monsieur Pipe. Mais je n'aurais jamais osé le lui avouer.

PIPE

Pour ainsi dire, nous nous attendions. Et nous aurions pu emporter notre secret dans la tombe...

BERTHE

Ne parlez pas de malheur!

PIPE

Nous vous devions bien cet aveu, Monsieur Perplex!

BERTHE

Mais soyez discret!

PERPLEX

Vous pouvez dormir tranquilles.

BERTHE

On dit que le malheur des uns fait le bonheur des autres...

PERPLEX

On le dit.

PIPE
Enthousiaste.

Ah! chère amie!...

Le Gibet

BERTHE

Il est étonnant, à votre âge, d'avoir encore la réaction aussi vive.
Nous allons scandaliser Monsieur Perplex!

PERPLEX

Au contraire, Madame Berthe, j'aime beaucoup la vie de famille!

BERTHE

J'imagine que nous ne sommes pas très beaux à regarder...

PIPE

Lui fait quelques agaceries.
Hi! Hi! Hi!

BERTHE

Ce que vous êtes gamin!

Elle se défend mollement.
Allons! maintenant, chacun doit rentrer chez soi!

PIPE

La maison va me paraître vide...

PERPLEX

Mais vous n'habitez pas si loin l'un de l'autre!

PIPE

Et puis, le jour est proche où vous allez accepter de me louer cette
chambre...

BERTHE

Nous devons réfléchir encore quelques jours...

PIPE

Que voulez-vous dire?

BERTHE

Réfléchir «officiellement»...

PIPE

Ah! vous me rassurez!

BERTHE

Bonsoir, Monsieur Pipe!

Elle lui envoie un baiser de la main.

PIPE

Bonsoir, Madame Berthe!

Il lui rend son baiser.

BERTHE
Sur le point d'entrer chez elle.
Venez prendre le café, demain, si vous avez un moment...

PIPE

Vous êtes bien aimable. Je ne manquerai pas de me rendre à votre invitation, si mon emploi du temps me le permet...

Il a un petit rire complice.

Berthe se retire en riant.

PERPLEX

Je ne trouve pas que vous soyez laids tous les deux.

Le Gibet

PIPE

Sombre.

Ce serait agréable de pouvoir finir ses jours en riant...

PERPLEX

Qu'avez-vous?

PIPE

Je suis fatigué... Tout à l'heure, j'aurais pu cracher des flammes, j'avais vingt ans, mais en quelques secondes, les années m'ont rattrapé...

PERPLEX

Vous êtes heureux, Monsieur Pipe!

PIPE

Très heureux. Mais aussi très fatigué... Ce fut une rude journée, Monsieur Perplex.

PERPLEX

Demain, le soleil va se lever pour vous.

PIPE

Peut-être, mais il achève de se lever pour nous... Bonsoir!

PERPLEX

Faites de beaux rêves...

PIPE

A un petit rire entendu. Au moment d'entrer chez lui, il se ravise.

Ah! j'allais oublier: l'encan se trouve supprimé... Je garde mes meubles. Madame Berthe a une table, deux chaises et un lit. Les premiers jours, ça va nous suffire. Mais plus tard, nous serons bien

contents d'avoir un autre lit... les fauteuils et les quelques
meubles que j'ai gardés. Dormez bien!

PERPLEX

Merci.

Et il se retire au fond de sa boîte.

*Pipe se tâte les reins, puis il entre chez lui. Bis qui respire avec diffi-
culté tente encore une fois de sortir de la poubelle. Mais Madame
Berthe paraît à sa fenêtre.*

BERTHE

Nous sommes seuls, Monsieur Perplex?

PERPLEX

Oui, et j'en profite pour vous féliciter, Madame Berthe.

BERTHE

Il faut que je vous dise mon inquiétude...

PERPLEX

Mais ce n'est pas le moment de s'inquiéter.

BERTHE

Je pense à mon défunt mari. J'ai l'impression qu'il doit se
retourner dans sa tombe.

PERPLEX

Dites-vous qu'il a sans doute d'autres préoccupations!

BERTHE

Il était d'une jalousie! Là où il se trouve, s'il venait à apprendre
que je pense à me remarier (en cachette il est vrai, j'ai passé l'âge

de la couronne de fleurs d'oranger), j'ai la certitude qu'il en mourrait une seconde fois!

PERPLEX

Ce serait plus grave s'il s'avisait de ressusciter!

BERTHE

Ne parlez pas de malheur! C'était un vieux grincheux! Il m'a rendu la vie impossible... Mais vous-même, Monsieur Perplex, que pensez-vous de notre projet?

PERPLEX

Madame Berthe, on peut se marier jusque sur son lit de mort...

BERTHE

Je vous remercie. Vous me redonnez confiance...

PERPLEX

Un peu las.

D'ailleurs, à votre âge, vous savez mieux que moi ce que vous avez à faire.

BERTHE

Je vous importune?

PERPLEX

Non pas du tout, Madame Berthe, mais la fatigue m'engourdit les membres.

BERTHE

Il est vrai qu'au bout d'un poteau, ce n'est pas comme dans un bon lit... Bonne nuit tout de même, Monsieur Perplex.

PERPLEX

Bonne nuit, Madame Berthe... Et je vous souhaite de rêver à votre amoureux...

BERTHE
Confuse.

Oh! Monsieur Perplex.

Elle se retire, et Perplex se recouche.

On entend quelques bruits de chemin de fer. Nouvelle tentative de Bis. Mais Gus arrive à bout de souffle.

GUS

Tu es toujours là-haut, Perplex?

PERPLEX

Où veux-tu que je sois?...

GUS

C'est que j'ai la vue trouble! Je vois rouge!

PERPLEX

Que se passe-t-il?

GUS

Je venais précisément te poser cette question.

PERPLEX

Où est Luna?

GUS

Je n'en sais rien. Et c'est la raison qui m'amène ici.

Le Gibet

PERPLEX

Je la croyais avec toi...

GUS

Est-elle à la maison?

PERPLEX

Elle avait rendez-vous avec toi, au cinéma...

GUS

Comme si j'avais l'âge d'aller au cinéma avec les filles! Nous devions nous retrouver au «Bar de Minuit»...

PERPLEX

Ah!

GUS

Mais elle n'est pas venue.

PERPLEX

Tu es certain?

GUS

Puisque je te le dis!

PERPLEX

Où est-elle?

GUS

Perplex, tu es le mari de Luna, c'est à moi de te poser cette question! Où est ta femme?

PERPLEX

Je croyais que tu t'occupais d'elle pendant mon absence...

Gus

Réponds!

Perplex

Je n'en sais rien! Pour ainsi dire, je te l'avais confiée...

Gus

Comme si le mari ne devait pas faire sa part!

Perplex

Je ne peux tout de même pas la chercher, et battre le record d'endurance! Choisis...

Gus

Quand un mari a de l'autorité, il donne des ordres, même du haut d'un poteau! Surtout du haut d'un poteau!

Perplex

Je n'ai jamais su lui donner d'ordres...

Gus

Tu la laisses aller sans explication! Quelle inconscience!

Perplex

Depuis que je suis sur ce poteau, c'est toi qui demandes les explications!

Gus

Un mari ne lâche jamais la bride!

Perplex

J'ai tenu la bride à deux mains, Gus, mais le cheval est parti...

Le Gibet

GUS
Un mari doit toujours en savoir plus que les autres. C'est son privilège.

PERPLEX
Je ne tiens pas à en savoir plus que les autres.

GUS
Où est-elle?

PERPLEX
Je n'en sais rien. Et tu me fais mal...

GUS
Ce n'est pas le moment de pleurer. Trouvons-la!

PERPLEX
Tu veux que je descende?

GUS
Reste là où tu es! et le plus longtemps possible! Mais d'être au bout d'un poteau n'a jamais empêché personne de réfléchir... Où est-elle?

PERPLEX
... Peut-être chez la vieille tante.

GUS
Lève les bras au ciel.
Le mari est toujours le dernier à qui on devrait confier son inquiétude! Hé bien, je vais attendre! Et toute la nuit, s'il le faut.

Il s'assied sur la poubelle.

Je vais demeurer ici jusqu'à son retour. Et si elle ne revient jamais, il va me pousser des racines dans les fesses et je deviendrai un arbre, ici même, dans cette cour!

PERPLEX

... Tu pourrais peut-être en profiter pour établir un record d'endurance.

GUS

Je n'ai pas envie de rire. Je vais te faire monter un miroir. Tu me diras si ta tête te fait rire!

PERPLEX

Elle en fait rire d'autres, je ne vois pas pourquoi elle ne me ferait pas rire un peu...

GUS

Si je comprends bien, quand on n'a plus le choix, on devient philosophe?

PERPLEX

J'ai trouvé ce moyen pour ne pas trop souffrir...

GUS

C'est le moment ou jamais d'en faire usage!

PERPLEX

... Tu me ressembles comme un frère, Gus...

GUS

Tu veux m'insulter!

PERPLEX

Tous les deux, nous attendons!

Le Gibet

GUS

Je vais lui donner une leçon, moi!

PERPLEX

C'est gentil à toi de t'occuper d'elle... D'ailleurs Luna a beaucoup d'admiration pour toi...

GUS

Vraiment?

PERPLEX

Elle me l'a dit.

GUS

En quels termes parle-t-elle de moi?

PERPLEX

En des termes qui me font très mal...

GUS

Chère Luna! Je ne savais pas qu'elle tenait à moi à ce point!

PERPLEX

Tu deviens un frère, Gus... Dans cinq minutes, tu vas prétendre que Luna s'est rendue chez la vieille tante...

GUS

Jamais!

Il se lève, furieux.

Nous ne sommes pas de la même race, Perplex: tu as rampé devant elle, tu l'as suppliée de devenir ta femme!

PERPLEX

Qui te l'a dit?

GUS

Elle-même! Je vais à la source, moi! Luna s'est moquée de toi. Et plus elle se moquait, plus tu l'implorais. Elle a fait la pluie et le beau temps dans ton cœur... Et toi, chaque fois que tu la voyais, tu te jetais à ses pieds, tu léchais la poussière de ses souliers usés dans tous les coins noirs de toutes les petites rues du quartier! Et Luna, ça l'amusait...

PERPLEX

Elle a dit ça?

GUS

Et puis, un jour, elle a eu besoin de toi.

PERPLEX

...

GUS

Elle t'a fait un petit signe. Et moins d'une semaine plus tard, vous étiez mari et femme! Et tu ne savais plus comment la remercier de t'avoir donné le coup de grâce!... Non, Perplex, nous ne sommes pas de la même race!

PERPLEX

Elle a eu besoin de moi, Luna?

GUS

Il lui fallait un type de ta race...

PERPLEX

Elle a eu besoin de moi, Luna?

Le Gibet

GUS

Elle a eu besoin de quelqu'un...

PERPLEX

Mais c'est moi qu'elle a choisi!...

GUS

Tu étais tout prêt, tout chaud...

PERPLEX

Je ne savais pas qu'elle avait eu besoin de moi!

GUS

Ma parole, tu es heureux comme un premier communiant!

PERPLEX

Je ne savais pas que Luna avait eu besoin de moi!

GUS

Sais-tu seulement quel service tu as rendu à Luna?

PERPLEX

Dis-le moi, Gus?

GUS

Je ne pensais pas que tu pouvais aller aussi loin. Tu dépasses tout ce que j'aurais pu imaginer...

PERPLEX

Dis-le moi, Gus!

GUS

... Un jour, Luna a cru qu'elle était enceinte.

PERPLEX
Ravi.

De moi?

GUS

Elle a décidé de trouver un mari et du même coup, un père pour son petit...

PERPLEX

Ah!

GUS

Et bien entendu, il s'agissait d'une fausse alerte!

PERPLEX

Ah...

GUS

Elle était furieuse de t'avoir épousé à la course!

PERPLEX
Très objectif.

... Je comprends.

GUS

Ah! tu m'écœures! Si je reste ici, j'ai peur de finir par te ressembler... Je vais la chercher, et la trouver moi! Sois sans inquiétude, je la ramène au bercail...

En s'éloignant.

La vie serait à peu près supportable, si le père Adam ne s'était pas bêtement laissé prendre une côte.

Le Gibet

Il saute par-dessus une clôture, et tombe au milieu de poubelles et d'une bande de chiens. Il revient précipitamment pour emprunter une autre sortie en maugréant. Perplex se recouche. On entend siffler un train. Bis prend l'air un moment et tente encore une fois de s'enfuir, mais les amoureux reviennent. Muguette qui suivait Pierre se presse contre lui.

MUGUETTE

Oh! Pierre...

PIERRE

Nous revenons à la lumière, Muguette...

MUGUETTE

Comme des bêtes!...

PIERRE

C'est fait comme ça un homme, je n'y suis pour rien.

MUGUETTE

Je me suis donnée à toi, Pierre.

PIERRE

C'est ce que tu avais de mieux à faire...

MUGUETTE

Comme des bêtes!

PIERRE

Je n'ai pas inventé la manière, Muguette!! Nous ne sommes pas les premiers à qui ça arrive...

MUGUETTE

Tu te détaches de moi.

PIERRE

C'est la vie! C'est toujours comme ça, après! Il faut que tu apprennes à vivre simplement.

MUGUETTE

Prends-moi dans tes bras.

PIERRE

Le fait sans conviction.

Voilà...

MUGUETTE

Oh! Pierre...

PIERRE

Maintenant, nous devons nous séparer...

MUGUETTE

Pas tout de suite.

PIERRE

J'ai dit aux amis que je les retrouverais dans la soirée.

MUGUETTE

Ce n'est pas si important de retrouver tes amis!

PIERRE

La vie continue, Muguette.

MUGUETTE

Je ne comprends pas. Est-ce que tous les hommes sont comme toi?

Le Gibet

PIERRE
Je n'en sais rien, et ça m'est égal!

MUGUETTE
Et quand nous reverrons-nous, Pierre?

PIERRE
Demain soir, je ne suis pas libre...

MUGUETTE
Dans un mois, peut-être?

PIERRE
Tu ne veux pas comprendre... Après-demain, je t'attendrai à la même heure, à la gare.

MUGUETTE
Et tu es certain que j'y serai!

PIERRE
Puisque nous nous aimons!

Il la prend dans ses bras et l'embrasse sans conviction.
Même heure, à la gare!

Il s'éloigne.

MUGUETTE
Porte les mains à son ventre, fait quelques pas comme pour rejoindre Pierre, et s'arrête.
Pierre!!!

PERPLEX
Luna...

MUGUETTE

Pierre!

PERPLEX

Luna!

MUGUETTE

Pierre...

Appuyée sur le poteau.

PERPLEX

Luna!!!

Depuis un moment, on entend la petite musique du début, et le rideau tombe lentement.

Acte III

C'est le matin, on entend une petite musique et quelques bruits de chemin de fer. Après quelques instants, Bis parvient à sortir de la poubelle. Il pleure d'épuisement. Au moment de s'enfuir, la voix de Gus vociférant l'oblige à retourner dans la poubelle.

GUS

Ah!... J'en ai par-dessus la tête!...

Il entre furieux.

Je n'ai pas fermé l'œil de la nuit!

PERPLEX

Je n'ai pas pu dormir, non plus...

GUS

Ta femme nous rendra fous!

PERPLEX

Que s'est-il passé? Où est-elle?

GUS

Je n'en sais rien... Elle se moque de moi!

PERPLEX

As-tu fait des recherches?

GUS

J'ai été partout où il me semblait qu'elle pouvait être, et particulièrement dans les boîtes de nuit louches! J'ai passé le quartier au
peigne fin! Pas de Luna! C'est à n'y rien comprendre...

Il s'arrête devant chez Pipe, réfléchit un instant, puis conclut.
Tout de même pas!!
À moins qu'elle n'ait passé la nuit dans un endroit où moi-même
je n'ose pas mettre les pieds...

PERPLEX

Je vais t'apprendre la patience, Gus.

GUS

On n'agit pas de la sorte la nuit qui précède un jour comme
celui-ci!

PERPLEX

Dans quelques heures, j'aurai battu le record de Slim... Et puis
après?

GUS

J'ai l'impression que de son côté, ta femme est sur le point de battre un record plus impressionnant que le tien!

PERPLEX

Ne parle pas d'elle en ces termes!

GUS

J'ai le droit de dire ce que je veux, elle n'est pas ma femme.

PERPLEX

Par amitié pour moi...

Le Gibet

GUS

Par amitié pour toi, je vais la battre! Lui casser une chaise sur le dos! Lui arracher les dents! La traîner par les cheveux dans la cour! Devant la foule!... Ah! on a besoin d'émotions fortes?! Hé bien, le sang va couler!

PERPLEX

Tu ne feras pas ça...

GUS

Tu prétends m'en empêcher, peut-être?!

PERPLEX

Tu vas toi-même changer d'avis en la voyant...

GUS

Tu connais mal ton ami Gus!

PERPLEX

Tu vas ouvrir la bouche pour dire ce que tu as sur le cœur, mais tu n'auras plus rien sur le cœur; tu vas bafouiller pour enfin trouver toi-même des excuses...

GUS

Jamais!

PERPLEX

... Luna a eu un petit accident en traversant la rue.. Luna a passé la nuit à l'hôpital...

GUS

Tu sais quelque chose?

PERPLEX

Non.

GUS

Elle aurait passé la nuit à l'hôpital?

PERPLEX

Tu vois! Tu ne demandes qu'à le croire...

GUS

Qu'est-il arrivé?

PERPLEX

Je n'en sais rien, Gus. J'ai voulu voir si tu me ressemblais.

GUS

Quelle idée!

PERPLEX

Elle va nous raconter sa nuit, une nuit blanche et sans tache; elle va tout nous expliquer, et nous la croirons...

GUS

Toi, peut-être! Moi, jamais! Je pousserai l'enquête aussi loin qu'il faudra!

Il soulève le couvercle de la poubelle et y jette son cigare.

PERPLEX

Un jour, moi aussi, j'ai voulu pousser l'enquête... Mais Luna s'est étendue sur le lit pour se reposer: j'ai été la trouver, et mon enquête a tourné court.

Le Gibet

On entend quelques bruits de chemin de fer. Bis soulève le couvercle,
tousse et rejette le cigare. Entre le laitier.

LE LAITIER
Sombre.

Bonjour, Messieurs!

PERPLEX

Ah! Bonjour...

LE LAITIER

Vous avez l'air sombre...

GUS

Au contraire, nous nous réjouissons!

LE LAITIER

Je croyais que vous aviez lu la nouvelle dans le journal.

GUS

Nous ne pouvons pas lire le journal, et faire l'objet de la nouvelle.
Il faut choisir.

LE LAITIER

Mais vous feriez bien de lire le numéro de ce matin...

GUS

On parle de nous?

LE LAITIER

Indirectement...

PERPLEX

Luna!

LE LAITIER

Pardon?

PERPLEX

On parle de ma femme!

LE LAITIER

Non. Mais d'un record d'endurance sur un poteau.

GUS

Bravo!

LE LAITIER

D'un record établi dans une petite ville du sud: l'homme n'est pas descendu depuis trente-huit jours...

GUS

Quoi!

LE LAITIER

On lui a construit une véritable maison au bout de son poteau. Il peut écouter la radio, regarder la télévision... Une infirmière le visite tous les jours...

GUS
S'effondre sur la poubelle.

LE LAITIER

Je croyais que vous le saviez.

PERPLEX

Non...

Le Gibet

Le Laitier

Vous n'y êtes pour rien, Monsieur Perplex! Vous n'êtes pas responsable non plus, Monsieur Gus! Vous n'y pouvez rien, voilà tout! Il faut regarder les choses en face: les nôtres n'ont pas les moyens d'aller jusqu'au bout! Prenez-en votre parti...

Gus

Si seulement je pouvais pleurer... Mais ça reste en dedans, et ça tourne comme un repas mal digéré. Trente-huit jours!... Et à quel moment se propose-t-il de descendre, l'autre?

Le Laitier

Il n'en est pas question pour le moment. D'après le journal, il se porte très bien.

Gus

... Comment te sens-tu, Perplex?

Perplex

Je ne me sens plus!

Gus

Est-ce que c'est le signe de la fin? Est-ce que l'échafaudage va s'effondrer? Notre beau rêve d'un tour du monde... Je croyais avoir trouvé le moyen de m'en sortir! Je suis venu au monde dans ce quartier de rats pelés, je ne pourrai donc jamais en sortir! La malchance comme une gangrène... Et Luna qui ne revient pas! Perplex, nous devons prendre le taureau par les cornes! Ne pas se laisser aller à la dérive! Tu vas demeurer là-haut aussi longtemps que nous n'aurons pas battu le record!

Perplex

Je ne sais pas si j'en aurai la force, Gus... Trente-huit jours! Tu te rends compte, je n'ai pas encore fait la moitié du temps! Trente-huit jours, et il n'est même pas question qu'il descende bientôt!

GUS

J'avais tout prévu dans les moindres détails! Et les paris! Ah! tout s'effondre! Notre entreprise a l'air d'une bouse!... Et puis, ce n'est pas le pire! Il va me falloir trouver autre chose pour vivre! Ah, j'aurais dû me coucher la nuit dernière!...

PERPLEX

Allons, Gus! Pense à Luna...

GUS

La garce!

PERPLEX

Elle va revenir.

GUS

Ça m'est égal, maintenant.

LE LAITIER

Excusez-moi!

Il dépose ses bouteilles de lait.

Si j'avais pu prévoir que vous alliez être affectés à ce point par la nouvelle du journal, je l'aurais déchiré... Il est vrai que ce n'est pas le seul exemplaire qui circule en ville.

GUS

Voilà.

LE LAITIER

... Moi aussi, j'aurais voulu faire de grandes choses... Ça va me manquer de ne plus vous voir au bout de votre poteau, Monsieur Perplex.

Le Gibet

Il se retire.

GUS

Voilà.

PERPLEX

Nous manquons de moyens, Gus...

GUS

Quand j'étais petit, je faisais des bulles de savon avec une pipe en plâtre, il se trouvait toujours quelqu'un pour souffler dessus avant qu'elles n'aient eu le temps de s'élever...

PERPLEX

Qu'est-ce que je fais, Gus? Je descends?

GUS

Réfléchissons!

PERPLEX

Pour dire vrai, je ne me sens pas encore le courage de descendre!

GUS

Perplex, nous allons bluffer...

PERPLEX

Bon... Qu'est-ce que je dois faire?

GUS

Rien.

PERPLEX

Et toi?

GUS

Rien. Bluffer, ce matin, ça consiste à ignorer la nouvelle.

PERPLEX

Crois-tu que nous pourrons tenir longtemps?

Arrivent Paulo et Bébert avec la voiturette, le tambour et les accessoires.

GUS

Bonjour! Ce n'est pas trop tôt!

PAULO

Si nous disparaissions, Bébert et moi?

GUS

Pourquoi?

PAULO

À cause de la nouvelle...

GUS

Quelle nouvelle?

PAULO

Dans le journal!

GUS

Quel journal?

PAULO

De ce matin!!!

GUS

Je vais te mettre mon pied dans les fesses.

Le Gibet

PAULO

Ce n'est pas la peine de s'enfoncer la tête dans le sable comme l'autruche.

BÉBERT

Si nous allions à la campagne...

GUS

On se moque de la nouvelle parue dans le journal! La nouvelle, c'est une chose! Et notre entreprise, c'en est une autre!

PAULO

Les illettrés sont de moins en moins nombreux dans le quartier, Gus...

GUS

Et puis après?! Le journal est farci de mensonges! As-tu déjà lu les prévisions atmosphériques?... Réponds!

PAULO

Oui.

GUS

As-tu déjà constaté qu'elles ne se réalisent à peu près jamais?

PAULO

Le bon Dieu ne lit peut-être pas le journal?

GUS

Ça prouve qu'un être intelligent ne s'occupe pas de ce qui est imprimé dans le journal!

PAULO

L'ennui, c'est que les gens du quartier ne sont pas très intelligents!

GUS

Je vais leur dire quand applaudir, moi!

BÉBERT

Applaudit.

PAULO

Et Slim?

GUS

Encore une question idiote et je t'enfonce la clef du mystère quelque part! Au travail!

Il organise le petit défilé.

PERPLEX

Il vaudrait sans doute mieux être un peu plus discret.

GUS

Jamais! Le bruit vient à bout de tout! Personne ne résiste au vacarme! Allons, messieurs, nous devons parcourir toutes les rues du quartier et rassembler la population autour du poteau! Présentez armes!

Cacophonie pseudo-militaire. Madame Berthe paraît à sa fenêtre et se retire presque aussitôt pour revenir avec un pot d'eau qu'elle verse sur la tête de Gus.

GUS

C'est du sabotage! Quand je serai chef du gouvernement, je m'en souviendrai! Je supprimerai l'aide aux vieux! Qu'ils crèvent! Ils ont déjà trop vécu!...

Monsieur Pipe est apparu à sa fenêtre, carabine à la main.

GUS
L'aperçoit.
Allons-y, messieurs! Marche!

Gus et Paulo se sauvent rapidement. Bébert qui ne s'est rendu compte de rien demeure encore un moment puis, prenant conscience de la situation, il déguerpit avec la voiturette.

PIPE
Vous avez bien dormi, chère amie?

BERTHE
Très bien. Mais j'ai mis du temps à fermer l'œil.

PIPE
Moi de même. Vous faites un excellent café.

Il a un petit rire complice.

BERTHE
Ça va, Monsieur Perplex?

PERPLEX
Ça va, Madame Berthe.

PIPE
La nuit n'a pas été très calme.

PERPLEX
C'est à croire qu'on ne se couche plus dans le quartier!

BERTHE

À ce soir?

PIPE

Je crois que mon emploi du temps me le permet.

Ils se font quelques petits signes et disparaissent. On entend quelques bruits de chemin de fer. Bis se dresse et replonge aussitôt dans sa poubelle, car la vieille fait son entrée en marmonnant et se dirige vers le poteau. Elle salue Perplex qui lui répond. Puis elle se rend chez Monsieur Pipe. Elle hésite un moment, et se tourne vers Perplex.

LA VIEILLE

Dites-moi, c'est bien ici, n'est-ce pas, qu'habite Monsieur Pipe?

PERPLEX

Oui.

LA VIEILLE

Merci.

Elle frappe doucement à la porte. Elle attend quelques secondes et frappe de nouveau. Monsieur Pipe entrouvre la porte.

LA VIEILLE

Bonjour, cher Monsieur Pipe...

PIPE
Ennuyé.

Vous êtes bien matinale!

LA VIEILLE

C'est que j'ai réfléchi toute la nuit.

Le Gibet

PIPE

À votre âge, vous devriez dormir la nuit.

LA VIEILLE

Monsieur Pipe, vous avez raison: je ne peux pas vivre seule plus longtemps...

PIPE

Avez-vous bien réfléchi?

LA VIEILLE

Pour les gens du quartier, vous allez être mon locataire. Mais, entre nous...

PIPE

Vous ne craignez pas de scandaliser vos filles?

LA VIEILLE

Elles ne s'occupent guère de moi. J'ai décidé de faire ma vie!

PIPE

C'est une décision grave.

LA VIEILLE

Est-ce que je peux entrer?

PIPE

Si on vous voyait entrer ou sortir de chez moi? Vous n'y pensez pas! Nous deviendrions la fable du quartier...

LA VIEILLE

Ce n'est pas lui qui me rendra heureuse, le quartier.

PIPE

Et parlez plus bas! Si on nous entendait...

LA VIEILLE

C'est l'énervement!

PIPE

Vous brûlez la chandelle par les deux bouts! Vous n'avez pas fermé l'œil de la nuit, c'est dangereux! Et je parie que vous prenez du café!

LA VIEILLE

Je m'attendais à plus de joie de votre part.

PIPE

À notre âge, un trop grand débordement de joie peut nous précipiter dans la tombe...

LA VIEILLE

Je vous déçois?

PIPE

Vous agissez sans réfléchir, comme une jeune fille... Vous verrez qu'aujourd'hui, vos douleurs dans le dos vont vous reprendre!

LA VIEILLE

Vous avez raison, déjà je commence à les sentir.

PIPE

Retournez donc chez vous attendre les événements!

Le Gibet

LA VIEILLE

Vous me disiez exactement le contraire, voici à peine trois jours...

PIPE

C'est que de mon côté, j'ai profité de ces quelques jours pour réfléchir...

LA VIEILLE

...

PIPE

Aussi bien vous dire la vérité: j'ai toujours voulu devenir prêtre...

LA VIEILLE

Ah!

PIPE

Oui, j'avais la vocation!

LA VIEILLE

Maintenant, il est trop tard!

PIPE

Mais il n'est pas trop tard pour envisager de consacrer les quelques jours, les quelques heures peut-être qui me restent à vivre, à la prière... dans la solitude!

LA VIEILLE

Ah!

Berthe paraît à sa fenêtre. Pipe l'a vue.

PIPE

Et voilà!

LA VIEILLE

Mais vous n'avez pas pensé que nous pourrions prier tous les deux
ensemble...

PIPE

Ce n'est pas la même chose! Vous n'avez rien compris!

LA VIEILLE

À quelle conclusion êtes-vous arrivé?

PIPE

Vivre sagement!

Il tente de refermer la porte.

LA VIEILLE

Ce qui signifie?

PIPE

Préparer mon salut éternel!

LA VIEILLE
Retenant la porte.
Monsieur Pipe, dites-moi, vous ne voulez plus que nous vivions
ensemble?

PIPE

Non!

Il ferme la porte. Et Madame Berthe se retire.

Le Gibet

La Vieille
... Ah!... Je croyais que... Je ne comprends plus rien...

Elle essuie une larme, et s'éloigne. Près du poteau elle s'arrête.
Vivre sur un poteau, c'est idiot! À votre âge, que de temps perdu!

Elle s'en va.

Perplex
Le temps perdu à témoigner d'un idéal n'est peut-être pas perdu
pour tout le monde...

On entend quelques bruits de chemin de fer. Arrivent Paulo et Bébert.
Ils ont couru.

Paulo
Rien ne va plus!

Bébert
Ça tourne mal!

Madame Berthe paraît à sa fenêtre.

Perplex
Et Gus?

Paulo
Trois individus de la bande à Slim l'ont retenu.

Bébert
Sans témoin!

Perplex
Qu'est-ce que je fais?

BERTHE

Tirez votre épingle du jeu, Monsieur Perplex.

PERPLEX

Je veux bien, Madame Berthe. Mais dans les circonstances, en quoi cela consiste-t-il?

BERTHE

Prenez vos dispositions!

PERPLEX

Je ne comprends pas...

PAULO

Slim veut empêcher les gens de venir vous encourager.

BÉBERT

On prétend que vous êtes descendu pendant la nuit.

PAULO

Cinq personnes vous ont vu près de la gare de triage vers deux heures, cette nuit.

PERPLEX

C'est faux. Vous le savez, Madame Berthe!

BERTHE

Je témoignerai, Monsieur Perplex. Je dirai que vous êtes demeuré au bout de votre poteau, même si vous aviez d'excellentes raisons d'en descendre...

PAULO

La rumeur se répand déjà.

Le Gibet

BERTHE

La vérité finit toujours par triompher.

PAULO

Parfois un peu tard.

BERTHE

Monsieur Pipe est un brave homme, il va témoigner, lui aussi! Et vous, Monsieur Paulo! Et Monsieur Bébert!

PAULO

J'étais chez moi, et je dormais!

BÉBERT

Moi aussi!

BERTHE

Vous n'allez tout de même pas abandonner Monsieur Perplex!

PAULO

Il va leur être facile de prouver que je dormais!

BERTHE

Dites que vous étiez chez Monsieur Perplex, et que vous n'avez pas fermé l'œil de la nuit!

PAULO

On m'a vu dans la soirée au «Bar de Minuit»!

BÉBERT

Moi aussi!

PAULO

Le moment est venu pour chacun de tirer son épingle du jeu!

BERTHE

Vous êtes des hommes de carton!

PAULO

Peut-être. Mais je tiens à ma peau de carton.

BÉBERT

Slim peut nous faire casser la figure!

BERTHE

Ça vous donnera peut-être l'air plus intelligent!

PIPE

Paraît à la fenêtre avec sa carabine.

Je suis de votre avis, Madame Berthe! Si l'un de vous abandonne Monsieur Perplex, il aura de mes nouvelles! Et pas par téléphone!

PAULO

Je vous en prie, Monsieur Pipe! Je n'y suis pour rien!

BÉBERT

Moi non plus!

PIPE

La raison du plus fort est toujours la meilleure!

BÉBERT

Que faut-il faire, Paulo?

PAULO

Tout le monde est contre nous! Quoi qu'il arrive, nous allons recevoir des coups!

Le Gibet

Bébert

Sauvons-nous!

Paulo

Nous ne pourrions plus revenir dans le quartier...

Bébert

C'est terrible...

Gus

Arrive en trombe.

Ce n'est pas le moment de tergiverser! Il faut agir!

Paulo

Que doit-on faire?

Gus

Attendre!

Perplex

Qu'est-ce que je fais, Gus?

Gus

Rien! Il va se produire quelque chose. Inutile de précipiter les événements...

Il flaire.

Ça sent la catastrophe, et je ne déteste pas cette odeur! Si seulement l'affaire du poteau pouvait dépasser le quartier, se propager dans la ville, puis à travers le pays, que ça saute! Qu'il se passe enfin quelque chose! Une guerre! Voilà ce qu'il faudrait pour occuper tous les esprits! J'en ai par-dessus la tête de piétiner sur place! J'ai soif d'action!

PAULO

Tu as raison, Gus. Si l'affaire prenait rapidement de l'ampleur, on nous oublierait peut-être!

BÉBERT

Si nous allions tuer Slim!

GUS

Tu n'as rien compris, Bébert! Tais-toi!

PERPLEX

Je ne voudrais pas être la cause d'une guerre...

GUS

Personne ne te demande ton avis!

BERTHE

Si vous en arrivez à penser à la guerre, c'est qu'il n'y a plus de solution pour vous personnellement. Monsieur Gus, vous avez pris des engagements; vous devez tenir parole, et surveiller les intérêts de Monsieur Perplex!

GUS

Si je sombre, je veux que tout le monde sombre. À commencer par Slim!...

Il rit.

J'ai cru comprendre qu'il n'a pas eu le temps de lire le journal ce matin! Quoi qu'il fasse, son record est battu! Slim est un amateur!...

Paulo et Bébert approuvent. Mais Slim arrive, suivi de Menu. Malaise.

Le Gibet

SLIM

Alors, Gus, la comédie achève?

GUS

Je ne comprends pas.

SLIM

Tout le monde sait que Perplex est descendu pendant la nuit... La nouvelle a déjà fait le tour du quartier!

GUS

C'est faux!

SLIM

Tu avais tout prévu, Gus... Perplex devait descendre à midi, jour de congé. Mais personne ne va venir, ça pue le roussi! Perplex est descendu cette nuit, tout le monde le sait!

GUS

C'est faux!!!

SLIM

Tu as des témoins?

GUS

Moi!

BERTHE

Et moi!

PIPE

Et moi!

SLIM

De quoi parlions-nous, tout à l'heure, Menu?

MENU

De Madame Berthe.

SLIM

De quoi s'agissait-il, au juste?

MENU

Elle reçoit beaucoup de ce temps-ci...

BERTHE

N'essayez pas de m'intimider! Je vais me plaindre à la police!

SLIM

De porter plainte n'a jamais empêché les gens de raconter ce qu'ils veulent. À votre âge, la réputation n'a pas de prix.

PIPE

Madame Berthe a une excellente réputation!

SLIM

Monsieur Pipe en sait quelque chose, n'est-ce pas Menu?

MENU

Monsieur Pipe s'occupe beaucoup de la réputation de Madame Berthe. D'ailleurs, Monsieur Perplex ne l'ignore pas.

GUS

Où voulez-vous en venir?

SLIM

Je suis très bien renseigné sur tout ce qui se dit et se fait autour du poteau, Gus!

Le Gibet

BIS

Bondit hors de la poubelle. Il éprouve beaucoup de difficulté
à se redresser.

Je n'en peux plus! J'étouffe là-dedans! Et toute cette histoire
m'écœure! Je veux m'en aller! Je ne suis plus dans le coup! Faites
comme si j'étais mort! Laissez-moi quelques heures pour déménager! C'est tout ce que je veux! Je n'en demande pas davantage!... Il est aussi difficile de faire sa vie dans le mal que dans le
bien! Mais c'est plus énervant! Trop pour moi! Je veux faire honneur à ma mère!

Il éclate en sanglots.

Bonne chance, tout le monde!

Puis il s'enfuit en chancelant.

Je ne suis plus dans le coup! Faites comme si j'étais mort...

MENU
À Slim.

Je m'en occupe?

SLIM

Ce n'est pas la peine, la vie s'en chargera... Alors, Madame
Berthe? Êtes-vous bien certaine que Perplex n'est pas descendu
de son poteau, cette nuit?

MENU

Avez-vous été à la fenêtre toute la nuit, Madame Berthe?

GUS

Ne tourmentez pas les vieillards!

SLIM

Gus, tu as perdu. Il ne te reste plus qu'à travailler pour payer tes
dettes.

MENU

C'est le moment du coup de canon, Slim?

SLIM

Oui.

MENU

Se retire.

GUS

Nous allons parcourir le quartier avec les trompettes et les tambours, et dire que tu es un voleur!

SLIM

Tu pourras ajouter que tu avais organisé des paris... Tu sais où ça te conduira!

PAULO

Moi je n'ai été qu'un employé dans l'affaire.

BÉBERT

Moi aussi! Tu es seul, Gus!

GUS

Il me reste l'artiste!

MENU

Revient, suivi de Luna dans la robe qu'elle portait au deuxième acte.

PERPLEX

Luna!

LUNA

Bonjour!

Le Gibet

PERPLEX
Où étais-tu?

GUS
Où as-tu passé la nuit?

SLIM
On est prié de ne pas se bousculer. Un à la fois...

GUS
Je ne comprends plus rien!

SLIM
Luna, Gus aimerait savoir ce que tu as fait cette nuit... Il veut s'instruire, tu ne peux pas refuser de lui donner quelques détails...

LUNA
J'avais rendez-vous avec Perplex à la gare de triage... Je l'ai attendu un bon moment, puis il est venu me rejoindre, et nous sommes demeurés ensemble plus d'une heure...

GUS
Cachez votre carabine, Monsieur Pipe! La tentation est trop forte!

LUNA
Aussi bien dire la vérité, Perplex. On nous a vus!

GUS
Perplex, c'est une manœuvre, et tu le sais très bien! Prends position tout de suite avant de tomber dans le piège!

LUNA
Je t'assure, Perplex, qu'il faut dire la vérité. On nous a vus. Et

d'ailleurs, maintenant, c'est dans ton intérêt d'avouer: Slim m'a fait comprendre qu'il vaut mieux dire la vérité!

GUS

Perplex, je me suis occupé de toi comme d'un frère. J'ai pris tes intérêts. Je peux faire quelqu'un de toi! Ne lâche pas la proie pour l'ombre... Luna en fait une question d'argent! Slim lui a promis un pourcentage des bénéfices! Je te promets le double!

LUNA

Gus, encore une fois, tu veux entraîner Perplex dans une affaire sans issue! Je te connais, tu es un hypocrite!

GUS

Tu joues sur les deux tableaux!

LUNA

Maintenant, je peux bien te le dire, Perplex, Gus m'a fait la cour! Il a été dégoûtant... Je n'ai pas voulu t'en parler plus tôt afin de t'éviter une déception! Je te connais, tu serais descendu pour me défendre, et nous aurions compromis les bénéfices de l'entreprise.

GUS

Je me suis conduit trop proprement envers ta femme, Perplex! Je m'en rends compte maintenant! Il lui faut du sordide! Elle en mange!

LUNA

Gus m'a proposé de devenir sa partenaire, dans tous les sens du mot... Tu comprends? Il voulait que tu battes ton propre record à travers le monde entier pour que tu sois le plus longtemps possible au bout du poteau...

GUS

Perplex, il faut que tu saches la vérité! La vraie vérité!... Ta femme connaît Slim depuis très longtemps. C'est de lui qu'elle croyait être enceinte quand elle a accepté de t'épouser!

LUNA

Slim est un ami d'enfance, c'est vrai, Perplex. Mais rien de plus. C'est lui qui réparait mes poupées quand j'étais petite...

GUS
A un rire amer.
Il leur gonflait le ventre aux poupées de Luna!...

LUNA

Si tu savais toutes les propositions que Gus m'a faites!... Il voulait même que je pose pour un ami photographe!...

GUS

L'art pour l'art, ça n'intéresse pas Luna!... Elle a refusé de poser, c'est vrai, mais parce que la commission n'était pas assez élevée!

LUNA

J'ai pensé à toi, Perplex! Je me suis dit que tu n'aimerais pas que je pose pour un photographe à la Gus!

GUS

Perplex, prudence! Ta femme te prépare une vie infernale dans l'ombre de Slim... Je vois ça d'ici!

SLIM

Gus, je te serais reconnaissant de ne pas m'entraîner dans tes histoires louches avec Perplex! Ne mêle pas le sentiment aux affaires. Sois bon perdant!

GUS

Si tu savais comme Luna te déteste. Elle m'a raconté en quelles circonstances tu l'as abandonnée... Tu es un salaud!

SLIM

Un peu de calme!

GUS

Je vais droit au but! Ce matin, les mots ne me font pas peur... je n'ai pas dormi de la nuit!

SLIM

Moi non plus!

GUS

Tu as entendu, Perplex?!

LUNA
À *Perplex*.

J'ai beaucoup réfléchi, mon chéri... Je te le disais d'ailleurs, cette nuit, tu te souviens?

GUS

La garce!... Cachez votre carabine, Monsieur Pipe, je vois rouge!...

LUNA

Tu as entendu, Perplex? Si tu continues de travailler avec Gus, un jour ou l'autre, il voudra me tuer!... Tu ne peux pas laisser ta femme côtoyer un homme aussi dangereux!

GUS

Je suis tellement scandalisé que je devrais mourir tout de suite pour protester!

LUNA

Il est fou!

Le Gibet

SLIM

Ça va... l'essentiel a été dit...

LUNA

Descends, Perplex!

SLIM

Inutile de t'obstiner. Tu n'as pas battu le record... Et puis voilà!

GUS
Éclate de rire.
Et si je te disais que quelqu'un a battu le record mondial, hein?!

SLIM

Je sais, trente-huit jours, ce matin!

GUS

... Et c'est tout ce que tu trouves à dire?

SLIM

Je ne m'occupe pas de ce qui se passe à l'étranger, c'est-à-dire en dehors du quartier!

GUS

Et les paris, hein?!

SLIM

J'ai parié que Perplex ne battrait pas mon record. Et j'ai gagné!...
Il n'a jamais été question d'un record mondial. Pas vrai, Menu?

MENU

C'est exact.

SLIM

Tu vois trop grand, Gus, je te l'ai toujours dit! Une petite affaire, c'est plus sûr...

Arrive le policier. Tour à tour, les autres remarquent sa présence et s'efforcent d'attirer l'attention de Gus et de Slim.

GUS

Un jour, j'aurai ta peau, Slim!

Slim éclate de rire.

Un petit accident bien propre!

SLIM

Je mourrais une deuxième fois, et d'étonnement! Si tu avais le talent d'organiser un petit accident qui ne laisserait pas de traces!

GUS

Je vais mettre le temps qu'il faut!

SLIM

Que dirais-tu d'une petite promenade à la campagne, au cours de laquelle on te déposerait dans un champ de pommes de terre pour servir d'engrais?

GUS

As-tu déjà entendu parler d'arsenic?

SLIM

Je vais te faire tremper dans un bain d'acide... Ça va te dissoudre comme du sucre dans le café bouillant! Et au jugement dernier, les anges vont bien rire quand tu vas essayer de te rassembler!

Le Gibet

GUS
Qui aperçoit le policier.
Sacré Slim, quel farceur tu es!... Encore un peu, on nous prendrait au sérieux!

SLIM
Tu n'es pas de taille, Gus! Tu trembles comme un lapin!

GUS
Tu aurais dû devenir comédien! Quel ton! «Tu trembles comme un lapin»...

SLIM
As-tu perdu ce qui te servait de tête, Gus?

GUS
C'est très amusant...

Il souligne certains mots.
Je t'assure que si un étranger à l'affaire nous entendait, il pourrait nous faire enfermer...

SLIM
Quoi?

GUS
Il chante.
«Toréador, prends garde...»

Ad libitum.

SLIM
Le coup a été trop dur, c'est certain...

Gus poursuit l'air, soutenu discrètement par les autres.
Slim finit par comprendre.
Tu as raison, Gus! Mais tout le monde sait très bien que nous plaisantions!... On a beau dire, les amis se retrouvent toujours!

GUS

Autour d'une bouteille!

SLIM

Ou d'une femme!

GUS

De vouloir la même bouteille...

SLIM

Ou la même femme!

GUS

Ça prouve qu'ils ont les mêmes goûts!...

SLIM

Ça prouve qu'ils sont amis!

GUS

Oh! parfois, on se dispute un peu...

SLIM

Mais dans le fond, on fraternise!

GUS

Te souviens-tu du temps où nous jouions aux billes tous les deux?

Le Gibet

SLIM

J'y pensais encore, hier soir, en m'endormant... Cher vieux frère!

GUS

L'amitié d'abord!

Ils tombent dans les bras l'un de l'autre.

SLIM
Au policier.

Tiens! Arthur...

GUS

Comment te portes-tu, bel Arthur?

LE POLICIER

Arrêtez ça, vous allez me faire pleurer...

SLIM

On se rappelait des souvenirs...

LE POLICIER

Vous finirez par vous les rappeler au sec!

GUS

Qu'est-ce que tu as? Ça ne va pas mieux, le foie?

LE POLICIER

La plaisanterie achève...

SLIM

Que se passe-t-il?

LE POLICIER

Je n'y suis pour rien, Slim... Je viens vous prévenir en éclaireur.

GUS

Ça se gâte?

LE POLICIER

On a porté plainte: organisation de paris illégaux.

SLIM

Paris illégaux? Tu as organisé des paris, toi, Gus?

GUS

Non, toi?

SLIM

Moi non plus.

LE POLICIER

«La Société pour l'orientation de la Jeune Fille» a déposé une pétition.

GUS

Tu m'étonnes...

SLIM

Moi aussi...

GUS

Je ne savais pas qu'il y avait encore des jeunes filles dans le quartier!

SLIM

Ça nous avait échappé!

Le Gibet

Madame Berthe fait un signe discret à Monsieur Pipe et se retire.

GUS

Une pétition, c'est ennuyeux...

SLIM

Très ennuyeux.

LE POLICIER

Vous feriez bien de prendre des dispositions.

SLIM

Ça tombe bien, je me proposais justement de partir à la campagne pour quelques jours.

Monsieur Pipe se retire.

GUS

Moi aussi. J'ai négligé mon jardin, ces derniers temps...

L'éclairage devenu plus sombre rappelle la fin du premier acte.

On dirait qu'il va pleuvoir... D'ailleurs, je n'ai plus rien à faire ici. Je passais... Au plaisir!

Il se retire.

PAULO

Et moi?

BÉBERT

Et moi?

SLIM

Je croyais que vous aviez l'intention d'aller à la pêche avec Menu...

MENU
Sur le point de déguerpir.
Nous y pensions depuis plus d'un mois!

BÉBERT
Quoi! Aller à la pêche avec Menu?!

PAULO
Lui donne un coup de coude.
Tu ne te souviens pas?

MENU
Venez!

Il sort suivi de Paulo puis de Bébert qui a un regard attendri vers la voiturette avant de s'en séparer.

SLIM
À *Luna.*
Et ce rendez-vous?

LUNA
Oh! Je vais être en retard!

SLIM
Je te reconduis...

LUNA
Je n'en ai pas pour longtemps, Perplex! Je t'expliquerai... Ce n'est pas le moment de s'attendrir, tu comprends? Courage!

Le Gibet

SLIM

Courage!

Ils sortent.

PERPLEX

Luna...

On entend quelques bruits de chemin de fer. Monsieur Pipe traverse la scène pour se rendre chez Madame Berthe. Il affecte un petit air dégagé.

BERTHE
Ouvre avant même qu'il n'ait eu le temps de frapper.
Ah! Benjamin... Quelle surprise!

PIPE

Je passais...

BERTHE
Mais entrez! Entrez donc, Benjamin!

Elle le happe.

PIPE
Vous êtes bien bonne...

On entend quelques bruits de chemin de fer.

PERPLEX
Je commence à comprendre pourquoi Il est monté sur une croix.

LE POLICIER
Monsieur Perplex, vous êtes la cause d'un désordre...

PERPLEX

La couronne, ce devait être les épines de la réalité.

....

(La scène entre les pointillés est facultative.)

LE POLICIER

Descendez!

PERPLEX

Je ne sens plus mes membres tellement ils sont engourdis; je ne savais pas qu'au-delà de la souffrance physique, on parvenait à cette zone de repos... Et je ne sens plus mon âme tellement elle est meurtrie; je ne savais pas non plus qu'au-delà de la douleur, on parvenait à cette zone de paix!

LE POLICIER

Je suis obligé de vous arrêter.

PERPLEX

J'avais peut-être rendez-vous avec moi-même au-delà de cette couche épaisse de la misère humaine afin de témoigner de ce qu'on trouve précisément au-delà: au-delà des plaintes des enfants, des gémissements des vieillards, au-delà d'un regard fuyant, d'une bouche amère; au-delà d'un poing crispé, d'un geste mesquin; au-delà des paroles de haine, et des cris de révolte il y a ce désir d'embrasser l'univers.

LE POLICIER

Si vous ne voulez pas descendre, je vais aller chercher les pompiers!

PERPLEX

J'avais peut-être rendez-vous avec moi-même au bout de ce poteau, comme d'autres ont été enfermés dans des prisons, ont vu

Le Gibet

mourir leurs femmes et leurs enfants, ont eu la tête tranchée pour témoigner de ce qu'on trouve au-delà: cette joie, cette ferveur de vivre qui jaillit comme une source! Les uns se sont penchés pendant des années sur la plus timide des fleurs; d'autres ont accompli de grandes choses: ils ont transporté des montagnes, ils ont dirigé des peuples; les plus grands sont montés sur des barricades et sur des croix pour témoigner de ce qu'on trouve au-delà: l'amour!

....

LE POLICIER
Il n'est plus question de battre un record d'endurance, Monsieur Perplex.

PERPLEX
Le record d'endurance, c'est de porter son destin à terme, même s'il est dérisoire, pour soi-même, et pour tous ceux qui n'ont pas le courage d'aller jusqu'au bout.

On entend une petite musique mêlée à quelques bruits de chemin de fer. Et le rideau tombe lentement.

R I D E A U

MONTRÉAL, NOVEMBRE 1957.

Jacques Languirand répétant pour la télévision.

«Essais de perspective photographique». Scéance de photo de Jacques Languirand par Hubert Aquin.

Languirand dans le rôle de Perplex lors de la création du *Gibet* à la Comédie Canadienne.

Gisèle Schmidt, Georges Groulx et Charlotte Boisjoly dans *Les Grands Départs* lors de la création à la télévision de Radio-Canada.

Photo: André Lecoz

Photo: André Lecoz

Georges Groulx avec Gisèle Schmidt, Roger Garceau et Nathalie Naubert dans *Les Grands Départs*.

Photo: André Lecoz

Les Insolites, lors de la création dans le cadre du Festival d'Art dramatique du Québec.
Dans l'ordre habituel: Colette Courtois, Edgar Fruitier, Yvon Leroux, Guy L'Écuyer, Hubert Loiselle et Jacques Zouvi.

Jacques Galipeau et Gisèle Schmidt lors de la création des *Violons de l'automne*, dans une mise en scène de Jan Doat.

Marilyn Gardner, Gabriel Gascon et Albert Millaire dans *Klondyke*, lors de sa création au TNM.

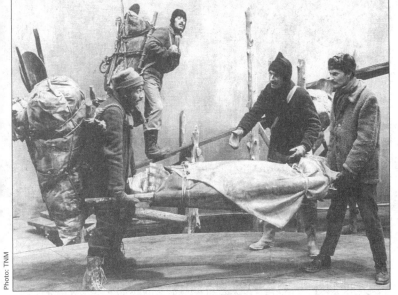

Les chercheurs de *Klondyke*.

Klondyke, lors de la production à Londres, au Royal Vic, dans le cadre du Commonwealth Arts Festival, auquel participait le TNM. Cette photo a été prise lors de la première, en présence de la princesse Margaret et de son époux, Lord Snowdon, que Jacques Languirand accueillait en coulisses.

Les Violons
de l'automne

Pièce en trois actes

Voici que, par le théâtre, des bonshommes ridicules et pathétiques évoquent l'arbitraire du destin, l'amour et la pitié.

Elle, Lui et L'Autre: la recherche du bonheur par le rêve, par la conquête et dans la paix... Mais la quête est vaine et l'égoïsme, bon fonctionnaire, ramène chacun à sa solitude, petit enfer portatif.

Nous avons aimé, nous avons bien aimé ces trois vieux qui sont jeunes comme des jeunes peuvent être vieux. Nous nous sommes amusés aussi. Il y a autant de pitié que de piété dans notre cas. Et autant de gaieté dans ce ballet entre la vie et la mort, entre la fiction et la réalité.

JAN DOAT

Les vieillards me permettent d'illustrer ce combat que nous menons tous contre le temps et la médiocrité: ce sont des êtres humains poussés au pied du mur et qui se dressent dans un effort ultime et maladroit.

JACQUES LANGUIRAND

Les personnages sont trois vieillards

ELLE

LUI

L'AUTRE

Décor

Le décor représente une chambre à coucher servant aussi de salle commune.

Les accessoires sont vieux; le lit occupe une place importante.

Une entrée principale, et une autre porte qui donne accès au reste de l'appartement.

Acte I

La scène est plongée dans une demi-obscurité. Entrent deux vieux vêtus comme des nouveaux mariés.

LUI
Il allume.

Voilà!

ELLE

...

LUI
Après un temps.

Qu'avez-vous?

ELLE

Je croyais que vous me prendriez dans vos bras pour franchir le seuil...

LUI
Baisse la tête.

J'ai oublié...

ELLE

C'est ainsi que font les nouveaux mariés.

LUI

Oui...

ELLE

Il ne faut rien négliger pour être heureux, Eugène.

LUI

Je vous demande pardon.

ELLE
Après un temps.
Alors?

LUI

Je suis pris au dépourvu...

ELLE

Il suffit d'effacer notre entrée et de recommencer.

LUI

Ce ne sera pas la même chose.

ELLE

Faisons comme si de rien n'était.

LUI

Mais puisque, par ma faute, nous avons raté notre entrée...

ELLE

Il suffit d'ignorer que nous sommes dans une impasse, Eugène.

LUI

Je ne comprends pas.

ELLE

Comme l'autruche met la tête dans le sable.

Les Violons de l'automne

LUI

Je ne peux pas.

ELLE

Nous sommes conscients d'avoir commis un grave oubli, n'est-ce pas?

LUI

Oui...

ELLE

Recommençons!

LUI

... Mais puisque maintenant nous en sommes conscients!

ELLE

Agissons comme si nous ne le savions pas.

LUI

Mais puisque...

ELLE

Allons! mon ami, efforçons-nous d'être heureux...

LUI

Bien, Marie-Rose...

Ils sortent et font une nouvelle entrée: Elle dans les bras de Lui. On sent l'effort... Il trébuche et tous deux s'écrasent sur le plancher.

LUI

Il eut peut-être mieux valu ne pas recommencer...

ELLE

Je croyais que vous sauriez prendre la situation en main, Eugène!

LUI

Je n'ai pas su.

ELLE

J'ai l'air d'une idiote...

LUI

Pourvu que nous ne racontions à personne cet incident.

ELLE

J'ai tout de même l'air d'une idiote à vos yeux.

LUI

Je ferme les yeux, Marie-Rose...

ELLE

Mais vous n'en pensez pas moins!

LUI

Nous avons peut-être eu tort de provoquer le destin.

ELLE

Allons-nous passer la nuit sur le plancher, Eugène?

LUI

Oh! Je vous demande pardon. Où ai-je la tête?

Il se lève péniblement.

Je n'ai pas l'habitude des nuits de noces. Et d'ailleurs, celle-ci ne se présente pas du tout comme la précédente...

Les Violons de l'automne

ELLE

Le moment ne me paraît pas choisi pour m'en faire le récit!

LUI

Vous avez raison. Marie-Rose... Et puis, vous êtes une femme incomparable... Votre main, je vous prie...

ELLE

Penchez-vous un peu plus, Eugène...

LUI

C'est à cause de mes reins, Marie-Rose...

ELLE

J'avais oublié que vous n'avez pas les reins solides...

Elle lui tend les bras.

Tirez!

LUI

Oui, Marie-Rose.

Il tire.

ELLE

Tirez-vous?

LUI

Le plus possible.

Il tire encore un moment, puis il s'arrête.

Ça ne se présente pas très bien...

ELLE

Mieux vaut que je me lève par mes propres moyens!

LUI

N'en faites rien, je vous en prie, Marie-Rose. Laissez-moi d'abord essayer de vous soulever par le dessous des bras...

ELLE

Croyez-vous pouvoir y parvenir?

LUI

Je vais essayer.

Après quelques efforts, il parvient à la remettre sur pied.
Et voilà!...

ELLE

Un moment, je me suis demandé si vous auriez assez de force dans les cuisses pour me tirer de là!

LUI
Baisse la tête.
Je vous en prie, Marie-Rose...

ELLE

Vous avez aussi le cœur sensible, je suppose?

LUI

Ne parlons plus de mes maladies, voulez-vous?

ELLE

... Et c'est ainsi que nous avons entrepris notre nuit de noces! Ça promet!

Les Violons de l'automne

LUI

Pourquoi retournez-vous le fer dans la plaie?

ELLE

Ai-je bien entendu, Eugène? Vous avez comparé notre mariage à une plaie?

LUI

C'est une expression courante, Marie-Rose, comme on dit: «Une main de fer dans un gant de velours»... Je voudrais tellement que nous soyons engagés tous les deux sur le chemin du bonheur...

ELLE

Comme des mendiants!

Après un temps.

Et alors?

LUI

Alors quoi?

ELLE

La nuit de noces, Eugène!

LUI

J'y pensais justement, Marie-Rose...

ELLE

Vous ne manifestez pas un enthousiasme délirant!

LUI

Je suis plutôt heureux en dedans...

ELLE

De manière à ce qu'on n'en sache rien! Il faudra que je m'y fasse...

LUI

Moi aussi.

ELLE

Auriez-vous déjà des regrets?

LUI

Non pas, Marie-Rose, non pas. Mais je me demande si nous n'avons pas été un peu téméraires de nous épouser aussi rapidement!

ELLE

Il nous reste à peine le temps de vivre! Pourquoi l'employer à réfléchir?

Gamine.

Et d'ailleurs, avions-nous le choix, mon chéri?...

LUI

Pas maintenant, Marie-Rose! Je n'ai pas encore eu le temps de rassembler mes esprits!

ELLE

Naturelle.

Mais puisque nous avons convenu de jouer, Eugène!

LUI

Attendez encore un peu, je me sens tellement désemparé.

Les Violons de l'automne

ELLE
Gamine.
Nous n'avions pas le choix, mon chéri...

LUI
Pourquoi faut-il toujours aller jusqu'au bout?

ELLE
J'ai envie de vomir!

LUI
Que puis-je faire pour vous aider?

ELLE
Je voudrais aller à bicyclette et manger du pain trempé dans la vinaigrette...

LUI
Voulez-vous que je vous en prépare?

ELLE
Non. Ça va passer. C'est un goût de femme enceinte...

LUI
Marie-Rose...

ELLE
Je veux que vous m'ameniez au bal. Tous les deux, nous danserons durant des heures.

LUI
... Je n'ai pas envie de danser. D'ailleurs, je n'ai pas envie de jouer!

ELLE

Au retour, à l'aube, nous mangerons des fromages.

LUI

Excusez-moi, Marie-Rose, mais je suis incapable de jouer.

ELLE

N'avons-nous pas convenu que j'étais devenue enceinte de vous
à la suite d'une journée inoubliable passée au bois?

LUI

C'est ridicule!

ELLE

J'ai tout de même le droit d'être enceinte!

LUI

À votre âge!

ELLE

N'avons-nous pas convenu que vous m'épousiez pour sauver la
face? Vous m'avez fait un bel enfant, Eugène!

LUI

... Marie-Rose, le ridicule qui a les dents longues va se jeter sur
nous pour nous dévorer!!!

ELLE

Suffit, Eugène!... Je vous ai accordé ma main à la condition que
vous acceptiez de jouer le jeu. Reconnaissez d'ailleurs que c'est la
seule chose que vous puissiez m'offrir... Allez-vous refuser plus
longtemps de me donner la réplique?

Les Violons de l'automne

LUI

J'ai toujours eu les deux pieds sur terre, Marie-Rose! Que voulez-vous, je dois le confesser: j'ai un passé lourd de logique!

ELLE

Et pourtant, Eugène, vous avez toutes les qualités requises pour jouer le jeu! Vous êtes vieux et laid, vous n'avez pas d'argent et vous êtes déçu par la vie... Que vous faut-il de plus?

LUI

Je n'ai jamais pensé que je devrais, un jour, m'expliquer sur un point qui me paraît aussi... aussi…

ELLE

Eh bien, expliquez-vous, Eugène!

LUI

Quand vous m'en avez parlé pour la première fois, je pensais que de vous appeler «mon rat», «mon loup», voire même «mon lapin» vous suffirait...

ELLE

Poursuivez!

LUI

Au risque de vous déplaire, il faut que je vous dise la vérité! Je n'ai pas encore renoncé à vivre normalement.

Il baisse la tête.

ELLE

C'est une grave lacune...

LUI

C'est bête, je le sais, mais au fond de moi je n'ai pas encore renoncé à devenir heureux comme tout le monde... Par exemple, à gagner une fortune à la loterie!

ELLE

Mon pauvre Eugène! alors qu'il est tellement facile quand on joue d'imaginer qu'on remporte le gros lot!

LUI

Mais ce n'est pas la même chose!

ELLE

C'est mieux! Si vous aviez gagné à la loterie, mon pauvre ami, vous diriez à tout le monde: «Ce n'est pas possible! Je crois rêver! Je n'arrive pas à me rendre compte que j'ai vraiment gagné à la loterie!» N'est-ce pas?

LUI

C'est possible.

ELLE

Alors, aussi bien rêver!

LUI

Mais avec l'argent de la loterie, je pourrais m'acheter des choses...

ELLE

Quoi?

LUI

Des choses! Par exemple, de belles pantoufles doublées de mouton. C'est peut-être bête à dire pendant une nuit de noces, mais j'ai envie de belles pantoufles doublées de mouton...

Les Violons de l'automne

ELLE

Avez-vous déjà pris un billet de loterie?

LUI

Jamais.

ELLE

Et vous espérez gagner?

LUI

Un jour ou l'autre, oui. Le hasard est si grand!

ELLE

Mon pauvre ami, la raison vous ronge comme un cancer!

Gamine.

Moi, je ne me lasse pas de regarder les belles pantoufles neuves que vous avez aux pieds. Ma parole! Elles sont doublées de mouton... Hé! Hé! On est douillet!

LUI

Cessez de jouer, ça me donne la nausée!

ELLE

Vous avez aussi envie de vomir?

LUI

Je vous en supplie, Marie-Rose!

ELLE

C'est le prix du bonheur!

LUI

Eh bien, je renonce à être heureux: même le bonheur est inaccessible!

ELLE

Vous me décevez, Eugène! Vous m'aurez déçue dès les premiers moments de notre nuit de noces! Et au nom de la logique! Mon pauvre ami!

LUI

Je vous demande pardon...

ELLE
Après un temps.
Nous avons fait un très beau voyage de noces...

LUI

Très beau.

ELLE

Nous avons navigué sur les mers du Sud... Ah! les couchers de soleil sur la mer...

LUI

Ah! oui...

ELLE

Regardez-moi!

Il le fait.
C'est merveilleux, vous avez la peau bronzée!

LUI

Vous trouvez?

Les Violons de l'automne

ELLE

Tout à fait. Et moi?

LUI

Quoi?

ELLE

Et moi, comment ai-je la peau?

LUI

La peau?

ELLE

Ai-je la peau bronzée, Eugène?

LUI

Oui, oui...

ELLE

C'est merveilleux!

LUI

... Marie-Rose!

ELLE

Et ces bains de mer!

LUI

Très agréables...

ELLE

J'ai bien failli vous perdre, vilain!

LUI

Ah! oui?

ELLE

Avouez que vous avez fait la cour à cette grande femme blonde qui s'étendait, tous les matins, sur la plage...

LUI

... Je ne me souviens pas.

ELLE

Allons! ne faites pas le malin... Elle traînait toujours un long parasol jaune!

LUI

Marie-Rose, vraiment...

ELLE

Lui avez-vous, oui ou non, fait la cour?

LUI

Marie-Rose...

ELLE

Oui ou non?

LUI

... Oui!

ELLE

Ah! les hommes... Monsieur a fait la cour à une grande femme blonde pendant notre voyage de noces!

LUI

C'est-à-dire...

Les Violons de l'automne

ELLE

Oui ou non?

LUI

... Oui!!! J'ai fait la cour à une longue femme jaune qui traînait toujours un grand parasol blond!...

ELLE

Pendant que moi, j'allais vomir!

LUI

Il ne faut rien exagérer, Marie-Rose... Réservons-nous une sortie de secours!

ELLE

Ah! je vois ce que c'est: monsieur m'a épousé parce qu'il se trouvait coincé, parce qu'il ne pouvait pas faire autrement!

LUI

C'est bien vrai!

ELLE

Salaud!

LUI

Marie-Rose...

ELLE

Tu as pris ma jeunesse comme un dégoûtant, et si mon père n'avait pas exigé le mariage tu m'aurais abandonnée après m'avoir engrossée!

LUI

C'est très pénible, j'ai l'impression que tout cela est vrai!

ELLE

Tu seras puni! Ton enfant va te ressembler: je vais accoucher d'un monstre!

LUI

J'en ai assez...

ELLE

Tu as gâché mon voyage de noces! Je rate ma vie à cause de toi! Et nous finirons, tous les deux, au milieu des tourments éternels de l'enfer!

LUI
Très fort.

Tais-toi!

ELLE
Après un temps.

Qu'est-ce que vous avez, mon ami?

LUI

Essayez de me comprendre, Marie-Rose: je ne peux pas, à mon âge, contracter sans difficulté l'habitude de devenir fou sur commande.

ELLE

J'aurais peut-être dû accorder ma main à un ivrogne...

LUI
Après un temps.

Maintenant, je suis certain que nous formons un couple...

Les Violons de l'automne

ELLE

Après un temps.

Quel temps fait-il, Eugène?

LUI

Qu'est-ce que cela peut faire?...

ELLE

En effet...

LUI

Après un temps.

Mais il n'y a pas que le jeu!

ELLE

Quoi d'autre?

LUI

La vie!

ELLE

Nous ne sommes pas des arbres!

LUI

J'ai l'impression de me trouver sur un manège, sans pouvoir en descendre... Ah! si seulement je pouvais m'asseoir cinq minutes pour fumer une bonne pipe et penser à autre chose...

ELLE

Et puis?

LUI

Et puis, recommencer...

ELLE

Recommencer quoi? Nous n'avons rien fait! Rentrez en vous-même, Eugène... Il y fait une température égale: votre vie intérieure est un fauteuil confortable... Enfant, vous deviez toujours craindre de déchirer votre culotte en sautant les clôtures, mon pauvre Eugène...

LUI

C'est vrai.

ELLE
Fait un geste étrange.
Je ne sais pas ce qui m'arrive...

Et s'évanouit.

LUI
La rattrape dans sa chute.
Marie-Rose! Qu'avez-vous?... Je menais une existence paisible, pourquoi venez-vous semer le trouble en moi?...

Il cherche où la porter.
Marie-Rose! je vous préviens, si vous jouez la comédie, je demanderai le divorce...

Il la traîne de l'autre côté.
Attendez au moins quelques jours! Pensez aux journaux! «Le soir de ses noces, la vieille crève de joie...!» De quoi j'aurai l'air, moi, le veuf?!

Il parvient à la déposer dans le fauteuil, et lui donne des tapes sur les mains et les joues.

Les Violons de l'automne

ELLE

Quoi?... Qu'est-ce que c'est?...

LUI

Ah! Marie-Rose...

Il lui baise les mains.

Si vous saviez comme je suis content que vous ne soyez pas morte!

ELLE

Ce n'est rien...

LUI

... Promettez-moi de faire l'impossible pour ne pas mourir ces jours-ci!

ELLE

Soudain, je me suis sentie engagée dans une vrille...

LUI

C'est l'émotion de la journée! C'est le bonheur!

ELLE

... Il arrive fréquemment qu'une femme enceinte ait des faiblesses.

LUI

Non, Marie-Rose, non!

ELLE

Je suis mieux placée que vous pour le savoir.

LUI

Non, Marie-Rose! Vous n'êtes pas enceinte!

ELLE
Montre son ventre.

Et ça?

LUI

C'est un ventre!

ELLE

Et alors?

LUI

Ça sert aussi à contenir la nourriture et à la digérer!

ELLE

Mais je suis une femme!

LUI

Comment auriez-vous pu devenir enceinte?

ELLE

... Il ne nous reste donc qu'à partager l'ennui comme on partage un repas. Mettons-nous à table et grignotons l'ennui jusqu'à satiété.

LUI

Écoutez-moi! Chacun pourrait peut-être mettre un peu d'eau dans son vin.

ELLE

...

Les Violons de l'automne

LUI

Nous pourrions, par exemple, convenir que vous aimeriez devenir enceinte.

ELLE

…

LUI

Mais si nous allons à la dérive, Marie-Rose, le réveil, un jour, sera brutal pour l'un de nous.

ELLE

À la mort de l'autre?

LUI

Oui.

ELLE

À moins de mourir ensemble!

LUI

Vous m'effrayez...

ELLE

Comme Roméo et Juliette...

LUI

Se tuer?

ELLE

Le monde s'oppose à notre amour, Eugène. La mort dans les bras l'un de l'autre est une solution...

LUI

Croyez-vous vraiment que le monde s'oppose à notre amour, Marie-Rose? Êtes-vous certaine que nous nous aimons assez pour mourir dans les bras l'un de l'autre?

ELLE

Si j'ai dix-sept ans et vous dix-huit, tout est possible!

LUI

Mais je ne veux par mourir à dix-huit ans!

ELLE

Vous êtes un lâche!

LUI

Si on m'avait dit que nous en serions là, la nuit de nos noces...

ELLE

Vous pensiez que nos deux corps ne feraient qu'une seule et même ruine!

LUI

Oh! si peu...

ELLE

Que votre main jaune caresserait mes os secs! Que nous allions frotter nos vieilles peaux!

LUI

Taisez-vous, Marie-Rose!

ELLE

Ayez dix-huit ans! Soyez le père de l'enfant que je porte!

Les Violons de l'automne

LUI

... J'avais rêvé d'une vieillesse toute simple, toute banale.

ELLE

Prenez-moi dans vos bras, Eugène.

LUI
Se dégage.

Quand j'étais petit, il y avait au village une très vieille femme qui faisait des ménages. On l'appelait la sorcière... Un jour, à mon anniversaire, elle a voulu m'embrasser... C'est un de mes plus beaux souvenirs d'enfance que je vous raconte, Marie-Rose... J'aurais dû vous dire tout de suite qu'elle n'était pas tellement laide: plus on la voyait, moins on avait peur... D'ailleurs, il entre beaucoup d'affection et de tendresse dans ces sobriquets que donnent les enfants... Et puis, personne n'a jamais vu de vraies sorcières, que je sache! Le mot n'en est que plus faible... Bref, ce jour de mon anniversaire, elle m'a donc spontanément embrassé. Eh bien! vous ne me croirez peut-être pas, mais je vous dois la vérité: je n'ai jamais été aussi heureux de ma vie... Voilà!

ELLE

Ensuite?

LUI

C'est tout... Je me suis peut-être embourbé, Marie-Rose... Pourtant, ce que je voulais vous dire était très beau, je vous demande de me croire...

ELLE

J'aurai donc été la nième sorcière de votre vie!

LUI

Mais je n'ai jamais rencontré une vieille comme vous! Je me demande si vous savez tricoter comme les autres vieilles...

ELLE

Eugène, écoutez-moi. J'attends que vous me fassiez la cour... Que vous me disiez que j'ai l'haleine fraîche, un teint de pêche! Si nous avons vingt ans, tout est possible! Alors?

LUI

Marie-Rose, est-ce que vous seriez très déçue si nous remettions à demain notre nuit de noces?

ELLE

Le temps est venu de prendre vos responsabilités, Eugène! Si vous n'agissez pas maintenant, demain je serai vieille pour toujours...

LUI

J'ai l'impression que nous nous connaissons à peine; il n'est peut-être pas inutile de bavarder un peu...

ELLE

Il se fait tard, Eugène!

LUI

Peut-être trop tard...

ELLE

Si vous ne commencez pas maintenant, vous vous endormirez à la tâche!

LUI

C'est bien possible...

Les Violons de l'automne

ELLE

Qu'attendez-vous?

LUI

C'est à moi de commencer?

ELLE

Vous êtes l'homme.

LUI

Oh! si peu...

ELLE

Vous vous expliquerez, à mots couverts, dans le jeu!

LUI

Vous allez mieux me comprendre si je vous dis que j'ai conservé la pudeur d'un jouvenceau...

ELLE

Pourquoi m'avez-vous donc épousée? Pour ne plus vous ennuyer seul?

LUI

Avouez qu'à deux, c'est plus divertissant...

Après un temps.
Aimez-vous la campagne?

ELLE

Oui

LUI

L'été ou l'hiver?

ELLE

Eugène, ne tentez pas de distraire mon attention! C'est notre nuit
de noces, vous ne pouvez plus l'éviter!

LUI

Après un temps.

Seriez-vous très vexée, Marie-Rose, si je vous demandais la permission d'éteindre?

ELLE

Qu'est-ce qui vous gêne? Les meubles?

LUI

Oh! non...

ELLE

Les murs? Le plafond?

LUI

Non plus.

ELLE

C'est donc moi qui vous gêne?

LUI

Pourquoi me tourmentez-vous, Marie-Rose?

ELLE

Parce que mes jours sont comptés et que je suis pressée de vivre,
parce que c'est maintenant ma dernière chance de voler un peu
de bonheur et que je ne veux pas la rater!

Les Violons de l'automne

LUI

Vous êtes vieille! et puis voilà!... Pourquoi n'acceptez-vous pas la réalité?

ELLE

Parce que je refuse d'être la femme du vieillard croulant que vous êtes!

LUI

J'aurais préféré ne pas entendre ça...

ELLE

... Si nous nous détruisons l'un l'autre, nous ne pourrons même plus rêver... Mais pensez, Eugène, à tout ce que vous pourrez me dire, si vous mentez systématiquement!...

LUI

Peut-être. Mais j'insiste pour que vous sachiez d'abord ceci: je n'ai rien contre les femmes d'un certain âge... et puisque j'en suis là, je vous dois un aveu: j'ai même un faible pour les femmes mûres...

ELLE

Ah!

LUI

À dix-sept ans, j'ai connu une femme qui en avait plus du double... C'est elle qui m'a révélé à moi-même...

ELLE

C'est scandaleux!

LUI

Et je conserve un souvenir impérissable de cette femme.

ELLE

Était-elle perverse?

LUI

Un peu.

ELLE

Étiez-vous docile?

LUI

Très.

ELLE

... Je suis jalouse de cette femme.

LUI

Oh! Marie-Rose... Vous ne pensiez tout de même pas épouser un puceau! Je vous ai raconté cette aventure, afin que vous compreniez bien que le jeu n'est peut-être pas absolument nécessaire...

ELLE

Il l'est pour moi!

LUI

Ah!

ELLE

Je ne veux pas d'un vieux! C'est clair?

LUI

N'en dites pas davantage, Marie-Rose...

Après un temps.

Est-ce que je peux éteindre?

Les Violons de l'automne

ELLE
Ça vaut peut-être mieux, en effet...

LUI
Merci, Marie-Rose.

Il va lentement éteindre la principale source de lumière.

ELLE
Il me paraît inutile d'éteindre la petite lampe, Eugène: tous les deux, nous sommes myopes comme des taupes.

LUI
Vous avez raison.

Ils sont assez éloignés l'un de l'autre
Un temps.

ELLE
Et voilà!

LUI
... Marie-Rose?

ELLE
Gamine.
Oui?

LUI
... Avant de commencer, est-ce que je peux vous poser une question?

ELLE
Encore?

LUI

Quel âge avez-vous?

ELLE

Dans le jeu?

LUI

Oui.

ELLE
Gamine.
J'ai dix-sept ans, monsieur. Et vous?

LUI

J'ai...

Un temps.
Marie-Rose?

ELLE

Ça ne suffisait pas pour vous lancer? Que vous faut-il donc?

LUI

Marie-Rose, est-ce que vous accepteriez de sauter une ou deux générations? Si, par exemple, nous étions dans la quarantaine...

ELLE

Eugène, vous n'êtes pas raisonnable! Nous n'allons pas nous quereller pour une différence de vingt ou trente ans!

LUI

Je vous demande pardon.

Un temps.
Il pleure doucement.

Les Violons de l'automne

ELLE
Qu'avez-vous?

LUI
Ce n'est rien. J'ai pleuré pour la dernière fois à l'âge de quarante ans...

ELLE
Le démon du midi!

LUI
J'ai le vertige, Marie-Rose!

ELLE
Allez-vous enfin vous décider, Eugène?!

LUI
Je n'ai plus la force d'être heureux...

ELLE
J'attends!

LUI
Moi aussi...

ELLE
Commencez par une question, ce sera plus facile.

LUI
Oui...

Qui continue de pleurer.
Quel âge avez-vous, madame?

ELLE
Gamine.
Mademoiselle!

LUI

Oh! Excusez-moi...

Un temps.

ELLE

Ensuite?

LUI

Votre réponse m'a pris au dépourvu...

ELLE

Et vous, monsieur?

Lui pleure bruyamment.

ELLE

Quel âge avez-vous?

LUI
À travers les sanglots.

J'ai dix-huit ans...

ELLE

Dix-huit ans?

LUI

Dix-huit ou dix-neuf ans... je ne sais plus...

ELLE

Nous sommes jeunes!

Les Violons de l'automne

LUI

Oui.

ELLE

Comment me trouvez-vous?

LUI

Très bien...

ELLE

Mais encore?

LUI

... Je serais peut-être plus à l'aise pour vous le dire si vous m'autorisiez à éteindre la petite lampe...

ELLE

Il n'en est pas question! Que dirait ma mère?!

LUI

Ah! oui...

ELLE
Un temps.

Éprouvez-vous un sentiment quelconque pour moi?

LUI

Oui...

ELLE

Ah! lequel?

LUI
Après un temps, rageur.

De la haine!

ELLE
Très vieille.
Eugène, tu m'as assassinée...

Ils se tournent le dos, têtes baissées.
On sonne à la porte.

LUI
Sans bouger.
Vous attendez quelqu'un?

ELLE
Sans bouger.
J'ai perdu tout espoir... Je n'attends plus rien, ni personne...

Un temps. On sonne de nouveau.

LUI
Je vais ouvrir...

Il le fait.
Entre L'Autre.

L'AUTRE
Bonsoir, monsieur...

LUI
Bonsoir...

L'AUTRE
Bonsoir, madame...

ELLE
Qui le reconnaît.
Eugène!

Les Violons de l'automne

LUI

Quoi?

ELLE

Rien...

L'AUTRE

J'arrive pendant votre nuit de noces, n'est-ce pas?

Elle et Lui se regardent.

LUI

Oui...

L'AUTRE

Fait allusion à l'éclairage.

D'ailleurs, ça se voit... Si j'ose dire!

Il rit. Lui rit par politesse.

L'AUTRE

Je vous prie d'excuser la brutalité de ma question, mais la vie est tellement courte que je me crois autorisé à vous la poser sans plus attendre: la chose a-t-elle été consommée, ou pas?

Elle et Lui se regardent.

L'AUTRE

Donc, j'arrive à temps!

LUI

Où voulez-vous en venir, monsieur?

L'AUTRE

Je m'explique... Vous vous êtes connus par l'intermédiaire d'une agence matrimoniale, n'est-ce pas?

Elle et Lui se regardent.

L'AUTRE

Or, il se trouve qu'à la suite d'une erreur dans le classement des lettres à l'agence – une erreur d'aiguillage, si j'ose dire – *il rit*, il se trouve que mes lettres à la même agence... (oui, j'ai moi aussi une vie sentimentale assez peu reluisante!), mes lettres, donc, ont cessé de parvenir... à madame! (Marie-Rose, n'est-ce pas? Quel joli prénom! Moi, je m'appelle Eugène!), cependant que les vôtres, cher monsieur, ont pris le canal jusqu'alors réservé aux miennes! Voilà!

LUI

Ce qui signifie?

L'AUTRE

Ce qui signifie que je me propose de corriger ce malencontreux hasard, puisque cette nuit de noces devait être la mienne, et non la vôtre! Ainsi que cette lettre de l'agence matrimoniale en fait foi!

Il tend une enveloppe.

Acte II

Le lendemain matin. Ils ont changé de vêtements. Lui se promène de long en large, s'arrête de temps à autre, jette un coup d'œil sur la lettre de l'agence, et reprend sa marche.

LUI

Marie-Rose, j'ai réfléchi toute la nuit.

ELLE

Je vous en prie, Eugène, cessez ce va-et-vient ridicule! Vous avez déjà le souffle assez court, il me semble!

LUI

Je n'arrive pas à m'expliquer votre attitude à l'égard de L'Autre.

ELLE

À un moment, hier, vous m'avez suppliée de remettre notre nuit de noces... De quoi vous plaignez-vous?

LUI

Mais je n'admets pas qu'elle ait été gâchée par des circonstances extérieures!

ELLE

Vous auriez préféré la gâcher vous-même!

LUI

Et je vous préviens tout de suite, Marie-Rose, que j'entends le prendre de haut!

ELLE

Et Eugène?

LUI

Quoi?

ELLE

Et Eugène dans cette affaire?

LUI

J'oubliais qu'il s'appelle Eugène, lui aussi.

ELLE

Vous n'allez tout de même pas le lui reprocher! Et d'aussi haut que vous le preniez, vous ne pouvez pas non plus ignorer son existence!

LUI

Il vous suffisait d'en faire autant pour qu'il renonçât à ses prétentions...

ELLE

Elles sont peut-être fondées, qu'en pensez-vous?

LUI

Je vous demande de ne pas prolonger l'erreur commise par l'agence!

ELLE

Nous ne pouvions pas chasser Eugène au milieu de la nuit!

Les Violons de l'automne

LUI
Cette nuit nous appartenait, Marie-Rose...

ELLE
Avouez qu'elle ressemblait de plus en plus à un bâton... que nous ne savions plus par quel bout prendre!

LUI
... Et pourtant, j'étais sur le point d'avoir dix-huit ans.

ELLE
Si vous aviez déterré votre jeunesse plus tôt, il serait arrivé trop tard.

LUI
Je me propose de faire valoir mes droits: nous sommes chez moi, et vous êtes ma femme!

ELLE
Dans la mesure où je suis votre femme, Eugène, j'en tiendrai compte.

LUI
Bien. Quand j'aurai dit à L'Autre: «Monsieur, Marie-Rose et moi sommes mariés!», ce sera le mot de la fin... D'ailleurs, je placerai cette phrase dès le début.

ELLE
Rien ne vous autorise à parler sur ce ton, puisque nous n'avons pas consommé...

LUI
Menaçant.
Puisque l'affaire ne tient qu'à la chose...

ELLE
Qu'avez-vous, Eugène?

LUI
Agressif.
Nous allons consommer sans plus attendre!

Il fonce sur elle.

ELLE
Je vous en prie, Eugène!

Elle le repousse.

LUI
La colère décuple mes forces! C'est une aubaine!

ELLE
Pensez à ce pauvre Eugène!

LUI
Puisqu'il faut violer le destin pour le mettre de son côté...

ELLE
Ne me touchez pas!

Il s'accroche dans un meuble et tombe.

LUI
Je vous en supplie, Marie-Rose, consommons...

ELLE
Pensez à votre cœur, mon pauvre Eugène.

Les Violons de l'automne

LUI

Consommons! Ne serait-ce qu'un peu, afin d'en finir avec L'Autre. Un tout petit peu...

ELLE

Relevez-vous, Eugène, si vous le pouvez...

LUI

Se relève difficilement.

Je rêvais...

ELLE

D'une vieillesse paisible au coin du feu, oui, je sais!

LUI

Vous comprenez que je n'ai pas beaucoup aimé coucher avec Eugène, la nuit de mes noces...

ELLE

Pouvez-vous lui reprocher de défendre ses intérêts?

LUI

Il a couché avec moi, dans mon lit, plus exactement au milieu du lit... Et depuis plus d'une heure, il mange!

ELLE

C'est qu'il a faim!

LUI

Il mange mes provisions, Marie-Rose!

ELLE

Eugène, vous n'êtes pas hospitalier.

LUI

Ma maison n'est pas un hospice!

ELLE

Xénophobe!

LUI

Le mot le frappe. Il hésite avant de poursuivre.
Et qui plus est, il voudrait que je vous cède à lui! Nous ne sommes
pas des Esquimaux!

ELLE

Que font les Esquimaux?

LUI

Ils offrent leurs femmes aux visiteurs.

ELLE

Ah! vraiment? Quelle étrange coutume...

LUI

Je ne peux tout de même pas lui offrir ma femme, alors que je ne
me la suis même pas encore offerte...

ELLE

Mais vous disposez d'une arme, Eugène!

LUI

Laquelle?

Les Violons de l'automne

ELLE

Poussez le jeu à bout, vous verrez bien s'il peut vous suivre.

LUI

Je me demande si j'aurais la force d'aller jusqu'au bout.

ELLE

Sortez de vous-même, Eugène!

LUI

Pour aller où?

ELLE

Coupez les amarres!

LUI

Si vous saviez, Marie-Rose, comme je suis malheureux...

ELLE

Gamine.

C'est très vilain de chercher querelle à sa petite femme enceinte...

LUI

Marie-Rose, je me sens couler à pic!

ELLE

L'essentiel est d'échapper au quotidien!

LUI

Croyez-vous vraiment que ce soit le seul moyen de nous débarrasser de l'autre Eugène?

ELLE

Gamine.

Comment allons-nous l'appeler?

LUI

Qui, Eugène?

ELLE

Mais non! Notre enfant...

LUI

Je ne sais pas...

ELLE

Cherchons un nom.

LUI

Nous ne l'appellerons certainement pas Eugène, à cause de L'Autre...

ELLE

Si c'est une fille, nous l'appellerons Rose-Marie...

LUI

Si tu veux.

ELLE

Le contraire de sa mère.

LUI

Ça me changera...

ELLE

Qu'est-ce que tu as?

Les Violons de l'automne

LUI

Je connais un excellent moyen d'en finir rapidement! Je vais lui botter vigoureusement les fesses!

Il se dirige vers la porte.

ELLE

Eugène!!!

L'AUTRE
Entre en trombe.

Vous m'avez appelé?

Il parle la bouche pleine et tient un morceau de fromage à la main.

LUI

C'est moi qu'on appelait!

L'AUTRE

Ah! l'autre Eugène...

LUI

Monsieur, c'est vous qui êtes l'autre Eugène! De nous deux, je prétends être l'un!

L'AUTRE

Savez-vous que vous êtes un très mauvais coucheur, mon cher Eugène?

À Marie-Rose.

Dans son sommeil, il n'a cessé de me donner des coups de pied.

LUI

Je ne m'en souviens plus, et je le regrette.

L'Autre

Mais dans l'ensemble, j'ai assez bien dormi... Délicieux votre fromage! Où l'avez-vous acheté?

Lui

Nous aimerions savoir, monsieur, si vous avez l'intention de demeurer longtemps parmi nous.

L'Autre

Je vous en prie, appelez-moi Eugène. Les circonstances qui nous réunissent ont un caractère assez intime pour que certaines familiarités nous soient permises. Ne croyez-vous pas?

Lui

Nous aimerions, monsieur, connaître vos intentions!

L'Autre

À *Marie-Rose*.

Est-il toujours aussi agressif dès le réveil?... Il est vrai que vous ne le connaissez pas beaucoup plus que moi.

Lui

Répondez à ma question!

L'Autre

Je compte demeurer ici le temps nécessaire pour voir clair. Pas une minute de plus.

Lui

Eugène!

L'Autre

Très bien! Je préfère «Eugène», même sur ce ton, à «Monsieur»...

Les Violons de l'automne

ELLE

C'est tellement plus chaleureux...

L'AUTRE

Il me semble que déjà la tension a diminué.

ELLE

Vous comprenez, j'en suis certaine: Eugène aurait préféré ne pas coucher avec vous, la nuit de ses noces.

L'AUTRE

Je m'en doutais un peu.

LUI

Eugène, combien de jours comptez-vous demeurer parmi nous?

L'AUTRE

Cela dépend! Si nous ne parvenons pas à nous entendre, nous devrons nous en remettre à l'agence.

LUI

C'est-à-dire?

ELLE

Je vous en prie, mon ami, ne soyez pas primaire: laissez le temps faire son oeuvre...

LUI

Je vous rappelle, Marie-Rose, que nous devons mettre les bouchées doubles si nous voulons vivre un peu avant de mourir!

L'AUTRE

Il faut d'abord savoir si nous nous trouvons en face d'un véritable problème, et dans l'affirmative, nous efforcer d'en comprendre la nature.

ELLE

Bien raisonné.

L'AUTRE
Modeste.

Oh!...

ELLE

Si, si, si!

LUI

Marie-Rose, votre attitude devient de plus en plus suspecte!

ELLE

Xénophobe!

L'AUTRE

Selon vous, Eugène, sommes-nous en face d'un véritable problème?

LUI

Marie-Rose est ma femme.

L'AUTRE

Mais rien n'a été consommé!

LUI

Nous nous sommes juré fidélité au pied de l'autel.

Les Violons de l'automne

L'AUTRE

À la suite d'une erreur! Or, je me propose tout simplement de corriger le destin.

LUI

Tout simplement...

L'AUTRE

Et voilà!

LUI

D'une erreur, d'une erreur! Mais qui vous dit que vous n'avez pas été conçu par erreur?

L'AUTRE

C'est bien possible, mais...

LUI

Dans ce cas, vous n'auriez pas dû naître.

L'AUTRE

Je ne vois pas bien à quoi vous voulez en venir.

LUI

À corriger le destin, tout simplement.

L'AUTRE

Je ne comprends pas.

LUI

Si vous ne deviez pas naître, suicidez-vous!

L'AUTRE

Oh!...

ELLE

À *Lui*.

Eugène, vous ne pouvez contester l'existence d'Eugène!

L'AUTRE

À la suite de l'erreur grossière dont nous sommes victimes, allez-vous de bon gré prendre le parti de me céder la place?

LUI

Auprès de Marie-Rose? Vous êtes fou!

ELLE

Eugène, gardez votre sang-froid.

L'AUTRE

Ou alors, acceptez-vous qu'après quelques semaines de vie à trois, Marie-Rose choisisse celui qu'elle préfère?...

LUI

C'est déjà fait, monsieur! Marie-Rose et moi sommes mariés!

L'AUTRE

Il faudra donc nous en remettre à l'arbitrage de l'agence matrimoniale.

ELLE

Telle est la situation.

LUI

Allez-vous en!

L'AUTRE

Si je commets l'imprudence de passer le seuil de cette porte, vous allez vous précipiter sur Marie-Rose, comme le loup sur l'agnelle, pour l'obliger à consommer, et moi, pauvre victime de votre bestialité, je n'aurai plus qu'à me faire une raison!

LUI

Ah! Que n'avons-nous consommé plus tôt!

L'AUTRE

Vous ne pouviez pas prévoir.

ELLE

Bien sûr...

LUI
À *elle*.

Je n'arrive pas à comprendre votre attitude, Marie-Rose: cet homme est un étranger, vous ne savez rien de lui, qu'est-ce qui vous empêche de le détruire? Dites-lui que j'en ai assez! Dites-lui que sa vie est en danger!

ELLE

Dites-le lui vous-même!

L'AUTRE

Ce n'est pas la peine, j'ai entendu. Et je reste.

LUI

Pourquoi tenez-vous tellement à vous marier?

L'AUTRE

Je suis à la retraite, et je m'ennuie.

LUI

À notre âge, le mariage est une folie!

L'AUTRE

Qu'attendez-vous pour y renoncer?

LUI

Mais pourquoi tenez-vous tellement à Marie-Rose?

L'AUTRE

Parce que le destin l'a mise sur ma route.

LUI

Vous pourriez facilement en rencontrer des centaines beaucoup plus intéressantes qu'elle!... Regardez-la! Quel attrait peut-elle bien avoir à vos yeux?

L'AUTRE

Et aux vôtres?

ELLE

Ah! je vous en prie!

LUI

Quoi qu'il en soit, avec ses qualités et ses défauts, Marie-Rose est ma femme!

L'AUTRE

Pas tout à fait, Eugène...

LUI

C'est une question de nuance que je refuse de débattre plus longtemps! Nous n'allons tout de même pas nous disputer comme deux chiens pour un os!

ELLE

Eugène!!!

Les Violons de l'automne

LUI

L'expression m'a échappé dans le feu de la discussion.

ELLE

Arrosez votre lexique, mon ami!

LUI

Ils me paraissent tellement évidents...

ELLE

Quoi?

LUI

Mes droits. Ils s'imposent d'eux-mêmes à tel point que je refuse de les défendre désormais, car ce serait les mettre en doute.

L'AUTRE

Qu'est-ce à dire?

LUI

Je ne ferai rien pour obliger ma femme à consommer.

L'AUTRE

Eugène, vous êtes un gentleman!

LUI

Je vais me taire. Tôt ou tard, la stratégie de vos raisonnements va s'écrouler devant la forteresse de mon silence, et mes droits vont triompher! Marie-Rose, j'attends de vous une décision en ma faveur, comme il se doit. Je sais que j'ai raison: le mutisme sera désormais mon plaidoyer... Vous vous devez d'éconduire cavalièrement ce trouble-fête: il y a un Eugène de trop ici, et c'est vous, monsieur!

Il sort. Elle et L'Autre se regardent un moment, en silence.

ELLE

Pourquoi es-tu revenu, Eugène?

L'AUTRE

Je suis libre.

ELLE

Ta femme est morte?

L'AUTRE

Oui.

ELLE

Tu l'as tuée?

L'AUTRE

Elle est morte toute seule.

ELLE

Tu arrives trop tard, Eugène.

L'AUTRE

Mais puisqu'il croit à cette erreur de l'agence!

ELLE

Pourquoi es-tu revenu, Eugène?

L'AUTRE

Nous sommes déjà complices: depuis hier, les occasions de me renvoyer n'ont pas manqué.

Les Violons de l'automne

ELLE

Je n'ai pas la force de prononcer une sentence de mort.

L'AUTRE

Tu as pitié de lui.

ELLE

Et de nous tous.

L'AUTRE

Mais puisque tu ne l'aimes pas!

ELLE

Je me suis faite à l'idée de finir mes jours avec lui. J'aurais préféré ne jamais te revoir, Eugène.

L'AUTRE

Tu m'aimes toujours, Marie-Rose.

ELLE

Je ne sais pas. Je crois que j'ai encore peur de toi.

L'AUTRE

Pourquoi l'as-tu épousé?

ELLE

Je ne pouvais pas attendre toute ma vie que ta femme trépasse! Au risque d'ailleurs qu'elle te survive...

L'AUTRE

Au point où c'en était, quelque mois de plus ou de moins...

ELLE

Pendant des années, je me suis contentée des restes et j'ai attendu. Tu as mené auprès de ta femme une vie familiale rangée – quand tu venais chez moi, tu sentais la naphtaline! De temps à autre, oui, tu condescendais à me faire la charité de quelques heures... Les joies que j'ai éprouvées dans la vie, il m'a toujours semblé les voler à l'étalage...

L'AUTRE

Marie-Rose, mon île...

ELLE

Je ne regrette pas d'avoir été ton île dans le Sud.

L'AUTRE

Marie-Rose, c'est merveilleux, tu as dix-sept ans...

ELLE

Non, Eugène.

L'AUTRE

Il nous reste le jeu.

ELLE

Tu racontes toujours la même chose.

L'AUTRE

Il connaît le jeu?

ELLE

J'ai essayé de le lui apprendre.

Les Violons de l'automne

L'Autre

C'est très mal, Marie-Rose. Le jeu nous appartenait... J'ai le sentiment d'une trahison.

Elle

Et quand tu rentrais chez toi, après un séjour de quelques heures dans ton île, quel sentiment crois-tu donc que j'éprouvais?

L'Autre

Il joue bien?

Elle

Non.

L'Autre

Partons ensemble!

Elle

Je suis fatiguée. Je veux que le temps m'aide à choisir, que les circonstances me poussent vers l'un ou l'autre...

L'Autre

Mais notre amour, Marie-Rose?

Elle

Le souvenir d'une habitude, Eugène... Il y a aussi autre chose: cette joie étrange que je ressens à te voir souffrir; je te regarde avoir mal, et ça ne m'est pas désagréable...

L'Autre

Lorsque tu vas revenir à toi, tu regretteras de ne pas m'avoir suivi!

ELLE

Je te demeure encore attachée par le souvenir de tous mes espoirs...

L'AUTRE

Si on lui disait la vérité!

ELLE

...

L'AUTRE

Regarde-moi!

ELLE

Je devrais te crever les yeux.

L'AUTRE

Alors?

Elle éclate de rire et le repousse.

LUI
Entre en trombe.

Ah! non, c'est trop bête!

ELLE

Vous écoutez aux portes?

LUI

Jamais!

ELLE

Alors, qu'avez-vous?

Les Violons de l'automne

LUI

Je me méfie de vous, Marie-Rose, et d'Eugène, et de l'agence! et je ne m'inspire pas confiance non plus! Désormais tous les arguments sont bons, toutes les armes acceptables... Oui, j'aurais dû écouter à la porte! Et c'est ce que je ferai à l'avenir, car j'ai décidé de devenir un autre!

L'AUTRE

Vous allez compliquer la situation.

LUI

Et si tous les fils s'emmêlent, tant mieux! Plus nous nous enfonçons, plus la solution est imminente – il faut d'abord toucher le fond! Je vais être un despote!... Tout à l'heure, j'ai senti que l'affaire m'échappait... Mais c'est fini, car le despote la prend en main pour la retourner comme une crêpe!

ELLE

Qui?

L'AUTRE

Eugène fait allusion à la situation, Marie-Rose.

ELLE

Ah!

LUI

Et d'abord, qu'avez-vous fait pendant mon absence?

L'AUTRE
À *Elle*.

Qu'avons-nous fait?

ELLE

Rien, ou si peu...

LUI

Brandit un grand couteau de boucherie.

Répondez!!!

L'AUTRE

Nous avons parlé de la situation... Je vous en prie, Eugène...

LUI

Pour la première fois de ma vie, j'ai le courage de brandir un couteau! Ah! comme je regrette de ne pas avoir commencé plus jeune! Il me semble que j'aurais été mieux compris... Ensuite?

L'AUTRE

Ensuite, nous avons quelque peu parlé de l'homme... C'est naturel.

LUI

En général ou en particulier?

L'AUTRE

En général d'abord, puis en particulier de celui qui se trouve devant vous...

LUI

Et en quels termes avez-vous parlé de l'homme en particulier?

L'AUTRE

En termes évasifs...

LUI

Et puis?

Les Violons de l'automne

L'Autre

Et puis, en termes élogieux... C'est de bonne guerre.

Lui

Faites-le devant moi que je me rende compte!

L'Autre

Ça m'est difficile, Eugène...

Lui

Dois-je comprendre que vous avez eu des gestes déplacés?

L'Autre

Oh! non.

Lui

Jurez-moi que vous n'avez pas obligé Marie-Rose a fermer les yeux, sous le fallacieux prétexte de lui faire une surprise!

L'Autre

Je le jure! D'ailleurs, je répugne à employer de tels procédés...

Lui

J'exige une reconstitution des faits!

L'Autre prend une pose avantageuse et tourne lentement sur place.

Lui

En silence?

L'Autre

Presque...

ELLE

Eugène!

LUI

Avez-vous quelque chose à vous reprocher?

ELLE

Je considère que vous abusez de la situation.

LUI

J'aurais cru le contraire.

À *L'Autre*.

Allons! recommencez en ajoutant paroles et musique!

L'AUTRE

Prend de nouveau une pose avantageuse et tourne lentement sur place.
«Pas mal conservé, n'est-ce pas?... Ce sont de beaux restes!»

LUI

C'est tout?

L'AUTRE

J'ai ajouté tout bas: «Et l'énergie d'un jeune taureau de deux
ans...»

LUI

Brandit son couteau.

Vous me dégoûtez! Vous avez un langage de garçon boucher!

L'AUTRE

Et vous, le geste!

Les Violons de l'automne

Elle
Xénophobe !

Lui
Il dépose son arme.
La viande, toujours la viande. Mais il n'y a pas que ça, dans la vie...

Il s'effondre dans un fauteuil.
Je n'arrive pas à comprendre que Marie-Rose ait changé de correspondant sans s'en rendre compte...

L'Autre
Moi non plus.

Lui
Croyez-vous que nos écritures se ressemblent, Eugène ?

Elle
Peu importe, je suis myope.

L'Autre
Avions-nous les mêmes préoccupations au point d'aborder les mêmes sujets à peu près de la même façon ?

Elle
Je n'ai pas de suite dans les idées.

Lui
Et chacun a-t-il donné de sa personne une description assez vague pour prêter à confusion ?

ELLE

J'avais imaginé un correspondant qui ne ressemble à aucun de vous.

LUI

Se rend jusqu'à L'Autre. Pitoyable.

Eugène, partez...

L'AUTRE

Non.

LUI

Je vous en supplie.

L'AUTRE

C'est inutile.

LUI

Je vous donnerai de l'argent... Combien vaut-elle, selon vous?

L'AUTRE

Il ne s'agit pas d'elle, mais de mon bonheur!

LUI

Combien vaut-il?

L'AUTRE

Il est hors de prix.

LUI

Si je perds Marie-Rose, je n'aurai pas la force de réagir et de recommencer avec une autre. Je me laisserai sécher lentement... Vous comprenez ce que cela veut dire?

Les Violons de l'automne

L'AUTRE

Oui.

LUI

Alors?

L'AUTRE

Alors, nous allons écrire à l'agence qui va nous dire comment nous tirer de là.

LUI

Puisque Marie-Rose hésite à vous chasser – oui! D'ailleurs, il est impossible que l'agence ne me donne pas raison!

L'AUTRE

J'allais précisément prononcer la même phrase, mot pour mot...

LUI
Tendu.

Ah! je suis bien tranquille!

L'AUTRE

Ça ne se voit pas!

LUI

Du papier, de l'encre...

L'AUTRE

Et n'oublions pas le timbre pour la réponse.

ELLE

Eugène!

LES DEUX

Lequel?

ELLE

Au pluriel! Je vous demande de ne pas écrire à l'agence avant quarante-huit heures.

L'AUTRE

Pourquoi?

ELLE

Je ne renonce pas encore au privilège de trancher dans le vif.

LUI

Bien.

L'AUTRE

Fort bien.

LUI
Entraîne L'Autre vers la porte.

Ce qui signifie, mon cher Eugène, que dans quarante-huit heures, quand vous reviendrez, nous vous accueillerons à bras ouverts pour vous faire part de la décision prise par Marie-Rose.

L'AUTRE
Se dégage.

Mais je n'ai pas l'intention de m'éloigner d'une semelle, mon cher Eugène!

LUI

Marie-Rose, je suis épuisé, dites-lui de s'en aller...

Les Violons de l'automne

ELLE

Je ne trouve pas désagréable de tenir le destin de trois personnes en laisse. C'est sûrement ma dernière chance de voir deux hommes se quereller pour moi. Laissez-moi goûter ce plaisir le plus longtemps possible...

LUI

Eugène, pour la dernière fois, je vous en supplie, partez!

L'AUTRE

Je n'aurai pas sitôt franchi le seuil de cette porte que...

LUI

Et si nous consommions immédiatement, sur place, devant vous?!

ELLE

Je vous en prie, Eugène, un peu de pudeur! La danse du couteau devrait vous suffire pour aujourd'hui!

Elle bat des mains comme une maîtresse d'école.
Faisons un règlement!

LUI

Convenons tout de suite que la conversation à trois est facultative.

L'AUTRE

Cependant la conversation avec Marie-Rose, chacun son tour, en toute intimité, est obligatoire au moins trois fois par jour... À la condition que vous me promettiez, Eugène, de ne pas abuser de Marie-Rose!

LUI

Et si vous en profitiez pour consommer à ma place, aurais-je le droit de vous ouvrir le ventre?

L'AUTRE

Oh! Eugène, comment pouvez-vous douter de ma bonne foi? Ma conduite jusqu'à maintenant prouve assez que j'ai des principes...

LUI

Lesquels, au juste?

ELLE

Je vous préviens que si l'un de vous devient trop entreprenant, je le livre à l'autre!

LUI

Convenons plutôt de n'avoir aucun tête-à-tête avec Marie-Rose... Votre joie me serait insupportable, je préfère renoncer à la mienne!

ELLE

Nous allons donc former une famille unie. Comme c'est réconfortant de vivre au milieu des siens! Ah! mes deux bras, mes deux jambes, mes deux frères!...

L'AUTRE

Et puisque nous devons adopter le même régime alimentaire, supprimons les épices pour tout le monde!

LUI

Marie-Rose va coucher dans le grand lit...

L'AUTRE

Vous et moi, nous allons nous partager le canapé, comme des siamois!

LUI

Jusqu'à ce qu'on sache sur quel pied danser!

Les Violons de l'automne

ELLE

Et voilà!

LUI

Voilà quoi?

ELLE

Nous avons fait le point.

LUI

En effet.

Elle et L'Autre s'installent confortablement. Lui demeure debout, sous tension.

L'AUTRE

Dites-moi, Marie-Rose, est-ce que vous aimez les fleurs?

ELLE

Bien sûr.

L'AUTRE

Dans vos lettres vous n'en avez jamais fait mention.

ELLE

C'est que je n'aurais pas voulu écrire chrysanthème, ou glycine, à cause de l'orthographe...

L'AUTRE

Ah! je comprends.

Un temps.

ELLE

À *Lui*.

Qu'avez-vous Eugène?

LUI

Je m'efforce d'oublier Eugène. Et ce n'est pas facile.

ELLE

Vous pouvez prendre part à notre conversation, si le coeur vous en dit. Nous parlions fleurs.

LUI

Je déteste les fleurs!

ELLE

Ah!

Elle et L'Autre s'installent autrement.

L'AUTRE

Aimez-vous voyager?

ELLE

Beaucoup.

L'AUTRE

Êtes-vous allée souvent à l'étranger?

ELLE

Jamais.

Un temps.

Les Violons de l'automne

L'AUTRE
À Lui.
Vous ne devriez pas faire la tête, Eugène.

LUI
De toute éternité, il était écrit que je ferais la tête aujourd'hui.

L'AUTRE
Aimez-vous voyager?

LUI
Non.

L'AUTRE
Ah!

Elle et L'Autre s'installent autrement.

L'AUTRE
J'aime beaucoup la musique.

ELLE
Moi aussi.

L'AUTRE
D'ailleurs, en général, j'aime le bruit.

ELLE
Dans une de ses lettres, Eugène – à moins que ce ne fut vous! – me disait qu'il aimait beaucoup la musique.

LUI
Les dents serrées.
Je mentais!

L'AUTRE

La musique adoucit les mœurs.

ELLE

On le prétend.

LUI

Vous ne pourriez pas parler d'autre chose, non?

L'AUTRE

Avez-vous un sujet de conversation à nous proposer, Eugène?

ELLE

Parlons des animaux!

L'AUTRE

J'aime beaucoup les chiens.

ELLE

Moi aussi.

L'AUTRE

Ce sont de braves bêtes.

ELLE

Très braves.

L'AUTRE

Et dociles.

ELLE

Et comment!

Les Violons de l'automne

L'AUTRE

Pardon?

ELLE

Je dis: et comment!

L'AUTRE

En effet!

ELLE

J'aime beaucoup les gros chiens. Mais je ne déteste pas les petits.

L'AUTRE

Moi, je préfère les petits.

LUI

Les gros et les petits, tous les chiens du monde... vous emmerdent.

ELLE

Oh! quelle vulgarité! Décidément, Eugène, vous n'êtes pas à prendre avec des pincettes aujourd'hui...

L'AUTRE

Peut-être se montre-t-il sous son vrai jour?...

LUI

Je m'efforce d'oublier Eugène... J'éprouve le besoin d'un tête-à-tête avec vous, Marie-Rose. Mais je dois tout d'abord supprimer Eugène!

L'AUTRE

Aurait-il vraiment l'intention de me tuer?

LUI

Vous allez évacuer mon cerveau. C'est le seul endroit où j'ai encore l'illusion d'être chez moi. Mais vous êtes presque aussi tenace là-dedans que dans mes meubles! Allez-vous en, Eugène!

L'AUTRE

Je vous en prie!

LUI

Cette nuit, je ne dormirai pas. Et l'Eugène de mon cerveau va séjourner vingt ans dans un cachot humide, les fers aux pieds; puis, je vais l'envoyer aux galères, pour ensuite le faire bouillir et le mettre dans une boîte d'allumettes que je vais jeter à la mer...

L'AUTRE

Vous finirez pas m'inspirer des cauchemars, Eugène.

LUI

Puissiez-vous être poursuivi dans des labyrinthes effrayants par des sorcières en rut!

ELLE

Je ne lui connaissais pas cette imagination délirante!

LUI

C'est merveilleux! Je suis sur le point de jeter l'Eugène de mon cerveau par-dessus bord...

L'AUTRE

Plutôt funèbre en ce qui me concerne...

LUI

Eugène à l'eau, bruit d'eau!

Les Violons de l'automne

ELLE

J'en ai le frisson...

L'AUTRE

Je ne suis pas tranquille non plus.

ELLE

Mais je ne trouve pas ça désagréable: je me sens vivre dangereusement...

LUI

Et l'Eugène de mon cerveau ne sait pas nager!

Il rit.

L'AUTRE

Marie-Rose!

ELLE

N'essayez pas de m'influencer!

LUI

Il coule...

L'AUTRE

Marie-Rose, il suffit d'un mot...

ELLE

Non!

LUI

Il coule lentement là-bas, au large... Ah! puisse-t-il ne jamais remonter à la surface!

L'Autre
Marie-Rose, je m'en vais.

Elle
Où donc?

L'Autre
Mais je ne sais pas si je reviendrai de ce naufrage...

Elle rit.

Lui
Éclate.
Ça y est, Marie-Rose! J'ai vu disparaître Eugène, entraîné par une lame de fond! Je l'ai noyé: nous sommes enfin seuls... C'est merveilleux, tu as dix-sept ans. Et j'en ai... un peu plus. L'essentiel est de savoir compter jusqu'à deux... Nous sommes sur un radeau en pleine mer, au centre de notre amour. Sens-tu la secousse des vagues? Réponds, Marie-Rose... Ou alors, si tu préfères, maintenant la mer est calme.

L'Autre
Eugène!

Elle
En écho.
Eugène.

Lui
Nous ne sommes pas seuls sur ce radeau, puisque tu es enceinte... Oui, nous aurions dû prendre des précautions. Oui et non, car

aujourd'hui je ne regrette rien: pour avoir merveilleusement perdu la boussole, nous allons avoir un enfant...

L'AUTRE

Eugène!

ELLE
En écho.

Eugène...

LUI

Quel extraordinaire voyage de noces nous avons fait! Oui, je l'avoue, pendant quelques secondes, une grande dame blonde m'a fasciné, avec son long parasol jaune... Je te demande pardon, Marie-Rose! Oh! si tu savais comme j'ai regretté ces quelques secondes, le soir où tu as pris ma main pour la poser sur ton ventre: j'ai senti bouger notre enfant! Marie-Rose, j'étais heureux, et j'avais chaud! Mon sang se bousculait dans mes veines!

L'AUTRE

Eugène!

ELLE
En écho.

Eugène...

LUI

Parfois, la voix d'Eugène revient comme un remords! J'ai enfoncé mes doigts dans sa gorge, il est devenu bleu... Je lui ai maintenu la tête sous l'eau... des bulles d'air... et puis, plus rien... Mais ne parlons plus de lui. Tu te souviens? Marie-Rose, c'est terrible, je suis à bout de forces! Dis-moi que tu te souviens! J'ai besoin que tu te souviennes! Je ne sais pas jongler avec le mensonge, et je sens que je vais lâcher prise... Marie-Rose! Tu m'as dit: «Le jeu est notre seule planche de salut...» Ne m'abandonne pas!!!

ELLE

Eugène...

LUI

Oui...

L'AUTRE

Marie-Rose!

ELLE

Eugène!

LUI

Fais vite, je sens que je perds pied. Tout tourne...

L'AUTRE

Marie-Rose!

LUI

Tout tourne... Marie-Rose, ne m'abandonne pas!

ELLE

Eugène!

L'AUTRE

Marie-Rose!

LUI

Par pitié, Marie-Rose, Je ferai tout ce que tu voudras... Pourquoi me laisses-tu revenir à moi?... Pitié... Pitié...

Les Violons de l'automne

Il tombe à genoux.

ELLE

Je ne peux pas!

L'Autre rit.

Un temps.

LUI

Maintenant, c'est fini...

L'AUTRE

Eugène!

LUI

Il remonte à la surface...

L'AUTRE

Écoute!

LUI

Je reconnais sa voix. Je suis maintenant de retour...

L'AUTRE

Un mot!

LUI

Je reviens plus vieux de vingt ans... Marie-Rose, pourquoi m'avez-vous abandonné?

L'AUTRE

Il faut que tu saches, Eugène...

LUI

…

L'AUTRE

Un détail paraît t'avoir échappé.

LUI

…

L'AUTRE

Marie-Rose n'est pas enceinte de toi.

LUI

…

L'AUTRE

Marie-Rose est enceinte de moi!

LUI

…

L'AUTRE

Elle est enceinte de moi…

LUI

Je ne peux plus…

L'AUTRE

Elle est enceinte de moi! *Ad libitum*.

Acte III

Les personnages sont vêtus de robes de chambre qui leur donnent l'air d'étranges tragédiens.

L'AUTRE
Après un moment.

Eugène!

Il se dirige vers la porte du couloir.

Eugène!!!

LUI
Après un court temps.

Tu m'as appelé, Eugène?

L'AUTRE

Voilà plus de cinq minutes que je t'attends pour la petite cérémonie! Que faisais-tu?

LUI

Marie-Rose n'a pas encore terminé sa toilette... Je rêvassais au-dessus de ma tasse de café sans caféine... Excuse-moi de t'avoir fait attendre.

L'AUTRE

Que se passe-t-il, mon pauvre Eugène? Il y a un peu d'inquiétude dans ta voix, ce matin.

Inquiet.

Regarde-moi...

LUI

Quoi?

L'AUTRE

Approche un peu.

LUI

Qu'est-ce que j'ai?

L'AUTRE

Je te trouve pâle...

LUI

Pas plus que d'habitude.

L'AUTRE

Si, justement, plus que d'habitude... Et je ne te connaissais pas ces cernes mauves...

LUI

Vraiment?

L'AUTRE

J'ai même hésité à te le dire.

LUI

À ce point?

L'AUTRE

Un beau mauve, toutefois. Sors la langue.

Lui le fait.

Ah! Ah!

Les Violons de l'automne

LUI

Quoi?

L'AUTRE

Si je m'étais levé avec cette langue, je ne serais pas tranquille...
Pouah! rentre ça, c'est écœurant!

LUI

J'ai eu des palpitations cette nuit.

L'AUTRE

Ça ne veut rien dire, le cœur n'est qu'une pompe.

LUI

Tu dis ça pour me rassurer.

L'AUTRE

Mais non! Le premier médecin venu te dira que le cœur est une
pompe.

LUI

Donc, ce n'est pas grave...

L'AUTRE

Mais c'est une pompe importante.

LUI

Je ne veux pas mourir!

L'AUTRE
Indique la porte.
C'est le moment de la petite cérémonie, Eugène. La lettre de
l'agence est peut-être arrivée.

LUI

Tu dis ça tous les matins depuis trois mois.

L'AUTRE

Sois certain que le retard ne dépend pas de moi.

LUI

Il faut que je te dise, Eugène...

L'AUTRE

Quoi?

LUI

Il m'arrive d'avoir des doutes.

L'AUTRE

À quel sujet?

LUI

Je ne comprends pas que l'agence mette tellement de temps à se prononcer! Tu es bien certain que nous avons inclus un timbre pour la réponse?

L'AUTRE

Tout à fait.

LUI

Eugène, écoute-moi bien...

L'AUTRE

Je t'écoute.

Les Violons de l'automne

LUI
Si nous allions tous les trois, Marie-Rose, toi et moi, exposer en personne notre cas à l'agence...

L'AUTRE
L'agence opère par correspondance, tu le sais très bien, Eugène. Et puis, ton état de santé ne te permet pas de te promener à la pluie...

LUI
Il ne pleut pas tout le temps!

L'AUTRE
Sans doute, mais comment se fier aux pronostics? Tu sors de l'agence, il pleut, et tu crèves d'une pneumonie double!

LUI
Pourquoi double?

L'AUTRE
Tu as raison, dans l'état où tu te trouves, une simple suffirait à te coucher sous le gazon!... Regarde-moi...

LUI
Quoi?

L'AUTRE
Lui soulève une paupière.
Toi, tu dois être à la veille d'une jaunisse...

LUI
Maudite agence! Elle s'occupe des mariages, mais jamais des conséquences!

L'AUTRE
Indique la porte.

Après toi, je t'en prie.

LUI

Je n'en ferai rien.

Ils vont à la porte et reviennent. Lui tient une enveloppe à la main.

L'AUTRE

Qu'est-ce que c'est, d'après toi?

LUI
Flaire l'enveloppe.

Je ne sais pas.

L'AUTRE

Elle est lourde?

LUI

Tâte...

L'AUTRE
Soupèse l'enveloppe.

Oui...

LUI

Quoi?

L'AUTRE

Aucun doute, c'est l'agence.

LUI

Tu crois?

Les Violons de l'automne

L'AUTRE

Positif.

LUI

Ah!

Il reprend vivement l'enveloppe.

L'AUTRE

Ouvre...

LUI

C'est tout ce que tu éprouves?

L'AUTRE

Et toi, pourquoi es-tu inquiet? Je croyais que tu n'avais rien à craindre!

LUI

Qu'est-ce qui te fait dire que c'est l'agence.

L'AUTRE

Le nom de l'expéditeur n'apparaît pas sur l'enveloppe.

LUI

C'est vrai. Mais ça ne prouve rien.

L'AUTRE

Si. «Discrétion assurée», c'est l'agence!

LUI

Tu as raison.

L'Autre

Ouvre!

Lui

Pas tout de suite.

L'Autre

Je ne te comprends pas, Eugène! Depuis trois mois, nous atten-dons cette lettre dont dépend le destin de trois personnes; tous les matins, nous nous rendons ensemble à la porte dans l'espoir qu'elle s'y trouvera; et lorsque enfin tu tiens l'enveloppe, tu hésites à l'ouvrir!

Lui

C'est à cause de mon cœur!

L'Autre

Ouvre!

Lui

Si la réponse m'est défavorable, je peux en mourir...

L'Autre

Tu as toujours prétendu qu'elle te serait favorable! Au moment de savoir à quoi t'en tenir, commencerais-tu à douter, Eugène?

Lui

Si la réponse m'est favorable, je peux aussi en mourir...

L'Autre

La situation étant sans issue, fais d'abord ta prière, mais ouvre cette enveloppe qu'on en finisse!

Les Violons de l'automne

LUI

Eugène...

L'AUTRE

Quoi?

LUI

Accepterais-tu que nous attendions deux ou trois jours?

L'AUTRE

Pourquoi? Tu auras le même cœur, mais plus vieux, plus fatigué, plus usé de deux ou trois jours... Allons, Eugène, donne-moi la lettre!

Il lui arrache la lettre des mains.

LUI

Cette lettre m'est adressée.

Il la reprend.

Sors!

L'AUTRE

Quoi?!

LUI

Je veux en prendre connaissance tout seul.

L'AUTRE

Eugène, tu n'es pas gentil avec moi...

LUI

J'insiste!

L'AUTRE

Mais nous sommes deux dans cette affaire!

LUI

Eugène!

L'AUTRE

Oui...

LUI

Entre toi et moi...

L'AUTRE

Oui...

LUI

Franchement...

L'AUTRE

Oui...

LUI

Je voulais dire en toute honnêteté...

L'AUTRE

Si tu veux...

LUI

Comment avons-nous pu décider que le jugement de l'agence...
Tu me suis?

L'AUTRE

Jusqu'ici, je n'ai rien perdu...

Les Violons de l'automne

LUI
Bien... Que le jugement de l'agence, donc, serait sans appel?

L'AUTRE
Après un court temps.
C'est tout?

LUI
Oui.

L'AUTRE
Eugène, il faut bien nous en remettre à l'agence, puisque tu n'as pas le sens commun!

LUI
Tu ne me laisses pas t'expliquer.

L'AUTRE
Quoi encore?

LUI
J'ai une idée...

L'AUTRE
Assez de prétention, Eugène, ouvre!

LUI
Je t'assure que j'ai une idée!

L'AUTRE
Bon... Voyons ça de près.

LUI
Si maintenant nous consultions deux autres agences!

L'AUTRE

Deux autres? Pourquoi?

LUI

Ce serait plus équitable, il me semble: celui qui obtiendrait deux jugements en sa faveur sur trois l'emporterait.

L'AUTRE

Et pourquoi pas trois sur cinq, ou quatre sur sept? Ouvre donc cette enveloppe sans plus attendre!

LUI

J'ai peur... Je sens venir mes palpitations...

L'AUTRE
Amical.

Eugène, j'ai pitié de toi...

LUI
Ravi.

Vraiment?

L'AUTRE

Je sens que je vais être magnanime.

LUI

Ah! Eugène...

L'AUTRE

À notre âge, nous avons déjà un pied dans la tombe...

LUI

C'est juste.

Les Violons de l'automne

L'Autre
Après trois mois de tergiversations, il faut en finir!

Lui
Je suis bien de ton avis...

L'Autre
Je te fais une proposition.

Lui
Tu as un cœur d'or!

L'Autre
Où sont les cartes?

Lui
Quelles cartes?

L'Autre
Les cartes à jouer.

Lui
Pourquoi?

L'Autre
Nous allons jouer Marie-Rose au poker.

Lui
S'effondre.

Ah!

L'Autre
Qu'est-ce que tu as?

LUI

Tu ne comprendrais pas.

L'AUTRE

Dis toujours.

LUI

... Et puis, je ne sais pas jouer au poker.

L'AUTRE

Alors, nous pourrions la jouer aux dés!

LUI

Je ne sais pas jouer non plus.

L'AUTRE

Ou mieux, as-tu une pièce de monnaie?

LUI

Dans le tiroir de la table. Pourquoi?

L'AUTRE

Marie-Rose, pile ou face!

LUI

En voilà assez!

L'AUTRE

J'ai encore une proposition à te faire, Eugène... Relève bien le col de ta robe de chambre pour ne pas prendre froid.

LUI

Je t'écoute.

Les Violons de l'automne

L'Autre

Bien... As-tu pris ta tisane, hier soir?

Lui

Oui.

L'Autre

Je la préparerai moi-même, ce soir.

Lui

Je m'en tire très bien tout seul. Merci... Quelle est ta proposition?

L'Autre

Et tes gouttes? Je parie que tu as oublié de prendre tes gouttes en te levant!

Lui

Je les ai prises.

L'Autre

Bien. Regarde-moi, Eugène.

Lui

Je te regarde.

L'Autre

Réponds à ma question: Es-tu bien avec moi?

Lui

Eugène, tu m'inquiètes...

L'Autre

Réponds à ma question!

LUI

Nous sommes dans une situation qui m'empêche sans doute d'apprécier tes qualités...

L'AUTRE

Oublie pour le moment cette pénible situation – qui ne durera pas toujours, d'ailleurs – et réponds à ma question...

LUI

Tu me troubles, Eugène...

L'AUTRE

Es-tu bien avec moi, ou non?

LUI

Ne me regarde pas de cette façon, je t'en prie.

L'AUTRE

Réponds!

LUI

Admettons que je sois bien avec toi!

L'AUTRE

Voici donc ma proposition: tu me laisses Marie-Rose, et je t'adopte!...

LUI

Je ne comprends pas.

L'AUTRE

Ou plus exactement, nous t'adoptons! Tu deviens en quelque sorte l'enfant de la maison... Qu'en penses-tu?

Les Violons de l'automne

LUI

Eugène, tu m'étonnes.

L'AUTRE

N'est-ce pas?

LUI

Tu me sidères.

L'AUTRE

Ah!

LUI

Tu me glaces d'effroi.

L'AUTRE

Réfléchis bien, Eugène!

LUI

Et tu me dégoûtes profondément!

L'AUTRE

Ne t'emporte pas! Pense à ton cœur!

LUI

Avant que tu ne franchisses le seuil de cette porte, j'avais un cœur normal, un foie normal, des yeux, des oreilles et des reins normaux; j'avais des pensées, des désirs et des instincts normaux; et je n'aurais pas fait de mal à une mouche! Aujourd'hui, je tuerais les insectes à coups de canon, je suis sans cesse menacé de jaunisse, et je perds la moitié des mots quand vous parlez, mais j'entends distinctement des voix quand tout le monde se tait; et dès que je ferme les yeux, je vois des circonférences, des triangles isocèles et des losanges qui vibrent; et pour finir le tableau, je pisse de travers!

Avant que tu ne franchisses le seuil de cette porte, j'avais le goût d'être heureux en toute simplicité, je voulais une vieillesse sans histoire; aujourd'hui, j'ai le goût de la catastrophe: je ferais mon malheur sans hésitation, si j'avais l'assurance de faire aussi le vôtre par la même occasion!

Il brandit l'enveloppe.

J'ai moins peur maintenant d'en prendre connaissance! Ou je perds, ou je gagne! Si je perds Marie-Rose, ce sera terrible: je n'aurai plus qu'à me retirer dans ma coquille pour attendre la mort, entre ma pipe et ma tasse de tisane – car je te dois aussi les tisanes! Mais quoi qu'il en soit, je n'aurai plus à souffrir ta présence... Il me semble qu'avec toi, toutes mes maladies vont partir; je serai à nouveau un homme libre, heureux avec Marie-Rose, ou malheureux sans elle – mais libre!

L'AUTRE

Tu étais né pour un petit veuvage médiocre!

LUI

J'ouvre!...

Il prend connaissance de la lettre pendant que L'Autre se promène tranquillement.

L'AUTRE
Après un moment, impatient.

Alors?

LUI

Eh bien, c'est l'agence...

Les Violons de l'automne

Tiens!

LUI

«Cher monsieur»...

Il marmonne.

«Marie-Rose»... «un jugement»... «situation pénible»... «nous comprenons» – tu vois, ils comprennent!

L'AUTRE

Et alors?

LUI

Laisse-moi finir!... «notre jugement»... Ah! Ah! «en votre faveur!» C'est moi, la lettre m'est adressée! Tu as entendu, Eugène, en ma faveur! En ma faveur!

L'AUTRE

Qui a mangé le pot de confiture, Eugène?

LUI

Le pot de confiture? Quel pot de confiture?

L'AUTRE

Tu ne sais même pas mentir, Eugène!

LUI

Puisque je t'assure...

L'AUTRE

Tu mens, Eugène! Mon petit doigt...

LUI

Ton petit doigt, ton petit doigt, il s'enfonce le coude dans l'œil jusqu'à l'épaule, ton petit doigt!

L'AUTRE

Donne la lettre!

LUI

Non!

L'AUTRE

Donc, tu mens!

LUI

Tu prendras connaissance de la lettre en même temps que Marie-Rose!

L'AUTRE

Eugène, je n'aime pas qu'on se moque de moi...

Il le secoue

LUI

Si je te donne la lettre, tu vas la jeter au feu! Ce serait vraiment trop bête...

Il s'échappe.

L'AUTRE
Tente de le rattraper.

Eugène!

LUI

Merde!

Les Violons de l'automne

L'Autre

Avoue que tu mens!

Lui

Je veux savoir à quoi m'en tenir! Je veux lire la joie ou la peine sur le visage de Marie-Rose!

L'Autre

Donne-moi cette lettre!

Ils se bousculent.

Lui

Non!

L'Autre

Ménage ton cœur!

Lui

De quoi te mêles-tu?!

Ils se battent

L'Autre

Donne, Eugène!

Lui

Non!

L'Autre

Eugène!

LUI

Non!

Puis ils s'écrasent au sol à bout de souffle. La lettre se trouve à quelques pas devant eux. Un temps.

LUI

Ça me brûle dans la poitrine...

Il respire avec peine.

L'AUTRE

Il ne fallait pas...

LUI

Quoi?

L'AUTRE

Aller jusqu'au bout...

LUI

Il ne fallait pas...

L'AUTRE
Après un temps.

Eugène...

LUI

Oui, Eugène...

L'AUTRE

Est-ce que je peux te poser une question?

Les Violons de l'automne

LUI

C'est un prospectus d'agence de voyage.

L'AUTRE

Ah!

LUI

Tu savais que ce n'était pas la lettre que nous attendions?

L'AUTRE

Oui.

Ils s'aident mutuellement à se relever.

LUI

On me suggère le tour du monde.

L'AUTRE

Crois-tu que ce soit une solution?

LUI

J'espère que non.

L'AUTRE

Pourquoi dis-tu ça?

LUI

Je n'ai pas d'argent.

L'AUTRE

Moi non plus. Mais j'ai souvent pensé m'en aller très loin pour recommencer à neuf.

LUI

Mais tu étais retenu.

L'AUTRE

Oui, par une femme.

LUI

Vraiment par une femme, Eugène?

L'AUTRE

Je sais maintenant que c'était une excuse. Mais à l'époque, je voulais qu'elle se rendît compte que je renonçais à tout le reste pour l'aimer.

LUI

Afin de mieux l'enchaîner, je connais ça. Et puis, soi-même on a besoin de croire qu'on renonce à beaucoup pour aimer – étrange accomplissement!

L'AUTRE

Sans elle, j'aurais été obligé de me regarder en face.

LUI

Il ne faut pas. Mieux vaut mentir.

L'AUTRE

Eugène...

LUI

Oui, je sais.

L'AUTRE

À quoi penses-tu?

Les Violons de l'automne

LUI

Je pense que nous pourrions être heureux tous les deux...

L'AUTRE

Tu sais ce que nous devrions faire?

LUI

Renoncer à Marie-Rose...

L'AUTRE

Tous les deux...

LUI

Après un temps.

Qu'est-ce que nous faisons?

L'AUTRE

Nous y pensons.

LUI

Après un temps.

Il y a quelque chose que je n'arrive pas à comprendre...

L'AUTRE

Quoi?

LUI

Toi, tu refuses de vieillir, et moi je l'accepte; et pourtant, nous avons tous les deux besoin de la même femme...

L'AUTRE

Oui, c'est curieux.

LUI

N'est-ce pas?

L'AUTRE

L'un de nous devrait pouvoir renoncer à Marie-Rose plus facilement que l'autre...

LUI

Lequel, d'après toi?

L'AUTRE

Ça dépend...

LUI

Oui...

L'AUTRE

Tiens-tu vraiment à le savoir?

LUI

Non.

L'AUTRE

Moi non plus.

LUI

Eugène...

L'AUTRE

Oui, Eugène...

LUI

Si nous envisagions sérieusement de faire notre vie ensemble...

Les Violons de l'automne

Sans Marie-Rose?

LUI

Oui...

L'AUTRE

N'insiste pas, Eugène, malgré moi j'ai un peu l'impression que tu veux me rouler.

LUI

Excuse-moi, j'avais oublié que nous sommes ennemis. C'est bête...

L'AUTRE

Sois raisonnable.

LUI

Oui.

L'AUTRE

Imagine que Marie-Rose se trouve parmi nous...

LUI

Aussitôt, la confiance s'évanouit! Tu as raison, Eugène.

L'AUTRE

Pendant quelques minutes, nous avons été deux amis...

LUI

Je te remercie de m'avoir accordé cette trêve.

L'AUTRE

Moi aussi, je te remercie.

LUI
Soupire.

Et voilà!

L'AUTRE
De retour en situation.
Tu es anxieux, mon pauvre Eugène!

LUI
Ajoute que c'est mauvais pour mon cœur, et nous serons tout à fait de retour en situation.

L'AUTRE
Tu te tourmentes! Le bonheur tient à peu de choses, allons!

LUI
Tu le crois vraiment?

L'AUTRE
Non.

LUI
Pourquoi le dis-tu?

Entre Marie-Rose qui porte un déshabillé.

ELLE
Bonjour, Eugène!

LES DEUX
Bonjour, Marie-Rose!

ELLE
Vous avez bien dormi?

Les Violons de l'automne

LES DEUX

Plus ou moins...

Après un court temps.

À cause d'Eugène!

ELLE

Est-ce que j'arrive trop tard pour la petite cérémonie?

L'AUTRE

Eugène a reçu un prospectus d'agence de voyages.

ELLE

Donnez-moi ce prospectus!

Elle le prend et le déchire.

Je ne peux plus souffrir de rivale!

L'AUTRE

Déchirez-moi aussi, Marie-Rose, car pendant quelques minutes, j'ai été votre rival dans le cœur d'Eugène: il m'a proposé de vivre avec lui!...

ELLE

Sans moi?

LUI

Traître!

ELLE

Et vous prétendez m'aimer.

LUI

Je vous demande pardon, Marie-Rose!...

ELLE

Comme je suis seule...

L'AUTRE

À trois, la solitude de chacun devient intolérable!

ELLE

Mais choisir l'un de vous, c'est refuser l'autre et le condamner.
J'en suis incapable.

L'AUTRE

Nous ne pouvons tout de même pas attendre que l'un de nous
parte pour un monde meilleur!

LUI

Je n'aime pas cette allusion à mon état de santé.

L'AUTRE

Renouons avec le jeu, Marie-Rose, avant qu'il ne soit trop tard.
Les ficelles s'usent.

LUI

Je m'y oppose! Nous avions convenu de ne jouer qu'en soirée.

L'AUTRE

Marie-Rose, tu as dix-sept ans!

LUI

Je proteste!

Il s'installe dans un fauteuil et fait semblant de lire le journal.

ELLE

Je me souviens d'un homme qui a tourné autour de moi, les mains
prêtes à s'égarer dans mes jupes au premier signe de défaillance,

il me célébrait, et j'étais heureuse... Je me suis donc livrée à lui, par générosité, par reconnaissance, un peu par pitié, et puis aussi parce qu'il faut bien y passer un jour ou l'autre! Il entre tellement de sentiments divers dans l'amour... Et les rôles ont été renversés: j'ai attendu quand il me disait d'attendre, et je lui ai tout sacrifié car tout lui était dû...

L'Autre

N'en dis pas davantage, Marie-Rose, je sais. Mais j'ai donné un sens à tout cela.

Elle

Oui, grâce à toi, la machine s'est mise à tourner, c'est vrai – mais à vide! Rares sont les hommes capables de s'accomplir totalement dans l'amour...

L'Autre

Tu n'as pas oublié les heures merveilleuses passées ensemble, Marie-Rose.

Elle

Je n'ai pas oublié non plus toutes celles qui précédaient, et toutes celles qui suivaient.

L'Autre

Pendant des années, je n'ai pas cessé de vivre en pensée auprès de toi, Marie-Rose.

Elle

Tu ne peux pas savoir le prix qu'une femme attache à la présence physique, et comme c'est humiliant d'être aimée par un homme qui doit se partager.

L'Autre

Mais quand je pouvais enfin me libérer pour vivre quelques heures avec toi...

Elle

Vivre quelques heures avec toi, et puis faire le compte de tes vêtements.

L'Autre

Marie-Rose, quel âge as-tu?

Lui
Entre les dents.
Dix-sept ans, monsieur, à moins que ce ne soit douze ou treize!

Elle
Sans s'occuper de Lui.
Et tu me demandais, à moi, de te flairer afin d'être certain que mon odeur ne te suivrait pas jusque chez toi, comme un remords, comme une preuve... Tu disais parfum, mais tu pensais odeur... Et devant le miroir, tu passais ton corps en revue, et si tu découvrais la marque d'un geste passionné, tu me le reprochais, Eugène...

Lui
Bondit.
Je vous déteste de pouvoir jouer avec autant de conviction! Pour y parvenir à moitié, il faudrait que je sois ivre ou dément.

L'Autre

Il suffit d'exposer à n'importe qui ce qu'on a toujours voulu dire à une personne en particulier. La fille publique n'a pas d'autre raison d'être...

Les Violons de l'automne

LUI

Moi, il y a tant de choses que j'aurais voulu dire à ma femme, mais elle est morte trop tôt; et tout ce que je ne pourrai jamais dire à personne me ronge lentement...

ELLE

Nous avons manqué le départ, mon pauvre Eugène. Regarde-nous...

L'AUTRE

Mais tu n'as pas oublié nos tête-à-tête sur l'oreiller, Marie-Rose...

LUI

Et jusqu'aux détails!

L'AUTRE

Mon grain de beauté à la hauteur de la quatrième vertèbre...

LUI

Rien n'y manque!

L'AUTRE

Et ma façon de pousser les couvertures avec la jambe...

LUI

Ce sont de grands artistes!

ELLE

Tu m'as connue jeune, et j'ai très peur que tes yeux, que tes mains, que tes lèvres se souviennent...

L'AUTRE
Il s'agenouille.
Tu es belle, Marie-Rose, puisque tu as dix-sept ans!

ELLE
À *Lui*.

Et toi?

LUI

Oh! moi, je ne vous suis plus. Vous m'avez perdu, chemin faisant, au coin d'un mensonge...

L'AUTRE

Va-t-il falloir que j'attende la mort d'Eugène?!

Il se relève.

Il souffre de plus en plus du cœur, du foie, des reins et de la rate, mais il y a de l'obstination chez lui: il peut tenir encore plusieurs années!

LUI

Parfaitement, je m'obstine à vivre! Et je vous jure, Marie-Rose, sur la tête de ma première femme, que si Eugène franchit le seuil de cette porte, je vais rajeunir de dix ans, de vingt ans, de trente ans! Ah! comme je regrette de n'avoir pas perdu la tête pendant notre nuit de noces!...

L'AUTRE
Après un temps.

Eugène, l'instant est grave...

LUI

Pourquoi celui-ci serait-il plus grave que les autres?

L'AUTRE

Eugène, il faut que tu saches!

Les Violons de l'automne

ELLE

Non, Eugène!

LUI

Que je sache quoi?

L'AUTRE

Marie-Rose et moi, nous nous connaissons depuis plus de quarante ans!

Lui éclate de rire.

Et c'est tout ce que ça te fait?

LUI

À quoi bon, Eugène? Tu sais très bien que je n'ai aucune aptitude pour le jeu!

L'AUTRE

Je t'assure que je dis la vérité!

LUI

C'est le mot qui revient le plus souvent dans le jeu.

L'AUTRE

Ma femme est morte!

LUI

La mienne aussi!

L'AUTRE

Je suis libre!

LUI

Moi aussi.

L'AUTRE

Depuis quarante ans, je suis le grand amour de Marie-Rose!

LUI

Bah! le temps passe tellement vite...

L'AUTRE

Elle m'a attendu toute sa vie!

LUI

Elle a certainement eu tort...

L'AUTRE

Les circonstances nous ont empêchés de nous aimer à la face du monde.

LUI

Pendant quarante ans?

L'AUTRE

Oui.

LUI

C'est très long!

L'AUTRE

Eugène, cesse de faire l'imbécile!

Les Violons de l'automne

Lui

Tu sais très bien que je suis incapable de jouer avec conviction, de m'enflammer... Tu joues admirablement, Eugène. N'est-ce pas, Marie-Rose?

L'Autre

... Marie-Rose, pendant quarante ans, a été ma maîtresse!... Est-ce que tu as bien compris, Eugène?

Lui
Las.

J'ai parfaitement compris.

L'Autre

Marie-Rose, dis-lui que je ne mens pas...

Lui

C'est inutile, Marie-Rose. Je sais très bien maintenant qu'il dit la vérité.

L'Autre

C'est ainsi que j'aurais dû m'exprimer dès le premier soir. Mais j'ai eu peur de te blesser. Et puis, aussi bien te le dire, je n'avais pas revu Marie-Rose depuis six mois. Au cours de notre dernière rencontre nous nous étions d'ailleurs quelque peu querellés au sujet de ma femme: Marie-Rose prétendait que je devais m'en séparer – ce qui me paraissait une indélicatesse étant donné qu'elle était mourante; là-dessus, Marie-Rose suggérait de l'empoisonner en mettant un peu d'arsenic tous les jours dans ses médicaments, de manière à lui épargner une pénible agonie ce qui allait, d'autre part, nous permettre de toucher plus rapidement les assurances... Enfin, bref, tu sais ce que c'est: une querelle d'amoureux!... Le soir où je suis venu interrompre votre nuit de noces, je ne savais pas très bien quels étaient les sentiments de Marie-Rose pour moi. J'ai donc agi avec beaucoup de circonspection, ne voulant rien brusquer... Eugène, je ne pensais pas que cette révélation te laisserait aussi froid, je l'avoue... Es-tu bien certain d'avoir compris?

LUI

J'ai très bien compris.

L'AUTRE

Et tu me crois?

LUI

Bien sûr que je te crois... puisque nous jouons!

L'AUTRE
Après un temps lourd.
C'est à désespérer des hommes de bonne volonté!

ELLE
À *L'Autre.*
Eugène, j'ai pitié d'Eugène!

L'AUTRE

Marie-Rose, tu m'as laissé enfoncer le fer pour voir à quel moment ça lui ferait mal. Il est maintenant trop tard pour protester, tu as déjà consenti et tu appartiendras au plus fort.

LUI

Je vous supplie d'arrêter! J'ai peur de vous prendre au sérieux...

L'AUTRE

Mais le jeu, mon pauvre Eugène, n'est qu'une invention d'amoureux, comme on joue au cheval.

Les Violons de l'automne

LUI

Au cheval?

L'AUTRE

Quelle misère! Il faut tout lui apprendre! Approche...

LUI
Il s'approche.

Qu'est-ce que je dois faire?

L'AUTRE

Penche-toi un peu. Ne bouge plus le corps, et pose ta tête sur mon épaule, comme font les chevaux. Et voilà...

Chacun a posé la tête sur l'épaule de l'autre.

LUI

C'est tout?

L'AUTRE

Oui.

LUI

C'est idiot.

L'AUTRE

Il faut être amoureux pour comprendre! On en profite pour se dire des mots gentils...

LUI
Se dégage.

C'est idiot!

L'AUTRE

C'est le jeu... Qu'est-ce que tu as, Marie-Rose?

ELLE

C'était émouvant de vous voir jouer au cheval tous les deux...

L'AUTRE

C'est ainsi que pendant quarante ans nous avons établi, elle et moi, les règles d'un grand jeu qui t'échappe! Marie-Rose se rend compte maintenant qu'il existe entre elle et moi une entente tacite: expliquer le jeu, c'est le détruire... Renonce à Marie-Rose, ça vaut mieux. Tu ne la connais pas, elle te ferait mourir.

LUI

Laisse-moi en crever, si tel est mon bon plaisir!

ELLE

Je ne veux pas être plus longtemps complice!

L'AUTRE
S'approche d'elle.

Il est trop tard, Marie-Rose, nous sommes déjà complices: j'ai mis de l'arsenic dans les médicaments de ma femme...

LUI

C'est extraordinaire comme personne ici ne comprend personne! Marie-Rose, Eugène, écoutez-moi! Si chacun décidait d'en prendre son parti, nous pourrions peut-être former une espèce de communauté...

L'AUTRE

Quelle espèce, au juste?

Les Violons de l'automne

LUI

Une communauté... paisible...

L'AUTRE

Au coin du feu!... Et puis?

LUI

Et puis, nous pourrions nous aimer les uns les autres...

L'AUTRE

C'est impossible.

LUI

Pourquoi?

L'AUTRE
Très simple.

Parce que je te déteste.

LUI

Excuse-moi, Eugène, j'avais oublié...

ELLE

C'est odieux! Je ne suis plus aux yeux de l'un qu'un bâton pour frapper l'autre! Et chacun veut me prendre comme on s'empare d'une arme!

LES DEUX

Oh! pardon, Marie-Rose!

LUI

Au fond, je suis un enfant!

L'Autre

Tu es un peu ma mère avec son giron!

Lui

Ma sœur qui se déshabille!

L'Autre

Ma tante qui se lave!

Lui

Ma petite cousine dans les broussailles!

Elle

Après un court temps.

Vous vous complétez à merveille. Le jour et la nuit, comment peut-on imaginer l'un sans l'autre?

L'Autre

Quand le coq chante, le jour se lève et la nuit s'en va!

L'Autre gifle lui.

Lui

Et puis, le soir venu, c'est vice et versa!

Il rend la gifle.

L'Autre

Tu ne comprends pas que nous nous moquons de toi!

Lui

C'est peut-être que je ne vous entends pas rire très souvent.

Les Violons de l'automne

L'AUTRE
Le prend à la gorge.
L'agence ignore tout de notre affaire!

LUI
Je me disais aussi... Lâche-moi, Eugène!

L'AUTRE
J'ai inventé cette histoire pour limiter les dégâts!

LUI
Si tu disais la vérité, Marie-Rose serait partie avec toi depuis longtemps.

ELLE
Eugène, je ne peux pas supporter cette conversation plus longtemps.

L'AUTRE
Sans lâcher prise.
Oui, partons, Marie-Rose! Allons dans ce jardin où je t'ai rencontrée pour la première fois, mon amour...

LUI
Lâche-moi, Eugène. Tu me fais mal.

ELLE
Tu m'as demandé timidement...

LUI
Je ne joue plus! J'ai peur!

L'AUTRE

Nous reverrons-nous, mademoiselle?

ELLE

Peut-être...

LUI

Marie-Rose, ne m'abandonnez pas!

L'AUTRE

Comment vous appelez-vous?

ELLE

Marie-Rose...

L'AUTRE

Moi, je m'appelle Eugène. Voulez-vous faire avec moi le tour du jardin, Marie-Rose?

ELLE

Oui, Eugène...

LUI

Et moi?

L'AUTRE

Des arbres et des oiseaux, des fleurs et des papillons, des bosquets, des amoureux...

ELLE

J'ai dix-sept ans.

Les Violons de l'automne

LUI

Et moi?

ELLE

Des arbres et des oiseaux, des fleurs et des papillons, des bosquets, des amoureux...

L'AUTRE

Tiens bon, Marie-Rose, je reviens tout de suite!

LUI

Et moi?

L'AUTRE

Le jeu ne comporte que deux partenaires!

LUI

Mais il ne peut rien m'arriver puisque je ne comprends pas...

L'AUTRE

Des arbres et des oiseaux, des fleurs et des papillons, des bosquets, des amoureux...

LUI

Et moi, je suis près de la fontaine...

ELLE

Il n'y avait pas de fontaine!

L'AUTRE

Tu vois!

LUI

Je vous assure qu'il y avait une fontaine!

ELLE

Non.

LUI

Avec un grand jet d'eau!

L'AUTRE

Non.

LUI

Un tout petit jet d'eau, peut-être?...

ELLE

Non.

LUI
Il se dégage.

Je vais appeler jusqu'à ce qu'on m'ouvre! Je vais appeler jusqu'à ce que je comprenne!

L'AUTRE
Le prend à la gorge.

Tiens bon, Marie-Rose. J'arrive.

ELLE

J'ai dix-sept ans!

LUI
Qui étouffe.

Quel drôle de jeu...

Les Violons de l'automne

Il a des spasmes. L'Autre le lâche, Lui s'écrase. Elle lance un cri et se fige. L'Autre regarde ses mains.
Ils essaient d'unir leurs regards, mais en vain. Ils se détournent lentement l'un de l'autre. Ils sont très vieux.

L'AUTRE
Nous avons vécu intensément... À notre âge, c'était inespéré....

R I D E A U

MONTRÉAL, 1960.

Les Cloisons

Pièce en un acte

De la quête de l'âme sœur. De l'attente, de l'appel, de l'espoir. De la communication et de l'incommunicabilité. Où le couple s'invente pour se défaire et se réinventer.

JACQUES LANGUIRAND

À l'occasion de la création de la version française par le théâtre Le Neon de Washington en mai 2001, la pièce Les Cloisons a fait l'objet d'une adaptation qui prolonge la situation par la danse et la pantomime. Cette version est disponible sur demande auprès de l'auteur.

Note de l'auteur: Il s'agit de respecter les intentions. À la mise en scène, on pourra supprimer ou répéter telle réplique, ou tel passage d'un monologue, si un mouvement ou une attitude en tiennent lieu.

Les personnages, dans la vingtaine, sont:

ELLE
LUI

Décor

Le décor, aussi simple que possible, représente deux chambres mansardées d'un petit hôtel, séparées par une cloison – qui peut être imaginaire.

La bande sonore est particulièrement importante: montage de bruits réalistes et parfois transposés. De préférence, diffusion stéréophonique.

C'est le soir.

LUI

Il travaille à une petite table dans sa chambre. Il paraît visiblement écœuré de travailler.

Dans l'autre chambre, au contraire très ordonnée, il n'y a encore personne.

ELLE

Elle arrive à l'avant-scène – qui tient lieu de couloir – avec ses valises imaginaires qu'elle dépose pour se reposer un moment; puis elle les reprend et commence à chercher sa chambre. À un moment, face au public, elle s'arrête comme devant la porte d'une chambre, et constate que le numéro ne correspond pas à celui de la clé, etc. Elle refera le jeu devant la porte, imaginaire aussi, de la chambre du jeune homme.

(Cette pantomime doit permettre d'établir les lieux)

Elle finit par trouver sa chambre et introduit la clé dans la serrure: bruit de clé dans une serrure.

LUI
Il a relevé la tête pour écouter.

ELLE

Elle entre et referme la porte: bruit de porte.
Elle pose ses valises sur le lit et commence à ranger ses vêtements.

LUI

Simultanément.
Tiens! Un voisin. Je ne suis plus seul.

Un temps.
Quel est cet autre? Âge. Profession. Signes particuliers. Mâle ou femelle? Rayez les mentions inutiles… Il marche, ou plutôt elle marche. Clac, clac, clac… Les talons comme des petits marteaux sur le plancher… Elle va du lit au placard où elle range ses vêtements. Et du placard au lit…

ELLE

Elle referme ses valises et les glisse sous le lit. Puis elle se rend à la fenêtre qu'elle ouvre: bruits lointains de la ville.

LUI

Tiens! Elle ouvre la fenêtre. Elle a bien raison, ça sent le renfermé. Si j'en faisais autant. Mais j'aurais l'air de l'épier…
Ah! Si seulement vous vous étiez trompée de porte, nous aurions fait connaissance… Maintenant, elle regarde les toits, elle écoute les bruits de la rue: on dirait la mer au loin qui vient se briser sur les rochers… Après tout, pourquoi n'ouvrirais-je pas ma fenêtre? J'ai tout de même le droit d'ouvrir ma fenêtre si ça me plaît!

Il va à sa fenêtre et l'ouvre.

ELLE

En même temps, elle referme la sienne.

Les Cloisons

LUI

Elle a refermé…

La fraîcheur du soir le saisit. Il va pour refermer mais il s'arrête.
Si je referme ma fenêtre tout de suite, j'aurai vraiment l'air de l'épier.

Il reste devant sa fenêtre à grelotter.

ELLE

Je croyais être seule, et je découvre que je ne le suis pas. Pendant plusieurs minutes, rien ne bougeait dans la chambre à côté, comme si la vie s'était arrêtée autour de moi. Mais il y avait quelqu'un tout près, quelqu'un qui n'a pas remué pendant plusieurs minutes afin, peut-être, de m'écouter vivre… Un homme ou une femme?

LUI
Il éternue et referme vivement sa fenêtre.

ELLE

C'est un homme!

LUI

Elle sait maintenant que je suis un homme.

ELLE
Sur le point d'éternuer.
Ah non! Ce serait trop bête, il croirait que je lui réponds…

Elle se pince le nez pour éternuer sans bruit.

LUI

On dirait qu'elle attend. Comme si elle n'osait plus bouger…

ELLE

On dirait qu'il attend…

LUI

Comment est-elle?

ELLE

Est-il?

LUI

Bah! Une affreuse mégère!

ELLE

Pouah! Un vieux dégoûtant!

LUI

Cabossée comme une vieille casserole!

ELLE

Enroulé autour de sa canne!

LUI

Méchante et cruelle…

ELLE

Avare et vicieux…

LUI

Il soupire.

Les raisins sont trop verts!

Les Cloisons

ELLE

J'allais le dire…

LUI

Ce serait tout de même étonnant si ma voisine…

Il s'assied sur le lit.

ELLE

Si mon voisin pensait à la même chose que moi…

Elle s'assied sur le lit.

LUI
Il rit.

C'est idiot! Il me semble, tout à coup, que si je la rencontrais sur
le palier…

ELLE

Je n'oserais plus sortir dans le couloir…

LUI

Allons!

Il se relève et se promène, s'agite, brouille les pistes.
Je suis seul dans cette chambre…

ELLE
Idem.

Je fais ce qui me plaît!

LUI

Cette personne m'est étrangère!

ELLE

Après tout, nous n'avons jamais été présentés!

LUI

Je ne peux tout de même pas rester immobile de crainte qu'elle n'interprète le fait de me rendre à la fenêtre, ou de m'étendre sur le lit, ou de me remettre à ma table de travail, comme une façon d'engager le dialogue!

ELLE

Je ne peux tout de même pas, chaque fois que j'entrerai dans ma chambre, m'enfermer dans le placard!

LUI

J'ai le droit…

Il se rend à l'évier et ouvre le robinet: bruit d'eau.

ELLE

De faire ce que je veux!

Elle se rend à l'évier et ouvre le robinet: bruit d'eau.

LUI

Étonné, il demeure un moment sans bouger devant le miroir.
Comme c'est étrange! Il me semble tout à coup que j'ai beaucoup à vous dire… Mais si j'étais vraiment en face de vous, je ne trouverais peut-être pas la force de me confier…

ELLE

Certains aveux très intimes, on dirait qu'on ne peut les faire qu'à des étrangers – comme si on révélait l'essentiel de soi-même dès la première rencontre…

Les Cloisons

Elle décroche.

C'est peut-être pour cela que je l'ai quitté. Nous n'avions plus rien à nous dire. Il aurait fallu trouver le courage de vivre ensemble la petite vie de tous les jours. Mais ce n'est pas ainsi que j'imaginais l'amour...

LUI

Nous sommes peut-être des milliers qui vivent comme ça dans l'attente d'une rencontre, des milliers qui espèrent qu'un autre viendra les délivrer d'eux-mêmes... J'ai toujours été empêché de me donner – comme on se délivre d'un poids trop lourd. Mais ce soir, il me semble que je pourrais... Et pourtant, vous n'êtes pas avec moi!

Il ferme brusquement son robinet.

ELLE
Elle regarde de son côté.

LUI

C'est idiot de vous en dire autant sans même vous connaître.

ELLE

Et maintenant, si je ferme mon robinet, vous allez interpréter ça comme un signe... Je ne peux tout de même pas laisser le robinet ouvert toute la nuit.

Elle ferme son robinet.

LUI
Après un moment, il rouvre le sien lentement.

ELLE

Elle écoute, puis elle lui tourne vivement le dos comme pour échapper à cette curieuse étreinte.

Je vous en prie, n'insistez pas. Jusqu'à maintenant, je pouvais me dire: c'est le hasard… Pourquoi avez-vous ouvert si tendrement votre robinet?

LUI

C'est trop bête de s'en remettre au hasard.

ELLE

J'ai eu l'impression que vous me preniez doucement dans vos bras. Je me suis sentie fondre dans vos bras…

LUI

Ah! Si vous saviez tout ce que j'ai mis de tendresse dans ce simple geste d'ouvrir le robinet. Avez-vous senti que je vous prenais doucement dans mes bras? Répondez-moi…

ELLE

Je ne veux pas!

LUI

Je vous en supplie!

ELLE

Non!

LUI

Ouvrez votre robinet!

ELLE

Si je l'ouvrais, ce serait brutalement – pour vous gifler!

Les Cloisons

LUI

Ouvrez votre robinet!

ELLE

Je ne peux pas… Hier encore, je me trouvais dans ses bras. Il m'a prise et j'étais heureuse. Mais au réveil, j'ai senti que ce n'était plus possible. Et j'ai décidé de partir. Il faut maintenant que je l'oublie. Laissez-moi le temps. Je ne peux pas me donner à vous ce soir. Même si j'avais très envie de me raccrocher à la vie, de la réveiller en moi par le plaisir de mon corps… Ah! Vous me faites dire des bêtises! Je ne peux pas me donner à vous, et puis voilà! Du moins, pas ce soir. Demain, peut-être. Si je me donnais à vous maintenant, j'éprouverais au réveil un tel dégoût de moi… Soyez raisonnable! Je ne sais même pas votre nom…

LUI
Il s'agenouille.

Ouvrez votre robinet!

ELLE

Je vais l'ouvrir, soit! Mais un tout petit peu seulement…

Elle se rend à l'évier.
Comme on donne un baiser fraternel, sur la joue.

Elle est sur le point d'ouvrir son robinet.

LUI
Mais il se relève brusquement et referme le sien.

ELLE
Elle demeure devant l'évier sans bouger.

LUI

Tant pis!

Il se dégage et lui tourne le dos.

Vous ne voulez pas comprendre. Maintenant, j'ai le cœur en écharpe… Oh! Je serais ridicule de dire que je vous aime, puisque je ne vous connais même pas. Mais j'ai besoin – comment dire? – de célébrer la vie. Oui, c'est ça! Vous seriez la déesse de cette religion: la vie. Que je vous explique: les arbres, je les aime, mais je ne peux pas les prendre; les couchers de soleil et les bruits de la ville dans le nuit, je ne peux pas les prendre non plus; et pas davantage le rire des enfants dans les jardins et les nuages au-dessus de nos têtes! Je ne peux pas caresser tous les êtres entrevus, tous les objets dont les formes me plaisent – la vie quoi! Je ne peux le faire qu'à travers vous… Ce soir, j'ai l'âme d'un violoniste qui voudrait chanter le monde, mais à qui on refuserait un violon… Soyez mon violon, je vous en prie! Je vous ferai chanter toute la musique que je porte en moi, qui ne demande qu'à jaillir de moi! Mais nous sommes engagés dans un dialogue de sourds. Vous ne pouvez pas me comprendre…

ELLE

Elle ouvre un peu son robinet.

LUI

Pourquoi me donnez-vous l'impression de m'avoir compris? Vous êtes venue vous blottir doucement dans mes bras… Mais si je vous presse tout contre moi, vous allez vous débattre jusqu'à ce que je relâche mon étreinte…

Il ouvre son robinet.

Les Cloisons

ELLE

Elle referme aussitôt le sien et se dégage en lui tournant le dos.

LUI

Qu'est-ce que je vous disais! C'est à croire que les violons n'aiment pas la musique. Ah! Vous êtes toutes les mêmes.

ELLE

Oui, tous les mêmes. On s'approche en confiance, on vous dit: Prenez ce qu'on vous offre, pas davantage pour cette fois; laissez-moi le temps de vous aimer un peu, ou de vouloir aimer avec vous...

LUI

Il faudrait vous violer! Je vais dans le couloir, et je force votre porte: vous menacez de crier, je vous mets la main sur la bouche; vous vous débattez, je vous tords un bras... Avec les larmes, vous cessez de résister, vous cédez lentement... Pour la suite, il me suffit d'agir de façon à ce que vous n'ayez aucun regret!

Il se rend à la porte et l'ouvre: bruit de porte.

ELLE

Elle se précipite vers la sienne, pousse le verrou et se tourne de manière à s'appuyer de dos contre la porte.

LUI

Tu as entendu ma porte s'ouvrir. Maintenant, tu n'oses plus bouger. Tu attends... Moi aussi, j'attends. J'aurais dû, dans le même mouvement, me rendre à ta porte et frapper! Maintenant, tu te demandes ce que je fais. Peut-être as-tu peur?... Je vais te rassurer.

Il traverse l'avant-scène.

Elle

Elle se met de côté, comme si elle craignait qu'il vienne regarder par le trou de la serrure.

Lui

Maintenant, tu n'entends plus rien. Tu te dis que je suis à l'autre bout du couloir... À moins que tu ne penses à la serrure. Oui, c'est ça! Tu crois que je vais regarder par le trou de la serrure. Tu me prêtes beaucoup de courage! Rassure-toi, j'aurais trop peur d'être surpris... Mon cœur bat très fort. Dans ce couloir sombre, le silence m'effraie... Mais ce n'est pas tout à fait le silence; il me semble que les battements de mon cœur résonnent très fort...

Après un temps.

Normalement, je reviens à ma chambre...

Il traverse l'avant-scène.

... et j'entre!

Il referme la porte: bruit de porte. Mais il demeure dans le couloir. Il fait quelques pas vers la porte de la jeune fille. Il regarde fixement du côté de la serrure.

Elle

Elle éclate de rire.

Ah! Si tu savais, si tu savais comme j'ai eu peur. J'étais une petite fille, et toi, le méchant loup. Je sentais ta présence dans le couloir. À un moment, il m'a semblé que tu approchais de la porte et que tu étais sur le point de te pencher pour mettre l'œil à la serrure. Mon cœur battait très fort. La force me manquait de faire quelques pas pour fermer à double tour. Je m'attendais à ce que la porte s'ouvrît d'un moment à l'autre. Je ne sais pas ce que j'aurais fait. J'ai d'abord cru que je pourrais crier, appeler à l'aide! Mais à

Les Cloisons

la pensée de tous ces gens qui seraient venus me secourir, j'ai eu honte pour toi. Il m'a semblé que nous ne méritons pas ça. Si ma porte s'était ouverte, je crois que je me serais évanouie...

C'était le seul moyen de t'échapper et d'empêcher que tu ne commettes un acte regrettable...

C'est ridicule! Je te parle comme si je te connaissais, alors que je ne voudrais peut-être même pas t'adresser la parole si je savais qui tu es...

Elle se rend à la fenêtre.

Il s'est passé tant de choses entre nous, ce soir. Je me demande si j'oserai te regarder quand nous nous rencontrerons par hasard dans le couloir...

Elle éclate de rire.

Au fond, il ne s'est rien passé du tout!

Elle tire le rideau de la fenêtre.

LUI

J'entends moins bien que dans ma chambre. Il me semble, mais je ne le jurerais pas, que tu viens de tirer le rideau de la fenêtre. C'est peut-être que tu vas te coucher...

ELLE

Elle éteint le plafonnier et se déshabille lentement, en partie derrière un paravent.

LUI

Il fait quelques pas vers la porte.

Tu éteins le plafonnier. Il reste la lampe de chevet sur la petite table près du lit... C'est merveilleux, je te regarde vivre dans ma tête. Je suis attentif au moindre mouvement, beaucoup plus sans doute que si je me trouvais avec toi dans cette chambre… Maintenant, tu te déshabilles. Le moindre de tes gestes prend une importance extraordinaire… Je ne sais pas si tu es comme moi sensible à l'atmosphère délicieusement intime de ces instants. Il me semble que je t'entends respirer, que le bruit léger des vêtements que tu retires parvient jusqu'à moi… Qu'est-ce que je verrais si j'avais le courage de regarder?

Il hésite. Il s'approche de la porte et se penche. Mais il se redresse aussitôt pour regarder à un bout du couloir puis à l'autre. Après un moment, il finit par mettre l'œil à la serrure… Mais de sa propre porte.

Je vois comme un bosquet touffu. L'image se précise: je vois maintenant, dans un cadre de forme phallique, un ensemble complexe où il entre un bout de lit, un morceau de paravent, un dossier de chaise, un journal et l'appui d'une fenêtre… On dirait les objets hétéroclites d'une vente aux enchères. Dans ce décor, je devine une présence. Mais je ne vois pas la femme: comme toujours, elle se déshabille en dehors du décor. La serrure n'est jamais à la bonne place. Ou c'est l'œil qui devrait être à la place du nombril…

Il se redresse.

Mieux vaut rêver!

Il ouvre sa porte et rentre dans sa chambre: bruit de porte.

ELLE

À ce bruit, elle sursaute. Vêtue de sa robe de nuit, elle se couvre rapidement d'un vêtement plus décent. Puis elle se rend à la porte et ferme à double tour: bruit de la clé.

Les Cloisons

LUI

Non! Ce n'est pas vrai! Je vous assure que je n'ai pas regardé!

ELLE

Tout est fini entre nous!

LUI

Que je vous explique! Je me trouvais dans le couloir, et puis… Et puis, à quoi bon?
Vous ne voulez même pas entendre mes explications…

ELLE

C'est très mal ce que vous avez fait. J'imagine maintenant que vous êtes vieux, laid, méchant… Je ne vous le pardonnerai jamais: vous étiez si beau avant!

LUI

Essayez de comprendre qu'un jeune homme aussi bien qu'un vieux peut éprouver la tentation de regarder par le trou d'une serrure…

ELLE

Mais il résiste!

LUI

J'ai résisté, je vous le jure!

ELLE

Comment vous croire? Demain, je partirai.

LUI

C'est moi qui partirai, et dès l'aube!

ELLE

Qu'est-ce qui vous a poussé à regarder?

LUI

Puisque je vous répète que je n'ai pas regardé!

ELLE

Qu'est-ce qui vous a poussé à vouloir regarder?

LUI

Un instinct. D'ailleurs, vous le saviez que je voulais regarder, et vous n'avez rien fait pour m'en empêcher. Un instinct vous poussait, vous aussi, à vous laisser regarder…

ELLE

Oh!

Elle éteint la lampe de chevet.

LUI

Quand je pense que nous serions tellement mieux tous les deux dans votre lit, ou dans le mien – ils sont tous les deux aussi merveilleusement étroits.

Tout en parlant, il s'est rendu à la fenêtre. Il l'ouvre. Après un temps.

ELLE

Elle a mis sa robe de chambre et se rend à la fenêtre. Elle ouvre en même temps que lui.

LUI

Je vous en prie!

Les Cloisons

ELLE

Je n'en ferai rien.

LUI

Après vous!

ELLE

Il n'en est pas question!

LUI

Puisque nous ne pouvons pas, par pudeur, nous trouver ensemble à la fenêtre, je vous cède la place.

Il referme sa fenêtre.

ELLE

En même temps, elle referme la sienne. Et elle éclate de rire.

LUI

Vous riez!

Il rit.

ELLE

Non!

LUI

Cette fois, je vous ai entendue vraiment.

ELLE

Moi aussi! Vous avez un rire jeune… Je ne savais pas qu'un jeune pouvait s'intéresser au spectacle d'un trou de serrure…

LUI
Il y a des jours où on se sent tellement vieux!

ELLE
Faites de beaux rêves!

Elle se couche.

LUI
Vous vous couchez?

ELLE
Puisque j'ai sommeil…

LUI
J'entends mal les bruits insolites de votre lit. Je vais éteindre: on entend mieux dans le noir.

ELLE
Je vais donc essayer de m'endormir sans bouger.

LUI
Vous ne trouvez pas idiot d'être dans ce petit lit-là, et moi bientôt dans ce petit lit-ci?

ELLE
C'est idiot, en effet. Mais que pourrions-nous faire d'autre?

LUI
Et bien! Je pourrais, par exemple, frapper à votre porte pour vous demander des allumettes.

ELLE
Elle prend le ton qu'elle aurait dans cette situation.
Je ne fume pas, monsieur. Excusez-moi.

Les Cloisons

LUI
Idem.

C'est ennuyeux. Mais dites-moi, mademoiselle, vous n'auriez pas un livre à me prêter? Je n'arrive pas à dormir?

ELLE
Idem.

Commencez par vous déshabiller, monsieur. Ça favorise toujours le sommeil.

LUI

À quoi bon? Vous ne voulez pas jouer le jeu!

ELLE

Je n'ai peut-être pas envie de le jouer!

LUI

Mais peut-être avez-vous envie de le jouer.

ELLE

Peut-être. Qui sait?

LUI

Dans ce cas, j'arrive pour vous demander des allumettes.

ELLE

Vous ne le ferez pas!

LUI

Pourquoi?

ELLE

Parce que ça ne se fait pas.

LUI

Avouez que ça devrait pouvoir se faire.

ELLE

Peut-être.

LUI

Alors, pourquoi ne le ferai-je pas?

ELLE

Parce que vous ne pouvez pas le faire. Et pourtant, quand vous serez tout seul dans votre lit, vous regretterez de ne pas l'avoir fait… Mais si vous pouviez le faire, vous ne m'intéresseriez plus…

LUI

Il me semble que je devrais pouvoir le faire, et que vous devriez admettre que je le fasse… Avouez que vous m'en voulez un peu de ne pas le faire?

ELLE

C'est vrai. Je vous en veux de ne pas frapper à ma porte. J'imagine que le Prince Charmant se trouve dans la pièce à côté, et je lui en veux de ne pas venir me trouver. C'est ce que vous vouliez me faire admettre?

LUI

Oui. Maintenant, je vais avoir le courage de le faire.

ELLE

Non.

LUI

Pourquoi?

Les Cloisons

ELLE

Parce que mon aveu, vous n'avez pas pu l'entendre. Vous l'avez imaginé seulement…

LUI

Comme vous imaginez seulement que je m'intéresse à vous…

ELLE

C'est vrai.

LUI

Si c'est vrai, c'est triste. Car je sais bien, moi, que je m'intéresse à vous…

ELLE

Et moi, je l'avoue un peu honteuse, je m'intéresse à vous.

LUI

Il faudrait poursuivre réellement notre dialogue.

ELLE

Il faudrait. Mais ce n'est pas possible.

LUI

Parce que, dans la réalité, il faudrait tout recommencer à zéro.

Il commence à se déshabiller.

ELLE

Qu'est-ce que tu fais?

LUI

Je me déshabille!

ELLE

Tu renonces?

LUI

Je n'ai pas le choix!

ELLE

Comme tu es bruyant! Je jurerais que tu te trouves dans la même chambre que moi!

LUI

J'ai besoin de faire du bruit, beaucoup de bruit!

ELLE

Pourquoi?

LUI

Pour que tu comprennes mon dépit.

ELLE

Je l'avais compris.

LUI

Merde!

ELLE

Tu n'as pas d'ordre… Tu lances tes vêtements n'importe où!

LUI

Il se couche. Puis il éteint sa lampe de chevet.
Comme ça, dans le noir, j'ai l'impression d'être plus près de toi…

Après un temps.
Et je te prends dans mes bras, et je t'embrasse sur tout le corps, et je me roule avec toi… Tu le sais au moins?

Les Cloisons

ELLE

Je le sais.

Elle soupire.

LUI

Je donnerais dix ans de ma vie pour trouver le courage d'abattre cette maudite cloison.

Il se retourne dans le lit.

ELLE

Et moi, vingt ans pour que tu viennes me retrouver en rêve.

Elle soupire.

LUI

Je vais essayer… Bonsoir, bonne nuit.

ELLE
Elle se retourne dans le lit.
Bonsoir, bonne nuit.

R I D E A U

PARIS, OCTOBRE-NOVEMBRE 1962.

Klondyke

Action dramatique
Musique de Gabriel Charpentier

La démarche des prospecteurs évoque celle des alchimistes pour qui la recherche de l'or pouvait s'entendre de deux façons: extérieurement, elle visait à réaliser la transmutation du plomb en or; intérieurement, elle visait à réaliser la renaissance de l'initié sur un plan supérieur. Dans la ruée vers l'or, il s'agit de prospecter et de trouver de l'or; mais il s'agit aussi d'aller au bout de soi-même jusque dans l'excès, comme si on voulait se détruire pour renaître, dans l'effort et le plaisir, jusqu'à traverser la Passe de White Horse trente fois, jusqu'à offrir aux Calamity Jane des bains de champagne.

JACQUES LANGUIRAND

Klondyke a été créé à l'Orpheum de Montréal, le 16 février 1965, par le Théâtre au Nouveau Monde. Mis en scène par Jean Gascon, *Klondyke* remportait au Congrès du Spectacle, le prix pour le meilleur spectacle de la saison 64-65. *Klondyke* a été repris par le TNM à Londres, en septembre 1965, dans le cadre du *Commonwealth Arts Festival*.

Personnages

PITT – un chercheur, 25-30 ans.

JOB – un chercheur, 25-30 ans.

L'HÔTELIER – 40-50 ans.

LA PATRONNE – sa femme, même âge.

DAISY DU YUKON – «painted woman», 20 ans.

PIERRE – un chercheur amoureux de Daisy, 20-25 ans.

SKOOKUM – un Indien siwash ami de Pierre, 20-25 ans.

LE «PREACHER» – 30-40 ans.

SOAPY SMITH – le roi du black jack, 30-40 ans.

HENDERSON – l'homme aux bandelettes, 40-50 ans.

LA SQUAW – Indienne siwash.

PREMIER ACOLYTE DE SOAPY – danseur.

SECOND ACOLYTE DE SOAPY – danseur.

PREMIÈRE «PAINTED WOMAN» – danseuse.

SECONDE «PAINTED WOMAN» – danseuse.

Le chœur des chercheurs

Sept comédiens composent la toile de fond humaine de la ruée vers l'or. Ce sont *les chercheurs:* ceux des jeux de l'hiver et de l'été, ceux du saloon. Mais ce sont aussi *les autres:* le barman, le policier, le naufragé, le marchand etc. (Voir l'analyse du chœur.)

Pierre et Skookum se rattachent au chœur des chercheurs. Plus spécialement dans les jeux de l'hiver (tableau cinq) et de l'été (tableau neuf), dans lesquels Pierre devient le Coryphée.

Au chœur des chercheurs s'ajoute le quatuor vocal. Ce sont aussi des chercheurs. Mais le quatuor demeure en retrait: il observe, il commente.

Klondyke

Résumé de l'analyse du chœur des chercheurs

Tableaux	1	2	3	4	5	6	7
I	CHERCHEUR	CHERCHEUR	CHERCHEUR	CHERCHEUR	CHERCHEUR	POLICIER	CHERCHEUR
II							
III	CHERCHEUR	CHERCHEUR	MARCHAND	CAPINAINE DE MARINE	BARMAN	POLICIER	COIFFEUR
IV	CHERCHEUR	CHERCHEUR	CHERCHEUR	CAPINAINE DE MARINE	BARMAN	POLICIER	CHERCHEUR
V	CHERCHEUR	CHERCHEUR	CHERCHEUR	CHERCHEUR	CHERCHEUR	CHERCHEUR	CHERCHEUR
VI						POLICIER	
VII	CHERCHEUR	CHERCHEUR	MARCHAND	CHERCHEUR	BARMAN	CHERCHEUR	CHERCHEUR
VIII							
IX	PILOTE CHERCHEUR	CHERCHEUR	CHERCHEUR	CHERCHEUR	CHERCHEUR	CHERCHEUR	CHERCHEUR NAUFRAGÉ
X							
XI	UNCLE SAM	CHERCHEUR	MARCHAND	JOHN BULL	CHERCHEUR	POLICIER	CHERCHEUR
XII	UNCLE SAM	CHERCHEUR		JOHN BULL	BARMAN		CHERCHEUR

Décors et costumes

L'action se situe au Klondyke, au début de la ruée vers l'or (1896). Sans doute un seul décor à lieux multiples. Véritable synthèse de la ruée vers l'or.

On imagine, par exemple, une armature de planches. Plusieurs aires de jeu, sur divers plans. Des éléments, des accessoires. Un éclairage qui découpe les lieux. Pour les costumes, on s'inspirera de l'époque. Ceux des chercheurs, dans des tons de beige, de brun, de gris, et dans des tissus lourds. Ceux des gens du saloon, dans des tons vifs et chauds.

À la création, des photos d'époque étaient projetées sur deux écrans de chaque côté de la scène, pendant les tableaux 1, 3, 5, 9, 11, 13; de même que pour annoncer les chansons.

Découpage

Tableaux	Première partie		
1	LA VILLE	LE JOUR	FIN DE L'ÉTÉ
2	LA CHAMBRE	LE SOIR	FIN DE L'ÉTÉ
3	LA VILLE	LE JOUR	FIN DE L'ÉTÉ
4	LE SALOON	LE SOIR	FIN DE L'ÉTÉ
5	LE KLONDYKE	JEU DRAMATIQUE	HIVER
6	LA CHAMBRE	LE JOUR	HIVER
7	LE SALOON	LE SOIR	HIVER

Klondyke

Tableaux	Deuxième partie		
8	LA CHAMBRE	LA NUIT	ÉTÉ
9	LE KLONDYKE	JEU DRAMATIQUE	ÉTÉ
10	LE SALOON	LE JOUR	ÉTÉ
11	LA VILLE	LE JOUR	ÉTÉ
12	LE SALOON	LA NUIT	ÉTÉ
Final	LE KLONDYKE		

Notes sur l'aspect documentaire

C'est dans les jeux dramatiques de l'hiver et de l'été que *Klondyke* colle le plus à la réalité historique. Les rapports entre les êtres, entre les hommes et les bêtes; les hommes contre les éléments, etc. La plupart des scènes des jeux de l'hiver et de l'été, s'inspirent de témoignages ou de documents authentiques.

Mais j'ai pris dans l'ensemble, beaucoup de liberté. Lorsqu'il est question de la ville, par exemple, il pourrait s'agir aussi bien de Dawson City, de Skagway ou de Dyea.

Les personnages

J'ai aussi emprunté à la petite histoire les traits de quelques personnages.

Soapy Smith a bel et bien vécu: il était considéré comme la terreur du coin. Un prospecteur, dans ses mémoires, en parle comme d'un homme intelligent et «de bonne famille». Mais, à vrai dire, il n'a jamais pu traverser la frontière canadienne. La Gendarmerie Royale du Canada avait, à l'époque, une réputation méritée.

À propos de Henderson, l'homme aux bandelettes, dont il est dit dans la pièce, qu'il doit retourner sur son claim s'il veut le conserver, il importe de savoir, en effet, que la loi minière canadienne ne donne pas la propriété d'un claim au mineur qui le jalonne, mais seulement sa possession pour une année à partir du jour où il a été enregistré, à la condition que le mineur l'occupe au moins trois mois durant cette période ou qu'il se fasse représenter.

Parmi les gens de la ruée vers l'or, on trouvait de tout: Irlandais, Italiens, Anglais, Canadiens français, etc. Et des professions les plus diverses: ancien chanteur d'opéra, ancien lutteur, ancien bagnard...

L'atmosphère

La ruée vers l'or fut pour plusieurs aventuriers le naufrage de leur vie. Voici ce qu'a écrit un témoin, Léon Boillot dans son ouvrage *Aux mines d'or du Klondyke : Du lac Bennett à Dawson City*. (Hachette, Paris, 1899):

Klondyke

«Dawson City, dans la grande artère commerciale, avec ses saloons, ses bars, ses hôtels, ses restaurants, ses magasins. C'est là que se promène l'oisive lassitude de milliers d'êtres qui, après avoir surmonté bien des fatigues, bravé bien des dangers, lutté contre les éléments hostiles pendant des mois, se trouvent brusquement jetés sur cette plage ne sachant que faire d'eux-mêmes. Tout à coup, leurs yeux se sont dessillés, leurs illusions se sont évanouies, la réalité implacable s'est montrée sans fard, et les malheureux se demandent: que suis-je donc venu faire ici? Tel docteur a abandonné sa clientèle, tel professeur son école, tel épicier sa boutique, et ici il n'y a pas grand-chose à faire dans ces professions-là ou d'autres similaires. Ils comprennent maintenant les objections que leur raison leur avait faites avant de partir; ils savent que l'or ne se découvre pas aisément, que les creeks aurifères sont tous occupés et que pour en trouver d'autres, il faut prospecter et aller très loin... «Les salaires sont tombés de façon à ne donner qu'un gagne-pain à peine suffisant dans ce pays de cherté exorbitante; d'ailleurs, les travaux ne commencent qu'en octobre et d'ici-là, il faut vivre. L'hiver sera tôt venu, les vêtements de laine très épais ou de fourrure seront nécessaires, de même que les chaussures, des quantités de bas, puisqu'on en porte trois ou quatre paires à la fois et sans se plaindre. En supposant qu'ils puissent passer l'hiver sans trop d'inconfort, le printemps, ou plutôt l'été, les retrouvera dans des conditions semblables ou pires.»

«C'est livrés à ces réflexions amères que les malheureux arpentent l'unique rue plusieurs fois par jour, entre les repas et le soir; lassés ils entrent alors sous la tente pour recommencer le matin suivant cette marche sans but, cet exercice sans objet. Des milliers y sont passés et, heureusement pour eux et pour tout le monde, ils ont eu la sagesse de vendre le plus tôt possible la majeure partie de leurs pacotilles et même le tout et de descendre le fleuve par le bateau ou par le vapeur. La nostalgie aussi les a saisis, et subitement, ils ont voulu revoir leur home. Rien n'a pu les retenir; une sorte de panique a couru dans les rangs de cette grande armée de chercheurs d'or...»

Les saisons

L'hiver, au Yukon, on enregistre régulièrement des températures comme -30 °F à -40 °F (-22 °C à -40 °C). On a déjà enregistré jusqu'à -56 °F.

Il n'y a pratiquement pas de saisons intermédiaires. À l'automne et au printemps, dans certaines régions, on marche dans la boue gluante jusqu'aux genoux pendant quelques semaines. Puis, c'est l'été ou l'hiver.

L'été vient rapidement et il est chaud. L'humidité et la lumière font que la végétation pousse en un temps record.

En juin et en juillet, le soleil se lève vers 1h30 du matin et se couche vers 10h30 le soir. Et l'entre-deux est parfaitement clair: une sorte d'aube légèrement orangée. Sans les montagnes, le soleil ne se coucherait pas du tout. À la belle saison, la région était littéralement envahie par les mouches noires et les maringouins.

Au cours de l'été, la température moyenne à Dawson City était de 86 °F. (30 °C.)

Un marais entourait la ville, source d'émanations fétides et putrides. Les conditions sanitaires de la ville et le manque d'eau potable ont causé des épidémies qui terrassaient souvent les plus robustes, fièvres typhoïdes, paludéennes, malariales, etc.

Klondyke

Notes diverses pour les décors et les costumes

(Il s'agit de notes de lectures qui peuvent être utiles à un metteur en scène ou à un décorateur.)

La pièce se situe au début de la ruée vers l'or, c'est-à-dire vers 1896. Il n'y avait pas encore d'électricité.

La ville. Cabanes de bois, en tôle de fer; tentes de toutes formes. Un bon nombre de constructions provisoires, de ce provisoire qui dure indéfiniment et jusqu'à ruine complète, étaient recouvertes d'une toile goudronnée noire fixée avec des pointes à large tête de métal blanc, ce qui donnait à l'ensemble une apparence sinistre de monument funèbre.

Les restaurants. La salle à manger offrait de simples bancs de bois blanc; des tables pareilles, pas toujours recouvertes d'une nappe ou d'une toile cirée; des services en étain. Généralement, *les hôtels* n'étaient qu'une sorte de garni, les chambres étaient divisées en compartiments faits de planches brutes, offrant à chacun juste l'espace nécessaire pour dormir; le plus souvent, la literie consistait en une paire de couvertures de laine. La vermine y était abondante et gratuite.

À *Skagway*, la rue principale s'appelait Broadway.

Les saloons portaient des noms pompeux, tels que le Monte Carlo, La Combinacion, l'Eldorado, l'Aurore. La salle ouvrant sur la grande rue était occupée par un bar ou comptoir souvent richement sculpté et surmonté d'une glace de prix, derrière lequel s'affairaient deux ou plusieurs garçons en manches de chemise et en tablier blanc. Ils servaient des consommations qui auraient tenu presque dans un dé à coudre.

De là, on passait derrière, dans une série de pièces: l'une où se tenait le brelan, remplie de joueurs de profession et de mineurs qu'ils dévalisaient...

L'autre pièce était aménagée pour le spectacle: vaudeville, farces, pantomimes, chants. Au bas de la scène, un orchestre de quatre ou cinq musiciens: violon, clarinette, pistons et piano.

Le verre à vitre faisait défaut. Le plus souvent, une pièce de mousseline très mince laisse pénétrer une lumière diffuse. Quelques *fenêtres* n'ont même pas de cadre: elles sont de simples ouvertures pratiquées dans la paroi en planches au moyen d'une scie.

Une *orthographe* invraisemblable s'étalait sur les enseignes, les bâtiments, les clôtures, dans les journaux et dans les circulaires...

Sur *les claims*, une sorte de cadre en bois protégeait un avis écrit au crayon qui n'est rien d'autre que la déclaration de la prise de possession de ce claim dans le but de l'exploiter.

L'été, les toits à Dawson City étaient pour ainsi dire couverts de verdure et de fleurs. Les planches grossières qui recouvraient en deux plans inclinés les cabanes et les huttes des Dawsoniens étaient chargées d'une couche épaisse de terre végétale; les graines s'y développaient d'autant mieux que l'intérieur était plus chaud. Quelques personnes industrieuses ont su tirer parti de cette circonstance pour établir des potagers sur le toit de leur habitation.

Au cours d'une promenade, un observateur pouvait juger du caractère des gens dont il apercevait la maison. Voilà des navets, des oignons, des laitues: l'habitant de cette cabane est un ami du bien-être matériel, un gourmand; voici au contraire, des campa-nules, des crocus, des églantines: c'est la demeure d'un rêveur...

Klondyke

L'été, à Dawson City, on avait du mal à accoster, à cause du très grand nombre de bateaux très souvent surmontés de tentes qui se trouvaient sur la rive.

Sur la plage, entre les bateaux et la berge, de nombreuses tentes sont dressées avec, devant, des tréteaux chargés d'objets à vendre ou à échanger: ce sont des mercantiles trop pauvres ou trop pressés de s'en aller pour louer une boutique en ville. Ils utilisent des balances à peser l'or, en pépites, en grenaille ou en poudre, — la seule monnaie courante au Klondyke. Le client fait son achat sans jamais discuter le prix, jette son sac de poudre d'or au vendeur qui s'en empare, et, le plus souvent, apparemment satisfait de l'opération, lui rend son sac légèrement plus diminué qu'il ne serait nécessaire en stricte justice.

Au sommet du White Pass. Un amas de neige d'où sortait une hampe portant une loque, c'était la cabane des officiers de douanes et de police, surmontée du drapeau anglais (à l'époque, le Canada était encore un Dominion), mis en lambeaux par l'ouragan.

Les hôtels des passes de White Horse et de Chilkoot: il s'agissait, en fait, de cabanes surmontées d'énormes enseignes: Hôtel de White Pass, Hôtel du Klondyke... L'attention était parfois attirée par la remarque suivante: «strictly first class». Constructions longues et basses, un seul étage, en contrebas de la rue. On appuyait sur une sorte de trébuchet et la porte s'ouvrait. On pénétrait alors dans une salle à manger dont le centre était occupé par un fourneau en fonte de belles proportions, entièrement chargé de pots, de bouilloires, de cafetières, que la vapeur fait danser et siffler en cadence. On y trouvait parfois des chaises berçantes. Le poêle était toujours au milieu: c'est le meuble le plus indispensable pour toute habitation du Yukon.

Des chaussettes, des mocassins étaient mis à sécher. On s'asseyait parfois sur un bout de banc, ou sur une caisse vide, ou encore sur une boîte en fer blanc qui avait contenu du pétrole. Des vêtements humides séchaient sur des cordes tendues en travers de la pièce, de même que des peaux de bêtes, en particulier des peaux de lynx fraîchement écorchés. Autour, il y avait des «bunks», compartiments ou casiers qui divisaient toute la hauteur du mur.

On n'avait droit qu'aux planches qui formaient la case. Chacun fournissait ses couvertures. Le plus grave inconvénient de ces dortoirs: la vermine qui pullulait.

Les caisses à rebord bas des traîneaux servaient parfois de table. Des caisses, des barils servaient de sièges, de même que des tabourets faits d'une section d'arbre percée à la vrille de trois trous dans lesquels étaient fixés des rondins.

On avait, malgré tout, le sens de l'humour: un creek s'appelait TOO MUCH GOLD. Rudy Corner, un facétieux Irlandais, avait accroché sur sa tente dressée à un des affluents du Klondyke, une pancarte qui se lisait «Hôtel de la Goutte de Rosée».

Les chercheurs d'or portaient sur leurs épaules des fardeaux de 40 à 100 livres contenant la ration de farine, de lard, de provisions de tout genre; tout un lot de vêtements, d'outils et d'ustensiles divers.

«Police montée». Voici une description de l'uniforme porté, à l'époque, par les policiers de la Gendarmerie Royale du Canada: veston rouge, aux trois quarts caché sous un manteau de toile huilée qui descendait jusqu'aux pieds, culottes collantes noires à bande jaune canari, bottes à la hussarde, et bonnet d'astrakan à oreilles.

Klondyke

À Dawson City, *les femmes* et *les filles* portaient des bloomers, ou jupons courts, et des bottes. Les filles étaient très fardées, d'où leur surnom : «painted women»...

Les Canadiens français au Klondyke

Dans le récit de son aventure au Klondyke, Léon Boillot parle des Canadiens français à plusieurs reprises. Il écrit notamment:

«Cette petite mais vigoureuse nation canadienne-française, qui compte maintenant plus d'un million et demi d'âmes, a fourni de nombreux immigrants au Klondyke. Ils sont réputés pour leur force et leur honnêteté, et n'ont pas de rivaux dans le maniement des bateaux ou l'exploitation des forêts; ils font d'excellents mineurs et se sont faits une réputation universelle comme trappeurs, chasseurs et coureurs des bois.»

Autres sources de renseignements

L'Office national du Film a produit un remarquable documentaire sur la ruée vers l'or, intitulé «La Capitale de l'or» («City of Gold») réalisé par Colin Low et Tom Daly, d'après des documents de l'époque (daguerréotypes), journaux, etc.

Glossaire

BAY STEAK

Litt. «Couche payante». Pour y parvenir, il fallait souvent creuser jusqu'au «bed rock».

BED ROCK

Litt. «Lit de roche». Au moyen de feux allumés dans des trous, on réchauffait la terre de façon à pouvoir la retirer et atteindre ainsi le bed rock. Il fallait parfois creuser quinze ou vingt pieds. Au cours de cette opération, plusieurs prospecteurs ont perdu la vie, ensevelis par un éboulement de gravier.

BLACK JACK

Variante du jeu de poker.

BUNK

Lit de caserne. Plus exactement, les bunks des hôtels du Klondyke étaient ces compartiments, ou casiers, qui divisaient toute la hauteur du mur et dans lesquels dormaient les prospecteurs.

CACHE

Lieu secret qui, bien souvent, ne l'était guère, où les prospecteurs cachaient des provisions. Un mineur pouvait avoir deux ou trois caches qui étaient comme autant de relais jusqu'à son claim.

CAGNON

Ou «Canyon». Gorge étroite et profonde creusée par un cours d'eau dans la roche calcaire.

Klondyke

CARIBOU — Animal de la famille des cervidés. Mais le mot est pris ici dans un tout autre sens. Le « caribou » est une boisson canadienne-française faite d'une partie d'alcool blanc et d'une partie de vin de cerise sucré qu'on buvait surtout par temps froid.

CHI-CHA-KO — Mot indien. Nouveau venu. On le donnait à ceux qui venaient d'arriver au Yukon. (Voir aussi «green horn» et «tenderfoot».)

CLAIM — Lot dont on a pris possession par suite d'un piquetage.

CREEK — Ruisseau.

FRAPPER RICHE (SE) — Traduction canadienne-française de l'expression anglaise «to strike it rich.»

GREEN HORN — Un benêt que les joueurs professionnels roulaient facilement.

HOOTCH-INOO — Mot indien. Boisson alcoolisée le plus souvent frelatée, réputée pour produire un effet radical.

LOG CABIN — Ou LOG HOUSE. Maison en troncs d'arbre, longue et basse, percée de très petites fenêtres et de quelques portes, aménagée pour la police et la douane. Elles comportaient des réfectoires, des bureaux, des magasins.

MARCH ON

Corruption de l'expression cana-dienne-française «Marche donc!»

MARINGOUIN

Du guarani «marigoui», moustique (Antilles). Curieusement, on a tou-jours employé ce mot au Canada pour «moustique».

MAQUINAW

Mot indien. Veston de cuir ou de grosse étoffe.

PAINTED WOMEN

Litt. «femme peinte». Allusion au maquillage. C'est ainsi qu'on appelait les «filles» au Klondyke.

PARKA

Mot indien. Genre de paletot trois quart.

PAN

Mot anglais. Poêle à frire. Mais au Klondyke, il s'agissait plutôt d'un réceptacle à fond plat, muni d'un grillage fin, qui permettait de recueillir le sable et d'en séparer la poudre d'or et les pépites qu'il contenait. On disait «laver des pans...» Un prospecteur pouvait en laver à peu près quatre-vingt-dix par jour.

PIQUETER

Planter un ou plusieurs piquets portant une affiche sur laquelle le prospecteur inscrivait son nom et le numéro de son permis de prospection, prenant ainsi possession du lot officiellement.
On parle du piquetage d'un lot.

Klondyke

PLACER

Prononcer: «placère». Gisement aurifère.

SALOON

Combinaison du café, du cabaret et du tripot.

SKOOKUM

Mot indien, plus exactement siwash. Bon. Skookum Jim: le bon Jim.

SLUICE BOX

Construction en bois, large d'environ deux pieds, dont la longueur atteignait parfois une cinquantaine de pieds, qui permettait de canaliser l'eau d'un ruisseau et de la retenir ou de la relâcher à volonté, ce qui facilitait le lavage des «pans».

SNOW BOOTS

Bottes pour la neige.

SOURDOUGH

Litt. Pâte sûrie. La plupart des prospecteurs cuisaient leur pain. Ils transportaient donc de la farine et du levain. Ce qui a fini par définir les prospecteurs eux-mêmes: «c'est un sourdough». Mais cette expression a aussi un double sens: le mot «dough», en argot américain, signifie argent. Sourdough: l'argent amer.

SQUAW

Mot indien. Épouse. Par ext. Indienne.

TENDERFOOT

Litt. «pied tendre». Novice, prospecteur sans expérience.

WHITE HORSE   D'après les coureurs des bois, l'expression «white horse» évoque toujours au Canada l'idée de péril.

Note: À l'exception des expressions indiennes ou canadiennes-françaises, la plupart des mots et des expressions du Klondyke, venaient de la précédente ruée vers l'or – celle de la Californie, en 1849.

PREMIÈRE PARTIE

PREMIER TABLEAU

Ce tableau permet de s'imprégner de l'atmosphère de la ruée vers l'or. Quelques personnages du Klondyke se présentent au public dans des scènes très courtes, chantées ou parlées, ou les deux à la fois. Le personnage le plus important est multiple: le chercheur et ses parasites. Les situations tiennent du cliché et de la carte postale. À la création, des photos d'époque étaient projetées sur deux écrans de chaque côté de la scène. Ce tableau est entièrement musical. Le quatuor fait le lien entre les scènes qui s'enchaînent rapidement. Avec l'arrivée des «painted women» et des acolytes de Soapy Smith, qui sont deux danseuses et deux danseurs, la mise en scène doit tendre vers la chorégraphie.

LA VILLE
LE JOUR
FIN DE L'ÉTÉ

SCÈNE 1

Le Quatuor
Musique: La Marche du Klondyke
Refrain

Le Quatuor

Eldorado! Eldorado!
Nous venons piqueter le Klondyke

Eldorado! Eldorado!
Ici bat le cœur de l'Amérique

SCÈNE 2

PITT
UN POLICIER DE LA GENDARMERIE ROYALE DU CANADA (GRC)
(CHERCHEUR SIX)

LE POLICIER
Vous cherchez quelque chose?

PITT
C'est ici le Klondyke?

LE POLICIER
Pas la rivière. Mais la région, oui. C'est pourquoi, au juste?

PITT
C'est pour la ruée vers l'or.

Le policier s'éloigne, dégoûté.

SCÈNE 3

PITT
CHERCHEUR TROIS
CHERCHEUR QUATRE
CHERCHEUR CINQ
LE QUATUOR
Trois chercheurs sortent du saloon. L'un tient une bouteille à la main.
Pitt les observe avec inquiétude.

Klondyke

Couplet 1

LES TROIS CHERCHEURS

Lorsque nous en repartirons
Aurons vidé les fonds d'tiroirs
De quoi aura l'air le Yukon?
Sera troué comme une passoire!

Refrain

LE QUATUOR

Eldorado! Eldorado!
De quoi aura l'air le Yukon?
Eldorado! Eldorado!
Sera troué comme une passoire!

Les trois chercheurs sortent.

SCÈNE 4

PITT

Couplet 2

PITT

C'est le pays du soleil de minuit
C'est le Grand Nord qui fascine et qui tue
Là où j'étais je mourais d'ennui
Là où je suis, je s'rai peut-être pendu

Pitt entre à l'hôtel.

SCÈNE 5

UNE SQUAW
CHERCHEUR DEUX
LE QUATUOR

LA SQUAW
Elle offre des souvenirs.

CHERCHEUR DEUX
Je m'en vais pour ne plus revenir. Pour ne plus revenir jamais! Et j'espère bien oublier ce maudit Klondyke.

Il la repousse.
Tout oublier! La glace, la boue, la merde! Et jusqu'à vos gueules!

LA SQUAW
Elle insiste.

CHERCHEUR DEUX
J'étais venu chercher de l'or. Ce sera comme si je n'étais pas venu...
Il sort.
La squaw sort de son coté.

Refrain
LE QUATUOR
Eldorado! Eldorado!
Au Yukon, chacun pour soi
Eldorado! Eldorado!
Au pays des loups, c'est la loi

SCÈNE 6
JOE
LE QUATUOR

Joe entre avec son équipement: sac, pioche, etc.

Klondyke

Couplet 3
JOE

La mort, moi, je m'en contrefiche
Car c'est toujours la mort des autres
Je suis venu me «frapper riche»
À moi la vie! Que je me vautre

Refrain
LE QUATUOR

Eldorado! Eldorado!

JOE

Je suis venu me «frapper riche»

LE QUATUOR

Eldorado! Eldorado!

JOE

À moi la vie! Que je me vautre.

Joe entre à l'hôtel.

SCÈNE 7

LE POLICIER
SOAPY SMITH
ACOLYTE UN
ACOLYTE DEUX
LE QUATUOR
Devant le saloon.
Musique: atmosphère de saloon. Le policier se retire après avoir cloué un avis près de la porte.

SOAPY

Qu'est-ce que c'est?

LE POLICIER
Il lit.
Un avis du «Comité de Vigilance des 101».

ACOLYTE UN

Tu connais, Soapy?

SOAPY

Lis!

LE POLICIER
«Par la présente, ordre est donné aux joueurs de profession, grecs, escrocs, filous, chevaliers d'industrie et leurs confrères, de quitter la ville immédiatement!»

ACOLYTE DEUX
Il a un geste pour déchirer l'avis.

SOAPY
Il le retient.
Qu'est-ce qui te prend? Tu t'es reconnu? Pas moi.

Couplet 4
SOAPY
Y'a des poissons pour l'eau trouble
Et y en a pour le mic mac
Mais avec moi, c'est quitte ou double
Moi, j'suis Soapy, roi du black jack

Refrain

Klondyke

Le Quatuor
Eldorado! Eldorado!

Les Acolytes
Avec lui, c'est quitte ou double

Le Quatuor
Eldorado! Eldorado!

Les Acolytes
Voilà Soapy, roi du black jack.

SCÈNE 8

Soapy Smith
Acolyte Un
Acolyte Deux
Chercheur Un
Chercheur Sept
«painted woman» Un
«painted woman» Deux
Le Quatuor
Devant le saloon.
Les «painted women» arrivent, précédées de deux chercheurs qui portent leurs valises.

Refrain
Le Quatuor
Eldorado! Eldorado!

Les Chercheurs
Voici les filles de nos mères

LE QUATUOR
Eldorado! Eldorado!

LES CHERCHEURS
Loin, très loin de leurs jupons.

Les acolytes repoussent les chercheurs et prennent les valises des «painted women».
Soapy Smith, les acolytes et les «painted women» entrent au saloon.
Les deux chercheurs restent sur scène.

SCÈNE 9

CHERCHEUR UN
CHERCHEUR SEPT
HENDERSON
LE QUATUOR
Musique: atmosphère du début.

Couplet 5
LE QUATUOR
La bonne sève de nos pères
A jailli jusqu'au Yukon
Voici les filles de nos mères
Loin, très loin de leurs jupons

Henderson, l'homme aux bandelettes, marche à l'aide de béquilles. Il porte un gros manteau de chat sauvage. Ses pieds, ses mains et une partie de son visage sont recouverts de bandelettes.

CHERCHEUR UN
Quand je te vois, Henderson, ça me coupe l'appétit!

Klondyke

CHERCHEUR SEPT

Maintenant que tu es riche, tu devrais t'en retourner!

HENDERSON

Tu pourrais, toi, si tu savais où se trouve un filon qui va s'élargissant de voyage en voyage, et que le claim t'appartenait?

CHERCHEUR SEPT

Je ne sais pas.

HENDERSON

Eh bien! Je vais te le dire: si tu savais où se trouve ce filon qui va s'élargissant de voyage en voyage, et que le claim t'appartenait, eh bien tu voudrais tout ramasser... Vous ne viendriez pas avec moi, tous les deux?

CHERCHEUR UN

Tu reviens toujours seul, Henderson. Ça fait réfléchir.

HENDERSON

Je n'ai presque plus de mains, presque plus de pieds et je vous fais peur? Mais j'ai tout le reste: un filon sur mon claim. Suffit d'y aller et de piocher.

CHERCHEUR SEPT

Vas-y, Henderson, et pioche!

Les deux chercheurs s'éloignent.

HENDERSON

J'ai tout et je ne peux rien! Je donnerais la moitié de l'or pour deux mains, pour deux pieds!

CHERCHEUR CINQ
De loin.

C'est vrai, Henderson, que les termites se sont mis dans ta jambe de bois?

Les chercheurs sortent en riant.

HENDERSON

L'idée ne leur vient même pas que c'est eux qui pourraient me descendre...

Il crache de dépit dans la direction des chercheurs et sort péniblement.

Couplet 6
LE QUATUOR

Si le Veau d'or est toujours debout
Nous irons le traquer dans son antre
Allons, les gars, lui casser le cou
Et ce couteau lui ouvrira le ventre

Refrain
Eldorado! Eldorado!
Allons, les gars, lui casser le cou
Eldorado! Eldorado!
Et ce couteau lui ouvrira le ventre

SCÈNE 10

PIERRE
SKOOKUM, L'INDIEN
LE QUATUOR

PIERRE

Alors quoi, Skookum, tu n'as jamais entendu parler de Phiscator?

Klondyke

SKOOKUM

Non.

PIERRE

Écoute bien, Skookum. Phiscator est arrivé en 1895, à moitié mort de faim. Il venait du Michigan.

SKOOKUM

Et alors?

PIERRE

Tout l'été, il a couru, cherché, creusé, lavé, sans rien trouver. Il était si fatigué, si découragé, qu'un jour il se laisse tomber près du Dosulphuron Creek pour y mourir...

SKOOKUM

L'été, à Dosulphuron, Indien tuer millions de maringouins comme ça...

Il indique: à la poignée.

PIERRE

Phiscator aperçoit tout à coup quelque chose qui brille dans l'eau du ruisseau. Il plonge ses mains, et voilà-t-y pas qu'il ramasse des pépites... Des pépites, comme ça...

Il indique: à la poignée.

Tu vois, Skookum?

SKOOKUM

Et alors?

PIERRE

Alors, Skookum, ça prouve qu'il y a de l'or au Klondyke!

Skookum accompagne le couplet de Pierre d'un pas de danse indienne.

Couplet 7

PIERRE

Pour guérir ma soif d'aventure
Il me fallait le soleil de minuit
Le Klondyke sera p't-être ma sépulture
Ma rage de vivre s'ra assouvie

Pierre et Skookum sortent.

Refrain

LE QUATUOR

Eldorado! Eldorado!
Nous venons piqueter le Klondyke
Eldorado! Eldorado!
Ici bat le cœur de l'Amérique

DEUXIÈME TABLEAU

LA CHAMBRE
LE SOIR
FIN DE L'ÉTÉ

SCÈNE 11

Pitt
Joe
L'Hôtelier
Un coup est donné dans la porte qui s'ouvre.
Pitt saute hors du «bunk». Il est en sous-vêtement et s'efforce d'enfiler sa culotte.
L'hôtelier entre, suivi de Joe, le sac sur l'épaule.

L'Hôtelier
Je ne vous demande pas si la chambre vous plaît, c'est la seule qui me reste.

> *Apercevant Pitt qui achève de mettre sa culotte.*
Il ne faut pas faire attention: on trouve de tout parmi les «tenderfoot». Vous avez de la chance, c'est ma plus petite chambre. Dans les autres, ils sont cinq, dix, douze.

> *L'hôtelier indique un avis cloué sur la porte.*
Vous savez lire?

JOE

Ça dépend.

L'HÔTELIER

Il récite son boniment comme une leçon apprise.
Le propriétaire de l'hôtel ne saurait être tenu à aucune responsabilité quant à la sécurité personnelle des voyageurs, existence ou
valeurs... Un!

JOE

Qui est le propriétaire?

L'HÔTELIER

Moi... Deux! Les voyageurs sont priés de prendre certaines précautions chaque fois qu'ils croiront devoir échanger des coups de
revolver dans la salle à manger, une balle égarée pouvant atteindre inutilement un domestique ou une personne étrangère à la
discussion...

*Tout en parlant, il inspecte les lieux: partout, il ramasse de la poussière
avec les doigts, mais rien ne paraît l'étonner.*
Trois! Les voyageurs seront personnellement responsables de
toute espèce de meubles, glace, vaisselle, et le reste, brisés en cau-
sant... Les frais de funérailles sont également personnels et se
paient à part! Vous prenez la chambre pour la semaine, ou seulement pour la nuit?

JOE

On paie d'avance?

L'HÔTELIER

Toujours.

Klondyke

JOE

Seulement pour la nuit.

L'HÔTELIER

Cinquante cents.

Joe hésite, cherche dans ses poches et finit par tramer quelques pièces de monnaie.

L'HÔTELIER
Il prend les pièces.
Qui sait! Un jour, vous serez peut-être millionnaire!

Il lui donne une tape amicale dans le dos.
Au Klondyke, tous les espoirs sont permis...

JOE

Ma mère m'a toujours dit que je ferais fortune; mon père, que je mourrais le cul sur la paille. Alors, je suis venu au Klondyke par curiosité...

Joe se défait de son sac et commence à se dévêtir. Son parka glisse, sur le plancher.

L'HÔTELIER

Quatre! L'administration ne tiendra aucun compte des plaintes relatives au service. Tous nos domestiques sont armés, et messieurs les voyageurs peuvent s'expliquer directement avec eux.

Affable.
C'est intéressant, le métier d'hôtelier. On finit par connaître la petite histoire d'à peu près tous les clients. Mais c'est un métier qui exige beaucoup de discrétion.

À *Pitt.*
Qu'est-ce que vous faisiez, vous, avant de monter au Klondyke?

PITT

Moi?

Il hésite un moment croyant que la question ne s'adresse pas à lui. Puis il se lance, trop content de pouvoir parler à quelqu'un.
L'été, je m'occupais du jardin du curé, au village. Et l'hiver, j'étais cuisinier dans un camp de bûcherons... Je sais faire les meilleures «beans à la mélasse» — tout le monde le disait! Un bûcheron a parlé de venir se «frapper riche» au Klondyke. Je suis monté avec lui. Mais il m'a laissé tomber pour se chercher un claim tout seul...

L'HÔTELIER

Moi, j'étais chanteur d'opéra.

Il chante.
«Ah! Lève-toi, soleil...»

À *Joe.*
Et vous, qu'est-ce que vous faisiez?

JOE
Qui achève de se déshabiller.
Moi, je fermais ma gueule. C'était pas un métier fatigant.

L'HÔTELIER
Il rit jaune.
Notez bien qu'ici on trouve de tout. J'ai même un excellent client, un vrai gentleman, qui est monté au Klondyke le jour de sa sortie de prison, après dix ans de travaux forcés...

Joe regarde l'hôtelier droit dans les yeux.

Klondyke

L'HÔTELIER

Il a un petit rire nerveux.

Cinq! Notre hôtel étant une maison de premier ordre, messieurs les voyageurs sont priés de s'y conduire en parfaits gentlemen. Le propriétaire tient essentiellement à cette condition et se réserve, au besoin, le droit d'appuyer ses exigences par des coups de fusil... Tous les samedis, un bal est donné dans l'hôtel. On n'y est pas admis pieds nus. Et voilà!

Il se dirige vers la porte.

Ah! J'oubliais, la direction ne fournit pas de matelas, pas de couvertures non plus. À cause de la vermine. C'est plus hygiénique comme ça. Et pour finir, tout voyageur qui prétendrait à l'usage exclusif d'un «bunk» devra payer un supplément de un dollar...

Il sort sans refermer la porte.

SCÈNE 12

PITT
JOE

Joe et Pitt se regardent un moment, puis ils avancent lentement vers le «bunk». Mais Joe lance son sac sur le «bunk» et Pitt renonce à se battre. Joe se couche à moitié habillé.

PITT

Avant votre arrivée, j'ai essayé de dormir... Mais impossible de fermer l'œil; j'avais besoin de savoir avec qui je partagerais cette chambre. J'aurais pu tomber sur une brute...

Il ramasse le parka de Joe, l'époussette et le suspend à un clou. Puis il regarde du côté du «bunk».
On dirait qu'il dort déjà...

Il souffle la lampe.

JOE

Hé!

PITT

Quoi?

JOE

Ferme la porte!

PITT
Après avoir fermé la porte.
Je suis content que vous soyez là!

JOE

Et ferme ta gueule!

PITT
Il se couche sous le «bunk». Après un moment.
Le Klondyke, c'est pire que la guerre: ici, il n'y a pas d'ennemis;
les bons et les méchants, ils sont tous dans la même tranchée...

JOE
Il gueule en crescendo.
Marde! Marde! Marde!!!

Et il lui lance une botte.

— NÉANT —

TROISIÈME TABLEAU

LA VILLE
LE JOUR
L'AUTOMNÉ

SCÈNE 13

TOUS
Le chœur de la ruée vers l'or.
Tous les interprètes prennent place à l'avant-scène, formant un chœur. À la création, des photos d'époque étaient projetées sur deux écrans de chaque côté de la scène. Le chœur était divisé en six groupes:

A
LE QUATUOR

B
PITT
JOE
PIERRE
SKOOKUM
HENDERSON
CHERCHEUR UN
CHERCHEUR DEUX

C
SOAPY SMITH
PREMIER ACOLYTE
SECOND ACOLYTE

D
PREMIÈRE «PAINTED WOMAN»
SECONDE «PAINTED WOMAN»

E
DAISY
LA PATRONNE
LA SQUAW

F
L'HÔTELIER
LE «PREACHER»
UN MARCHAND (CHERCHEUR TROIS)
UN CAPITAINE DE NAVIRE (CHERCHEUR QUATRE)
UN BARMAN (CHERCHEUR CINQ)
UN POLICIER (CHERCHEUR SIX)
UN COIFFEUR (CHERCHEUR SEPT);

et disposés comme suit:

                    C
              B
          A   D   E   F

Klondyke

Prélude instrumental.
Dialogue choral.

1.

                                  F
Une provision de viande de bœuf

                                  B
Y reste plus d'sardines à l'huile

                              D ᴇᴛ E
Viens donc goûter l'confort des veufs

                                 A
Et un couteau, d'la m'laas' des îles

                                C
À la roulette ou au black jack

                            F ᴇᴛ A
Du sel, du poivre et des épices

                             C, D ᴇᴛ E
Et tous les soirs y'a du mic-mac

                                 B
Un chapeau neuf, un tournevis

                                 D
Viens oublier l'odeur des squaws

                            B ᴇᴛ C
Vingt-six onc's de rhum de Cuba

E ET F

Patates, oignons et makinaw

A

Une pag' d'histoir' du Canada

Canon à trois voix

Une pag' d'Histoir' du Canada...

2.

D

Deux jarr'tell's

B

Du tabac, du tabac pour la chiq'

F

Wilfrid Laurier

A

Du lac Bennett jusqu'à Dawson'
Et de Dawson au bout d'la terr'

D ET E

D'la poudre à fusil

A

Si j'aurais su j'aurais pas v'nu
Ah! je suis loin de toi maman

E

Caribou?

Klondyke

                          C

L'or des autres luit pour moi

                          F

Luit pour nous

                          B

L'or

                          F

Ah! c'est un'vraie bénédiction

                     A ET B

«Sur la terre de nos aïeux»

                   C, D, E ET F

L'or, ça d'vient des billets
D'banque du Dominion

                          D

Deux jarr'tell's, des bas noirs

                          C

Tout' la mis"

                     D ET E

Du champagn'

                          A

Klondyke

                          F

Le Veau d'or

B
C'est l'filon

A, B, C, D, E ET F
March on!

B (PITT)
Une couenn' de lard, un œuf

Canon à trois voix
Une couenn' de lard, un œuf...
(Une page d'Histoire du Canada)

3.

C
Des châteaux en Espagne à vendre
Si tu perds ton billet d'retour

C ET A
Y'a d'la corde pour te pendre
Tu s'ras just' bon pour les vautours

C, A ET B
J'ai oublié le goût du pain
C'est comme un trou à l'estomac

C, A, B ET E
Voici mon cœur en peau d'chagrin
C'est l'aventure au Canada

C, A, B, E ET D
Un peu d'chaleur pour tes *bank-notes*
On chasse les loups aux dents en or

Klondyke

C, A, B, E, D ET F

S'agit de gaver ma cagnotte
L'étoil' polair' scintill' encor'

A
Chante.

Eldorado! Eldorado!

B, C, D, E ET F
(Spreacht)

Klondyke! Klondyke! Klondyke!
Klondyke! Klondyke! Klondyke!

— *NÉANT* —

QUATRIÈME TABLEAU

LE SALOON
LE SOIR
FIN DE L'ÉTÉ

SCÈNE 13

Daisy
L'hôtelier
La Patronne
Soapy Smith
Acolyte Un
Acolyte Deux
Chercheur Deux
Capitaine De Marine (Chercheur Quatre)
Barman (Chercheur Cinq)
puis, «painted woman» Un
«painted woman» Deux
Au second plan, Soapy, les acolytes, quelques chercheurs jouent au black jack. Le barman fait le service. Au premier plan, l'hôtelier et la patronne qui traversent la scène, poursuivant une querelle.

L'Hôtelier
Quand je pense que si je ne t'avais pas suivie de ruée en ruée, je serais peut-être aujourd'hui un grand chanteur d'opéra.

Klondyke

LA PATRONNE

Avec ta tête de cigale, si je n'avais pas toujours été à tes côtés pour te dire quoi faire, tu serais devenu un peigne-cul!

L'HÔTELIER

Ne te fâche pas... Fleur-Ange.

LA PATRONNE

Je ne suis pas fâchée. Je cause. Si j'avais été un homme, moi, j'en aurais creusé des trous dans le Yukon.

L'HÔTELIER

Je pensais seulement qu'avec nos économies, nous pourrions peut-être nous retirer, un jour ou l'autre, quelque part dans le Sud – par là, le climat est tellement meilleur pour la voix...

LA PATRONNE

De quoi te plains-tu? Tu ne te déplaces même pas: les claims viennent à toi. Pas la peine de creuser la terre gelée pour savoir ce qu'il y a dessous: rien qu'à la tête du client, tu sais ce qu'il vaut! Fais-toi une raison...

Elle sort.
Daisy traverse la scène en déshabillé, l'hôtelier fonce sur elle.

L'HÔTELIER

Ah! Daisy, montre-moi vite tes cuisses!

DAISY

Vous les voyez toute la journée.

L'HÔTELIER

C'est toujours pendant le service.

DAISY
Vous avez votre femme, vous!

L'HÔTELIER
C'est bien pourquoi je veux voir les tiennes!

LA PATRONNE
Voix en coulisse.
Hector!

L'HÔTELIER
À Daisy.
Tout à l'heure…

DAISY
Non.

L'HÔTELIER
Dans la grange.

DAISY
Jamais!

Elle indique l'alcôve.
Ici ou nulle part

LA PATRONNE
Voix en coulisse.
Hector!

L'HÔTELIER
À Daisy.
Ah! Comme tu me fais souffrir. Mais je crois que j'aime ça!

Klondyke

Il chante en sortant.
«Oui, c'est elle... c'est la déesse!»

SCÈNE 14

LES MÊMES
CHERCHEUR TROIS
puis, CHERCHEUR SIX
CHERCHEUR SEPT

CHERCHEUR TROIS
Il entre dans le saloon en hurlant.
Ya hou! Salut les gars! J'arrive tout droit de là-haut.

Apercevant une «painted woman»
Ah! C'est pas vrai... J'avais oublié que ça pouvait exister. Tourne un peu que je me souvienne...

Elle pivote sur place.
Ah! Ça me revient... laisse-moi le temps de prendre un bain — faut ce qu'il faut, pas vrai? — et je suis tout à toi!

Aux autres.
Six mois sans un verre, sans une femme... La vie m'en doit un paquet; et elle va tout me rendre, la maudite!

SOAPY
Je t'offre un verre?

CHERCHEUR TROIS
Ça fait chaud de se retrouver parmi des gens civilisés. Mais je n'ai pas soif... Ça sent la chair fraîche! Ya hou!!!

Il se lance sur la «painted woman».

CHERCHEUR DEUX
Tu devrais attendre: en fin de soirée, les prix baissent.

CHERCHEUR TROIS
Aujourd'hui, ça m'est égal! Plus ça coûte cher, plus je sais que je suis riche. Tous les vautours, j'ai besoin d'eux: s'ils n'étaient pas là autour de moi et de mes sacs, je ne saurais pas la valeur de mon or. C'est le service qu'ils me rendent... Quand tu es là-haut, au milieu d'un champ de glace, avec beaucoup d'or sur le dos de tes mulets – tu es un maudit pauvre!

Il entraîne la «painted woman» dans l'escalier qui mène aux chambres. Avant de disparaître, il s'arrête pour lancer:
Barman! Une tournée générale!

Il est ovationné, sauf par le chercheur deux.
À la revoyure, les gars!

Il lance son chapeau.
Ya hou!

SCÈNE 15

LES MÊMES
Le barman sert à boire.

CHERCHEUR DEUX
Tu as entendu, Soapy, il a parlé de vautours!

SOAPY
Il n'y a rien de mal à vouloir faire fortune. C'est même respectable, non? Moi, j'ai été élevé dans le respect des riches...

Klondyke

CHERCHEUR DEUX

Tout le monde n'a pas la chance d'être un fils de famille qui a mal tourné.

Les acolytes l'encadrent, mais Soapy les retient du geste.
Il doit tout de même y avoir autre chose que le compte en banque dans la vie!

SCÈNE 16

LES MÊMES
HENDERSON

HENDERSON

Dans l'encadrement de la porte où il a entendu la dernière phrase.
Comme quoi, par exemple?

SOAPY

Salut, Henderson! Quoi de neuf?

Henderson se détourne.
Rien? C'est aujourd'hui que tu me le vends, ton claim?

HENDERSON

Pas question, Soapy.

SOAPY

Si tu ne t'y rends pas d'ici un mois, Henderson, tu vas perdre ton claim. C'est la loi.

HENDERSON

J'y serai, Soapy.

SOAPY

Tu ne trouveras personne pour t'accompagner.

ACOLYTE UN

Pas moi!

ACOLYTE DEUX

Ni moi non plus!

CHERCHEUR DEUX

Plus le temps approche de partager l'or avec un autre, plus il a envie de le garder pour lui tout seul.

SOAPY

Ça ne te fait pas une bonne réputation!

HENDERSON

Ceux qui meurent, ils n'étaient pas faits pour le Klondyke. C'est leur faiblesse qui les tue.

SOAPY

Je suis sûr, Henderson, que tu pleures au moins le temps qu'ils mettent à refroidir.

Il rit.

SCÈNE 17

LES MÊMES
PIERRE
SKOOKUM
Pierre est entré avec Skookum. L'Indien se joint aux autres, Pierre s'approche de Daisy et lui met les mains sur les yeux.

Klondyke

DAISY
Elle tente de deviner.

Soapy?

PIERRE

Non.

DAISY

Douggy?

PIERRE

Non plus...

DAISY

Alors c'est...

Pierre retire les mains.

DAISY
Pierre! Qu'est-ce que tu fais au Klondyke?

PIERRE
Comme tout le monde! Il paraît qu'ici on ramasse de l'or à la
pelle, alors je suis venu... J'aurais pu m'établir sur la terre: le père
voulait me la donner. Mais j'ai eu envie de tenter ma chance. Sur
un coup de tête, j'ai ramassé mes affaires et me v'là.

Il prend Daisy par la taille.
Si je te disais que je suis aussi venu parce que je savais que tu étais
au Klondyke...

DAISY
Elle se dégage.

Je ne te croirais pas.

PIERRE

Partons, Daisy! Un coup de tête...

DAISY

Encore! Pour aller où?

PIERRE

Au bout du monde.

DAISY

Nous y sommes déjà!

PIERRE

Alors, à l'autre bout!

DAISY

Ici, il y a de l'or. Et puis il y a les autres. Qu'est-ce qu'ils deviendraient sans moi? Mon métier, c'est d'être gentille. Je ne sais rien faire d'autre... Parfois, ils me regardent un moment, puis ils viennent me trouver: « Demain, je pars là-haut. Tous les jours, je vais penser à toi. Je finirai bien par trouver un filon, je le sens. À mon retour, je serai riche. Et nous partirons tous les deux.»

PIERRE

Demain, Daisy, je pars là-haut.

DAISY

Déjà?

PIERRE

J'ai besoin que tu te souviennes.

Il veut l'entraîner vers l'alcôve.

Klondyke

DAISY

On ne vit pas de souvenirs, Pierre.

PIERRE

Je voulais déjà t'épouser. J'étais sérieux.

DAISY

Idiot! Tu avais douze ans.

PIERRE

J'en ai eu seize et dix-sept... Et maintenant, je te retrouve au Klondyke. C'est un signe, ça?

DAISY

C'est peut-être une idée fixe.

PIERRE

Quand j'aurai trouvé de l'or sur mon claim, Daisy, je te donnerai un collier de pépites.

DAISY

Je t'ai demandé quelque chose?

Pierre veut l'embrasser.

DAISY
Elle se dégage.

Pas ici, Pierre! Si le patron te surprenait! Rien que pour me regarder, ça coûte une fortune! Tu ne comprends donc pas que je suis un objet de luxe au Klondyke!

Musique: Duo de Daisy et Pierre

DAISY

J'suis la tigresse ou l'oiselet
La pomme ou le serpent

PIERRE

Comme on choisit un objet
Une lampe, un verre à dents

DAISY

Mais qu'importe le flacon
Suffit de prendre son ticket
Car je suis le violon
De tous les archets

Refrain

DAISY

Je suis la mère
Aussi la sœur
Même l'épouse
Je les suis toutes

LES DEUX

Où la chèvre est attachée
Il faut qu'elle broute

Ils entrent dans l'alcôve.

SCÈNE 18

LES MÊMES
CHERCHEUR UN
Entre le chercheur un, à moitié ivre.

Klondyke

CHERCHEUR SIX

Salut, Salt Water Dick!

CHERCHEUR SEPT

Ça va mieux?

CHERCHEUR UN
Au barman.

Hootch-Inoo! Double!

CHERCHEUR SEPT

Tu ne devrais pas... Tu sais bien que ça te fait du mal...

Le chercheur un boit d'un trait et tombe raide sur le plancher.

CHERCHEUR SEPT

Pendant qu'il le ramasse et le transporte avec l'aide du chercheur six.
Ça lui arrive de temps à autre... Il y a six mois qu'il n'a pas reçu
de nouvelles de sa femme... Dans sa dernière lettre, elle lui disait
qu'elle était malade... Puis, plus rien...

CHERCHEUR SIX

J'ai jamais vu un homme tant aimer sa femme... Il parle toujours
de ramasser des sous pour leurs vieux jours...

SOAPY

On dirait que les siens, ses vieux jours, c'est comme maintenant!

Il rit. Puis, aux joueurs qui sont à la table.
Black jack!

*Les chercheurs six et sept sortent le chercheur un. Ils reviendront pour
la bagarre.*

Le Capitaine
Qui jouait au black jack avec Soapy.
Salaud! Tu en as profité pour tricher!

Il jette les cartes sur la table. Et la bagarre éclate.

SCÈNE 19

Les Mêmes
La Patronne
La patronne surgit, le revolver au poing. Elle tire deux coups de feu en l'air.

La Patronne
Alors, on s'énerve? J'ai de quoi vous calmer: c'est maintenant l'heure des pauvres.

La patronne agite une cloche. Soapy et les acolytes se remettent au black jack. Le barman retire les tables, ramasse les débris de verre, etc. Pas la peine de pousser, y'en aura pour tout le monde...

Ad lib. Pendant que les hommes se groupent, Daisy et la patronne discutent. Et Pierre sort de l'alcôve.

Daisy
Elle passe la tête par le rideau.
Ça revient souvent, l'heure des pauvres.

La Patronne
Tu ne peux pas leur refuser ça, ils ne demandent qu'à regarder...

Daisy
Pourquoi pas vous?

LA PATRONNE
Parce qu'ils ne sont pas ici depuis assez longtemps...

Elle regarde dans l'alcôve.
Parfait! Mets-toi sur le dos. Comme ça, les hommes vont tomber à genoux!

DAISY
Elle passe la tête entre les rideaux.
Si seulement ils y restaient...

LA PATRONNE
Quand on se plaint, on a moins de mérite...

Elle agite de nouveau sa cloche.

SCÈNE 20

LES MÊMES
TOUS LES CHERCHEURS
PITT
JOE
«PAINTED WOMAN» UN
«PAINTED WOMAN» DEUX
LE QUATUOR

LA PATRONNE
Devant vous, messieurs, la comtesse Daisy du Yukon.

Trois coups de cloche.
Elle a toutes ses dents!

Deux coups.
Et pas une cicatrice!

Sept coups. Elle tire le rideau: on découvre Daisy qui porte un gros manteau de chat sauvage.
Musique!

Musique: la Valse du Saloon.
Premier temps: le Strip-tease.
La patronne surveille de loin. Le barman fait payer.
Pendant la scène qui suit, Daisy retire son manteau, s'assied sur un tabouret et reprend un tricot qui est déjà d'une longueur surprenante: sauf pour les refrains, elle ne s'occupe pas de ce qui se passe autour d'elle.

LA PATRONNE
Faut payer avant de regarder!

UN CHERCHEUR
Ce n'est pas croyable...

UN AUTRE CHERCHEUR
J'avais oublié que ça pouvait exister... Avec toutes ses dents, et pas une cicatrice...

PITT
Joe...

JOE
Quoi?

PITT
Regarde!

JOE
C'est ce que je fais...

PITT
Regarde ses jambes... Tu crois qu'elle s'en sert aussi pour marcher?

Klondyke

JOE

Tu es fou! La regarder marcher, ça doit coûter une fortune!

PITT

Tous les jours, dans mon village, j'en regardais marcher pour rien.

JOE

Tu vivais, sans le savoir, au-dessus de tes moyens!

PITT

Qu'est-ce que tu regardes, toi?

JOE

Moi? Le lobe.

PITT

Le quoi?

JOE

Moi, je commence avec le lobe d'une oreille, et je continue avec tous les lobes – un corps de femme, quand tu le regardes attentivement, c'est plein de lobes!

LA PATRONNE

Faut pas toucher, hein!

PITT

Tu n'aurais pas aimé être une femme, Joe?

JOE

Je ne pourrais pas: un homme à poil, ça me dégoûte.

PITT

Il aurait suffit que je me déshabille pour devenir utile... Ou d'être une mère de famille, c'est encore plus utile: faire la cuisine, le ménage, prendre soin des enfants, encourager un mari, ça, c'est une vie!

JOE

Pitt, tu m'emmerdes!

Les autres protestent.

Deuxième temps:
le Chœur des Pauvres.

LE QUATUOR

Ton ventre qui palpite
Vaut beaucoup de pépites

LES CHERCHEURS

Tu es l'os que l'on gruge
En rêvant à la viande
Après toi, le déluge

LE QUATUOR

On en f'ra des guirlandes
Dans le ciel du Yukon

LES CHERCHEURS

De tes mains, de tes cuisses
Sous le signe de ton
Nombril en fleur de lys

Refrain

LES HOMMES

Tu es le vrai filon!
Tu es le vrai filon!

Klondyke

Les Femmes

Filons! Filons! Filons!
Filons! Filons! Filons

Courte coda.

— *NÉANT* —

CINQUIÈME TABLEAU

JEU DRAMATIQUE
DE L'HIVER

Plusieurs aires de jeu à différents niveaux et reliées entre elles.
À la musique s'ajoutent pour l'ensemble du tableau des effets de vent,
de coups de fouet, de cris de bêtes, etc.
Projections: les passes de White Horse et de Chilkoot, les canyons, les
campements, les cadavres d'animaux gelés, etc.
Musique: le Prélude de l'Hiver.

SCÈNE 21

PITT
JOE
Projections: ancienne carte géographique des passes de Chilkoot et de
White Horse et la mention: hiver 1896. Pitt et Joe passent à l'avant-
scène, emmitouflés dans de gros vêtements.

JOE

Pitt, quelle heure est-il?

Klondyke

PITT

À peu près 50 ou 60 sous zéro.

JOE

Je te demande l'heure.

PITT

Sortant sa montre.

Ma montre s'est arrêtée. De froid.

JOE

Tandis que les autres vont se crever, nous attendrons notre heure près du gros poêle, bien au chaud.

PITT

Joe, je suis tellement fatigué d'entendre pleurer les enfants...

JOE

Où ça?

PITT

Dans ma tête. J'ai la tête pleine d'enfants qui pleurent: ils ont faim, ils ont froid.

JOE

C'est normal. S'ils ont faim, s'ils ont froid, c'est normal qu'ils pleurent.

PITT

Je ne peux rien pour eux. La nuit, ils s'accrochent à mes jupes...

JOE

À tes quoi?

PITT

À mes jupes, Joe. En rêve, je suis leur mère. Et je cherche de l'or pour les secourir, je creuse des trous partout dans la terre gelée. Mais je ne trouve rien. Joe, il faut que tu m'aides.

JOE

Quand on a la tête comme une pouponnière...

Joe le pousse. Ils sortent.

SCÈNE 22

LE QUATUOR
TOUS LES CHERCHEURS
Un abri: quelques bouts de bois et de la toile, où se trouve le quatuor.
Musique: la Marche de l'Hiver.

LE QUATUOR

Klondyke!
March on! March on!
Klondyke!
March on! March on!

Les chercheurs ramassent leurs affaires et sortent, sauf Pierre, Skookum et le chercheur six.

SCÈNE 23

PIERRE
SKOOKUM
CHERCHEUR SIX
Une rencontre dans la passe.
Le chercheur six descend. Un peu plus loin, Pierre et Skookum.

Klondyke

PIERRE

Hé!

CHERCHEUR SIX

Quoi?

PIERRE

D'où viens-tu?

CHERCHEUR SIX

De là-haut.

PIERRE

Pourquoi reviens-tu?

CHERCHEUR SIX

J'ai crevé mon cheval; il faut que je transporte moi-même mes provisions, mon équipement — tout mon barda... C'est mon cinquième voyage dans la passe.

PIERRE

As-tu vu de l'or?

CHERCHEUR SIX

Le printemps peut venir vite. Quand la glace aura fondu, ce ne sera plus qu'un amoncellement de roches. Pour aller de l'une à l'autre, il faudra marcher sur des troncs d'arbres au-dessus des ravins.

PIERRE

Qu'est-ce que tu as vu sur ta route?

CHERCHEUR SIX

Dix fois, peut-être vingt fois, j'ai dû m'arrêter pour réparer mon traîneau. Tout décharger pour réparer avec un clou, un bout de corde, et tout recharger pour recommencer plus loin. J'ai fini par abandonner mon traîneau. J'ai vu, comme ça, des centaines de traîneaux abandonnés.

Il s'éloigne.

Maintenant, il faut que je transporte tout mon barda...

PIERRE

As-tu vu de l'or?

SCÈNE 24

CHERCHEUR DEUX

Des bêtes et des hommes.
Le chercheur deux fouette rageusement une tête qu'on devine derrière l'abri.

CHERCHEUR DEUX

Sale bête! Ça ne regarde même pas où ça met les sabots!

Il fouette.

Maudit mulet! Ne reste pas là coincé entre deux roches.

Il tire de toute sa force sur un câble, perd pied et tombe.
Ah! Tu vas me le payer!

Il se relève.

Tire-toi de là ou je te fouette à mort!!!

Il tire sur le câble et fouette.
March on, je te dis! March on!!!

Il fouette, puis la rage dans le cœur, il renonce et s'éloigne en traînant son matériel.
Il a une patte cassée, c'est sûr...

Il se tourne un moment du côté de la bête.
Tu n'es qu'un tas de merde! Tu sens déjà la charogne. Maudite viande à corbeaux...

Il sort.

SCÈNE 25

PIERRE
SKOOKUM
CHERCHEUR UN
Pierre entre suivi du chercheur un et de Skookum un peu en retrait.

PIERRE
Regarde.

CHERCHEUR UN
Quoi?

PIERRE
Encore une bête qui crève...

CHERCHEUR UN
Ça m'est égal!

PIERRE
Partout sur la neige, le sang des bêtes.

CHERCHEUR UN

Et puis après? Les fondrières sont comblées de cadavres de chevaux dépecés.

PIERRE

Ça me donne envie de vomir. Les bêtes ne comprennent pas.

CHERCHEUR UN

Tu m'emmerdes avec tes bêtes! Quand tu auras trouvé de l'or, tu n'y penseras plus.

PIERRE

Les chiens ont les pattes en sang à cause de la glace. La nuit, leurs plaies se referment et tous les matins, ça recommence. Les chevaux ont les flancs déchirés de coups de bâtons...

Il regarde en direction de la bête.
Regarde le mulet, regarde ses yeux. Comme s'il demandait le coup de grâce.

CHERCHEUR UN
Laisse tomber, viens!

PIERRE

C'est tout ce que ça te fait?

CHERCHEUR UN

Je me dis qu'au dégel, ça va sentir la pourriture! Et puis voilà!

Il veut l'entraîner. Pierre se jette sur le chercheur un. La lutte s'engage. Skookum, qui était en retrait, bondit. Mais le chercheur un s'écrase. Après un moment, il se relève en s'essuyant la bouche.

Klondyke

CHERCHEUR UN

Maintenant qu'il y a aussi de mon sang sur la neige, tu te sens mieux?

Pierre détourne la tête.
Skookum épaule sa carabine et donne le coup de grâce au mulet. Coup de feu.

PIERRE
Il s'empare du fouet qu'il fait claquer.

March on!

Bruits: aboiements des chiens.
Le chercheur un sort.

SCÈNE 26

LE QUATUOR
PIERRE
SKOOKUM
Le quatuor est revenu au coup de feu.

PIERRE
(spreacht)

March on!

LE QUATUOR

T'avais qu'à pas venir!
T'avais qu'à réfléchir!
Avant de venir!

PIERRE ET LE QUATUOR

T'avais qu'à mourir
Plutôt que de venir!

LES CHERCHEURS
En coulisse.

March on!
March on!
March on!

Ils sortent.

SCÈNE 27

CHERCHEUR CINQ
CHERCHEUR SEPT
Deux hommes se séparent.

CHERCHEUR CINQ
La nuit vient déjà.

CHERCHEUR SEPT
Tant pis. Le jour est trop court: il faut continuer!

CHERCHEUR CINQ
Je n'en peux plus... Je suis à bout de force...

CHERCHEUR SEPT
Tant pis pour toi.

Il poursuit sa marche.
Moi, je continue, je n'ai pas envie de crever...

Il sort.

LES CHERCHEURS
En coulisse.

March on!

Klondyke

Ils ponctuent le monologue du chercheur cinq.

CHERCHEUR CINQ

Tu disais... Tu disais que nous étions comme deux frères. Reste avec moi, je vais faire du pain pour nous deux.

Il marche dans un sens puis dans l'autre.

Il faut d'abord que je coupe du bois. Il sera imprégné d'eau; j'aurai du mal à l'allumer... Reviens! Je vais faire du pain! Où sont les allumettes?

Il rit.

Je ris sans raison. Je ne peux pas m'en empêcher. Un jour, j'aurai de l'or plein mes sacs, mes mulets vont crever sous l'or...

Il rit de nouveau.

Je vais m'étendre ici pour me reposer. Non, là-bas: près des arbres, il y a moins de vent... Il faut d'abord que je m'étende pour me reposer... Me reposer...

Il rit.

Ici, ou plutôt là-bas, à cause des... Me reposer...

Il sort en titubant.

SCÈNE 28

CHERCHEUR CINQ
UN SPECTRE
LE QUATUOR
Apparaît le spectre d'un chercheur: son costume de chercheur est blanc et en lambeaux.

Le Quatuor

On a perdu sa trace
Au Yukon vorace
March on! March on!
Y'a encore de la place
Dans son tombeau de glace
March on! March on!

Le spectre sort, entraînant le chercheur avec lui.

SCÈNE 29

Chercheur Un
Chercheur Deux
Chercheur Trois
Chercheur Quatre
Pierre
Skookum
Le Quatuor
et Des Chercheurs
La loi du Klondyke.

Chercheur Quatre
En coulisse.
Lâchez-moi... Lâchez-moi, je vous dis!

Il entre maintenu par les chercheurs un et trois qui le forcent à se mettre à genoux.

Chercheur Deux
Il a volé mes provisions dans une cache que je m'étais faite à trois milles d'ici!

Klondyke

CHERCHEUR QUATRE

Sur le coup, je ne sais pas ce qui m'a pris: j'ai eu peur d'en manquer. Il y a des mois que ça dure, des mois que c'est toujours la nuit, et j'étouffe!... Quand j'aurai trouvé un bon claim, je te les paierai cent fois, tes provisions!

Les autres chercheurs forment un cercle autour de l'accusé.

PIERRE

Tu n'es plus un «greenhorn», tu connais la loi du Klondyke.

L'accusé se relève. Il tente de s'enfuir. Mais le cercle se resserre autour de lui.

CHERCHEUR QUATRE

Laissez-moi. Laissez-moi m'en aller. Vous n'avez pas le droit!

CHERCHEUR DEUX

Si je n'étais pas revenu pour chercher mon copain, je ne m'en serais rendu compte qu'au retour.

Il se jette sur l'autre.

Et je serais mort de faim!

On les sépare.

PIERRE

Tu connais la loi du Klondyke.

CHERCHEUR QUATRE

Vous n'avez pas le droit!

PIERRE
Ceux qui sont pour la pendaison...

Lentement, tout le monde lève le bras. On entend au loin un rythme de tam-tam indien.

CHERCHEUR QUATRE
Non. Je ne veux pas. Lâchez-moi. Vous êtes des assassins...

On le retient.

PIERRE
Qui s'offre pour lui passer la corde au cou?

Personne.
Dans ce cas, comme c'est l'usage, on va lui compter trente livres de provisions...

Pendant qu'on lui compte ses provisions.
Pour toi, la ruée vers l'or, c'est fini. Trente livres de provisions, ton traîneau et tes chiens – c'est pour le retour. Il ne faut plus qu'un «sourdough» te rencontre sur son chemin.

On lui donne ses trente livres de provisions.

CHERCHEUR QUATRE
Je ne pourrai jamais m'en retourner avec seulement trente livres de provisions...

Il fait quelques pas et se retourne.
Vous êtes des assassins!

CHERCHEUR TROIS
Si tu ne pars pas, je suis volontaire pour te mettre la corde au cou!

Klondyke

La cache d'un autre, faut jamais y toucher. Celui qui vole la cache d'un autre, c'est lui, l'assassin!

CHERCHEUR QUATRE
Je ne sais pas ce qui m'a pris, c'est à cause de la nuit qui n'en finit plus...

Skookum et le quatuor: chant indien de la mort.
Il sort en répétant:
«C'est à cause de la nuit...»

Les chercheurs se séparent et s'éloignent lentement.
Après un moment, le chant est interrompu par un cri en coulisse, du côté par où est sorti le condamné.

SCÈNE 30

LE QUATUOR

LE QUATUOR
On a perdu sa trace
Au Yukon vorace
March on! March on!
Y'a encore de la place
Dans son tombeau de glace
March on! March on!

Le quatuor sort.

SCÈNE 31

PIERRE
SKOOKUM
CHERCHEUR SEPT

Une autre rencontre dans la passe.
Le chercheur sept descend. Un peu plus loin, Pierre et Skookum
montent.

PIERRE

C'est encore loin, le sommet?

CHERCHEUR SEPT

Tu y seras avant la nuit

PIERRE

Il est où, au juste?

CHERCHEUR SEPT

Il se déplace avec la tempête. Aujourd'hui, là-haut, tu ne vois pas
un arbre; les tentes, les cabanes, les caches non plus. Tout a disparu sous la neige... Marche en direction du drapeau.

PIERRE

Où ça?

CHERCHEUR SEPT
Il indique une direction.
À peu près par là... Tout déchiré, tout délavé au bout de son mât.
Mais c'est le drapeau.

PIERRE

Le froid est plus vif à mesure que l'on monte.

CHERCHEUR SEPT

Il y a aussi les tourmentes sur les pics. Mais on passe... Hé!

PIERRE

Quoi?

CHERCHEUR SEPT

Le drapeau! Dès que tu le vois, ne le quitte plus des yeux...

Ils s'éloignent.

SCÈNE 32

CHERCHEUR UN
CHERCHEUR CINQ
PIERRE
SKOOKUM
On descend un blessé vers la ville.
Dans un sentier, les chercheurs un et cinq portent un blessé sur une
civière.

PIERRE

Qu'est-ce qu'il a?

CHERCHEUR UN

C'est venu très vite: un coup de fièvre...

CHERCHEUR CINQ

Là-haut, on a parlé de méningite. Parfois, il délire: il dit qu'il a
trouvé beaucoup d'or sur son claim...

PIERRE

Vous arriverez à temps?

CHERCHEUR CINQ

Ça devenait insupportable de le regarder mourir. Sa femme et ses
enfants, qu'est-ce qu'on leur dira?

CHERCHEUR UN
Maintenant, on a l'impression de faire quelque chose... On y va?

Ils s'éloignent avec la civière.

PIERRE
À quoi penses-tu?

SKOOKUM
Ça ne vaut rien de penser...

Ils partent d'un autre côté.
Le quatuor est entré.

SCÈNE 33

LE QUATUOR

LE QUATUOR
T'avais qu'à pas venir!
T'avais qu'à réfléchir
Avant de venir!
T'avais qu'à mourir
Plutôt que de venir!
March on!
March on!
March on!

SCÈNE 34

UN POLICIER DE LA GRC (CHERCHEUR SIX)
CHERCHEUR UN
À la frontière.

Klondyke

Près du drapeau. Une affiche clouée sur un poteau: «Frontière cana-
dienne. Canadian Border.»

LE POLICIER
Ici, il te faut une tonne d'équipement et de provisions. C'est la
frontière canadienne.

CHERCHEUR UN
J'ai perdu une partie de mon matériel. Mes chiens sont tombés au
fond du ravin et le traîneau avec...

LE POLICIER
Je ne veux pas le savoir. Pour vivre au Klondyke, il te faut de
l'équipement et des provisions. Retourne d'où tu viens!

CHERCHEUR UN
Mais je n'ai plus d'argent pour acheter d'autres provisions.

LE POLICIER
Si tu n'es pas content, adresse-toi à Wilfrid Laurier...

CHERCHEUR UN
Mais je suis venu faire fortune! J'ai tout abandonné pour venir au
Klondyke!

LE POLICIER
Tu empêches les autres de passer. March on! March on!

SCÈNE 35

PIERRE
SKOOKUM
LES CHERCHEURS

Au sommet, c'est l'attente.
On entend au loin un rythme de tam-tam. Les chercheurs, qui sont transis de froid, commencent lentement à se réchauffer en battant des pieds et des mains.

PIERRE
Tu es venu par la passe de White Horse?

CHERCHEUR QUATRE
Non. Par Chilkoot.

PIERRE
C'était comment?

CHERCHEUR DEUX
C'était froid!

Les autres rient.

PIERRE
Qu'est-ce que tu étais avant de venir au Klondyke?

CHERCHEUR TROIS
Moi, médecin.

CHERCHEUR UN
Moi, pâtissier!

CHERCHEUR SIX
Moi, j'étais déjà dans la police.

CHERCHEUR QUATRE
Moi, chômeur... Mais, tous les dimanches, je jouais de la clarinette dans la fanfare.

Klondyke

CHERCHEUR CINQ
Moi, entrepreneur de pompes funèbres...

CHERCHEUR DEUX
Tu vas avoir de la besogne au Klondyke.

CHERCHEUR SEPT
Moi, danseur mondain.

CHERCHEUR QUATRE
Tout ça ne veut plus rien dire! On va tous crever de froid, la gueule ouverte!

CHERCHEUR SEPT
Arrête de boire. Salt Water Dick!

CHERCHEUR CINQ
Il a promis de dessaouler au dégel!

CHERCHEUR UN
C'est du sirop contre la toux. Car je tousse, moi!

Il tousse.
Les autres rient.

PIERRE
Il faudrait faire quelque chose.

CHERCHEUR CINQ
Mais quoi?

PIERRE
En attendant...

CHERCHEUR DEUX

En attendant quoi?

CHERCHEUR UN

Et si la glace ne fondait plus jamais. Hein?

Les autres protestent.

PIERRE

Tu crois qu'il y a de l'or en dessous?

CHERCHEUR UN

Au dégel, vous allez voir, le Klondyke aura l'air d'un gâteau de noces: un rang de glace, un rang de chercheurs, un rang de glace, un rang de chercheurs...

Rires.

SCÈNE 36

LES MÊMES
LE QUATUOR
DEUX INDIENS (LES ACOLYTES)
Projection: carte géographique ancienne des passes de Chilkoot et de White Horse.
Musique: Gigue de White Horse et de Chilkoot.

PIERRE
Call la gigue:

Tout l'monde ensemble
On va s'amuser!
Tout l'monde ensemble
On va s'échauffer!

Klondyke

Le quatuor se joint aux chercheurs, de même que deux Indiens en costumes de coureurs des bois (les acolytes comme danseurs solistes).
Les chercheurs, pour se réchauffer, se frappent les flancs, battent des pieds et des mains et ponctuent la gigue de respirations bruyantes.

À White Horse ou à Chilkoot
T'as l'air d'un Don Quichotte!
À White Horse ou à Chilkoot
Tu marches ou c'est le «knout»!
À White Horse ou à Chilkoot
C'est le «knout» ou bien je *shoot?*
À White Horse ou à Chilkoot
Tu crèves, à moi la cagnotte!

À White Horse ou à Chilkoot
Fais aller tes «snow-boots»!
À White Horse ou à Chilkoot
C'est pas pour les boy-scouts!
À White Horse ou à Chilkoot
C'est un'affaire de *bank-notes!*
À White Horse ou à Chilkoot
Pas d'pitié pour les «tenderfoot»!

Reprise.

— *NÉANT* —

SIXIÈME TABLEAU

LA CHAMBRE
LE JOUR
L'HIVER

SCÈNE 37

Pitt
Joe
Pitt reprise une chaussette. Joe est à la fenêtre.

Pitt

C'est... c'est comment, ce matin?

Joe

Pour le moment, c'est la ruée... Faut attendre que ça se tasse.

Pitt

Qu'est-ce que nous allons devenir si ça se maintient?

Joe

Tu as déjà vu quelque chose se maintenir, toi? Tout finit toujours par foirer! Quand ils seront tous revenus bredouilles, nous irons là-haut, Pitt, et nous serons les premiers.

Klondyke

PITT

Tu dis ça tous les matins, depuis plus d'un mois.

JOE

Si tu n'as plus confiance en moi, je ramasse mes affaires, je prends mon sac, j'ouvre cette porte...

Il l'ouvre.

Et tu ne me revois plus jamais.

PITT

Je voulais seulement dire que le temps passe...

JOE

Si tu n'es pas content, arrête-le!

Il referme violemment la porte.

«Le temps passe, le temps passe...» Il faut bien qu'il passe, le temps! Qu'est-ce qu'il pourrait faire d'autre? Tu devrais plutôt t'en réjouir, puisqu'il travaille pour nous... Pitt, pour qui travaille le temps?

PITT

Le temps...

JOE

Réponds!

PITT

Le temps travaille pour nous, Joe.

Il étend son lavage sur une corde.

JOE

Une petite partie de black jack, Pitt?

PITT

Je ne veux plus jouer!

JOE

Pourquoi?

PITT

Parce que je ne sais pas jouer.

JOE

Puisque je t'apprends!

PITT

En attendant, je perds mon argent.

JOE

Tu dis toi-même que tu ne sais pas jouer!

PITT

Apprends-moi d'abord, et quand je saurai nous jouerons.

JOE

Comment veux-tu apprendre sans jouer!

PITT

Je ne veux plus perdre l'argent de ma tante Eulalie.

JOE

Dans la vie, il faut savoir perdre.

PITT

Alors, pourquoi tu ne perds jamais, toi?

Klondyke

JOE

Parce que je sais jouer!

PITT

Dix sous par-ci, dix sous par-là! Petit à petit, c'est l'héritage de tante Eulalie qui y passe.

JOE

Ah! tu me dégoûtes avec ton argent!

PITT

Il me reste à peine de quoi vivre un mois.

JOE

Tu es bien comme tous les héritiers que j'ai connus: un sale égoïste!

PITT

La tante Eulalie...

JOE

Je m'en fous de la tante Eulalie! Fils de famille, va!

PITT

... elle a travaillé dur toute sa vie, la tante Eulalie, afin d'amasser un peu d'argent pour ses vieux jours... Mais à force de laver des planchers, la pauvre, elle est morte d'épuisement. J'ai compté qu'elle en avait lavé dix-huit mille deux cent quatre-vingt-sept! Et tu voudrais que je les perde au black jack? Hier, en vingt-trois parties, tu m'as pris un peu plus de cinquante-sept planchers...

JOE

C'est dégoûtant! Il pue les jupes rapiécées de l'Eulalie, ton argent!

PITT

Alors pourquoi me le prends-tu s'il pue l'Eulalie, mon argent?

JOE

Il faut bien que je vive! Je n'ai pas fait d'héritage, moi.

PITT

Si je n'avais pas de sous, tu ne serais pas mon ami.

JOE

C'est bête, ce que tu dis! Comme une belle fille à son amoureux: «Si j'étais laide, tu m'aimerais pas.»

PITT

L'amitié, ça donne.

JOE

Qu'est-ce que tu veux que je te donne? Ma chemise? C'est tout ce que j'ai! Tu abuses, Pitt, tu abuses. Je t'ai proposé de nous associer, et tu n'as pas voulu. Je t'ai dit: cinquante-cinquante pour le meilleur et pour le pire. Mais tu préfères perdre ta fortune au black jack: plancher par plancher, tu manges ton héritage! Tu lui gâches son paradis, à la tante Eulalie.

PITT

Explique-moi, Joe, comme si c'était la première fois. L'association, c'est quoi, au juste?

JOE

C'est une façon d'investir ton argent. Au lieu de le perdre au jeu, comme tu fais avec moi, tu l'investis.

PITT

Je l'investis comment?

Klondyke

JOE

Dans une entreprise. Ton héritage, c'est un capital. Un jour ou l'autre, il te sera rendu avec les intérêts. Autrement dit, ton argent travaille pour toi.

PITT

Et pour toi aussi?

JOE

Évidemment, puisque je serais ton associé... Tu veux la moitié de ma chemise, Pitt?

PITT

La mienne me suffit. Je te remercie...

JOE

... Mais tu n'as pas l'air de comprendre. Suis-moi bien, Pitt.

PITT

Oui...

JOE

Par exemple, l'hôtelier...

PITT

Oui...

JOE

Avant de recevoir des clients dans son hôtel, il a dû le construire. Tu me suis?

PITT

Oui...

JOE

Et maintenant, son capital lui rapporte.

PITT

Alors, nous deux, nous investirions dans la construction de quoi?

JOE

Dans la construction de rien. D'abord, c'est meilleur marché, et les risques sont moins grands! Nous investirions dans une association: toi et moi, prospecteurs!

PITT

Et si nous ne trouvons pas d'or?

JOE

Préfères-tu investir dans la construction d'un hôtel qui risque de prendre feu?

PITT

Supposons, Joe, que j'investisse dans cette association...

JOE

Oui...

PITT

Qu'est-ce qui se passe, au juste?

JOE

Eh bien! Tu investis.

PITT

Où?

Klondyke

JOE

Ici.

PITT

Quand?

JOE

Aujourd'hui, demain, aussi longtemps que nous devrons attendre le retour des autres pour être les premiers.

PITT

J'investis comment?

JOE

En loyer, en viande salée, en tabac, en whisky...

PITT

C'est ce que je fais depuis plus d'un mois!

JOE

Mais non! Depuis plus d'un mois, tu n'investis pas; tu dépenses pour ta subsistance, et tu perds au jeu!

PITT

Mais, alors, au lieu de dépenser bêtement son argent, on devrait toujours l'investir!

JOE

J'en connais, Pitt, qui n'achète jamais un morceau de savon sans que ce soit un investissement

PITT

Pourquoi tu n'investis pas, toi?

JOE

Parce que, moi, je n'ai pas de capital!!!

PITT

Ah!...

JOE

Mais le monde se divise en deux: il y a ceux qui savent, et ceux qui ne sauront jamais...

PITT

Pourquoi je n'investirais pas, alors?

JOE

J'en ai connu qui préféraient dépenser bêtement leur argent.

PITT

Des vrais imbéciles!

JOE

Mais restons-en là! Tu fais ce que tu veux avec ton capital, et je fais ce que je veux avec mon sens des affaires.

Il s'étend dans le «bunk» et tourne le dos à Pitt.

PITT

Pourquoi ne veux-tu pas t'associer avec moi, Joe?

JOE

Il faut d'abord que tu réfléchisses.

PITT

Je veux investir, Joe!

JOE

Nous en reparlerons demain...

PITT

Non, maintenant! Cinquante-cinquante! Pour le meilleur et pour le pire!

JOE

Tu t'excites, Pitt. La nuit porte conseil...

PITT

Tu ne veux pas de moi comme associé? C'est ça?

Il se mouche bruyamment.

JOE

Allons, mon vieux Pitt, tu ne vas pas te mettre à pleurer...

Il se relève.

Il reste combien en caisse?

PITT

Sept mille cent treize planchers, Joe! C'est ce qui reste.

JOE

Ça fait combien en dollars?

PITT

Moi, je compte en planchers. Par respect pour la tante Eulalie.

JOE

Si tu veux... Alors, c'est d'accord! Aujourd'hui, de ton plein gré, tu investis dans notre association sept mille cent treize planchers...

PITT

... Lavés par ma tante Eulalie.

JOE

Et ta tante Eulalie devient notre tante Eulalie.

PITT

... à cinquante-cinquante.

Musique: Duo de l'Amitié.
Refrain:

PITT ET JOE

Amis comme cochons!
À gogo je patauge
Amis comme cochons!
Les pattes dans ton auge.
À nous deux l'Eulalie
Amis pour la vie
À nous deux l'Eulalie
Et jusqu'à la lie!

Couplet 1

JOE

Ça s'ra pour le meilleur
S'il le faut pour le pire
Ensemble d'un même cœur
À bord d'un même navire
Nous s'rons deux capitaines
F'rons l'unanimité
Autour du même bas d'laine
Vive not' fraternité!

Refrain.

Klondyke

Ils dansent.

Couplet 2

PITT

Oui, pour toute la vie
Tu s'ras mon paysage
Avec tes p'tites manies
La verrue d'ton visage
L'odeur de tes aisselles
Me sera familière
J'lécherai ta vaisselle
Nous serons comm' des frères

Refrain

PITT ET JOE

Amis comme cochons!
À gogo je patauge
Amis comme cochons!
Les pattes dans ton auge.
À nous deux l'Eulalie
Amis pour la vie
À nous deux l'Eulalie
Et jusqu'à la lie!

— NÉANT —

SEPTIÈME TABLEAU

LE SALOON
LE SOIR
L'HIVER

SCÈNE 38

Soapy Smith
Acolyte Un
Acolyte Deux
Un Marchand (Chercheur Trois)
Le Barman (Chercheur Cinq)
Chercheur Deux
Chercheur Six
Chercheur Sept
L'hôtelier
«painted woman» Un
«painted woman» Deux
puis, Chercheur Quatre
Le barman fait le service. Les chercheurs sont au bar et aux tables où ils jouent au black jack.

CHERCHEUR UN
Il entre complètement ivre. Au barman:
Hootch-Inoo!

Klondyke

CHERCHEUR SIX

Ah! non. Salt Water Dick, tu ne vas pas recommencer!

CHERCHEUR UN

Mêle-toi de tes affaires!

Au barman.

Double!

CHERCHEUR SEPT

Tu vas encore te faire du mal...

Le chercheur un vide son verre d'un trait. Un temps. Il ne se produit rien.

CHERCHEUR QUATRE
À une «painted woman» qui tente de le séduire.
Tu es gentille, je ne pourrais même pas au prix du gros! Un jour, si je me «frappe riche», c'est un abonnement que je prendrai...

CHERCHEUR SIX

Si ça continue, quand ça t'arrivera, tu auras oublié la manière.

CHERCHEUR DEUX

Quand je leur dirai, au retour, que je n'ai rien trouvé, ils vont rire de moi.

Amer.
Au Klondyke, c'est connu, l'or se ramasse à la pelle.

Il boit.
Pourtant, je partais gagnant.

CHERCHEUR SEPT

On croit qu'on part gagnant parce qu'on a rien à perdre. Et puis, on s'aperçoit qu'on avait encore pas mal d'illusions à perdre...

CHERCHEUR UN

De quoi te plains-tu? Tu vis.

Il tombe raide sur le plancher.

LE MARCHAND

Voilà que ça recommence! C'est dégoûtant à la fin. Est-ce que je tombe, moi?

CHERCHEUR SEPT

Pendant qu'il ramasse le chercheur un et le transporte avec l'aide du chercheur six. C'est à cause de sa femme. Elle serait partie avec un autre...

CHERCHEUR SIX

Qu'est-ce qu'elle avait de si particulier, sa femme?

CHERCHEUR SEPT

C'était la sienne. C'est pour ça qu'il y tenait, je suppose.

CHERCHEUR SIX

C'est pas une raison. Tiens! Si tu veux la mienne, je te la donne, – et la belle-mère avec! Même en plein Klondyke, j'ai toujours peur qu'elle m'arrive sans prévenir!

CHERCHEUR SEPT

Peut-être que la sienne était différente.

CHERCHEUR SIX

Elles sont toutes pareilles!

Klondyke

*Les chercheurs six et sept sortent le chercheur un et reviendront après
quelque temps.*

SCÈNE 39

LES MÊMES
HENDERSON

> HENDERSON
> *Qui les regarde sortir le malade.*

Il y en a qui sont bons, parce qu'ils n'ont pas le courage de faire
autrement...

> SOAPY

Alors, Henderson, quoi de neuf?

> HENDERSON

Rien. Et je savais que ça te ferait rire! Le monde est rempli de
salauds!

> SOAPY

Mon offre tient toujours... Tiens! Si tu veux, je te le joue au black
jack, ton claim!

> HENDERSON

Tu peux crever la gueule ouverte! Mon claim, tu ne l'auras pas
pour une bouchée de pain. Je finirai bien par trouver quelqu'un...

> SOAPY

Les «chi-cha-ko» se font rares. On se dit: «Il en a descendu plusieurs, je serai peut-être le prochain...»

HENDERSON

Je vais te dire, Soapy, les faibles, il vaut mieux les aider à «partir».
C'est un service à leur rendre, non?

Il met la main sur la hanche d'une «painted woman» qui passait près
de lui. Elle se dégage vivement.
Quand j'y serai retourné, je reviendrai les poches bourrées, et les
plus belles filles se mettront à mes genoux.

CHERCHEUR QUATRE

Tu crois qu'elles vont te caresser la béquille, Henderson?

Rires.

HENDERSON

Il tente de l'atteindre avec sa béquille. Les autres se moquent de lui.
Riez, bande de pouilleux! Quand j'aurai un mot à dire au gouvernement, je ferai faire un nettoyage dans le Klondyke. À quoi
sert le «Comité de Vigilance des 101»? Il n'y a plus de morale.
Toutes ces sales gueules que je mettrais aux ordures!

CHERCHEUR DEUX

Henderson, tu m'écœures. Tes compagnons, tu les as tous frappés
dans le dos...

HENDERSON

C'est à un infirme que tu parles! Ah! si seulement j'avais encore
mes deux mains et mes deux pieds au lieu de dépendre du premier
voyou! Le Yukon me les a pris. Mais il va tout me rendre en or...

Il reste un moment à regarder ses mains.

Klondyke

SCÈNE 40

LES MÊMES
PIERRE
SKOOKUM
DAISY

Daisy se dirige vers l'alcôve. Pierre et Skookum entrent. Pierre s'approche de Daisy, Skookum va trouver les autres.

PIERRE
Il pose les mains sur les yeux de Daisy.

DAISY
Pierre!

PIERRE
Il lui offre un collier de pépites.
Tiens.

DAISY
Tu as trouvé de l'or, Pierre?

Elle l'embrasse et prend le collier.

PIERRE
Non, je n'ai rien trouvé. Mais c'est égal, je te l'offre tout de même, le collier de pépites. C'est un ami qui me l'a donné. Il l'avait fait pour sa fiancée, mais elle ne le reverra plus jamais... Je lui ai promis de l'offrir à la femme de ma vie!

Il la prend par la taille, la soulève et se dirige ainsi en direction de l'alcôve.

DAISY
Elle tente de se dégager en riant.
Allons! Sois raisonnable, Pierre. Il n'y a pas que ça dans la vie...

PIERRE
On s'occupera du reste après!

Ils entrent dans l'alcôve.

HENDERSON
À l'hôtelier.
Vous le savez, vous, que je ne suis pas méchant!

L'HÔTELIER
Vous ne feriez pas de mal à une mouche, monsieur Henderson, je
le sais bien. D'ailleurs, plus je vous connais, moins je comprends.
Un homme qui a de si belles manières...

Il s'éloigne.

HENDERSON
Ce qu'il me faut, c'est une paire de pieds et une paire de mains
pour me conduire là-bas et saisir la pioche.

SOAPY
Henderson! J'ai sous la main un «cave» que je te céderais pour
pas cher – je l'ai gagné au black jack!

Il rit.

HENDERSON
Même les «caves» savent pourquoi ils sont venus au Klondyke...
Ou alors, peut-être un Indien.

L'HÔTELIER
Qui a entendu cette remarque en passant.
Un Indien? Vous n'y pensez pas! Les Indiens sont des charo-

gnards! Ils sont là quand ça va mal. Ils profitent de tout. Et même pas assez malins pour avoir vidé le Klondyke avant l'arrivée des Blancs!

Il rit.

HENDERSON

Dites! Vous ne viendriez pas avec moi, vous? Je vous donnerais la moitié de l'or!

L'HÔTELIER

C'est tentant.

HENDERSON

Je vous fais peur, c'est ça?

L'HÔTELIER

Pensez-vous! Je sais bien que les autres vous ne les avez pas oubliés là-haut par méchanceté!

HENDERSON

Alors?

SCÈNE 41

LES MÊMES
LA PATRONNE
D'AUTRES CHERCHEURS

LA PATRONNE
Elle entre.
Alors?... Alors, il a trop de travail.

L'HÔTELIER

Je suis toujours de service, moi...

HENDERSON

Et si c'était moi qui ne revenais pas, la prochaine fois?

LA PATRONNE

Du geste, elle commande à son mari de prendre place, et au chef d'orchestre de commencer la musique.

Musique: Duo des Couples heureux n'ont pas d'histoire.
Couplet 1

LA PATRONNE ET L'HÔTELIER

Notre vie très conjugale
En communauté de biens
Une affaire à parts égales
Faire fructifier des p'tits riens
C'est peut-être pas du délire
Mais c'est beaucoup, je crois
Écoute battre ma tirelire
Elle ne bat que pour toi

Refrain

L'HÔTELIER

Les couples heureux
N'ont pas d'histoire

LA PATRONNE

Les couples heureux
N'ont pas d'histoire

LA PATRONNE ET L'HÔTELIER

Les couples heureux
N'ont pas d'histoire

Klondyke

Couplet 2

L'HÔTELIER

Pour ce qui est de la «chosette»
Je deviens vertueux

LA PATRONNE

Mais s'il faut l'amusette
Alors, je ferme les yeux

L'HÔTELIER

Pour le couple que nous sommes
C'est le prix du confort

LA PATRONNE

Tous les chemins mènent à Rome
Pense à notre coffre-fort

Refrain

LA PATRONNE ET L'HÔTELIER

Les couples heureux
N'ont pas d'histoire

LES AUTRES

Les couples heureux
N'ont pas d'histoire

LA PATRONNE ET L'HÔTELIER
Ils vocalisent.

Les couples heureux
N'ont pas d'histoire

Tous: Coda.
Les clients applaudissent. La patronne et l'hôtelier saluent.

L'hôtelier sort.
La patronne se met à la recherche de Daisy.

LA PATRONNE
Daisy! Pourvu qu'elle ne fasse pas de travail supplémentaire à l'extérieur... Daisy!

DAISY
Voilà! Voilà!

Elle sort de l'alcôve en remettant de l'ordre dans ses vêtements.
Leur entretien se déroule à l'écart des autres qui se sont remis à boire
et à jouer aux cartes.

LA PATRONNE
Ma fille, il faut que je te parle...

DAISY
Oui, madame...

LA PATRONNE
Un «preacher» vient d'arriver parmi nous. Il cherche déjà des fonds pour la construction d'un lieu saint, – c'est du sérieux. Dans notre profession, ma fille, il est important d'entretenir les meilleures relations avec le Très-Haut.

DAISY
J'ai oublié mes prières!

LA PATRONNE
Repens-toi! C'est l'essentiel!

DAISY
Qu'est-ce que je vais lui dire?

Klondyke

LA PATRONNE

Que nous sommes pour la grâce.

DAISY

Oui, madame.

LA PATRONNE

Ménage la grâce! Tu as compris? Mais souviens-toi que nous
sommes aussi pour le commerce.

DAISY

Oui, madame.

LA PATRONNE

Il n'y a que quelques vraies femmes dans le Klondyke. Les squaws
ne comptent pas: à cause de l'odeur! Il est normal qu'une femme
sur deux soit une pécheresse. S'il n'y avait pas de pécheresses, il
y aurait moins de pécheurs, et s'il n'y avait pas de pécheurs, à quoi
serviraient les «preachers»?

DAISY

Je ne sais pas, madame.

LA PATRONNE

Il va certainement te parler de vice.

DAISY

Je ne le connais pas.

LA PATRONNE

Tu lui diras qu'il s'agit de vice organisé. Ce n'est pas la même
chose que le vice ordinaire: le vice ordinaire, c'est du vice; le vice
organisé, c'est de l'organisation. Les «painted women» empê-
chent la chaudière d'éclater!

DAISY

Quoi?

LA PATRONNE

Répète après moi: j'empêche...

DAISY

J'empêche...

LA PATRONNE

La chaudière d'éclater!

DAISY

La chaudière d'éclater!

LA PATRONNE

Je suis une soupape!

DAISY

Je suis... une quoi?

LA PATRONNE

Une soupape! C'est ce qui empêche une chaudière d'éclater. Autrement dit, tu es l'inévitable! Si tu n'existais pas il faudrait t'inventer! Tu as compris?

DAISY

Oui, madame.

La patronne se met à épousseter Daisy à l'aide d'un plumeau. Puis, toutes les deux font le ménage autour de l'alcôve. Daisy redoute que la patronne ne découvre Pierre qui est resté à l'intérieur. Après un moment, Daisy disparaît à l'intérieur attirée par Pierre. La patronne la cherche jusqu'au moment où elle aperçoit le «preacher».

Klondyke

SCÈNE 42

LES MÊMES
LE «PREACHER»

Le «preacher» entre: vêtu de noir, un chapeau à la quaker, un para-
pluie et une bible à la main. Il demeure un moment sur le seuil. Les
autres boivent, jouent aux cartes, rient. Mais, petit à petit, la présence
insolite du «preacher» s'impose.

En passant devant le bar, le «preacher» détourne ostensiblement la
tête. Soapy et les acolytes sortent. Les «painted women» se cachent à
moitié derrière le bar.

LA PATRONNE
C'est le «preacher».

> *Daisy sort de l'alcôve.*
> *Au «preacher».*

Vous êtes ici chez vous.

> *Petit à petit, les autres retournent à leurs occupations.*

LE «PREACHER»
Il commence à renifler comme s'il flairait une odeur inquiétante.
Où sont les pécheresses?

LA PATRONNE
Je vous recommande celle-ci... Elle fait encore ses prières!

LE «PREACHER»
À *Daisy.*
Mon enfant, qu'es-tu venue chercher ici?

DAISY
Moi?

LE «PREACHER»

Je vais te le dire: la vie éternelle.

DAISY

Ah...

LE «PREACHER»

Et l'as-tu trouvée?

DAISY

Qui?

LA PATRONNE
En aparté.

Ciel! le beau «preacher».

LE «PREACHER»

Je vais te le dire: tu ne l'as pas trouvée.

DAISY

Ah! je me disais aussi...

LE «PREACHER»

Et tu ne la trouveras pas aussi longtemps que les écailles ne seront
pas tombées de tes yeux!

DAISY
Inquiète.

On ne peut pas plaire à tout le monde.

LA PATRONNE
En aparté.

Il faudra qu'il s'occupe aussi de mon âme...

Klondyke

LE «PREACHER»

Chut! Parle plus bas... Je le sens qui rôde alentour. Ça sent le soufre.

Il flaire.

SCÈNE 43

LES MÊMES
L'HÔTELIER
puis, petit à petit,
TOUS

L'HÔTELIER
Qui entre.

Ça sent le soufre? Qui a dit que ça sentait le soufre?

LE «PREACHER»

Silence! Il est...

Le «preacher» flaire du côté de l'alcôve.

Non, il n'est pas ici. Il est...

Il flaire du côté de la porte.

Non plus. Et pourtant, je le sens! Mes narines en sont irritées. Il est...

Il flaire une chaise.

Là!!! Oui, il est là! Encore un peu, je m'asseyais sur ses genoux.

L'HÔTELIER

Où ça?

LE «PREACHER»

N'approche pas, malheureux!

Il le retient comme si l'hôtelier avait voulu s'en approcher.

Ah! si seulement tu pouvais voir ses yeux. Deux braises ardentes...

LA PATRONNE
À l'hôtelier.

N'aie pas peur, lapin, je suis là.

Petit à petit, tous les assistants font cercle autour du «preacher».

LE «PREACHER»

Tu n'as pas encore reconnu Satan? Tu n'entends pas son rire? Ah! Ah! Ah! Tu n'entends pas son moulin Ion-la, tu n'entends pas son moulin marcher?

Il le tire vers lui.

N'approche pas, malheureux! Tu as failli lui écraser un pied four-chu! Aucun doute, c'est toi qu'il veut entraîner.

L'HÔTELIER

Satan? Mais je n'ai jamais rien fait pour l'indisposer!

LE «PREACHER»

Il faut te ranger derrière la bannière de l'Esprit, ou je ne réponds de rien. Celle que je te propose, elle est large, elle est haute, elle est comme la voile d'un grand navire...

L'HÔTELIER

Il faudra que j'en parle à ma femme.

Klondyke

LE «PREACHER»
Imitant le rire de Satan.

«Ah! Ah! Ah !» Tu l'entends ricaner? «Ah! Ah! Ah!» Moi, je n'entends que ça: son rire qui résonne! «Ah! Ah! Ah!» Maintenant, il se lève...

L'HÔTELIER

Dites-lui de se rasseoir!

LE «PREACHER»
Il avance vers l'hôtelier.

Il avance vers toi.

L'HÔTELIER
Il recule.

Dites-lui de s'adresser à ma femme.

LA PATRONNE

Hector, sois un homme!

LE «PREACHER»

Vade rétro Satanas!

Il parle à Satan comme à un chien.

Coucher! Coucher tout de suite! Et pas montrer les dents!

Il avance et donne l'impression que Satan recule.

Là! J'ai dit: là! Et maintenant, fais le beau. Allons! fais le beau pour amuser les dames... Oui, comme ça!

LA PATRONNE

Comme il parle bien!

LE «PREACHER»

Maintenant, la queue entre les jambes. J'ai dit: entre les jambes...
Et rampe. Rampe, ordure!

L'HÔTELIER

Ah! c'est extraordinaire. Il rampe...

LE «PREACHER»

Et maintenant, saute! J'ai dit: saute! Je compte jusqu'à trois... Un,
deux, trois et hop!

L'HÔTELIER
Trépignant de joie.

Et il saute! Ah! vous devriez lui faire faire des tours dans le saloon
et passer le chapeau pour les œuvres.

LE «PREACHER»

Et maintenant, assis!

Il indique la chaise.

Et surtout, pas grogner! Assis tout de suite. J'ai dit: tout de suite...

*Il retire brusquement la chaise et donne l'impression que Satan s'est
assis par terre.*
Ah! Ah! Ah!

*Il casse la chaise sur le dos du «malin» et met le pied sur les débris tel
saint Georges sur la tête du dragon.*

Musique: la *Marche du* Klondyke (*variante*)

LE «PREACHER»

Suffit de chanter «alléluia»
Les âmes inquiètes – c'est le filon
La pioche, la pelle *et cætera*
Moi, je préfère le goupillon

Klondyke

Refrain

LES AUTRES

Eldorado! Eldorado!

LE «PREACHER»

La pioche, la pelle *et cætera*

LES AUTRES

Eldorado! Eldorado!

LE «PREACHER»

Moi, je préfère le goupillon

HENDERSON

Il est complètement subjugué. Il chante avec ferveur: Amen…

Musique: le Miracle.
Henderson a l'air transfiguré. Il laisse tomber ses béquilles et se met à marcher. Tout le monde s'émerveille… Henderson triomphant, avance lentement («Ah!...») vers la porte du saloon. Mais il finit par s'écraser lamentablement! On se passe les béquilles. Henderson se relève péniblement et sort. Profitant du malaise, les chercheurs et les gens du saloon se retirent déçus ou dégoûtés par l'échec du «preacher».
Daisy va s'éloigner, mais le «preacher» la retient avec son parapluie.

SCÈNE 44

DAISY
LE «PREACHER»
PIERRE (*dans l'alcôve*)
et CEUX DU SALOON (*au second plan*)

LE «PREACHER»

Ainsi donc, mon enfant, vous êtes la pécheresse de la région.

DAISY

Autrement dit, la soupape.

LE «PREACHER»

La quoi?

DAISY

La soupape! C'est ce qui empêche la chaudière d'éclater. Vous ne me croyez pas?

LE «PREACHER»
Il flaire.

Vos cheveux sentent le péché, mon enfant.

DAISY

Ce n'est pas de ma faute, je suis orpheline...

LE «PREACHER»

Ce n'est pas une excuse: tôt ou tard, tout le monde devient orphelin. Moi-même, je suis orphelin...

DAISY

C'est bien triste.

LE «PREACHER»

Je ne me vautre pas pour autant dans la fange du péché avec tous les chercheurs d'or de la région!

DAISY

Je ne me vautre qu'avec ceux qui ont trouvé...

LE «PREACHER»

C'est pire! Au péché de la chair, vous ajoutez celui de la convoitise des biens matériels... Avez-vous donc des écailles sur les yeux?

DAISY

Qu'est-ce qu'ils ont, à la fin, mes yeux?

LE «PREACHER»

Oui, des écailles sur vos beaux yeux. Pleurez, mon enfant, pleurez: les écailles finiront par tomber...

Il l'attire contre lui.

Mais, dites-moi, dans quel lieu commettez-vous ces abominables péchés?

DAISY

Dans l'alcôve.

Un mouvement du rideau rappelle que Pierre s'y trouve.

LE «PREACHER»

Dans l'alcôve? Mais tout le monde doit vous entendre! «Malheur à celui par qui le scandale arrive...»

DAISY

Pas si on ferme le rideau...

LE «PREACHER»

Ah! misérable, tu penses à tout!

DAISY
Elle se dégage.

Ce n'est pas du vice ordinaire, c'est de l'organisation!

LE «PREACHER»
De plus en plus loquace.

Ma pauvre petite... Au plus profond des enfers, comme Satan doit se pourlécher les babines, au spectacle horrible de ton corps palpitant qui s'épuise et s'abîme dans des jouissances d'alcôve.

Il lui prend les mains.

Ah! ces mains de pécheresse, ces mains qui pétrissent le plaisir... Ah! ces bras, ces bras qui s'accrochent aux épaves charnelles!

Il lâche son parapluie.
Daisy se penche pour le ramasser.
Il découvre la croupe de Daisy.

Ah! ces visions dantesques! Les flammes qui vont lécher ton corps pendant l'éternité, je les imagine.

Elle lui tend le parapluie

Merci... Ces lances rougies qui vont pénétrer tes chairs, qui vont lacérer, qui vont déchirer, qui vont réduire tes chairs en lambeaux, je les imagine. Visions cauchemardesques de tes souffrances!

Daisy tombe à genoux.

LE «PREACHER»
Il la relève lentement.

Mais une force mystérieuse te pousse. Impossible de résister: dès qu'un homme se trouve devant toi, il te le faut! Il te le faut!

Il oblige Daisy à le tenir par la taille.

Surtout, oui, surtout s'il est beau. Surtout s'il a quelque noblesse dans le regard. Surtout si tu soupçonnes sa puissance. Tu le prends! Il a beau résister, il est à toi! Il est à toi!

Klondyke

Il fait agir Daisy dont il manœuvre les mains, les bras, la tête.
Déjà tes tentacules l'enserrent, tes bras se replient sur lui... Il
s'agite, il refuse, il se débat. Mais trop tard! La femme se referme
puissamment sur lui. Il est prisonnier de la femme comme d'une
cage. Ses jambes voudraient s'enfuir, mais les tiennes retiennent
les siennes. Il voudrait appeler au secours, mais déjà ta bouche...

Il l'oblige à l'embrasser.
Ah! tu l'as mordu au cœur. Ton venin coule dans ses veines.

Il veut l'entraîner vers l'alcôve.
Pierre passe une tête inquiète entre les rideaux.
Je suis empoisonné!

Daisy
Non!

Elle tente de lui échapper.

Le «Preacher»
Ah! perfide, tu dis non, mais tu m'entraînes déjà, malgré moi,
vers ta couche encore tiède...

Daisy
Non! Non! Non!

Le «Preacher»
Ah! misérable... Je me rends...

Il l'entraîne dans l'alcôve.

SCÈNE 45

TOUS

Musique: 1) Polka de la Concupiscence
À l'entrée de Daisy et du «preacher» à l'intérieur de l'alcôve, une lutte
mystérieuse s'engage. On voit parfois un bras, une jambe, une pièce
de vêtement…
Les «painted women» et les acolytes entrent sur scène de même que
les chercheurs.
Les acolytes et les «painted women» dansent.
Les autres marquent le rythme en frappant dans leurs mains.

Musique: 2) Polka de la Jalousie.
Pierre est projeté hors de l'alcôve. À bout de souffle et à moitié désha-
billé, il tient à la main une pièce de vêtement appartenant au «prea-
cher» qu'il lance vers l'alcôve. Puis il est entraîné dans la polka par
une «painted woman» qui le prend pour partenaire.
Daisy s'échappe de l'alcôve, poursuivie par le «preacher» qui finit par
monter sur une chaise pour caller.

Musique: 3) Polka de l'Alouette.

Le «Preacher»

Ah! l'épine de ma rose
Tu sens l'apothéose
La fumée de mon feu
Allumé par tes yeux.
T'es la porte de mes gonds
J'en oublie mon jargon
Et le grain de ta beauté
Et ton ventre ouaté
Ton sourire ingénu
Sur tes lèvres charnues
T'es l'défaut de ma cuirasse

Klondyke

Il me faut ta tignasse
Ah! ta peau de satin
Ton regard de catin
Et j'ai soif de ta gorge
La chaleur de ta forge
Le galbe de tes hanches
Un oiseau sur la branche
Et voici le nid tiède
Au confort du bipède

Et ta tête!
Et ton ventre!
Et tes ailes!
Et ta queue!
Ah...

Tous
(*simultanément*)

Et ta tête!
Et ton ventre!
Et tes ailes!
Et ta queue!
Ah...

Cette exclamation du chœur qui termine le finale rappelle le début du refrain de la chanson Alouette.

— NÉANT —

FIN DE LA PREMIÈRE PARTIE

DEUXIÈME PARTIE

HUITIÈME TABLEAU

LA CHAMBRE
LA NUIT
L'ÉTÉ

SCÈNE 46

PITT
JOE

JOE
Dans le «bunk».
Hé! Pitt... Prends du papier, des guenilles, n'importe quoi, et bouche la fenêtre!

Pitt se précipite.
Maudit pays de nuits blanches! Le soleil qui vient à peine de se coucher va se relever dans moins de trois heures.

PITT
À la fenêtre.
Comme ça, on dirait que c'est la vraie nuit...

On entend un coup de feu.

Il sursaute.

Ce doit être Soapy Smith!

JOE

Dis-toi que c'est une bouteille de champagne, et dors!

Pitt se couche.

SCÈNE 47

LES MÊMES
DAISY
Le rêve de Pitt.
Après un moment, la porte s'ouvre. Effrayé, Pitt se redresse.
Musique: improvisations au piano dans le style des poursuites du cinéma muet («Les périls de Pauline»).
Entre Daisy.

DAISY

Je vous en prie, soyez mon protecteur.

Joe se dresse dans son lit.

PITT

Je ne peux pas. Même en rêve.

DAISY

Je vous en prie!

PITT

Adressez-vous à Joe.

DAISY

Ils veulent m'obliger à prendre un autre bain de champagne!

PITT

Cache-la, Joe!

DAISY

Ils viennent...

On entend une voix en coulisse.

JOE

Pour s'attirer des ennuis? Jamais!

PITT

Sois son héros! C'est un rêve...

On frappe. Daisy se glisse sous les couvertures dans le «bunk» de Joe.

SCÈNE 48

LES MÊMES
L'HÔTELIER

L'HÔTELIER
Il entre et se met à chercher.

Où est Daisy?

PITT

À un moment, j'ai eu très peur. Vous frappiez tellement fort que j'ai pensé: quel dommage! les coups vont finir par m'éveiller...

L'HÔTELIER

Où est-elle?

PITT

Normalement, vous auriez dû la trouver tout de suite...

L'Hôtelier

Où ça?

Pitt

Donc, je rêve.

L'Hôtelier

Deux cents dollars de champagne! Mais ça vous est bien égal!

Il poursuit sa recherche.

Pitt

Oh! oui, ça m'est bien égal!

L'Hôtelier

Un client qui est revenu avec quatre mulets, la langue pendant comme ça!

Pitt

C'est merveilleux d'être un autre en rêve!

L'Hôtelier

Dites-moi un peu où elle pourrait trouver deux cents dollars de champagne à se verser sur le dos, deux ou trois fois par semaine! Je ne peux tout de même pas y mettre ma femme, dans cette baignoire – le client n'en voudrait pas!

Il se rend à la porte.
Non seulement elle se baigne dans le champagne, mais tous les matins, elle fait la grasse matinée.

Il ouvre la porte.
Je la traite comme ma fille.

Klondyke

Il sort et referme la porte. À l'extérieur, en s'éloignant:
Daisy... Daisy... Daisy...

SCÈNE 49

PITT
JOE
DAISY

DAISY
Elle sort la tête.

Il est parti?

JOE

Mais il va peut-être revenir.

Il la maintient dans le «bunk».

DAISY

Qu'est-ce que vous faites?

JOE

On ne sait jamais.

DAISY

Lâchez-moi!

JOE

Mais je vous protège!

PITT

Quel dommage! Maintenant, c'est comme si je ne rêvais pas...

Daisy repousse les couvertures et parvient à sortir du «bunk».

JOE

Je ne vous ai pas forcée à y venir, dans mon *«bunk»*!

DAISY

Le patron et Soapy, ils ont peut-être raison: mieux vaut un homme sale qui revient avec quatre mulets, qu'un homme sale sans mulet... J'y retourne!

Elle se rend vers la porte.

PITT

Où ça?

DAISY
Elle s'arrête.

Il me traite comme sa fille, mais il ne m'a jamais donné un morceau de savon. Que du champagne! Je me sens toute collante...

PITT

C'est sucré, le champagne?

DAISY

Vous n'en avez jamais bu?

PITT

Non.

DAISY
Elle lui tend un bras.

Goûtez!

PITT
Il commence à lui lécher le bras.

Klondyke

JOE

Et moi?

DAISY

Tenez!

Elle lui tend l'autre bras.

Mais n'abusez pas.

JOE

Je ne suis pas un ivrogne...

Il lui lèche le bras.

PITT
Il s'arrête.

Je dirais plutôt que c'est salé.

Il se remet à lécher.

DAISY

Normalement, ça se boit glacé.

JOE
Il s'arrête.

Moi, je l'aime bien comme ça, un peu tiède.

PITT

Ah! c'est bien différent de la bière. Ça monte à la tête tout doucement...

On frappe. Ils partent dans diverses directions pour se cacher, et s'arrêtent net, mal dissimulés.
On frappe à nouveau.

Même mouvement. Daisy finit par se réfugier dans le «bunk» où Joe la rejoint.

PITT

Et moi?

JOE

Toi, tu réponds. Si c'est pour moi, je n'y suis pas.

On frappe.

PITT

Il se rend à la porte et ouvre. Il n'y a personne. Il referme la porte.
On frappe. À Joe.

C'est à ton tour maintenant...

On frappe.
Il retourne ouvrir la porte.

SCÈNE 50

LES MÊMES
LE «PREACHER»
Au même moment, la fenêtre s'ouvre et le «preacher» apparaît.

LE «PREACHER»

Elle est ici!

PITT

Il répond au «preacher» comme s'il était dans le couloir.
Qui?

LE «PREACHER»

Je la sens!

Klondyke

PITT

Vous sentez quoi?

Il cherche à distinguer son interlocuteur, disparaît dans le couloir et referme la porte derrière lui. Le «preacher» entre.

LE «PREACHER»

L'odeur du péché, ça ne trompe pas.

On frappe.

Qu'est-ce que c'est?

PITT
Dans le couloir.

Moi...

Il entre timidement et referme la porte derrière lui.

LE «PREACHER»

Où est-elle?

PITT

Je ne sais pas, moi.

LE «PREACHER»
Il avance sur Pitt et menace de le frapper.

Vous n'allez pas vous interposer entre elle et la grâce qui frappe!

PITT
Effrayé, il se protège le visage avec l'avant-bras.

Je vais tout vous dire...

LE «PREACHER»

Où est-elle?

PITT

Elle est... dans le *«bunk»*!

LE «PREACHER»

Ah! Ah!

Il se précipite vers le «bunk» mais, tout à coup, il s'arrête net, sceptique.
Dans le *«bunk»*?

PITT

Oui.

LE «PREACHER»

Avec ton camarade, peut-être?

PITT

Oui, c'est ça, avec Joe.

LE «PREACHER»

Avec Joe?

PITT

Oui...

LE «PREACHER»
Il fonce sur Pitt.
Tu as fini de te moquer de moi?

PITT

Je vous assure.

LE «PREACHER»
Fille publique, peut-être! Mais à ce point...

PITT

Je ne sais pas mentir.

LE «PREACHER»
Il menace de le frapper.
Un jour où je n'aurai rien de mieux à faire, la grâce va s'abattre sur toi!

PITT
Effrayé, il a un geste pour se protéger.
On frappe.
Pitt veut se cacher, il se rend vers le «bunk».

LE «PREACHER»

Qu'est-ce que c'est?

Une Voix
Dans le couloir.
Police! Ouvrez!

LE «PREACHER»

Nom de Dieu!

Le «preacher» se lance vers le «bunk», en tire Pitt qui était sur le point de s'y cacher et le projette vers la porte.

PITT
Il ouvre.
Si vous cherchez quelqu'un, elle n'est pas ici, je vous assure...

SCÈNE 51

LES MÊMES
SOAPY SMITH

SOAPY
Il pousse Pitt.
Je la traite comme ma sœur.

PITT
Mais vous n'êtes pas de la police...

SOAPY
Il fait le tour de la chambre.
Elle n'a même pas la reconnaissance du ventre!

Une idée le frappe.
Je devrais peut-être l'épouser. On a beau dire, le mariage, ça crée des liens.

PITT
Elle n'est pas dans le *«bunk»*, je vous assure...

Soapy tire les couvertures et découvre le trio.

SOAPY
Alors, on fait ses visites de paroisse!

LE «PREACHER»
Il se traîne hors du «bunk».
Ne me frappez pas! J'ai horreur d'être frappé...

Une poursuite s'engage.

SOAPY
Conversions à toutes heures! Service rapide!

LE «PREACHER»
Désignant Joe.
C'est Joe qui a commencé!

Klondyke

SOAPY
Au «preacher».
Alors, on resquille? On vole à l'étalage, maintenant?

PITT
Moi, je veux m'en aller!

SOAPY
Au «preacher».
On croit s'en tirer sans payer d'impôts!

DAISY
Il y a des jours où je me demande...

LE «PREACHER»
À *Soapy.*
Nous sommes faits pour nous entendre, je le sens!

DAISY
... si je ne devrais pas changer de vie!

JOE
À *Pitt.*
Tout ce qui arrive, c'est de ta faute!

SOAPY
Au «preacher».
Ça débite de l'éternité en tranches!

PITT
Puisque c'est comme ça, je m'en vais.

Il ouvre la porte.

LE «PREACHER»
Je crois que la sainteté, c'est plus sûr.

Il profite de la porte ouverte et sort.

SOAPY
Ça vend du salut au détail!

Il sort derrière le «preacher».

PITT
Il poursuit son raisonnement.
Non, je reste.

Il referme la porte.
Mais si je reste, Joe, c'est pour toi...

SCÈNE 52

PITT
JOE
DAISY

DAISY
Après un court temps.
Tout ça, c'est à cause de l'enfance.

JOE
On dit ça, on dit ça...

PITT
On dit tant de choses, pas vrai, Joe?

Ils veulent se remettre à lui lécher les bras.

DAISY
Une enfance malheureuse, si vous croyez que c'est drôle.

Klondyke

Musique: *Air de Daisy*
Couplet 1

DAISY

Ça commence avec ma mère
Une créature infâme
Qui battait mon père, mes frères

PITT ET JOE

Oh! le sombre, sombre drame

DAISY

Moi, Daisy, les consolais
C'est ainsi que de père en frères
Je devins, et pour jamais
Attachée au lit de fer

Pitt et Joe lèchent Daisy.

Premier refrain (valse)

DAISY

Je suis la blonde
Aussi la rousse
Même la brunette
Je les suis toutes
Où la chèvre est attachée
Il faut qu'elle broute

Second refrain (two step)

LES TROIS

Si t'as faim, mange ta main
Et garde l'autre pour demain
Si t'as faim, mange ton pied
Et garde l'autre pour danser

Coda dansée.
Couplet 2

DAISY

Me voici à l'étalage
J'suis soupape de vocation
Z'ont tous l'air d'anthropophages
À chacun faut sa ration
Pour Daisy, les hommes se suivent,
Se suivent et se ressemblent
Ils gardent toujours leur chapeau
C'est trop vrai pour être beau

Pitt et Joe lèchent Daisy

Premier refrain (valse)

DAISY

Je suis la grande
Aussi la petite
Même la moyenne
Je les suis toutes
Où la chèvre est attachée
Il faut qu'elle broute

Second refrain (two step)

LES TROIS

Si t'as faim, mange ta main
Et garde l'autre pour demain
Si t'as faim, mange ton pied
Et garde l'autre pour danser

Coda dansée.

DAISY
Elle leur retire ses bras.
Ça vous est bien égal, mon âme.

Klondyke

JOE

Ne croyez pas ça...

PITT

C'est le plus beau morceau...

Pitt et Joe se remettent à lui lécher les bras. On entend comme un coup de feu.
Joe et Pitt lèvent les bras.

DAISY

Cette fois, c'est le champagne...

Elle se rend à la porte.
C'est plus fort que moi. Comme un chien qu'on siffle.
Moi, c'est les bouchons qui sautent...

Elle sort.
Joe va se recoucher dans le «bunk».

SCÈNE 53

PITT
JOE

PITT
Comme si Joe voulait suivre Daisy.
Non, Joe! Ne fais pas ça! Daisy, c'est pas une femme pour toi...

Il ferme la porte sur laquelle il s'appuie comme pour empêcher Joe de la suivre.
Qu'est-ce que tu me reproches, Joe?

JOE
Il s'est éveillé.
Pitt, qu'est-ce qui te prend?

PITT
Joe, ne fais pas ça.

JOE
Pitt, réponds-moi!

PITT
C'est pas une femme pour toi, Joe.

JOE
Pitt.

PITT
Joe.

JOE
Il lui lance une bottine.
Pitt!

La musique s'arrête.

PITT
Joe?

JOE
Tu ne pourrais pas me laisser dormir, non?

PITT
Si tu savais comme je suis content que tu sois là. Je te voyais t'en aller pour toujours... Mais tu es là!... J'ai rêvé, Joe... J'ai rêvé que

tu partais... C'est probablement la digestion. J'ai mal digéré les «beans» d'hier... Excuse-moi, Joe. Et puis, je suis inquiet. Je pense à l'avenir. Chaque fois que je ne pense à rien de particulier, je pense à l'avenir... Je pense à nous, moi... As-tu bien dormi, Joe? Es-tu fâché?

Joe est passé par une gamme de sentiments assez divers. Il regarde Pitt un long moment sans rien dire.

JOE

Moi aussi, je pense à nous, Pitt...

PITT

Ah! je suis bien content, Joe... bien content que tu penses à nous, toi aussi... Tu sais, Joe, les planchers s'envolent...

JOE

Par exemple, Pitt, je pense qu'il va nous falloir un mulet.

PITT

Un mulet, un mulet... ça ne se trouve pas sous le pas d'un cheval, un mulet!

JOE

Tu ne m'as pas compris...

PITT

Pourquoi me regardes-tu comme ça?

JOE

Le temps passe, le temps passe.

PITT

Tu le disais toi-même, Joe, le temps travaille pour nous.

JOE

II faut que l'un de nous accepte d'être le mulet de l'autre.

PITT

Tu as déjà fait le travail d'un mulet, toi?

JOE

Le mulet, Pitt, c'est la plus noble conquête de l'homme.

PITT

C'est le cheval...

JOE

Fais le cheval, si tu veux! Mais le mulet s'adapte mieux à la montagne. Et puis nous n'avons pas les moyens d'avoir un cheval... Tu seras donc un mulet!

PITT

Pourquoi pas toi?

JOE

Parce que, moi, je pense! Mon pauvre Pitt, si tu étais à la tête de notre association, où en serions-nous? Dans cette chambre d'hôtel à nous demander quoi faire! Tandis qu'avec moi, lorsque nous aurons épuisé l'héritage de notre tante Eulalie, eh bien! nous serons prêts à nous ruer sur l'or!

PITT

Joe, qu'est-ce que nous ferons avec l'or?

JOE

Avec l'or, tout est possible. Qu'est-ce que tu as toujours voulu devenir, toi?

PITT

Je ne sais pas.

Klondyke

JOE

C'est pour ça que tu n'es rien devenu. Il faut vouloir devenir pour devenir. Dis la première chose qui te passe par la tête! Qu'est-ce que tu as toujours voulu devenir?

PITT

Peut-être un saint.

JOE

Ce n'est pas un métier!

PITT

J'ai dit la première chose qui me passait par la tête...

JOE

Avec l'or, Pitt, nous achèterons des choses.

PITT

Il faut faire vite. Il y a de moins en moins de choses qui me font envie.

JOE

Et nous ferons des affaires!

PITT

Pourquoi? Puisque nous serons riches!

JOE

Parce que c'est comme ça: plus on est riche, plus on a envie d'être riche.

PITT

Et avec l'argent des affaires, qu'est-ce que nous ferons?

JOE

D'autres affaires. Et encore d'autres affaires. Et toujours d'autres affaires...

PITT

Ça ne s'arrête donc jamais!

JOE

L'argent attire l'argent.

PITT

Pourquoi?

JOE

Pitt, tu ne seras jamais qu'un maudit pauvre? Je me demande comment j'ai pu accepter de devenir ton associé...

Pitt se mouche.

JOE

Allons! Ne pleure pas...

PITT

Je ne pleure pas, je me mouche.

JOE

Je sais qu'au fond tu as envie de pleurer... Ne le nie pas, je le sais... Là où elle se trouve, si notre tante nous voit, elle doit me remercier à genoux de m'être joint à toi pour qu'ensemble nous soyons un neveu digne d'elle!

PITT

Dis-moi que tu l'aimes un peu, notre tante Eulalie.

JOE

Si je ne l'aimais pas, crois-tu que j'aurais accepté de partager son héritage avec toi?

PITT

Joe, es-tu mon ami?

JOE

Si je t'avais demandé de faire le crapaud, le serpent à sonnettes ou le zèbre, je comprendrais que tu hésites, mais le mulet! Qu'est-ce qu'ils t'ont fait, les mulets? Qu'est-ce que tu leur reproches?

PITT

Rien, ils ne m'ont rien fait, les mulets. Je n'ai jamais dit que j'avais quelque chose à reprocher aux mulets!

JOE

D'après toi, Pitt, est-ce qu'il existe un animal plus heureux qu'un mulet?

Il lui flatte la nuque.
Et puis, tu me connais, je ne suis pas un mauvais maître...

PITT
Il se dégage.
Tu m'emmerdes à la fin!

JOE

Bon...

Un temps.
Puisque tu ne veux rien comprendre, Pitt, je m'en vais...

Il fait quelques pas à reculons.
Au revoir, mon vieux Pitt... Fais ta vie comme tu l'entends. Tu as peut-être raison, l'avenir nous le dira. Je te laisse pourtant un peu de mon cœur, un peu plus que je ne le voudrais... Mais tout passe dans la vie: la plus belle amitié finit par s'user... J'ai déjà trop tardé. Il faut toujours arracher le pansement d'un coup sec: ça fait moins mal...

Il fait quelques pas à reculons.
Alors, je ramasse mes affaires, je me rends dans le couloir, et la porte se referme lentement... Ton ami Joe est parti pour toujours: il ne reviendra plus jamais – et tu le sais... Car je n'ai pas peur de

sortir de cette chambre, moi! Tandis que, toi, tu restes là à trembler devant la porte: tu bafouilles dans ta tête, tu fais dans ta culotte. Trouveras-tu la force de sortir de cette chambre, Pitt? Et pour aller où? Parmi les hommes qui mâchent du tabac, qui crachent, qui ont les mains larges, et le coup de gueule énorme comme l'orage...

Un temps.

Salut, Pitt!

PITT
Il courbe lentement l'échine et finit par imiter le cri du mulet.

Musique: Duo de l'Amitié
Reprise du refrain
JOE

Amis comme cochons
À gogo je patauge
Amis comme cochons
Les pattes dans ton auge
À nous deux l'Eulalie
Et pour toute la vie
À nous deux l'Eulalie
Et jusqu'à la lie

Ils sortent pendant la fin du duo. Joe tire Pitt, devenu le mulet.

— NÉANT —

NEUVIÈME TABLEAU

JEU DRAMATIQUE
DE L'ÉTÉ

Plusieurs aires de jeu à différents niveaux et reliées entre elles.
À la musique s'ajoutent pour certaines scènes de ce tableau des effets
de chutes d'eau et de rapides, par exemple pour la scène du naufrage,
de chants d'oiseaux et de bruits d'insectes.
Projections: sur les deux écrans apparaissent des photos de la ruée vers
l'or.

SCÈNE 54

PIERRE
SKOOKUM
LE QUATUOR
Une éclaircie dans la forêt.
Musique.

LE QUATUOR

Eldorado! Eldorado!

PIERRE
Parlé.

En arrivant à Caribou Crossing, je me suis tout à coup trouvé en
plein été. Comme si la belle saison avait passé l'hiver là à m'attendre.

J'aurais dû me douter que l'été m'éclaterait sous les yeux d'un moment à l'autre: il y a quelques jours, un peu plus bas, la rivière commençait à sourdre de dessous la couche de glace épaisse. Mais je n'avais pas le cœur à l'été.

Musique
Refrain

PIERRE

Qu'es-tu devenue
Ma mie?
As-tu vendu
Nos souvenirs?
Ou les as-tu
Seulement perdus?
Dans le naufrage du temps
Dans le naufrage du temps

Parlé.

Dans un repli de terrain couvert d'un tapis de bruyère verte, les fleurs ouvrent leur calice, les bourgeons éclatent sur les branches d'aubépine. Du côté du lac, une rangée de pins et de bouleaux repousse l'assaut du vent. Mille insectes se poursuivent sur les feuilles, les oiseaux volent discrètement; l'air est doux et embaumé des senteurs résineuses des sapins. Les chevaux mis en liberté gambadent joyeusement et se vautrent dans le sable, les quatre fers en l'air... C'est l'été.

Il chante accompagné par le quatuor à bouche fermée.

Refrain

PIERRE ET LE QUATUOR

Qu'es-tu devenue
Ma mie?

Klondyke

As-tu vendu
Nos souvenirs?
Ou les as-tu
Seulement perdus?
Dans le naufrage du temps
Dans le naufrage du temps

LE QUATUOR
Chanté.

Les saules qui verdissent. Toutes les couleurs qui s'ouvrent.
Et les oiseaux bleus. Et les oiseaux rouges et les oiseaux bruns.
Tous ces oiseaux qui n'ont pas de nom. Il faudra que j'invente des noms.
La cascade gronde, les truites des ruisseaux remontent le courant.
Et les oies sauvages en vols immenses pointent vers le Nord.

Refrain

LE QUATUOR

Qu'es-tu devenue
Ma mie?
As-tu vendu
Nos souvenirs?
Ou les as-tu
Seulement perdus?
Dans le naufrage du temps
Dans le naufrage du temps

PIERRE
Parlé.

Lorsque les barques seront construites, il faudra se séparer des bêtes qui nous ont aidés pendant l'hiver. J'aurais dû les commander en pensant qu'un jour, je devrais m'en séparer...

Chanté.

March on!

Parlé.

Il n'y a plus une minute à perdre!
Déjà, le soleil se lève à trois heures du matin et ne se couche qu'à
dix heures du soir...

LE QUATUOR
Chanté.

Mais le jour est encore bien plus long sans toi.
Parfois, la nuit, regardes-tu la Grande Ourse?

PIERRE
Chanté.

Qu'es-tu devenue
Ma douce amie?

LE QUATUOR
Chanté.

Bientôt, il fera encore jour à minuit.
En quelques mois, il faut vivre une vie...

PIERRE
Chanté.

Dans le naufrage du temps
Dans le naufrage du temps

SKOOKUM
Parlé.

Viens!

Klondyke

PIERRE
Parlé.
Sur notre claim, Skookum, tu crois qu'on va en trouver de l'or?

SKOOKUM
Viens laver des «pans»; l'été passe vite au Yukon...

LE QUATUOR
Chanté.

March on!
T'avais qu'à pas venir
T'avais qu'à réfléchir
Avant de venir!
T'avais qu'à mourir
Plutôt que de venir
March on!
March on!
March on!

Le quatuor sort.

SCÈNE 55

JOE
PITT
Dans le bois.
Son: le vol d'un maringouin (de préférence, l'imitation sera faite par Joe lui-même).
Joe est agacé par le vol d'un maringouin. Il le cherche, il le trouve, il le suit des yeux. Le maringouin finit par se poser sur son bras. Il le tue.

JOE
Regarde!

PIERRE

Quoi?

JOE

Le premier maringouin de la saison!

SCÈNE 56

L'HÔTELIER
LES «PAINTED WOMEN»
DAISY
LA PATRONNE
LE «PREACHER»
SOAPY SMITH
LES ACOLYTES
QUELQUES CHERCHEURS

Musique: le Quadrille de Maringouins.

Les personnages ont des costumes d'été. Quelques accessoires permettent de comprendre qu'il s'agit d'un pique-nique compromis par les maringouins et les mouches noires.

Premier temps:

Tour à tour, chacun reprend la pantomime de Joe. Et bientôt la scène est remplie de personnages qui imitent le bruit du vol des maringouins et qui se frappent à la joue, à la nuque, à la cuisse, et qui même s'entre-frappent en suivant la mesure. Les danseurs se détachent pour un solo, tel le «pas de deux des maringouins», ou une figure à quatre, etc.

Second temps:

Mais, soudain, un des danseurs s'arrête net, le regard fixe et les mains sur le ventre pour ensuite sortir au pas de course. Puis deux, trois, cinq, etc. La scène finit par se vider. L'accompagnement musical est

aussi de plus en plus ténu jusqu'à devenir inexistant.
Pitt et Joe demeurent seuls sur scène.

SCÈNE 57

PITT
JOE

PITT

Joe...

JOE

Qu'est-ce que tu as?

PITT

Ça ne va pas, Joe.

JOE

Je le vois bien: tu es vert.

PITT

J'ai mal au ventre.

JOE

Ah! non...

PITT

Je t'assure...

JOE

Tu ne vas pas te mettre à avoir mal au ventre!

PITT

Je ne le fais pas exprès, Joe.

JOE

C'est l'épidémie de dysenterie. Tout le monde dans le Yukon a la diarrhée. Résiste, Pitt, résiste.

PITT

Je vais essayer, Joe.

JOE

Ce n'est pas la peine de te lamenter, je ne te plaindrai pas.

PITT

Tu fais bien, Joe. Je ne veux pas que tu me plaignes. Et je vais résister, je vais résister le plus possible... Qu'est-ce que tu as, Joe? Ça ne va pas? Tu as verdi tout d'un coup...

JOE

Mêle-toi de tes affaires!

Ils sortent au pas de course en se tenant le ventre.

Musique: ponctuation loufoque.

SCÈNE 58

PIERRE
SKOOKUM
LE QUATUOR
Une éclaircie dans la forêt.

PIERRE
Parlé.

Les colonnades de sapins, de cèdres, de pins sont parfois si serrées que la lumière éclaire à peine les dessous de ces dômes de feuillages et de rameaux. L'air est immobile. Le silence est terrible. On se surprend à s'écouter marcher, comme un autre. L'arme entre les mains, on est prêt à faire feu sur l'apparition qui, on le sait, ne se produira pas... Silence des bois, horreur des bois. On sort de là, comme d'un rêve, sans se souvenir...

Chanté.

Qu'es-tu devenue
Ma mie?
As-tu vendu
Nos souvenirs?
Ou les as-tu
Seulement perdus?
Dans le naufrage du temps
Dans le naufrage du temps

SCÈNE 59

LES MÊMES
UN PILOTE (CHERCHEUR DEUX)
UN NAUFRAGÉ (CHERCHEUR SEPT)
TOUS LES CHERCHEURS
Une embarcation sur le Yukon.
Pendant le refrain de Pierre, les chercheurs sont entrés. Ils se placent sur deux rangs comme les rameurs d'une embarcation. À l'arrière, le pilote.

LE PILOTE

Parés? À vos postes!

Musique
Pantomime: les chercheurs rament vigoureusement.

Ils rythment l'effort par des respirations sonores de plus en plus rapides.

LE PILOTE

Plus vite! Plus vite!
Il s'agit de descendre le Yukon!
Nord-Est-Nord!
Plus vite! Plus vite!
Faut aller plus vite que le courant!
Plus vite que le Yukon!
Ramez, ramez donc!
Plus vite! Plus vite!
Le passage se resserre!

Il indique une direction.
Là...

Les chercheurs continuent de marquer le rythme.

LE QUATUOR
Chanté.
De chaque côté, les rochers se resserrent.
Autour de la barque, la masse blanche de l'écume.
Le roulement des eaux comme le tonnerre...

Le quatuor maintient le dernier accord.

LE PILOTE
Sa voix se superpose à celles du quatuor. Il indique une nouvelle direction.
Là!

Et il maintient la note.

Klondyke

LE CHŒUR

Aaaaaaa... Han!

Le quatuor, le pilote et les chercheurs terminent ensemble.
Le pilote lance son chapeau en l'air en signe de victoire.
Les chercheurs crient «Hourra!» puis ils se détendent et fraternisent.
Soudain…

PIERRE

Regardez!

TOUS

Quoi?

PIERRE

Sur le banc de gravier, un vieux vapeur, le *Clara Nevada*. Perdu
corps et biens. Soixante-cinq disparus...

Les hommes se découvrent. Pendant le récitatif du quatuor, les regards
vont lentement d'un côté à l'autre afin de donner l'impression de
mouvement.
À la musique s'ajoute une sirène de bateau – signal de détresse

LE QUATUOR
A capella.

Le terrain est jonché de débris, de poutres, de balles de foin
consumées, de boîtes entrouvertes... Des vêtements déchirés et
brûlés en partie, des souliers dépareillés, des chapeaux défoncés,
des outils: marteaux, scies, haches presque ensevelis dans le
sable...

Le naufragé se détache du groupe et s'adresse au public.

Le Naufragé

Nous, c'était aux Rapides de White Horse. Nous allions plus vite que le courant afin de manœuvrer. Mais je crois que le pilote était saoul. Notre barque, tout à coup, s'est portée sur une pointe de roc à fleur d'eau. La passe se resserrait de plus en plus, notre vitesse augmentait. Dans la manœuvre pour éviter le roc, une des chevilles qui retenait l'aviron d'avant s'est brisée, et mon cama-rade a été jeté à l'eau avec son aviron. J'ai vu sa tête se fracasser sur les rochers. Je n'ai eu que le temps de me jeter à l'eau. Là, sous mes yeux, mon équipement, mes provisions – le courant a tout emporté... Maintenant, je regarde les autres poursuivre leur route. Les uns passent; d'autres s'échouent dans le sable – ils met-tent des heures à s'en tirer... Les eaux sont couvertes d'embarca-tions de toutes grandeurs: les voilures ont les formes les plus bizarres: parfois, elles sont jaunes, rouges, vertes... C'est l'inva-sion du Yukon...

Mais pour moi, la ruée vers l'or, c'est fini...

Il fait ses adieux aux autres et c'est le prétexte de la chanson.

Projection: une carte du Yukon.
Musique: l'Air des Chercheurs.

Le Quatuor

Au revoir, les gars!
Ou peut-être à jamais...

Les Chercheurs

Ou peut-être à jamais

Le Quatuor

Ce sera la fortune
Peut-être la mort
Ou ni l'une ni l'autre

Klondyke

LES CHERCHEURS
Ou ni l'une ni l'autre

LE QUATUOR
Beaucoup ou rien du tout
Faut aller jusqu'au bout

LES CHERCHEURS
Faut aller jusqu'au bout

LE QUATUOR
Si on n'y va pas
On ne saura jamais
Au revoir, les gars!
Ou peut-être à jamais...

LES CHERCHEURS
Ou peut-être à jamais...

LE QUATUOR
À la source de la Thirty-Mile

LES CHERCHEURS
De la Thirty-Mile

LE QUATUOR
Ou bien de la Sixty-Mile

LES CHERCHEURS
De la Sixty-Mile

LE QUATUOR
J'irai au-delà des glaciers

LES CHERCHEURS

Des glaciers

LE QUATUOR

Je creuserai jusqu'au «bed rock»
Je laverai des «pans» de gravier

LES CHERCHEURS

De gravier

LE QUATUOR

Mais au Glacier d'Irène
Prends garde aux avalanches

LES CHERCHEURS

Prends garde aux avalanches

LE QUATUOR

Irène, c'est la déveine

LES CHERCHEURS

Irène, c'est la déveine

LE QUATUOR

Irène, elle n'est pas franche

LES CHERCHEURS

Irène, c'est la déveine.

LE QUATUOR

Au revoir, les gars!
Ou peut-être à jamais...

LES CHERCHEURS

Ou peut-être à jamais!

Klondyke

LE QUATUOR

Quelque part m'attend une pépite
Quelque part à Bonanza Creek

LES CHERCHEURS

À Bonanza Creek.

LE QUATUOR

Si t'as pas eu de chance

LES CHERCHEURS

Si t'as pas eu de chance

LE QUATUOR
Parlé.

Y'a!

LES CHERCHEURS
Parlé.

Y'a quoi?

LE QUATUOR

Y'a un affluent du Klondyke

LES CHERCHEURS

Klondyke

LE QUATUOR

Qui s'appelle «Last Chance»

LES CHERCHEURS

«Last Chance».

LE QUATUOR

Au revoir, les gars!
Ou peut-être à jamais...

LES CHERCHEURS

À jamais.

LE QUATUOR

Ce sera la fortune
Ou peut-être la mort

LES CHERCHEURS

La mort

LE QUATUOR

Beaucoup ou rien du tout
Faut aller jusqu'au bout

LES CHERCHEURS

Jusqu'au bout

LE QUATUOR

Si on n'y va pas
On ne saura jamais

LES CHERCHEURS

Jamais

LE QUATUOR

Au revoir, les gars!
Ou peut-être à jamais...

— NÉANT —

DIXIÈME TABLEAU

LE SALOON
LE JOUR
L'ÉTÉ

SCÈNE 60

PITT
Pitt arrive. Il cherche quelqu'un.

PITT
Il appelle.
Joe!..... Où peut-il bien être? Je l'ai cherché partout. Il s'occupe
peut-être de nos affaires. Joe, il a tellement le sens des affaires...

Il se rend vers l'alcôve dont le rideau est tiré.

SCÈNE 61

PITT
JOE
Joe entre avec un sac, une carabine – tout l'équipement du prospecteur.

JOE

Tu as quelque chose à me dire, Pitt?

PITT

Tu es parti sans me prévenir. J'étais inquiet. Toute la journée, je t'ai cherché... Tu sais, nous avons tout investi: il ne reste plus un seul plancher.

JOE

J'aurais préféré ne pas le savoir.

PITT

Alors, qu'est-ce qu'on fait maintenant?

JOE

Pitt, tu vas croire que j'ai pris cette décision parce qu'il ne restait plus d'argent...

PITT

Quelle décision?

JOE

Pitt, nous deux...

PITT

Oui.

JOE

Ne m'interromps pas tout le temps!

PITT

Je te demande pardon.

JOE

Nous deux... Qu'est-ce que tu dis?

PITT

Rien. Tu m'as demandé de ne pas t'interrompre.

JOE

Qu'est-ce que je disais?

PITT

Ce n'est pas la peine, Joe... Tu veux en finir, c'est ça?

JOE

Ne fais pas cette tête-là!

PITT

Maintenant que l'héritage de tante Eulalie...

JOE

Non, Pitt, non! Il y a comme une coïncidence, je le reconnais, mais ce n'est pas la raison.

PITT

Alors, c'est quoi, la raison?

JOE

Pitt, nous deux, c'est plus possible! Et puis voilà!

PITT

Au moment où il n'y a plus rien en caisse, il faut au contraire nous rapprocher, tous les deux.

JOE

Tu parles toujours d'argent! Il n'y a pas que ça dans la vie!

PITT

Tu me caches quelque chose, je le sens. Tu pars avec un autre, c'est ça? Tu pars avec Henderson? C'est ça que tout le monde dit.

JOE

Non, Pitt, non! Je pars seul… Je serai peut-être avec un autre, demain. Mais, je pars seul.

PITT

Si tu partais avec un autre, je comprendrais. Mais puisque tu pars seul… Tu ne peux pas partir sans mulet, Joe!

JOE

Pitt, où allons-nous tous les deux?

PITT

Et toi, où iras-tu tout seul? Aussi bien y aller ensemble… Tu n'es pas bien avec moi? J'ai le droit de savoir ce que tu me reproches! Par exemple…

JOE

Par exemple, par exemple… J'en ai assez! Tu comprends? Je suis écœuré!

PITT

Moi qui pensais que nous finirions par avoir une petite vie tranquille, tous les deux. Faire fortune, faire fortune – pourquoi? Est-ce qu'il ne vaudrait pas mieux vivre loin des autres? Gagner notre vie simplement?

Klondyke

JOE

Ma décision est prise, je ne reviendrai pas là-dessus. Pitt, je m'en vais...

Il ne bouge pas.

PITT

Ne crois pas que je cherche à te retenir, Joe. Je ne veux pas être un poids dans ta vie. Va-t-en, Joe, va-t-en...

JOE

Ça m'ennuie, Pitt, de te laisser comme ça, mais...

PITT
Ému.

Mais il est tard, je comprends.

JOE

«Contre mauvaise fortune, bon cœur»... «Le bon Dieu donne à manger à ses petits oiseaux». On ne t'a rien appris à l'école?

PITT

Les quelques mois que j'y ai été, on m'a appris beaucoup de choses. Comme de respecter mon père et ma mère, mais ça ne m'a jamais servi: j'étais orphelin...

JOE

Allons! Allons! tu ne vas pas te mettre à chialer!

PITT

Oh! surtout, pas de pitié! Je ne veux pas de pitié entre nous.

JOE

Bon...

Un temps.
Eh bien, maintenant, il faut que je parte...

PITT

Où vas-tu coucher, Joe? La chambre est payée pour la nuit, aussi bien partir en pleine forme, demain matin.

JOE

Je préfère partir maintenant.

PITT

Tu as rendez-vous avec Henderson. C'est ça? Oh! après tout, ça m'est bien égal. Au point où j'en suis...

JOE
Il ramasse ses affaires.
Adieu, Pitt...

PITT

Adieu, Joe...

Joe s'éloigne.
Joe!...

JOE
Il s'arrête sans se retourner.
Quoi?

PITT

Si tu as froid, cette nuit, ou si tu ne sais pas où dormir, tu n'auras qu'à passer par la fenêtre...

Après un temps, Joe revient sur ses pas.
Qu'est-ce que tu fais?

JOE
Il a l'air vaincu.
Je ne peux pas...

Il dépose son sac et sa pioche sur le sol, la carabine sur la table.

PITT
Ce n'est pas moi qui te retiens, Joe. Je ne veux pas t'empêcher de faire ta vie! Plus tard, tu me le reprocherais...

SCÈNE 62

LES MÊMES
HENDERSON
Entre Henderson.

HENDERSON
Alors, Joe, tu es prêt? Il faut partir tout de suite.

JOE
Je ne pars plus...

HENDERSON
Quoi? La chance passe et tu ne la reconnais pas. Parce que tu l'imagines belle fille en jupons, alors qu'elle vient sur des béquilles. À quoi ça sert d'avoir des cuisses qui font craquer la culotte quand on a la tête comme un courant d'air? Un jour ou l'autre, ça te coûtera cher d'avoir abusé d'un infirme!

Il crache de dépit et sort.

JOE
Après un temps.

Attendez!

PITT
Il le rattrape.

Qu'est-ce que tu fais, Joe? Tu pars avec lui? Méfie-toi, c'est un homme dangereux...

JOE
Il le repousse d'un coup de crosse.

Ahr!

PITT
Il tombe à genoux.

Ce n'est pas la peine de me frapper, Joe...

Il s'accroche à Joe.

Tout ce que je veux, c'est ton bien, Joe. Écoute-moi, Joe, écoute-moi: c'est un homme dangereux!

JOE

Je ne veux plus t'entendre! Je ne veux plus jamais t'entendre!

Il le menace de sa carabine.
Pitt s'accroche à Joe.

JOE
Il tente de se dégager.

Je ne veux plus que tu me juges!

Le coup de feu part et Pitt s'effondre.

Klondyke

HENDERSON
Qui était revenu sur ses pas.
Ça lui apprendra! Allons-y Joe...

Joe hésite un moment, puis il va trouver Henderson. Ils sortent.

SCÈNE 63

L'HÔTELIER
LA PATRONNE
PITT
Entre la patronne.

LA PATRONNE
Ah! les salauds! Hector! Hector!

Elle tombe à genoux en pleurant.

L'HÔTELIER
Quoi?

LA PATRONNE
Ils partent sans payer les funérailles.

L'HÔTELIER
Ah! les salauds!

Il relève la patronne.
Arrêtez-les! Arrêtez-les! Ils partent sans payer les funérailles!
Arrêtez-les! Arrêtez-les!

Ils sortent.

ONZIÈME TABLEAU

LA VILLE
LE JOUR
L'ÉTÉ

À Dawson City, en 1897, on a consacré plusieurs jours à la célébration conjointe des fêtes nationales du Canada (1er juillet) et des États-Unis (4 juillet).
Décor de fête populaire. Suggestions pour éléments de décor:

a) au fond, quelques banderoles publicitaires sur toute la largeur:
«Secure tickets by the Yukon flyer Lines»
«Steamers BONANZA KING and ELDORADO»
«10 days to SEATTLE and VANCOUVER»
«Office at AURORA DOCK»

b) disposés à divers niveaux sur le côté, quelques affiches permettent de recréer l'atmosphère d'une rue commerciale:
«Bath house»
«Laundry»
«Shaving»
«Hudson's Bay Company»
«North British American trading and transportation Company»

Klondyke

La ville est pavoisée de drapeaux américains (de l'époque)! et britanniques. Quelques lampions.
À l'entrée du saloon «Eldorado», d'autres affiches plus petites:
«Hootch-Inoo — Forty Rod whisky — 25 cts!»
«Pea soup and Caribou — 25 cts!»
«Whisky — 50 cts»
«Hurdy-Gurdy Girly Show»
«Showdance nightly»
«Men on a spree»

Projections: elles devraient contraster avec l'atmosphère de liesse du décor. Les rues de Dawson City et de Skagway: des gens qui errent. On se demande ce qu'ils attendent. Des maisons de bois, des affiches, des animaux crevés, des centaines d'embarcations sur la rive, comme une banlieue flottante. Quelques façades d'hôtels, le bureau de poste, la British Bank of North America.
Musique: Fanfare des Fêtes nationales.

SCÈNE 64

TOUS, dont:
UNCLE SAM (CHERCHEUR UN)
JOHN BULL (CHERCHEUR QUATRE)
UN MARCHAND (CHERCHEUR TROIS)
UN POLICIER (CHERCHEUR SIX)
sauf PIERRE et SKOOKUM
En tête du défilé, Daisy en majorette du Klondyke (compromis entre le costume de saloon et celui de Davy Crockett).
Puis les banderoles portées par les chercheurs du quatuor:

a) «Drink at THE CONFEDERATION». «Monte-Carlo is open day and night under new management»

b) «INDEPENDENCE DAY IS NOT FOR THE MULES»
(Eldorado Saloon)

John Bull et Uncle Sam dansent ensemble complètement saouls. (À la reprise, la patronne incarnait la reine Victoria). La foule en liesse dans laquelle on remarque un homme-sandwich: «Read the Klondyke Nugget» et «all what happened OUTSID»
Le défilé s'immobilise devant le saloon. (La musique s'arrête sans ordre). L'hôtelier, devenu photographe pour l'occasion, prend une photo de l'événement, éclair de magnésium.
La musique reprend, de même que le défilé.
Le tout s'est déroulé sous le regard placide d'un sergent de la Gendarmerie Royale et d'une squaw.

SCÈNE 65

Pierre
Skookum
puis, Le Quatuor
Comme le défilé s'éloigne Pierre entre suivi de Skookum.
Musique: l'Air du Retour.

Couplet 1

PIERRE

La tête comme une géographie
Avec des bateaux qui partent
Vers le retour
Mais le retour vers quoi
Au juste
On ne sait plus très bien
On ne sait plus
Quelle est sa place
Si le village ou bien la ville

Klondyke

Qui m'attend
M'attend vraiment

LE QUATUOR

Mais l'aventure
On ne sait plus
Si la rivière ou bien le claim
Qui m'attend
M'attend vraiment

Couplet 2

PIERRE

Le cœur comme un carrefour
Avec des êtres qui m'appellent
Pour le retour
Mais le retour vers qui
Au juste
On ne sait plus très bien
On ne sait plus
Qui c'est qu'on aime
Si l'épouse ou la maîtresse
Qui m'attend
M'attend vraiment

LE QUATUOR

Mais le Klondyke
On ne sait plus
Si le frère, le camarade
Qui m'attend
M'attend vraiment

Couplet 3

PIERRE

L'âme comme un jeu de hasard
Avec des signes qui m'indiquent

C'est le retour
Mais le retour vers quoi
Au juste
On ne sait plus très bien
On ne sait plus
Quel est le geste
Si l'échec ou le succès
Qui m'attend
M'attend vraiment

LE QUATUOR

Mais rester pour quoi
On ne sait plus
Si un peu d'or ou la misère
Qui m'attend
M'attend vraiment

Le quatuor sort.

SCÈNE 66

PIERRE
SKOOKUM
UN MARCHAND (CHERCHEUR TROIS)
Le marchand apporte avec lui son affiche: «Ici, on vend du neuf n'ayant jamais servi».
Pierre dépose tout son matériel aux pieds du marchand.

PIERRE

Combien?

LE MARCHAND

Qu'est-ce que tu vends?

Klondyke

PIERRE

Tout, je vends tout.

LE MARCHAND

Bon...

PIERRE

C'est comme neuf!

LE MARCHAND

Ça?

Il rit. Puis, il commence l'inspection de la marchandise.

PIERRE

«Sale pays, ce Klondyke! Une terre maudite!» C'est ce qu'ils disent tous. Mais ce n'est pas vrai, Skookum... C'est ce que tous les chercheurs ont apporté ici qui pourrit tout, les chercheurs et tous les autres: la soif de l'or. Rien d'autre. Personne n'est venu ici pour organiser un coin du monde.

LE MARCHAND

Cinquante.

PIERRE

Pour tout?

LE MARCHAND

Tu m'as dit que tu voulais tout vendre.

PIERRE

J'aurai du mal à m'en retourner.

LE MARCHAND

Tu me demandes combien j'en donne. Je te dis: cinquante dollars. Le reste ne me regarde pas. Je ne suis pas allé te chercher. Moi, je ne me presse pas, je laisse venir. Mais je te préviens: dans deux ou trois jours, je ne t'en donnerai peut-être que trente-cinq ou quarante. L'hiver s'en vient. Les derniers bateaux vont partir. Moi, j'attends que ça pourrisse...

PIERRE

Si je reste, je vais me retrouver l'an prochain dans la même situation... À la même date, je me promènerai dans la même ville en me posant les mêmes questions...

Au marchand.

Donne-moi soixante-quinze dollars...

LE MARCHAND
Il lui tend les billets.

Cinquante, c'est mon dernier prix!

PIERRE
Il les prend.

Maintenant, c'est fini.

Il va trouver Skookum et lui compte la moitié des billets.

Il y a un moment, j'aurais pu changer d'idée: repartir avec toi du côté de la Thirty-Mile, trouver un bon claim, me «frapper riche»... Maintenant, c'est fini. Je m'en retourne, Skookum, aussi pauvre que je suis arrivé. Mais ce n'est pas de l'or que j'étais venu chercher au Klondyke – maintenant je le sais. J'avais besoin d'aller jusqu'au bout de quelque chose de difficile pour devenir un homme...

Klondyke

De tout ça, il va me rester quelques souvenirs qui vont jaunir dans ma tête. Je sais déjà que je me souviendrai avec le plus de plaisir des moments les plus difficiles: l'hiver, les passes; l'été, les rapides... Et, surtout, des hommes que j'ai connus... Adieu, Skookum...

Pierre sort.
Skookum le regarde un moment, puis il sort d'un autre côté.

SCÈNE 67

LE MARCHAND
JOE
Joe entre. Il porte le manteau de Henderson.

JOE
Il lance ses affaires au marchand.
Tu gardes tout!

Il éclate de rire. Le marchand ramasse sa marchandise et se retire.

Musique: l'Air de la Réussite.
Joe sortira de son manteau un chapeau-claque, une canne et des gants blancs.

JOE
L'or c'est un grand bazar
Où l'on n'a qu'à faire son prix
Si l'or ne va pas au hasard
Tous les espoirs sont permis

Le doux regard d'une femme
Je donne tant! et je l'emporte
Mais s'il perd de sa flamme

Je la fous à la porte!
L'or est reçu dans les salons
La dot d'abord, puis les flonflons
L'or devient propriétaire
Malheur à toi, locataire!

L'or qui a connu la misère
Veut bien rendre service
Mais l'or a l'âme créancière
Y'a pas de petits bénéfices

L'or se présente comme député
Aux prochaines élections
J'aurai ma place en société
L'or donne de la distinction!

Les autres, pas dans la course
Mangeront du hareng saur
Moi, j'serai membre de la Bourse
Je dégusterai du Veau d'or

L'or fait partie de l'élite
De la bonne société
À l'or faut d'l'eau bénite
D'la respectabilité

Du confort, voici le cortège
Cigares à bagues, *et cætera*
L'or a soif de privilèges
J'finirai peut-être au Sénat

Joe entre à l'hôtel.

— NÉANT —

DOUZIÈME TABLEAU

LE SALOON
LA NUIT
L'ÉTÉ

SCÈNE 68

L'Hôtelier
Daisy
«painted woman» Un
«painted woman» Deux
Acolyte Un
Acolyte Deux
Uncle Sam (Chercheur Un)
John Bull (Chercheur Quatre)
Le Barman (Chercheur Cinq)
Chercheur Deux
Chercheur Sept
Une atmosphère de fin de soirée.
Musique: piano bastringue.
De temps à autre, la musique s'arrêtera, et l'hôtelier la fera reprendre
d'un geste, à la fois autoritaire et impatient.
Un peu en retrait, une «painted woman» et le chercheur sept en état
d'ébriété avancé dansent, ou plutôt s'appuient l'un sur l'autre en se

dandinant. Quand la musique s'arrête, ils s'immobilisent pour reprendre avec la musique. Ils seront les derniers à partir.

L'autre «painted woman», en bloomers, *est debout sur le bar: sans conviction, elle essaie d'exciter John Bull, Uncle Sam et les quelques chercheurs qui se sont attardés.*

L'hôtelier, debout près d'une table, une serviette sur le bras, a l'air triste et attend. Daisy n'est pas loin, assise sur un tabouret. Elle tricote.

UNCLE SAM
Ivre.

Alors, toi, pourquoi es-tu venu au Klondyke?

LE BARMAN
Idem.

Moi? Je ne sais pas. Y'avait pas de guerre, alors je suis venu au Klondyke.

UNCLE SAM

Et toi, pourquoi tu es venu au...?

CHERCHEUR DEUX
Sobre.

Pour avoir la paix. L'or, ça m'est égal. Je me disais que je serais tranquille sous le soleil de minuit, dans un pays vierge... T'appelles ça vierge, toi? Les filles, les curés, la police! Ils m'ont tous rattrapé... Et jusqu'aux fêtes nationales!

Il finit son verre d'un trait.

Ça m'empêche de digérer. Je vais partir. Encore plus haut. Peut-être chez les Esquimaux...

Il crache de dégoût et sort.

Klondyke

John Bull et un chercheur suivent une «painted woman» dans l'escalier qui conduit aux chambres.

SCÈNE 69

LES MÊMES
JOE

Complètement ivre, Joe revient à la table près de laquelle l'hôtelier attendait depuis le début.

L'HÔTELIER

Vous n'avez presque pas mangé de steak.

JOE

C'est un de mes mulets que tu as tué?

L'HÔTELIER

Il était à moitié mort. On n'a eu qu'à l'achever. Je vous ferai un prix...

JOE

La vie, c'est bien fait. Là-haut les mulets qui crèvent, ça nourrit les hommes et les chiens.

Il repousse son assiette qui tombe sur le plancher.
Tu le donneras aux chiens.

Il rit.

Uncle Sam et deux chercheurs sortent, en chantant. Jusqu'à la sortie du couple, le barman va somnoler là sur le bar.
Daisy continue de tricoter consciencieusement.

L'HÔTELIER

Vous prendrez bien un peu de caviar?

JOE

Où sont les sacs?

L'HÔTELIER

Dans la grange, derrière l'hôtel – je vous l'ai déjà dit. À deux pas du lieu saint... Quand on pense à tout le mal que je me donne pour acheminer du caviar jusqu'ici.

JOE

Combien de sacs?

L'HÔTELIER

Lassé.

Deux cent quarante-quatre.

JOE

J'ai nettoyé le filon jusqu'à l'os!

DAISY

Ennuyée.

C'est pour bientôt, le bain de champagne?

JOE

La banque ouvre à quelle heure?

L'HÔTELIER

Dix heures – je vous l'ai déjà dit. D'ici là, vous pouvez manger ou dormir... Que diriez-vous d'un bain de champagne pour la petite? Ça, c'est du luxe.

À Daisy.

Allons! montre tes cuisses à monsieur...

Klondyke

DAISY

Elle met une jambe sur la table de Joe et relève machinalement sa jupe.
Moi, j'irais bien me coucher. Quand une nuit commence mal,
c'est pas la peine d'insister, mieux vaut se coucher tout de suite...

La musique s'arrête: les danseurs s'immobilisent.

JOE

Comment gros les barreaux aux fenêtres?

L'HÔTELIER

Gros comme ça!

*Il touche le mollet de Daisy. Elle retire vivement sa jambe et retourne
à son tricot.*
Je vous l'ai déjà dit!

JOE

Si je te le demande, c'est que j'ai envie de te l'entendre dire
encore.

Il donne un coup de poing sur la table.
Et si je le veux, tu me le rediras toute la nuit!

L'HÔTELIER

Et un cadenas à la porte, un cadenas énorme – une vraie forteresse!

D'un geste excédé, il commande au pianiste de jouer.

Musique: les danseurs se meuvent laborieusement.

SCÈNE 70

Les Mêmes
Skookum
Entre Skookum.

JOE

Je vais attendre toute la nuit l'ouverture de la banque.

L'HÔTELIER

Vous devriez manger. Quand je vous présenterai l'addition, vous regretterez de ne pas avoir mangé...

Il découvre l'Indien qui s'intéresse au steak sur le plancher.
Qu'est-ce que tu fais ici, toi?
Dehors!

JOE
Il poursuit son idée.
Pourquoi n'ouvres-tu pas la banque, le temps d'y mettre les sacs?

L'HÔTELIER

Un règlement interdit d'ouvrir la banque au milieu de la nuit.

D'un geste, il commande à Skookum de sortir. Mais l'Indien regarde fixement le steak.

JOE

Pourquoi?

L'HÔTELIER

À cause des risques de vol.

On entend au loin la sirène d'un bateau.

Klondyke

JOE

Je veux voir le shérif.

L'HÔTELIER

Je suis son adjoint. C'est à quel sujet?

JOE

Va dire au banquier de m'ouvrir la banque.

L'HÔTELIER

Impossible... Mais en tant qu'hôtelier, je vais faire l'impossible pour vous être agréable.

JOE

Alors, change de gueule!

Il rit.

L'hôtelier a un mouvement de recul. Se trouvant près de Skookum, il le pousse brutalement vers la porte.

JOE
À Skookum.

Toi!

Il lui fait signe d'approcher.

L'HÔTELIER

Qui, moi?

JOE

L'Indien!

L'HÔTELIER
Il pousse maintenant l'Indien vers la table.
Allons!

JOE
Approche!

L'HÔTELIER
Fais ce qu'on te dit.

JOE
Il montre le steak.
C'est ça que tu veux?

Du pied, il pousse le steak vers l'Indien.
Skookum hésite un moment, puis il se précipite pour ramasser le steak.

JOE
Il écrase du pied le steak en même temps que la main de Skookum.
Tu en as de la chance! Moi, je n'ai plus d'appétit!

Il retire son pied.
Mais j'ai mieux que ça pour toi. Approche.

Il lui tend un plat.
Goûte!

L'HÔTELIER
À Skookum qui hésite.
Idiot! c'est du caviar!

Skookum en prend un peu avec son doigt.

Klondyke

JOE
Tu aimes?

SKOOKUM
Il recrache le caviar.

JOE
C'est parce que tu es un pauvre! Tu peux en prendre autant que tu veux: ça m'est égal puisque tu n'aimes pas ça... Moi non plus, je n'aime pas ça! Mais je m'y ferai. Tu as compris? Je m'y ferai!

L'HÔTELIER
Maintenant, fous le camp!

La musique s'arrête: les danseurs s'immobilisent.

JOE
Non, qu'il reste! J'ai besoin de lui... De temps à autre, je te donnerai à manger – si tu sais le demander. Tu en auras juste assez. Pas plus... Tu seras mon pauvre. C'est une situation d'avenir.

Il montre Daisy.
Regarde-la. Ne sois pas craintif: lève les yeux sur elle, regarde-la, je te dis, – c'est moi qui paie!

À l'hôtelier.
Tu mettras ça sur mon addition. Je veux qu'il se rince l'œil...

Daisy relève machinalement ses jupes.
Qu'est-ce que ça te fait? Chaud dans le ventre?

Il saisit Skookum par ses vêtements et le secoue.
Dis-le! Mais dis-le donc!

Il le jette au sol.
Moi, cette nuit, ça ne me fait rien... Ni chaud ni froid dans le ventre.

Skookum s'enfuit.

SCÈNE 71

LES MÊMES

L'HÔTELIER
Reviens ici tout de suite! Ah! la sale bête...

JOE
Ça m'est égal! Des pauvres, il y en a partout: j'en ramasserai un autre au hasard...

L'HÔTELIER
Prenez-le grand ou petit, ça n'a pas d'importance, mais ne prenez pas un Indien. Il n'y a d'Indien bon que l'Indien mort...

JOE
Deux cent quarante-quatre sacs, ça représente quoi, au juste?

L'HÔTELIER
Ça représente... Ça dépend de la qualité de l'or.

D'un geste excédé, il commande au pianiste de jouer. Cette fois, les danseurs sortent. Le barman en fera autant, après avoir ramassé quelques verres.

JOE
Si l'or est de qualité moyenne, qu'est-ce que je pourrais m'acheter avec deux cent quarante-quatre sacs?

Klondyke

L'HÔTELIER

Par exemple, des maisons.

JOE

Combien de maisons?

L'HÔTELIER

Ça dépend de la valeur des maisons.

JOE

Deux cent quarante-quatre sacs d'or d'une qualité moyenne, ça représente combien de maison d'une valeur moyenne? J'ai besoin de savoir.

L'HÔTELIER

Hé bien, ça représente...

JOE

Fais plutôt le calcul en habits... Deux cent quarante-quatre sacs d'or d'une qualité moyenne, ça représente combien d'habits d'une valeur moyenne?

L'HÔTELIER

Vous avez besoin d'habits d'hiver ou d'habits d'été?

JOE

Je voudrais... Je voudrais avoir une idée de ma fortune, et je n'y arrive pas...

L'HÔTELIER

Ah! Fallait le dire plus tôt... Eh bien! par exemple, le repas de ce soir...

JOE

Oui.

L'HÔTELIER

Avec le pain blanc, les vins, l'alcool; avec la chambre pour la nuit...

Il montre Daisy.
Meublée, la chambre! Y compris le bain de champagne...

DAISY

C'est pour bientôt, le bain de champagne?

JOE
Sans s'occuper de Daisy.
Ça représente quoi?

L'HÔTELIER

Il s'agit de savoir ce qui est cher et ce qui ne l'est pas par rapport à votre nouvelle fortune.

JOE

Par exemple, ça représente combien de pincées?

L'HÔTELIER

Sept ou huit pincées peut-être...

JOE

Il y a combien de pincées dans deux cent quarante-quatre sacs?

L'HÔTELIER
Il s'éponge le front.
Dans deux cent quarante-quatre sacs?

Klondyke

JOE

À peu près.

L'HÔTELIER

Je n'en ai pas la moindre idée, pas la moindre idée... Est-ce que je peux aller me coucher? Je ne me sens pas très bien...

Il fait signe au pianiste de s'arrêter.

JOE

Et tu parviens à vivre, toi, en ne prenant que quelques pincées par-ci par-là?

L'HÔTELIER

Vivre, c'est beaucoup dire. Je subsiste, de pincée en pincée...

JOE
Il lui donne une grande tape amicale dans le dos.
Allons! Ne fais pas cette tête-là! Tu m'en mettras pour trois ou quatre pincées de plus.

L'HÔTELIER

De plus de quoi?

JOE

De plus d'un peu de tout!

Il éclate de rire. L'hôtelier rit jaune et sort.

SCÈNE 72

JOE
DAISY

L'ivresse de Joe se fait de plus en plus sentir.

JOE
Il vide son verre d'un trait.
Alors, Daisy, tu ne ris pas? Quand un riche éclate de rire, il faut
rire avec lui!

DAISY
Mon pauvre lapin! Est-ce que tu as toujours été comme ça?

JOE
Comme ça, quoi?

DAISY
Comme malheureux.

JOE
Je ne suis pas malheureux. Ce soir, je suis riche.

DAISY
Tu me veux comment dans le bain de champagne?

JOE
Ça m'est égal. J'ai besoin d'être aimé pour moi-même.

DAISY
Mais je t'aime, mon lapin.

JOE
Poursuivant son obsession.
Si ce n'était pas vrai...

DAISY
Quoi?

Klondyke

JOE

Si l'or, demain, n'avait plus la même valeur! Si c'était autre chose...

DAISY

Comme quoi?

JOE

Il lance son verre qui se brise.

Comme le plomb...

Puis, il s'écrase sur la table.

DAISY

Mon pauvre lapin, pourquoi tu t'énerves comme ça? Il suffit de passer la nuit. Demain, tu verras bien que l'or, c'est l'or...

Elle constate qu'il dort.

Et, tout à coup, crac! il s'arrête net de s'énerver.

On entend au loin la sirène d'un bateau.

SCÈNE 73

JOE
DAISY
PIERRE
Joe dort profondément.

PIERRE

Dans la porte.

Daisy!

DAISY

Oh! Pierre!

Pierre entre avec sa valise.

Tu pars?

PIERRE

Cette nuit, Daisy.

DAISY

Mais tu vas revenir?

PIERRE

Jamais...

DAISY

Ah!..

PIERRE

La grande aventure, Daisy, c'est maintenant de retourner sur la terre. Ou bien d'en défricher une nouvelle – si le père a vendu la sienne. Avant de venir au Klondyke, je n'aurais pas pu; j'avais besoin d'espace... Aujourd'hui, c'est comme si je revenais de la guerre.

DAISY

Je comprends...

PIERRE

Mais j'ai décidé de rapporter un souvenir du Klondyke, Daisy. Ramasse tes affaires, tu t'en retournes avec moi!

DAISY

C'est vrai, Pierre?

PIERRE

La grande aventure, Daisy, c'est maintenant la petite vie de tous les jours: une terre pas loin du village. L'hiver, il n'y aura pas grand'chose à faire. Nous parlerons du Klondyke et nous ferons des enfants...

DAISY
Il y aura des biberons et des couches plein la maison.

PIERRE
Plein la maison, Daisy!

DAISY
Et tu fumeras ta pipe, dans une berceuse, près du gros poêle?

PIERRE
Oui, Daisy. Et l'été, tu feras des confitures...

DAISY
Alors, je n'ai pas le choix!

Musique: la Marche du Klondyke
(reprise du couplet de Pierre)
DUO
Pour guérir not' soif d'aventure
Un coin de terre au soleil pour la vie
Biberons, couches et confitures
Not' rage de vivre s'ra assouvie

Ils sortent en riant.

SCÈNE 74

JOE
puis PITT

JOE

Il s'éveille.

Ça te fait rire, toi? Mais suppose que, du jour au lendemain, le plomb devienne plus rare que l'or?

Il cherche Daisy du regard. Il se lève, inquiet. L'attention de Joe est alors attirée par un léger mouvement du rideau de l'alcôve. Il s'y rend sur la pointe des pieds et, d'un coup, il ouvre le rideau.
Pitt se trouve devant lui: il porte un bandeau sur un œil. Il sourit.
Joe referme aussitôt le rideau et recule de quelques pas.

Non! Je dis: non! Toi, tu es mort. De ça, je suis certain. Je t'ai tué à bout portant. C'était ici même... Tu ne vas pas me faire la blague de revenir chaque fois que je boirai. Je dis: non!!!

Il secoue la tête comme pour se tirer d'un mauvais rêve. Puis il se tourne vers l'alcôve.

Daisy, sors de là! J'en veux pour mes pincées... C'est maintenant, le bain de champagne...

PITT

Dans l'alcôve.

Ne te fâche pas, Joe. Il ne faut pas m'en vouloir...

Il entrouvre le rideau et passe la tête...
Tu m'as seulement crevé un œil...

JOE

Si tu es revenu pour les remords, Pitt, je te préviens: tu perds ton temps! Ce n'est pas cette nuit, trois mois après avoir tiré sur toi, que je commencerais à en avoir...

Il se verse à boire.

Klondyke

PITT

Puisque je suis vivant, pourquoi aurais-tu des remords, Joe? C'est surtout ça que je voulais te dire...

Il sort de l'alcôve. Joe recule de quelques pas.
Qu'est-ce qu'il est devenu, Henderson?

JOE

Tu vas disparaître, Pitt! Le temps de vider ça!

Il boit à même la bouteille. Soudain, il se fige dans une attitude de douleur.
Aie!!!

PITT

Tu ne vas pas mourir, Joe! Pas le jour où je te retrouve...

Joe se lamente en se tenant le ventre. Il fait des efforts pour vomir.
Il finit par tomber à genoux.
Pitt se précipite. Il aide Joe à s'étendre sur le sol.
Je vais prendre soin de toi. Ouvre la bouche, Joe, je vais te mettre un doigt dans la gorge...

JOE

Il le repousse. Ça brûle...

Il se lamente.

PITT

Il faut dégueuler, Joe, dégueuler...

JOE
Il le repousse.

Toi, tu es mort.

PITT
Il se rend derrière le bar chercher un verre d'eau.
Plus les arrivages tardent, plus le whisky blanc sent l'alcool à brûler.

Il revient.
Bois, c'est de l'eau...

Pitt soutient Joe qui boit.
Quand le vent soufflait très fort et que les planches de l'hôtel craquaient de froid, je pensais: «Où peut-il bien être? Pourvu qu'il ne lui arrive rien...» Tandis que, moi, je vivais confortablement près du gros poêle: je fais un peu la cuisine, je lave la vaisselle... Il y a le patron, il est autoritaire, mais ça me rassure...

Pitt aide Joe à se relever.
Je vais te dire, Joe, je ne regrette pas d'être venu au Klondyke: j'ai l'impression d'être utile. Au fond, c'est à chacun sa ruée vers l'or.

Musique: la Complainte de Pitt.
PITT
Et pendant ce temps
Elle passe, elle passe la vie!
On perd ses dents
Elle passe, la vie!
Mais un jour viendra
Où la terre bercera
Les hommes qu'elle porte
Les hommes qu'elle porte
Où la terre deviendra
Une bonne mère...

JOE
Alors?...

Klondyke

PITT

Ça va mieux, Joe?

JOE

Alors, tu n'es pas mort?

PITT

J'ai bien failli y rester: tu aurais compté les cuvettes de sang!

JOE

Tu seras donc toujours la boue de mes bottes!

PITT

On m'a dit que tu cherchais un pauvre...

JOE

La boue lourde et collante qui m'empêche de courir!

PITT

Je saurai garder ma place, Joe. Moi, pourvu que tu sois content, je n'en demande pas plus.

JOE

Pitt, j'ai pris la carabine et j'ai tiré sur toi. Je t'ai manqué, c'est vrai, mais je ne l'ai pas fait exprès...

PITT

Dans la colère, tu as pris la carabine comme on dit n'importe quoi...

JOE

Pour moi, tu es mort parce que j'ai voulu te tuer. Chaque fois que tu me rencontreras sur ton chemin, sois gentil...

PITT

Oui, Joe.

JOE

Fais le mort!!!

Il pousse Pitt vers la porte.

PITT
Il se dégage et revient presque aussitôt.
Un jour ou l'autre, sans le faire exprès, tu finiras par tuer quelqu'un.

Il sort.

SCÈNE 75

JOE
Joe crache en direction de la porte.

JOE
Il gueule. Il fait un tapage d'enfer avec la cloche dont la patronne s'est servie pour l'heure des pauvres.
Alors, quoi? Ce bain de champagne, ça vient, oui? J'en veux pour mes pincées.

Mais il finit par renoncer et se rend à l'alcôve en titubant.
Il faudra bien qu'elle finisse par revenir...

Il se couche dans l'alcôve et s'endort aussitôt.
De nouveau la sirène d'un bateau au loin.

Klondyke

SCÈNE 76

JOE
LE «PREACHER»
«PAINTED WOMAN» UN
«PAINTED WOMAN» DEUX

Musique: harmonium.
Le «preacher» entre suivi des «painted women» avec des sacs d'or
plein les bras.

LE «PREACHER»

C'est l'intelligence qui me perd: j'invente des combines et ça marche toujours. Mon Dieu! faites qu'un jour ça ne marche plus: ça me sera tellement plus facile, alors, de passer par la porte étroite.

... Et puis, c'est de sa faute! Au lieu d'attendre l'ouverture de la banque, il se saoule la gueule avec des «créatures»! Pourquoi avez-vous voulu, Mon Dieu, que je passasse par là? J'ai à peine effleuré le cadenas que la porte s'est ouverte; et tous les sacs d'or se sont jetés dans mes bras – ou presque... Mais j'en viens à penser qu'en retirant à Joe l'or de sa perdition, je ne suis peut-être que l'instrument aveugle de Votre volonté: lui laisser la jouissance de ce vil métal, ce serait le condamner aux flammes éternelles! Alors que toutes ces pépites, je vais les employer à tirer ces malheureuses de l'ornière du péché!

Il veut les presser contre lui.
Ah! que c'est frais tout ça!

Mais il lâche quelques sacs.
Nom de Dieu!

Il s'empresse de tout ramasser et de s'enfuir suivi des «painted women».

SCÈNE 77

JOE
L'HÔTELIER
Entre l'hôtelier, nerveux, qui achève de se rhabiller.

L'HÔTELIER

Qu'est-ce que c'est que ce vacarme qui m'a tiré d'un rêve affreux: Daisy s'en allait à bord d'un bateau... Je voyais ses cuisses qui s'estompaient lentement, lentement, – un vrai cauchemar!... Il y a des jours où je mettrais le feu à la baraque!

Il prend une attitude de chanteur d'opéra et pousse une lamentable vocalise.

SCÈNE 78

LES MÊMES
LA PATRONNE

LA PATRONNE
Elle l'interrompt.

C'est bien le moment de faire des gammes! Si tu avais su lui «chanter», à la petite, il ne l'aurait pas séduite.

L'HÔTELIER

Qui?

LA PATRONNE

Le «preacher»! Il était trop beau pour être honnête!

L'HÔTELIER

Qu'est-ce qu'il a fait?

Klondyke

LA PATRONNE

Au moment où je te parle, il est sur le bateau avec des sacs d'or volés! Et c'est elle qui lui a tourné la tête.

L'HÔTELIER

Qui?

LA PATRONNE

Il est parti avec Daisy, je le jurerais!

L'HÔTELIER

Quoi! Ah, le salaud!

JOE

Il bondit hors de l'alcôve, dans un état de vive agitation.
Combien, combien de sacs d'or volés?

L'HÔTELIER

Il y a quelques heures, en insistant un peu, j'aurais pu les toucher, ses cuisses...

JOE

Combien de sacs? Deux cent quarante-quatre, c'est ça?

LA PATRONNE

Mon pauvre ami, avec un peu de sens commun, tu serais carrément devenu son protecteur. Quelle perte pour le saloon!

L'HÔTELIER

Tu n'as donc aucun sens moral...

JOE

Dites-le... Mais dites-le donc!...

L'Hôtelier

Ah! si j'avais su.

L'hôtelier et la patronne tombent dans les bras l'un de l'autre.

Joe
Il tire l'hôtelier à lui.
Tu n'as pas l'air de te rendre compte! Adjoint du shérif!

Il le gifle.
Banquier!

La Patronne
Elle retient Joe.
C'est toi qui n'as pas l'air de te rendre compte!

Elle lui tend l'addition.

Joe
Qu'est-ce que c'est?

La Patronne
Le repas, la chambre meublée, le bain de champagne... La maison ne fait pas crédit!

Joe
Mais je suis ruiné! Ruiné!

Il tombe à genoux.
Non, peut-être pas. Il n'est peut-être pas trop tard, si je fais une prière!... Je n'ai jamais rien demandé, les saints ne peuvent pas refuser de m'entendre! Vous ne pouvez pas refuser de m'entendre... Moi aussi, j'ai des enfants qui braillent dans la tête...

Klondyke

Faites que ce ne soit pas vrai! Et je promets de ne plus faire de peine à personne. Je resterai dans mon coin; je vivrai goutte à goutte...

Il demeure prostré.

La Patronne
Je commence par saisir tout ce qui t'appartient: les mulets, les outils, les armes...

L'Hôtelier
Et donne-moi ce manteau.

Joe
C'est un souvenir. Un ami me l'a donné en mourant.

L'hôtelier s'empare du manteau qu'il examine avec satisfaction avant de l'endosser.

Joe
Nous allons d'abord faire les comptes.

La Patronne
La maison fait les comptes avec les riches. Jamais avec les pauvres. Avec les pauvres, on va au plus pressé: on saisit au nom de la loi.

Joe
Je demande un juge.

L'Hôtelier
C'est moi. C'est à quel sujet?

Joe se résigne.

SCÈNE 79

TOUS
Pitt va trouver Joe.

PITT

Ne reste pas là à te ronger le foie. Tu te souviens, tu me disais toujours: «Pour le moment, c'est la ruée. Il faut attendre que ça se tasse»...

Pitt entraîne Joe. Ils prennent place au centre.

PITT
À Joe.

Je suis heureux comme un chien qui a retrouvé son maître...

Musique: l'Air des Pauvres.
Couplet 1

LES CHERCHEURS

Tu reviens parmi nous
Manger l'pain de la misère
Faut plus chercher de poux
Sur la tête de tes frères!
Tu reviens au bercail
Fini d'faire le bec fin
Mets ton cul sur la paille
T'es né crève-la-faim

Refrain

LE QUATUOR

Faut pas confondre
Le Veau d'or
Et la vache enragée

Klondyke

LES CHERCHEURS

Tu es né locataire
Et tes bras sont inutiles
Les pauvr's sont en chômag'
Y'z-ont plus qu'à se taire
S'entasser dans les villes
Et c'est l'bout du voyag'

Refrain

LE QUATUOR

Faut pas confondre
Le Veau d'or
Et la vache enragée

Couplet 3

LES CHERCHEURS

Tes enfants sent'nt la haine
Et déjà ils te ressemblent
C'est l'destin à la chaîne
C'est tout p'tit le Canada

Refrain

LE QUATUOR

Faut pas confondre
Le Veau d'or
Et la vache enragée!

Finale

TOUS

Tu reviens parmi nous
Il faudrait tuer le veau gras
Mais ça prendrait des sous

Et ça, on n'en a pas
Ah! si j'étais toréador
Avec ma belle épée
Je tuerais l'Veau d'or
Et la vache enragée.

LE QUATUOR

Eldorado! Eldorado!

— *NÉANT* —

R I D E A U

PARIS, 1963. MONTRÉAL, 1964-1969.

Man Inc.

Pièce multimédia

À la création, L'Âge de Pierre, traduit en anglais par Mavor Moore sous le titre Man Inc., a inauguré le St. Laurence Centre en février 1970. La version originale française, au moment de cette publication, n'a encore jamais été produite.

Texte, mise en scène et réalisation audiovisuelle: Jacques Languirand
Musique: Norman Symonds

Préface

Man Inc. *constitue le spectacle multimédia le plus considérable jamais produit au Canada (Notes en marge de la création du spectacle en 1970).*

Man Inc. *demeure une pièce relativement simple. L'action se déroule dans un décor le plus souvent réduit à quelques éléments. Les éléments spectaculaires consistent surtout en une bande sonore et un film 35mm.*

En principe, dans les multimédias, chaque médium doit véhiculer son propre contenu. Il naît alors du rapport entre les deux contenus, ou les deux messages, un troisième contenu ou message total qui est toujours plus grand que la somme des deux parties.

Mes recherches sur ce plan s'orientent précisément dans le sens d'une grammaire de la communication, qui tiendrait compte de la nature exacte de chaque médium, comme de sa valeur pour véhiculer telle émotion ou telle information plutôt que telle autre, etc. et de la perception sensorielle du spectateur. Il est vrai que pour le moment, nous en sommes encore au gadget pour le gadget. On s'émerveille encore des jouets neufs que nous offre la technologie. Il est sans doute important de se familiariser avec tous ces nouveaux outils. Mais, l'émerveillement passé, il faudra en venir à les dominer, à les plier vraiment aux exigences de la communication.

JACQUES LANGUIRAND (1970)

Personnages

PIERRE – le mari (et Prométhée)

MADELEINE – l'épouse

L'AUTRE FEMME – toutes les autres femmes

LES DANSEURS:
3 hommes
3 femmes
L'Autre femme est aussi danseuse et se joint au groupe pour certains numéros.

LE TRIO vocal (de jazz) assume le rôle du chœur. La basse interprète le rôle du Coryphée dans le tableau de Prométhée.

Techniques

Au plan sonore: la musique (plus de 60 minutes) est préenregistrée. Les chanteurs s'ajoutent «en direct» à la bande sonore.

Au plan visuel: 45 minutes de film 35 mm par projection avant sur divers écrans.

PREMIER TABLEAU:
La création du monde

SÉQUENCE 1

LE TRIO
puis LES DANSEURS
À partir de la structure de la Genèse.
Le trio vocal tient lieu de chœur.
Sur les écrans, les images de la création par microcinématographie.
Les danseurs évoquent les étapes de l'évolution de la vie.
Au moment de la création de l'homme, Pierre entre et se joint au trio.
Au moment de la création de la femme, Madeleine de même.

Le spectacle commence dans le noir avec la musique seule. Puis on découvre le trio. Et, progressivement, les danseurs.

LE TRIO
Au commencement, Dieu créa les cieux et la terre. La terre était informe et vide, les ténèbres couvraient l'abîme et l'Esprit de Dieu planait sur les eaux.
Et Dieu dit: Que la lumière soit!

Projection: La lumière envahit graduellement les écrans.

Et la lumière fut.
Le soir vînt, puis le matin: ce fut le premier jour.

Projection: Sur l'ensemble des écrans, les images racontent l'évolution.

Les danseurs prennent conscience de leur corps et du monde dont ils participent.

LE TRIO

Dieu fit le firmament et il sépara les eaux qui sont au-dessous du firmament de celles qui sont au-dessus.

Le soir vint, puis le matin: ce fut le second jour.

«Que les eaux qui sont au-dessous des cieux se rassemblent en un seul lieu, et que le sec apparaisse.»

«Que la terre produise de la verdure, des herbes portant semence, des arbres fruitiers donnant sur terre, selon leur espèce, du fruit contenant sa semence.»

Le soir vint, puis le matin: ce fut le troisième jour.

«Qu'il y ait des luminaires au firmament des cieux pour distinguer le jour de la nuit; qu'ils servent de signes et marquent les temps, les jours et les années; ils serviront aussi de luminaires au firmament des cieux, pour éclairer la terre.»

Le soir vint, puis le matin: ce fut le quatrième jour.

«Que les eaux pullulent d'une multitude d'être vivants, et que des oiseaux volent sur la terre, vers le firmament des cieux.»

«Fructifiez, multipliez et remplissez les eaux dans la mer, et que les oiseaux multiplient sur la terre.»

Le soir vint, puis le matin: ce fut le cinquième jour.

«Que la terre produise des être vivants, selon leur espèce: bétail, reptiles, animaux sauvages selon leur espèce.»

Et Dieu vit que cela était bon.

SÉQUENCE 2

Les mêmes
PIERRE
puis MADELEINE
Entrée de l'homme.

Man Inc.

Le Trio
«Faisons l'homme à notre image et à notre ressemblance. Qu'il règne sur les poissons de la mer, sur les oiseaux des cieux, sur le bétail et sur toute la terre, et sur tous les reptiles qui rampent sur le sol.»
L'homme donna des noms à toutes les bêtes, à tous les animaux des champs; mais pour lui, il ne se trouva pas d'aide qui lui fut assortie.
Alors le Seigneur Dieu fit tomber un profond sommeil sur l'homme, qui s'endormit; il lui prit une côte, à la place de laquelle il referma la chair.

Entrée de la femme qui va trouver l'homme.

Pierre
«Voilà maintenant l'os de mes os et la chair de ma chair. Elle sera appelée femme, car elle a été prise de l'homme.»

Le Trio
«Fructifiez, multipliez, remplissez la terre et soumettez-la. Régnez sur les poissons de la mer, sur les oiseaux des cieux, et sur tous les animaux qui rampent sur le sol.»
Dieu considéra toute son œuvre, et il vit que cela était très bon.

Les danseurs, Pierre et Madeleine sortent.

Le Trio
À bouche fermée.
Le soir vint, puis le matin; ce fut le sixième jour...

Noir

DEUXIÈME TABLEAU:
Jus d'orange et café

SÉQUENCE 3

MADELEINE
PIERRE
Quelques éléments évoquant une maison de banlieue.
*Le couple se retrouve pour le petit déjeuner. C'est la banalité de la vie
à deux (plus un enfant) après quelques années de mariage.*
La scène se termine par un duo: Anatomie du couple.

*Pierre lit le journal. Madeleine entre, une cafetière à la main. Elle
regarde vers la salle comme si elle se trouvait devant une fenêtre.*

MADELEINE

Il pleut...

PIERRE
Distrait.
Oui...

MADELEINE
Comme hier. Comme demain peut-être.

PIERRE
Il ne pleut pas tous les jours.

MADELEINE
Même quand il ne pleut pas, ça ressemble à la veille... J'ai encore
mal dans le dos.

Man Inc.

PIERRE

Il baisse son journal.

Tu devrais pratiquer le yoga. Il paraît que c'est bon pour la qualité de vie.

Autrefois, les femmes tricotaient; aujourd'hui, elles font du yoga.

MADELEINE

Tu parles comme un mari!

PIERRE

Je fais mon possible...

MADELEINE

Et alors?

PIERRE

Alors, puisque je fais mon possible, il ne devrait pas pleuvoir et tu ne devrais pas avoir mal dans le dos...

MADELEINE

Et moi, je ne fais pas mon possible peut-être?

PIERRE

Ça y est!

MADELEINE

Quoi?

PIERRE

Ce matin, je me suis levé sans penser. Et je n'avais pas l'intention de m'y mettre de la journée... Maintenant, ça y est! Tu as déclenché le mécanisme: je pense, je me pose des questions, j'interroge l'univers...

Il brandit son journal.

Les deux tiers du monde crèvent de faim! Alors que moi, j'en ai assez de manger la même chose tous les matins: c'est comme si je mangeais les restes de la veille... Des milliers d'êtres chassés par la guerre: des femmes, des enfants, des vieillards, errent de par le monde, avec quelques pauvres objets qu'ils ont pu sauver de la ruine et qui demandent où ils vont dormir lorsque viendra la nuit! Alors que, moi, j'ai une augmentation statutaire, un plan de retraite à cinquante-cinq ans et je vis dans un magasin d'accessoires: deux transistors, un appareil de télévision, une voiture de l'année... Nous sommes envahis par les objets...

MADELEINE

Il n'y a pas de quoi se manger le foie! Rien n'est à nous! Tout à crédit!

PIERRE

Nous en avons la jouissance! Ça revient au même...

MADELEINE

Si tu savais tout ce qui manque dans la maison: le broyeur à déchets, la machine à laver la vaisselle, le...

PIERRE

Et ce matin, comme pour ajouter au poids de la terre, il pleut et tu as mal dans le dos...

MADELEINE

Le tableau n'aurait pas été complet si je n'avais pas figuré quelque part...

PIERRE

Il y a sûrement quelque chose à faire. Mais quoi?

Un temps.

Crois-tu que je devrais pratiquer le yoga?...

Man Inc.

MADELEINE

Tu veux que je te dise? Tu devrais tricoter!

PIERRE

Il se replonge dans la lecture du journal.

MADELEINE

Après un temps.

J'ai une idée...

PIERRE

Bon.

MADELEINE

Sur le coup, tu ne seras peut-être pas d'accord... Mais plus j'y pense, plus je suis sûre que c'est la solution... Je me demande même pourquoi nous n'y avons pas pensé plus tôt...

PIERRE

C'est quoi ton idée?

MADELEINE

Si nous déménagions.

PIERRE

Alors moi, je ne comprends plus. Tu voulais t'installer en banlieue, dans une maison neuve. C'était l'image du bonheur: tu avais découpé ça dans je ne sais plus quel magazine... Notre budget nous permettait de choisir entre trois modèles. Tu as mis deux mois à te décider: tu aurais voulu la cuisine du modèle «A», le salon du modèle «B», la chambre à coucher du modèle «C»... C'était impossible. Tu as donc fini par choisir le modèle «B» ... ou «C» – je ne sais plus.

MADELEINE

«A»...

PIERRE

«A»! Bref, celui où nous vivons... Le supermarché est à huit minutes, la gare à six minutes et quelque chose... Il n'y a vraiment que l'église qui soit un peu loin: c'est ennuyeux pour ta mère quand elle nous rend visite, mais je n'ai jamais refusé de la reconduire en voiture... Tu as la radio, la télévision, tu reçois des magazines, tu téléphones à tes amies. Tu pourrais, il me semble, t'organiser une petite vie intéressante...
Et dans dix-huit ans, nous aurons remboursé l'hypothèque, capital et intérêt. La maison sera donc à nous un peu avant que je prenne ma retraite...

MADELEINE

Tu ne comprends pas...

PIERRE

Sur le coup, dix-huit ans, ça paraît long. Mais le temps passe vite...

MADELEINE

... je me disais qu'ailleurs nous pourrions recommencer, tous les deux.

PIERRE

Bon. Alors, imagine que nous avons déménagé... Au lieu d'être ici, la cuisine se trouve là, la chambre à coucher de l'autre côté, et cette fenêtre à la place de la porte... Et alors?

MADELEINE

Alors quoi?

Man Inc.

PIERRE

Alors, c'est la même chose...

Sentencieux.

Parce que c'est dans notre tête que nous habitons!

Il se replonge dans la lecture du journal.

MADELEINE

Après un moment.

Je regarde parfois la vaisselle sale dans l'évier et j'ai l'impression que je n'en viendrai jamais à bout... À la vaisselle du matin s'ajoutent les biberons du petit; puis c'est la vaisselle du midi... Ça me donne envie de tirer les rideaux et de me coucher pour dix ans... Je sais bien que je devrais laver la vaisselle au fur et à mesure. Mais je me dis que dans quelques heures ce sera à recommencer... Tout est toujours à recommencer.

Rêveuse.

Il me semble que si je laissais la vaisselle s'accumuler, il finirait par pousser des plantes dans l'évier: comme une végétation mystérieuse qui envahirait la cuisine, l'appartement, l'immeuble, le quartier...

Pierre la regarde avec une certaine inquiétude.

... comme une brousse épaisse qui finirait par envahir la ville. Les ruines d'une civilisation morte... Et plusieurs siècles plus tard, avec d'énormes bulldozers, des hommes viendraient dégager cette végétation pour essayer de découvrir comment nous vivions, tous les deux et le petit, ce que nous mangions, ce que nous pensions... Un jour, on parviendra peut-être à percer le mystère de notre vie quotidienne, à trouver des réponses aux questions que je me pose...

PIERRE

Il y a sûrement quelque chose à faire. Mais quoi?

MADELEINE

... Si nous changions les meubles de place?

PIERRE

Ce n'est pas le moment, Madeleine, et je vais être en retard...
D'ailleurs tu sais bien que dans ces maisons tout a été pensé pour
nous.

MADELEINE

Ça ne doit pourtant pas être insurmontable... Le frigo, par
exemple, pourrait très bien être ici!

PIERRE

Où mettrais-tu la machine à laver?

MADELEINE

Là!

PIERRE

Et comment ferais-tu pour ouvrir la porte?

MADELEINE

... Aide-moi un peu, Pierre!

PIERRE

Alors, je ne vois qu'une solution: défoncer le mur qui sépare la
cuisine de la chambre du petit et faire une grande pièce qui tiendrait à la fois du studio d'artiste et du chalet de ski...

MADELEINE

Et où dormirait le petit? Entre le téléphone et la porte d'entrée?

Man Inc.

PIERRE

Dans ce cas, il n'y a pas de solution! Et je vais être en retard...

Il se prépare à partir.

MADELEINE

Tu étais d'accord pour m'aider.

PIERRE

Je ne pouvais pas prévoir.

MADELEINE

Prévoir quoi?

PIERRE

Que changer le frigo de place nous obligerait à mettre la table ailleurs, et que... Et que ça finirait par la porte d'entrée... C'est toute la maison qu'il faudrait repenser et le quartier qu'il faudrait redessiner. Peut-être même replanifier la ville. Et pour finir, refaire le monde... Et c'est ça, oui, c'est l'idée de refaire le monde qui m'épuise... Surtout le matin... On ne peut jamais s'en tenir à déplacer le frigo. Il y a toujours tout le reste... Tu déplaces une brosse à dents et tu finis par te retrouver avec tous les meubles de la salle à manger sur les bras... Et où les mettrais-tu, les meubles de la salle à manger?

MADELEINE
Furieuse.

Aux ordures!

PIERRE

Je suis en retard, Madeleine...

MADELEINE

Il faut pourtant qu'il se passe quelque chose! Tu comprends, Pierre?

PIERRE

Ce soir, si tu veux, au lieu de la télévision, on ira au cinéma...

MADELEINE

Si je trouve une gardienne!

PIERRE

Tu vas trouver...

MADELEINE

Et si je ne trouve pas?

PIERRE

Si tu ne trouves pas... Si tu ne trouves pas, eh bien!, il n'y aura plus qu'à se tirer une balle!

MADELEINE

Aujourd'hui comme hier, il ne se passera rien. Et j'ai mal dans le dos.

PIERRE

Il va pour partir, mais hésite et s'arrête.

De quoi j'ai l'air maintenant? C'est comme si je fuyais, comme si je t'abandonnais dans le malheur... Il y a des jours où on devrait rester couché.

MADELEINE

Oh! Pierre...

Elle se réfugie dans ses bras.

Man Inc.

PIERRE

Allons! ne pleure pas...

MADELEINE

Je n'ai pas envie de pleurer!

PIERRE

Tu trembles...

MADELEINE

J'ai envie de toi...

Elle l'embrasse.

PIERRE
Il résiste.
Sois raisonnable Madeleine, je suis en retard...

MADELEINE

Il y a toujours quelque chose...

PIERRE

Et tu as mal dans le dos...

MADELEINE

C'est pourtant pas le bout du monde. Et ça me changerait...

PIERRE

Alors, ce soir, si tu veux, au lieu du cinéma...

MADELEINE

Si on m'avait dit qu'un jour on prendrait rendez-vous... J'aimais
mieux avant...

PIERRE

Moi aussi.

MADELEINE

Et je reste là, les mains vides, avec l'impression que tu as cassé mes illusions – comme des œufs!

PIERRE

Comme des œufs?! Pourquoi comme des œufs? Qu'est-ce que les œufs viennent faire là-dedans? Voilà maintenant que je pars au travail, avec sur la conscience tes illusions cassées comme des œufs...

MADELEINE

Je te demande pardon...

PIERRE

Moi aussi, je te demande pardon

MADELEINE
Un temps.
Tu ne m'as pas dit que le café était bon...

PIERRE

Si je l'avais trouvé mauvais, tu sais bien que je te l'aurais dit...

À moitié au public.
La vie de couple est tellement complexe qu'il faut se mettre à deux pour l'affronter.

Noir

Man Inc.

SÉQUENCE 4

Les Mêmes
Musique: Anatomie du couple (duo)

1

Toi et moi, comme deux doigts
De la main, tous les deux
L'anneau d'or et le doigt
Le collier et le chien
À la vie à la mort
Comme le sel et le poivre
La fourchette, le couteau
La biche et le fusil

Toi et moi, comme stylo
Et papier, tous les deux
Où s'inscrit le bilan
Les pertes et profits
À l'heure où on ne sait
Comme entre chien et loup
Ce qui s'en va déjà
Ce qui s'en vient au loin

2

Comme il ne reste rien
De l'oiseau dans le vent
Il ne reste de l'homme
Dans la femme que les restes
D'un fabuleux festin
Où nous aurions brûlé
Tout ce que, toi et moi
Nous avions adoré

Comme le «oui» s'évanouit
Comme la vie, comme la mort
Je voudrais vivre encore
Comme la gifle et la joue
Comme la larme sur ta joue
Comme ma joue sur ta joue
Et comme la terre humide
S'ouvre sous la charrue

3

Toi et moi, comme torchons
Et guenilles, tous les deux
Comme la dot et la fille
Le linge sale en famille
Comme de corps et de biens
Comme à cor et à cri
Comme le cri et la voix
Comme le Christ et la croix.

Comme deux navigateurs
Solitaires, toi et moi
Mais seule et même chair
Dans un même naufrage
Et, pourtant, le navire
Et le port, tous les deux
Comme ta main dans ma main
Comme jamais c'est toujours

Noir

TROISIÈME TABLEAU:
Big Brother

SÉQUENCE 5

PIERRE
LE REGARD DE BIG BROTHER (*sur un écran*)
puis LES TECHNOCRATES

Ce tableau tend à illustrer la position inconfortable de l'homme moyen menacé de dépersonnalisation par Big Brother pris ici au sens des superstructures de la société: la politique, la religion, l'argent, etc., à une époque où, par réaction, sont remises en question certaines valeurs sociales et morales, considérées jusqu'ici comme les fondements de la société.

Projection: Sur un écran, un gros plan de deux yeux – c'est Big Brother.

Musique: Jazz et musique concrète (bruits industriels et mécaniques).

PIERRE

Entre, son chapeau, sa serviette et le journal du matin sous le bras: il se rend au bureau, un matin comme les autres. Le regard de Big Brother le suit.

Pierre a soudain l'impression d'être observé et s'arrête. Il regarde un moment autour de lui, traverse la scène dans l'autre sens. Le regard le suit. Pierre s'arrête, découvre le regard de Big Brother. Il échappe sa serviette. En voulant la ramasser, il échappe son journal.

Pierre est en retard pour le travail. Il tente de s'expliquer, de se justifier. Les technocrates apparaissent derrière l'image de Big Brother, se rapprochent lentement de Pierre, comme pour le cerner.

Musique FX

PIERRE

Je suis en retard... Excusez-moi...

Après un moment, aussi «dégagé» que possible, il retraverse la scène.
Parfois, le matin, je ne parviens pas à me tirer du lit: c'est comme
si je voulais échapper à la journée qui vient...
Je n'aurais pas dû passer par cette porte. Je le savais. On doit toujours suivre la flèche. Mais j'étais en retard, alors j'ai pensé qu'en
passant par ici, j'arriverais plus vite... que la flèche...

Comme s'il lisait un mode d'emploi.
L'organisation travaille comme une ruche qui comporterait des
millions d'alvéoles. Et pour chacune d'elles, les qualifications
requises sont très précisément définies... Chaque cellule doit
fournir le travail qu'on attend d'elle et procéder d'après les
normes établies. Si une cellule ne produit pas son quota, ou si elle
ne procède pas selon les normes, cela provoque des perturbations
qui entraînent une baisse de la production...

Il baisse la tête.
Dans mon dossier on a écrit: «A fait preuve d'esprit d'initiative».
... Oh! une fois, peut-être deux... C'était dans les débuts: je venais
de terminer mes études, je n'étais pas marié, je me posais encore
des questions...

Faussement joyeux.
Aujourd'hui, je n'arrive plus à imaginer que le monde pourrait
être autrement qu'il n'est. Tenez! si je devais le refaire, je le refe-
rais exactement comme il est... D'après mon niveau de vie, je suis
un homme heureux!

Musique FX

Man Inc.

Chorégraphie: Les technocrates s'emploient à rendre Pierre semblable à eux.
À la fin de la séquence, Pierre est étendu sur le sol.

SÉQUENCE 6

LES MÊMES
Transposition visuelle et sonore d'une psychanalyse (test de Rorschach).

À la musique de jazz s'ajoutent des effets de musique concrète: voix humaine dont on ne conserve que la valeur d'incantation: le murmure, la plainte, le cri de douleur, de passion, de peur…; bruits industriels: portes de hangar, ascenseur, freinage brusque, sirène…; bruits évoquant les communications.
Pierre se déplace comme s'il marchait contre le vent: une psychanalyse, c'est une marche contre le temps – on remonte le fil. Il est assailli à la fois par les taches d'encre et tantôt tiré ou poussé par les technocrates qui finiront par l'abandonner au sol.
Il veut se rapprocher d'une tache mais elle disparaît. Une autre fonce sur lui. Il s'écrase un moment sur le plancher pour ensuite reprendre sa marche laborieuse à travers le paysage visuel et sonore de sa psyché.

Noir

QUATRIÈME TABLEAU:
La cybernétique

SÉQUENCE 7

PIERRE
L'AUTRE FEMME
L'ORDINATEUR

Un ordinateur évoquant les gros appareils à transistor des débuts de l'informatique, qui tient à la fois d'un juke-box, d'une machine à boules, ou encore d'un robot... L'ordinateur doit pouvoir 'réagir' aux provocations érotiques de L'Autre femme qui est follement éprise de lui.

On découvre que Pierre est informaticien.

Cette femme le fascine. Elle deviendra pour lui 'toutes les autres femmes'.

L'Autre femme chante sa passion pour l'ordinateur.

À la fin de la séquence, les danseurs se joignent à elle pour un ballet de formes et de nombres (sur écran) qui évoque l'informatisation de la société.

Musique FX: Rythmes, bruits insolites. On doit pouvoir contrôler les réactions de l'ordinateur, en fonction des dialogues puis de la chanson, afin de rendre sa 'présence' aussi 'humaine' que possible.

L'ordinateur fonctionne seul un moment sur scène.

L'Autre femme entre, regarde autour d'elle pour s'assurer que personne ne l'observe, puis elle s'avance vers l'ordinateur.

Elle commence alors une danse frénétique.

L'ordinateur réagit, s'agite, s'excite.

Man Inc.

Elle finit par lui montrer ses cuisses.
L'ordinateur est dans tous ses états.
Elle s'arrête et sort.
L'ordinateur se calme.

Pierre qui se trouvait derrière l'ordinateur apparaît. L'air perplexe, il procède à quelques vérifications. Puis il renonce à comprendre et retourne derrière l'ordinateur.
L'Autre femme revient. Même jeu. Cette fois, Pierre descend jusqu'à l'avant-scène, l'air encore plus perplexe.
La scène de séduction se répète. Mais, au moment où l'Autre femme montre à nouveau ses cuisses à l'ordinateur, c'est à Pierre, surgi de l'arrière, que s'offre ce spectacle inattendu.

SÉQUENCE 8

LES MÊMES

PIERRE

Qu'est-ce que vous faites là?

L'AUTRE

Je vous en supplie. Ne me laissez plus jamais seule avec lui...

PIERRE

Avec qui?

L'AUTRE
Elle indique l'ordinateur.
Avec lui. Ah! Si vous saviez! Il ne pense qu'à ça!

PIERRE

Lui aussi!

L'Autre

Il me rend folle. C'est un vrai tyran!

Pierre

C'est le printemps!

Il va vers elle avec l'intention de la séduire.
Ce matin, j'entendais battre le cœur des locomotives. J'aime imaginer l'accouplement gigantesque de ces masses de ferraille dans les gares de triage!

Elle tente de le repousser.
Et n'avez-vous pas remarqué que les ascenseurs depuis quelques jours, ont un comportement étrange? Comme une façon de vous monter et de vous descendre qui n'est pas habituelle...

L'Autre

Attention! Il est jaloux.

Pierre

Jaloux?

L'Autre

Elle l'entraîne plus loin.
Maintenant que vous savez tout, je peux tout vous dire... Ah! Si vous pensez que c'est facile le progrès pour une femme... Je n'aurais pas dû, je le sais bien, mais on ne peut jamais revenir en arrière... Oui, c'est moi qui ai commencé... oui, moi!

Pierre

Alors, là, je ne comprends plus. Vous m'auriez dit: j'ai eu envie d'un tracteur, d'une grue mécanique, voire même d'un cargo...

Man Inc.

J'aurais compris. Un tracteur, une grue, un cargo – c'est physique. Mais un ordinateur: tout se passe dans la tête. C'est très malsain...

L'Autre
Ce qui m'excite, moi, c'est le cerveau! C'est même ma zone... érogène! J'ai toujours eu un faible pour les hommes brillants... Alors quand j'ai vu tous les programmes complexes qu'il assimilait et la rapidité, la précision de ses réponses, j'en ai eu le souffle coupé! Alors, j'ai décidé de me donner à lui.

Pierre
Vous pouviez débaucher tout le matériel roulant que je n'aurais rien trouvé à redire. Mais pourquoi lui? Dans une entreprise comme celle-ci, il en faut au moins un pour se consacrer à la réflexion. D'où venons-nous? Qui sommes-nous? Où allons-nous?

L'Autre
Mais c'était plus fort que moi! Je m'en souviendrai toute ma vie, comme de ma première communion... Je me suis placée devant lui – à peu près là – et j'ai dansé, et j'ai dansé. Mais comme il ne réagissait pas, j'ai fini par lui montrer mes cuisses! oui!

Pierre
Troublé.

Et alors?

L'Autre
Rien... Ça m'a fait quelque chose, vous pensez bien. Une femme qui fait les premiers pas, vous comprenez. Surtout une femme de carrière, indépendante et fière... Mais je l'avais dans la peau. Alors je me suis plongée dans l'électronique pour mieux le connaître. Et j'ai vite compris qu'avec lui, ce serait différent... Mais au lieu de me décourager, ça m'a – comment dire? – stimulée... Oui, j'ai toujours eu un faible pour les handicapés...

Une jambe de bois, un œil de verre, un tic nerveux, moi, ça m'excite... J'ai alors décidé...

Elle baisse la tête
... de l'initier. J'aime bien... initier. Pas vous? Éveiller l'instinct, allumer les premiers désirs... La maladresse, le tâtonnement, la surprise, moi, ça m'excite.

Elle se lance dans ses bras.
J'ai tellement besoin de compréhension...

PIERRE
Je suis là, je suis là...

L'AUTRE
Qu'est-ce que je vais devenir maintenant? C'était trop beau pour durer...

Elle se dégage pour poursuivre.
C'est que pendant des mois, je lui ai soumis des programmes que j'imaginais de plus en plus complexes. Chaque fois que je m'approchais de lui, je lui perforais une carte. D'abord, pour qu'il me reconnaisse. Le premier jour, j'ai entendu comme un «tic tic tic» en dedans, et le lendemain, comme un drôle de gargouillis. Tous les jours, je lui apprenais un truc nouveau... Ah! je n'oublierai jamais le jour où il a découvert qu'il me désirait! Tout à coup, ses transistors se sont mis à chauffer... Mais j'aurais dû penser qu'un jour il finirait par prendre le dessus. Maintenant, il connaît tous mes points faibles, je ne parviens plus à le contrôler. Le matin, il m'attend. Si j'arrive en retard, il me fait une scène. Si je ne lui montre pas mes cuisses avant dix heures, il menace de se faire sauter les transistors! Si je le néglige quinze minutes, il me perfore des choses... qui me font rougir. J'ai beau savoir qu'il tient tout ça de moi, ça m'étonne quand même chaque fois! Mais

Man Inc.

maintenant je suis épuisée: il me terrorise. Toute la journée, mon cœur bat très fort. Tenez! là...

Elle lui prend la main et la pose sur son cœur.
Vous allez m'aider, dites? Je ne sais plus comment me tirer de là...

PIERRE
Il se tourne vers la salle.
Y a-t-il un ingénieur dans la salle?

L'AUTRE
Elle éclate en sanglots.

PIERRE
Allons! Allons! ne pleurez pas...

L'AUTRE
Les hommes de nos jours sont tellement... Comment dire? Il n'y a rien à tirer d'eux que d'en faire des maris... Tandis que lui... Ah! j'ai peur, j'ai peur...

PIERRE
Allons! Allons! Tout ça va s'arranger. Il suffit de trouver un truc. Peut-être, tenez, de lui couper quelque chose!

L'AUTRE
Mais si vous lui coupez quelque chose, qu'est-ce qu'il va devenir? Une machine?! Vous ne comprenez pas que je l'ai dans la peau!

PIERRE
Ça vaudrait tout de même mieux que de le garder comme il est: hypocrite, suintant la mauvaise foi, empli d'abominables intentions... Macho!

L'AUTRE

Mais il est parfait, il est tel que j'ai toujours voulu mon homme. Avec lui, tous les moyens sont bons: flatteries, menaces, promesses, bourrage de crâne... Et tout ça tombe à heures fixes! Et ça exige! Et ça refuse de discuter... Comme c'est viril, tout ça!

SÉQUENCE 9

LES MÊMES
Musique: Mon Tarzan électronique
Musique FX: Ponctuations électroniques, réactions diverses de l'ordinateur.

L'AUTRE
1

C'est mon Tarzan électronique
Concupiscent, technologique

Il me tactique
De tentacules
Il me bouscule
Il me phallique

Quand il ronronne
Je le bichonne
J'lui tends la pomme

Il me butine
Il m'exotique
Il me piétine
Il m'érotique

Man Inc.

2

Mon célibat qu'il hygiénique
Quand il me bat il me sadique

Pour le meilleur
Et pour le pire
C'est un vampire
qui me pique-nique

Quand il ronronne
Je le bichonne
J'lui tends la pomme

Il me rend folle
Il m'impudique
Mais je raffole
Qu'il me lubrique

Car c'est tout comme
Car c'est tout comme
Mon homme!

L'ordinateur s'affole et explose.

SÉQUENCE 10

LES MÊMES

L'AUTRE
Bouleversée.
Ah! Il s'est fait sauté les transistors!... Faites quelque chose, je
vous en supplie!

Pierre s'approche de l'ordinateur 'inanimé'. Il tente de le remettre en marche. Dépassé par la situation, il finit par lui donner un coup de pied, et l'ordinateur se remet en marche.

L'Autre
Elle se presse contre Pierre.
Vous allez me protéger, dites?

Pierre
Allons! Allons! Ne pleurez pas... On nous regarde.

L'Autre
Ah! Si seulement vous connaissiez la vérité...

Pierre
Vous commencez à m'inquiéter...

L'Autre
J'ai peur d'être enceinte.

SÉQUENCE 11

L'Autre Femme
Les Danseurs
Musique
Musique FX: Réactions de l'ordinateur
Chorégraphie
Projection: Sur les écrans sont projetées des images évoquant l'informatique: formes abstraites ou géométriques, formules algébriques – danse de chiffres.

Les danseurs sont intégrés aux images: ils évoluent comme dans un labyrinthe de chiffres.

CINQUIÈME TABLEAU:
Éros de la vie quotidienne

SÉQUENCE 12

PIERRE
puis LE TRIO
Pierre entre en poussant un chariot de supermarché dans lequel se trouvent des cubes de différentes grosseurs, sur lesquels apparaissent des images évoquant l'érotisme (lèvres rouges, souliers à talons aiguilles, bas noir, jarretelles, etc.)

Monologue de Pierre sur l'Éros.
Le trio se joint à Pierre pour chanter, à la manière des ensembles vocaux de jazz des années 40 et 50, des slogans publicitaires (authentiques) d'inspiration érotique.

Madeleine surprend Pierre.
La tension entre les époux augmente. Ils sont à la recherche du sens.
Pierre finit par se retrouver seul.
Le tableau se termine avec la chanson Tilt.

PIERRE
Les fleuves et les rivières, tu ne peux pas les caresser. Les arbres et les nuages non plus. La nuit, tu ne peux pas la boire. Et tu n'oserais jamais t'agenouiller devant une fleur...
Tu ne peux pas davantage tomber en extase chaque fois que sur ton chemin, tu croises un sourire, ou que, l'espace d'un frisson, tu découvres une épaule qui vit, un genou qui s'articule...

Il y a tout ce qui se bouscule en toi: l'amour mais aussi la haine. Comme la rage de vivre. Mais parfois une grande lassitude... Et le goût de te projeter loin de toi: d'éclater dans le temps et l'espace, de te répandre dans l'oubli, d'échapper un moment à la suite sans fin des petites choses... D'échapper enfin aux contraintes et de vivre comme entre parenthèses.

SÉQUENCE 13

LES MÊMES
Musique: Éros
Projection: Clip d'affiches publicitaires d'inspiration érotique.

LE TRIO
Les slogans publicitaires qui suivent sont authentiques.
Quel plaisir de faire sa toilette.
Mais attention! on vous regarde...
Pour votre buste et votre santé, essayez une cure de pilules orientales.
Paraître toujours vingt ans.
Supprimer toutes les imperfections: nez, rides, paupières, oreilles, bouche, cou, épaules, bras, mains, seins, hanches, jambes... gants! Merveille, merveille, la gaine Plein Air! Vous vous sentirez jeune, légère.

PIERRE
Croquez ce qui vous plaît sans penser à votre dentier.

LE TRIO
Vos seins trop petits, je les développe en vingt jours.

PIERRE
Une cigarette d'homme.

Man Inc.

LE TRIO

Êtes-vous une femme qui aime la douceur et le naturel? Il donne tout de suite une mousse abondante et crémeuse.
Cette crème faciale traverse les sept couches de la peau.
Extraordinaire pouvoir de pénétration.
Nettoyez vos organes. Chaque matin au réveil, buvez...

PIERRE

À bouche dure, peau douce.

LE TRIO

Mes cheveux et moi…
De beaux yeux langoureux, un air coquin…
Beauté du buste. Raffermissement. Développement.
Une laine douce... Elle sera comme une chatte.
Des jambes élégantes sous la caresse du nylon.
Un monde fabuleux de séduction sur vos ongles, sur vos lèvres, à vos pieds.
Un geste et vous aurez bien chaud toute la nuit: la couverture des mille et une nuits.
Nid de fauvettes, Cache-Cache, Carnet de bal, Ardent désir, J'ai deux amours.
L'arôme envoûtant de votre cigare.
Toujours se tend, jamais ne se détend.

PIERRE

Américaines ou françaises: les blondes sont plus douces. Mais les brunes ont plus de goût. Le bout filtrant, c'est la santé.

Le trio sort.

SÉQUENCE 14

PIERRE
MADELEINE

Pierre découvre soudain la présence de sa femme. Il voudrait se libérer du chariot. Il se sent ridicule. Madeleine prend des allures d'effeuilleuse, se déplace de long en large, parfois tournée vers les spectateurs.

MADELEINE
Tu deviens étalagiste?

PIERRE
C'est ça, oui, étalagiste. Dans mes loisirs...

MADELEINE
Un temps.
Tu ne penses qu'à ça...

PIERRE
Il faut bien vivre.

MADELEINE
Un temps.
Alors, raconte! Moi aussi, ça m'intéresse...

PIERRE
Dans chaque être, il y a des milliers de petites obsessions qui grouillent comme des vers dans un fromage. C'est un monde qui craint la lumière. On ne peut pas tout se raconter dans le mariage...

Il hésite.
Par exemple, j'ai fait une découverte: je m'ennuie...

Man Inc.

MADELEINE

Avec moi?

PIERRE

Pas plus avec toi qu'autrement! Je m'ennuie, en général. Il ne se passe jamais rien... Pas de guerre. Du moins, pas pour moi... Ah! comme je partirais, la fleur au fusil! Pas besoin de savoir pourquoi on se bat. Avoir un ennemi sur qui on peut compter: le grand jeu scout de la violence...

Pas de révolution non plus...

Mais il faut se contenter de vivre au jour le jour. Tous les mois, je paie un morceau de frigidaire, une tranche d'ustensiles de cuisine... Et quand j'aurai fait le tour, il faudra recommencer avec la nouvelle voiture, le nouveau mobilier de salon, le nouvel appareil de télévision... J'arrive au point où je me demande si je vis.

Il montre le chariot.

Alors, pour m'en convaincre, je bricole...

MADELEINE

Tu bricoles.

PIERRE

Je bricole!

Un temps. Madeleine se déplace à l'avant-scène.

PIERRE

Reste pas comme ça, tu vas attraper froid!

MADELEINE

À une autre, tu n'aurais pas dit ça!

PIERRE

Ça prouve que je m'inquiète de ta santé.

MADELEINE

Rassure-toi, je me sens confortable dans ma peau de femme.

Après un moment elle s'arrête.

Je me demande, Pierre, s'il ne vaudrait pas mieux se séparer. Chacun s'en irait de son côté.

PIERRE

Où ça?

MADELEINE

Tu m'aurais fait un enfant, comme ça, en passant... J'ai l'impression que tu serais un autre homme sans moi...

PIERRE

Lequel?

MADELEINE

Celui de tes fantasmes peut-être.

Un temps.

Alors, qu'est-ce qu'on fait?

PIERRE

Qu'est-ce qu'on fait, quoi?

MADELEINE

On se sépare?

PIERRE

On se dit: je suis marié, je ne peux plus rien faire – quelque chose de grand, s'entend, comme de se battre pour un idéal... Il n'y a plus que le nid qui gruge toutes les énergies... Mais c'est peut-être une excuse...

MADELEINE
Se dandine.
Est-ce que tu crois que je pourrais refaire ma vie avec un autre?

PIERRE
Je ne me suis jamais posé la question.

Il la regarde.
C'est comme si je ne t'avais pas regardée depuis un siècle.

MADELEINE
Alors?

PIERRE
C'est possible...

MADELEINE
Tu dis ça comme si tout était possible.

PIERRE
Tout est possible!

MADELEINE
Qui va le trouver.
Alors si tout est possible, moi, je veux faire l'amour... Comme on se jette dans le vide. On reparlera de tout le reste après, à tête reposée.

PIERRE
On reparlera de quoi?

MADELEINE

De se séparer...

Cajoleuse.

Sois tranquille. Je n'abuserai pas, je ne suis pas de ces femmes qui exigent une pension alimentaire exorbitante. Je n'ai jamais été très exigeante. Et puis, je travaillerai. Avant de me marier, j'ai toujours su m'organiser une vie intéressante. Pour l'enfant, je veux la garde partagée. J'aurai un petit studio à moi... Je me demande parfois si j'ai déjà été chez moi chez nous. Cette manie qu'on a de jumeler les destins... Tu viendras me visiter, dis?

Elle tente de l'embrasser.

PIERRE
Il se dégage.

Pas maintenant...

MADELEINE

Ce serait toujours ça...

PIERRE

Maintenant, je pense...

MADELEINE

Tu te poses trop de questions!
L'amour... l'amour... l'amour...

PIERRE

... Pas l'amour comme au cinéma. Ce qu'il faut maintenant regarder en face, c'est l'amour qui grisonne, l'amour qui bedonne...

Man Inc.

MADELEINE
Soudain.
Qu'est-ce qu'elle a que je n'ai pas?

PIERRE

Qui? Quoi?

MADELEINE

L'autre.

PIERRE

Quelle autre?

MADELEINE

N'importe laquelle! Qu'est-ce qu'elle a que je n'ai pas?

PIERRE

Elle a peut-être qu'avec elle, ça n'engage à rien. Avec n'importe quelle autre, c'est comme une parenthèse. Il n'y a pas les comptes à rendre – comme une cause qui n'a jamais été entendue. Il n'y a pas les factures, les mises au point, les parents, les projets.
Et surtout, il n'y a pas tout ce que nous avons raté ensemble. Avec n'importe quelle autre, il n'y a rien ou si peu. C'est une rencontre quelque part dans la marge, dans le 'no man's land' de la vie.

MADELEINE

C'est de ça dont j'ai envie avec toi.

PIERRE

Moi aussi... Mais qu'est-ce qu'on peut faire?

MADELEINE

Prends-moi, comme si j'étais une autre. N'importe laquelle... Ou alors, souviens-toi: notre premier rendez-vous dans ta chambre.

Je ne voulais pas y aller. Tu m'as dit: amie-ami... Je ne t'ai pas cru, mais j'ai cédé. Tu as voulu me déshabiller, j'ai résisté. Tu aurais pu me prendre de force, mais tu m'as regardée longuement et tu as renoncé. Tu es allé vers la fenêtre, tu as allumé une cigarette. Les dents serrées, tu m'as traitée de bourgeoise, sans te retourner. Alors, rien que pour t'embêter, j'ai retiré mon chandail et mon soutien-gorge... Quand tu t'es retourné, tu m'as vraiment regardée pour la première fois. Alors, je n'ai plus pensé à ma peur, je me suis avancée vers toi... C'est là qu'est né le couple que nous sommes – toi et moi.

PIERRE

Tu veux que je te dise? Si on n'était pas mariés, tous les deux, on aurait des 'cinq à sept' excitants...

Un temps. On devine qu'il veut la prendre dans ses bras. Mais il reste là, les bras ballants...

MADELEINE

Tu vas trouver ce que tu aimes en moi dans le premier tiroir de la commode...

Elle sort.
Un temps.

SÉQUENCE 15

PIERRE
Musique: Tilt (solo)

PIERRE
1

Tu rages de vivr' enfin ta vie
Vivre jusqu'au bout debout

Man Inc.

Mordre dans les fruits de l'envie
Risquer le tout pour le tout

Les heures, les femmes, les paysages
Que tu as saisi au passage
Un jour ou l'autre, ça fera Tilt
Un jour ou l'autre, ça fera Tilt
Car au jour Tilt
Tout se défait
Tout se déglingue
Et tout s'use

Jusqu'à la corde
Tilt
Jusqu'à la corde
Tilt

2

Tu voudrais tirer d'aujourd'hui
Tous les plaisirs de l'amour
Tu voudrais épuiser la nuit
Demain, c'est un autre jour

Les rires et le joyeux vacarme
Tirés de la vallée de larmes
Un jour ou l'autre, ça fera Tilt
Un jour ou l'autre, ça fera Tilt

Car au jour Tilt
Tout se fatigue
Tout s'enlaidit
Et tout pourrit
Jusqu'à la moelle
Tilt

3

Quand tu t'enivres de colère
Oui! je veux briser les chaînes
Qui me retiennent à la galère
Des ornières quotidiennes

Mais elles pourrissent au dépotoir
Les planches pourries de l'espoir
Un jour ou l'autre, ça fera Tilt
Un jour ou l'autre, ça fera Tilt

Car au jour Tilt
Tout se fatigue
Tout se s'enlaidit
Et tout pourrit

Jusqu'à l'âme
Tilt
Jusqu'à l'âme
Tilt

4

Pour donner un sens à la peine
Tu veux conquérir la terre
Et tu combats à perdre haleine
Argent, pouvoir, par la guerre

Mais l'ambition au cimetière
Argent, pouvoir, tout est poussière
Un jour ou l'autre, ça fera Tilt
Un jour ou l'autre, ça fera Tilt

Man Inc.

Car au jour Tilt
Tout se désole
Tout se dévaste
Et tout se vide

Jusqu'à la lie
Jusqu'à la lie

5

Si pour le dernier rendez-vous
Tu te cramponnes à l'espoir
De trouver Dieu au bout du bout
Il n'est peut-être qu'un miroir

Seul avec soi au rendez-vous
Seul avec soi, personne au bout
Un jour ou l'autre, ça fera Tilt
Un jour ou l'autre, ça fera Tilt

Car au jour Tilt
Tout se dessèche
Tout se consume
Et tout s'efface

Jusqu'à plus rien
Tilt
Jusqu'à plus rien
Tilt

Noir

SIXIÈME TABLEAU:
L'évasion

SÉQUENCE 16

PIERRE
puis LE TRIO
et LES DANSEURS (matelots)
(*À la production, ce tableau pourrait être supprimé.*)
Le héros, qui tente d'échapper à la médiocrité de sa vie, s'évade dans l'imaginaire.
On le retrouve dans un décor qui suggère un bateau corsaire à la fois exotique et psychédélique. C'est le «trip» soutenu par une ambiance musicale de calypso.

Devenu pirate, à l'époque où les corsaires sillonnaient la mer des Antilles, Pierre retrouve l'Autre femme, cette fois dans le personnage de «la jeune fille enlevée par des bandits» – qu'on attache au mât et dont on s'amuse… en attendant le moment d'en abuser!
Mais Madeleine rejoint Pierre dans ses fantasmes.
Par dépit, le pirate décide de saborder le navire.
L'action se termine par un calypso frénétique, alors que les images suggèrent que le navire sombre, pour finir sous l'eau dans une évocation de plongée sous-marine.
Musique: Calypso
Musique FX: D'inspiration exotique et psychédélique.

PIERRE

Hissez le pavillon noir!

Man Inc.

Ah! Comme c'est agréable! Je suis en vacances, loin de mes habitudes, comme à l'autre bout de moi-même. C'est là que je m'amuse le plus.
Matelot!

Un matelot approche.
Qu'on apporte ma part du butin!

Tous
Qu'on apporte sa part du butin!

Le matelot sort.

Pierre
Il faut se définir à l'intérieur du système ou crever... Alors, moi, de temps à autre, je me fais pirate!

Le Trio
(Chanté)
Où sont les continents qui restent à découvrir?
Les hommes auraient-ils bu la vie jusqu'à la lie?

Tous
(Chanté et dansé)

Je serais un pirate
Aux trésors dans les îles
À bord d'une frégate
Dans la mer des Antilles
J'aurais tué l'automate
Aux rouages fragiles
Pour devenir pirate
Dans la mer des Antilles.

SÉQUENCE 17

Les Mêmes
L'Autre Femme
*Le matelot revient avec l'autre femme qui porte une robe d'époque…
déchirée.*

PIERRE

Attache-la au mât! Que je la regarde battre des ailes, comme un
joli papillon…

Il pointe son sabre d'abordage vers la poitrine de la fille.
… épinglé!

(*Rires*)

L'Autre

Maman, maman! J'ai peur…

PIERRE

As-tu peur? As-tu vraiment peur?

L'Autre

Qu'attendez-vous de moi?

PIERRE

Pour le moment, ta peur me suffit… Je pourrais te prendre de
force, mais je préfère attendre. C'est ça, le luxe: ne pas toujours
courir après la vie. Savoir qu'elle est là, soumise, docile, et que je
peux la prendre quand ça me plaît… À la tombée du jour peut-
être. C'est l'heure où les lions vont boire…

À l'aide de son sabre, il détache le corsage de sa victime.

L'Autre

Vous n'avez pas de cœur!

Man Inc.

PIERRE

À moitié vers la salle.

Ah! comme je me délecte...

L'AUTRE

Vous êtes de ceux qui font souffrir les femmes. Vous les humiliez, vous marchez dessus, vous les découpez en petits morceaux et, pourtant, elles vivent à côté du téléphone à vous attendre...

Elle s'affaisse.

PIERRE

Oui, je sais, avec moi, c'est différent. Je ne suis pas comme les autres...

Au public.

J'ai toujours été un bon petit garçon. Jamais je ne disais de mots grossiers aux filles, je ne tirais pas leurs nattes, je ne copiais pas, je ne volais pas les bonbons des autres, je n'ai même jamais planté ma plume dans le bras d'un camarade, je savais presque toujours mes leçons; et, le dimanche, je ne salissais jamais mon petit habit bleu avec un col marin... Et ainsi de suite, et ainsi de suite, et ainsi de suite! Aujourd'hui, je ne me saoule la gueule qu'à moitié, je ne trompe ma femme qu'à peu près et, quand je la trompe, je ne suis pas fier de moi... Alors parfois, j'en ai marre, je prends congé de moi et je deviens méchant...

Il retourne auprès de sa victime.

Et c'est alors que je tire les cheveux des filles; que je dis des gros mots: caca, caca, caca... C'est comme crever un abcès: après, je me sens mieux... J'apaise en moi le goût du mal qui remonte de temps à autre, comme le trop plein d'un monde obscur où grouillent les ombres... Et à bord de ma frégate, je vogue sur la mer des Antilles. Oh! pas celle d'aujourd'hui! Celle d'autrefois! En quête d'abordages et d'aventures... Et lorsque la vigie me signale un navire du Roy – de n'importe quel Roy, je ne suis pas difficile! Je me lance à sa poursuite. Et c'est le carnage le plus excitant: les larmes des duchesses, la sueur des curés et le sang des gendarmes. Ça coule comme le rhum! Nom de Dieu!

Il lui tord un bras.
Tu ne peux pas savoir comme ça me détend!

L'AUTRE
Vous êtes sans pitié...

PIERRE
Répète ça!

L'AUTRE
Vous êtes sans pitié...

PIERRE
Ravi.
Je sens que je vais te garder plus longtemps que les autres: tu souffres tellement bien. Et tu dis si bien les mots que j'ai besoin d'entendre.

TOUS
(Chanté et dansé)
Je serais un pirate
Aux trésors dans les îles
À bord d'une frégate
Dans la mer des Antilles
J'aurais tué l'automate
Aux rouages fragiles

Man Inc.

Pour devenir pirate
Dans la mer des Antilles

SÉQUENCE 18

LES MÊMES
puis MADELEINE
Un matelot s'approche.

PIERRE

Qu'est-ce que c'est, mon ami?

LE MATELOT

Quelqu'un pour vous.

PIERRE

Connais pas.

LE MATELOT

... Une dame!

PIERRE

... Ah! Ah! Comment est-elle?

MADELEINE

Comme toujours dans tes fantasmes, elle est plus mordante que
dans la réalité.

PIERRE

Ciel! Ma femme...

L'AUTRE

Ah! Madame, pitié... pitié!

MADELEINE

Tu n'as plus rien à craindre, mon petit, dès que j'arrive, ça se gâte...

PIERRE

Chaque fois que je ne prends pas la précaution de la laisser sous bonne garde dans ma tête, crac! elle surgit...

MADELEINE

Tu me donnes toujours le mauvais rôle, Pierre. Si tu m'aimais vraiment, c'est moi que tu ferais attacher à ce mât.

À l'autre qu'elle détache.
Tu serais maintenant celle qu'on respecte; et moi, celle qu'on viole...

Elle va pour se déshabiller et prendre la place de l'autre.
C'est à mon tour! Je suis ta part du butin... Et tu abuses de moi! Moi aussi, j'ai envie de vivre!

Un temps.
Alors, qu'est-ce que tu fais?

Pierre fait signe à un matelot.

LE MATELOT

Terre! Terre!

PIERRE

La réalité remonte à la surface. Et dans la réalité, j'ai mauvaise conscience... Tous les rêves finissent mal: il faut toujours en revenir...
Ohé! matelots, c'en est fait! Sabordez le navire!

Man Inc.

Projection: Images d'inspiration sous-marine créant l'illusion que la scène s'enfonce sous l'eau.

MADELEINE

Nous allons mourir ensemble, toi et moi!

PIERRE
Il la prend dans ses bras.
C'est peut-être, en effet, ce que nous avons de mieux à faire...

LE TRIO
(Chanté)
Où sont les continents qui restent à découvrir?
Les hommes auraient-ils bu la vie jusqu'à la lie?

TOUS
(Chanté et dansé)
Je serais un pirate
Aux trésors dans les îles
À bord d'une frégate
Dans la mer des Antilles
J'aurais tué l'automate
Aux rouages fragiles
Pour devenir pirate
Dans la mer des Antilles

(Reprise)

SEPTIÈME TABLEAU:
Le retour au bercail

SÉQUENCE 19

Le Regard de Big Brother (sur écran)

Madeleine

puis Pierre

Pierre rentre chez lui au milieu de la nuit, sous le regard de Big Brother. Madeleine l'attend.

Elle est enceinte d'un second enfant.

La confrontation se précise. Pierre voudrait vivre intensément… pour une cause peut-être. N'importe laquelle!

Mais Madeleine trouve le sens de la vie plus simplement dans le couple et les enfants.

Pierre finit par s'endormir, épuisé.

Projection: Le regard de Big Brother

Musique FX

Pierre

Ah! cette réconfortante odeur de pisse et de lait suri. C'est l'heure des couches et des biberons. Ça sent bon l'écurie et je m'apaise… Je suis allé au bout de ma corde. On ne broute jamais plus loin… que le bout de sa corde. Et me voici de retour.

Au commencement était le chaos. Il en reste la vie nocturne. Elle est comme une cathédrale souterraine avec ses déesses à paillettes sur le bout des seins et sur le triangle du zéro et de l'infini…

Man Inc.

On s'appuie contre un arbre, on compte jusqu'à dix, puis quand on se retourne pour regarder derrière, des années se sont écoulées...

Il découvre Madeleine.
Tu m'as attendu – c'est ça? Tu étais inquiète, tu n'as pas pu fermer l'œil de la nuit. Et maintenant, tu me juges...

Un temps.
Ou alors, tu as pensé que j'allais revenir avec une bouteille de champagne pour célébrer le grand événement biologique – la rencontre d'un spermatozoïde avec un ovule!

MADELEINE
Lorsque maman apprenait à papa qu'elle était enceinte, il la prenait dans ses bras, tout simplement.

PIERRE
Ton père et ta mère, ils vivaient à la campagne, et c'était autrefois. À la campagne, autrefois, on pouvait faire de l'élevage!

Un temps.
Qu'est-ce que je vais devenir maintenant? Tu es là, avec tes enfants, tes entrailles, tes yeux cernés: tu as besoin de pain, de chaussures, de pâte dentifrice, de fromage, d'œufs, de sous-vêtements, de viande, de sirop pour la toux, de chandails, de carottes, de choux, de couches, de pots de confitures, de boîtes de conserves, d'assurances, de vacances... Qu'est-ce que je peux devenir, moi? Un mari, un père de famille, un homme de la rue... Et puis voilà!
Plutôt que d'être grignoté au jour le jour, grugé à la petite semaine, sucé par mensualités, je crois que je ferais n'importe quoi!

Un temps.
C'est toujours comme si je devais manger les restes. Les restes de qui?

Il regarde vers la salle comme s'il se trouvait devant une fenêtre.
Il pleut... Une petite pluie morne... Pas même le décor d'une catastrophe. Il ne se passe jamais rien...

Un temps.

MADELEINE
Je vais te dire, Pierre... Maintenant qu'il est là, je vais le porter à terme...

PIERRE
Il va la trouver.
Je suis sûr que tu l'as fait exprès.

Il la bouscule.
Tu as cru que je me détachais de toi! Tu as pensé que c'était le moyen de me garder!

Elle perd l'équilibre et tombe un peu plus loin.
Un temps.

PIERRE
Je te demande pardon!

MADELEINE
Je fais partie de tout le reste dans ta vie, Pierre. Quand tu me bouscules, c'est tout ce qui va mal dans ta vie que tu bouscules...

PIERRE
Oui, c'est ça, engueule-moi!

Man Inc.

MADELEINE

Je ne suis pas ta mère...

PIERRE

Madeleine, j'aurais pu t'aimer d'un amour fou... Mais c'est de t'aimer aujourd'hui, demain comme hier, à travers les grossesses, les couches, les biberons, c'est cet amour-là qui n'est pas facile... Je t'ai appris à faire l'amour; je croyais que tu m'apprendrais à aimer...

MADELEINE

Je t'offre tout ce que j'ai...

Elle lui caresse les cheveux.
Nous sommes toujours à faire le compte de ce qui nous manque pour être heureux. Et pendant ce temps, les petites joies nous filent entre les doigts...

PIERRE

Maintenant, je suis dégrisé et j'ai mal à la tête... Sois gentille, Madeleine, engueule-moi que je m'endorme en paix.

MADELEINE

Je ne suis pas ta mère.

PIERRE

Je t'ai cherchée toute la nuit...

MADELEINE

J'étais ici...

PIERRE

Je te cherche encore...

MADELEINE

Je suis ici...

Il s'endort.

SÉQUENCE 20

MADELEINE
(PIERRE)
Musique: Le «blues» de Madeleine

1

Pour chanter l'amour fou
Nous avions tous deux
Quelque part rendez-vous
C'était en banlieue

Refrain
Oh! dis-moi que je suis
Oui, dis-moi que je vis

2

Pin up de la vaisselle
Au rimmel fatigué
Les jours battent de l'aile
Et rident les années

Refrain
Oh! dis-moi que je suis
Oui, dis-moi que je vis

3

Entre feuilleton de télé
Machine à laver, le téléphone

Man Inc.

Tu as l'impression d'être volée
De vivre une vie bouffonne

Refrain
Oh! dis-moi que je suis
Oui, dis-moi que je vis

4

Tu fermes un temps les yeux
Et voici quelques fleurs
C'est ton anniversaire
Un an s'est écoulé

Refrain
Oh! dis-moi que je suis
Oui, dis-moi que je vis

5

Après les biberons
Les enfants à l'école
Après les biberons
Les enfants à l'école
Puis ils partiront
Comme tu as pris ton vol

Refrain
Oh! dis-moi que je suis
Oui, dis-moi que je vis

6

L'amour, une habitude
Comme boire et manger
Au bout de ta solitude
Quel est cet étranger?

Refrain
Oh! dis-moi que je suis
Oui, dis-moi que je vis

7

Dans un album photos
Souvenirs d'occasion
Ici, oui, c'était moi
Comme si c'était hier

Refrain
Oh! dis-moi que je suis
Oui, dis-moi que je vis

8

Pour chanter l'amour fou
Nous avions rendez-vous
Comme la suite et la fin
D'un voyage en banlieue

Refrain
Oh! dis-moi que je suis
Oui, dis-moi que je vis

Noir

HUITIÈME TABLEAU:
La cause

SÉQUENCE 21

LE TRIO

Le trio évoque la confrontation à notre époque des idéologies et des propagandes. Le thème sous-jacent est celui de la tentation révolutionnaire: slogans, mots d'ordre, etc.

On s'inspirera à la mise en scène de l'atmosphère de Hyde Park (Londres), où n'importe qui a le droit de s'exprimer sur n'importe quel sujet: philosophie, religion, économie, politique... — véritable tour de Babel.

Avec, pour le texte, la collaboration involontaire de:
Bertrand Russell
Adolf Hitler
Miguel De Unamuno
Mahatma Gandhi
Abraham Lincoln
Albert Einstein
Lénine
Denis de Rougemont
Alain
Raymond Aron
André Suarès
Charles Maurras
Mao Tsé-toung
Nietzsche

(Spreacht)

Je pense qu'on ne doit être certain de rien
Le Führer est le Parti et le Parti est le Führer
Quand on vous coupe la tête, vous pensez
Avec beaucoup moins de puissance

(Chanté)

Il n'y a pas d'avenir
Il n'y a jamais eu d'avenir
Le véritable avenir c'est aujourd'hui
Le monde est fatigué de la haine
L'art du clown va bien au-delà de ce qu'on pense
En donnant la liberté aux esclaves nous assurons celles des hommes libres
Le sort de l'humanité en général sera celui qu'elle méritera

(Spreacht – chacun pour soi)

Dans le fond, le pouvoir reste entre les mains du capital: plus une république est démocratique, et plus la domination du capitalisme y est brutale et cynique.

Il n'y a, dans le monde du XXᵉ siècle, que deux camps, deux politiques, deux attitudes humaines possibles. Ce ne sont pas la gauche et la droite... Ce ne sont pas le socialisme et le capitalisme... Ce ne sont pas non plus la justice et la liberté... Aujourd'hui, il y a le totalitarisme et le fédéralisme.

La plus grande erreur de ceux qui portent des lunettes jaunes est de croire qu'ils voient toujours les choses comme ils les voyaient. Bien que je ne prévoie pas que l'énergie atomique devienne avant longtemps un grand bienfait, je dois dire que, pour l'instant, c'est une menace.

Man Inc.

(Chanté)

L'homme est une corde tendue entre l'animal et le surhomme, une corde au-dessus d'un abîme.

SÉQUENCE 22

LES MÊMES
LES DANSEURS
PIERRE (PROMÉTHÉE)

Pierre apparaît en Prométhée. Les dialogues qui suivent s'inspirent de ceux du Prométhée enchaîné *d'Eschyle. Sur l'écran apparaît l'image de Che Guevara. Le trio évoque le chœur de la tragédie grecque. Cette séquence est entièrement chantée et dansée.*

LE CORYPHÉE
(interprété par la basse du trio)

C'est l'ennemi des dieux, c'est celui qui a encouru la haine, pour avoir trop aimé les hommes!

LE TRIO

Qu'il apprenne à se résigner! Qu'il cesse d'être le bienfaiteur des hommes!

PROMÉTHÉE

Seul, j'ai libéré les hommes! C'est pourquoi aujourd'hui je ploie sous de telles douleurs.
Pour avoir pris les mortels en pitié, je me vois refuser la pitié.

LE TRIO

Tu ne connaîtras plus ni voix ni visage humains; tu sentiras la fleur de ton teint se flétrir... Tu verras la nuit dérober la lumière sous son manteau d'étoiles, tu verras le soleil fondre le givre de l'aurore, sans que la douleur d'un mal toujours présent jamais cesse de te ronger.

Le Coryphée
Je gémis sur le destin qui de toi fait un maudit, Prométhée.

Le Trio
Voilà ce que tu as gagné à jouer le bienfaiteur des hommes.

Le Coryphée
Et les larmes qui coulent de mes yeux attendris inondent ma joue de leurs flots jaillissants.

Prométhée
Écoutez les misères des mortels, et comment des enfants qu'ils étaient j'ai fait des êtres de raison, doués de pensée.
Au début, ils voyaient sans voir, ils écoutaient sans entendre, ils vivaient dans le désordre et la confusion.
Jusqu'au moment où je leur appris la science des astres, puis celle du nombre, celle des lettres, mémoire de toute chose: tous les arts aux mortels viennent de Prométhée.
Voilà mon œuvre.
Et l'infortuné qui a pour les mortels trouvé telles inventions ne possède pas aujourd'hui le secret qui le délivrerait de sa misère.

Le Trio
Mais tu as été plus loin encore, Prométhée!

Prométhée
J'ai délivré les hommes de l'obsession de la mort.

Le Coryphée
Quel remède as-tu découvert à ce mal?

Man Inc.

PROMÉTHÉE
J'ai installé en eux l'espoir aveugle.

LE TRIO
Il a installé en eux l'espoir aveugle.

PROMÉTHÉE
J'ai fait plus cependant: je leur ai fait présent du feu.

LE TRIO
Quoi! Le feu est aujourd'hui aux mains des mortels?

Tous les personnages sortent, sauf Pierre (Prométhée) et le Coryphée.

LE CORYPHÉE
Je gémis sur le destin qui de toi fait un maudit, Prométhée!

Le Coryphée sort.

SÉQUENCE 23

PROMÉTHÉE
De l'explosion verbale à l'explosion nucléaire, ce tableau se termine par rien de moins que la fin du monde (ou la fin d'un monde).
Projection: L'explosion nucléaire se prépare.

PROMÉTHÉE
(Spreacht)
Mais voici que la terre vacille et que rugit la voix du tonnerre, en zigzag la foudre jaillit éclatante, un cyclone fait tourbillonner la poussière, tous les souffles de l'air s'élancent à l'attaque les uns

des autres, la guerre est déclarée entre les vents, et l'éther déjà se confond avec les mers...

Prométhée s'écrase

Projection: Explosion nucléaire.

Noir

NEUVIÈME TABLEAU:
Le retour aux sources

SÉQUENCE 24

MADELEINE
PIERRE
On retrouve le couple dans un lieu désert.
Pierre a l'impression qu'ils sont désormais, Madeleine et lui, les seuls survivants de la fin du monde.
Madeleine est enceinte et se déplace avec une poussette dans laquelle on devine la présence d'un enfant. Pour elle, il s'agit simplement de survivre. Pour Pierre, c'est peut-être enfin l'occasion de refaire le monde – en mieux!
Pierre tente d'allumer un feu en frottant un bout de bois entre ses mains comme les primitifs.

PIERRE
Après un temps.
Tu veux que je te dise?

MADELEINE
Quoi?

PIERRE
Depuis le temps qu'on en parlait, je crois que ça y est...

MADELEINE
Ça y est, quoi?

PIERRE
Il hésite.
… Que c'était la fin du monde.

MADELEINE
Toujours les grands mots...

Un temps.
Qu'est-ce qui te fait dire ça?

PIERRE
Quoi?

MADELEINE
Que c'était la fin du monde.

PIERRE
Une idée, comme ça.

MADELEINE
Et alors?

PIERRE
Et bien, alors, c'est raté...

MADELEINE
Tu me fais rire. La fin du monde, ça ne rate jamais.

PIERRE
Comment te sens-tu?

MADELEINE
J'ai un peu mal dans le dos.

Man Inc.

PIERRE

Donc, tu vis!

MADELEINE

Bien sûr que je vis! Et après?

PIERRE

Donc, nous avons survécu à la fin du monde! Et c'est tout ce que ça te fait?

MADELEINE

Tu vas voir que ça va encore nous attirer des ennuis...

Un temps.

Qu'est-ce que tu fais?

PIERRE

Toujours occupé à frotter son bout de bois.

J'essaie d'allumer un feu.

MADELEINE

Si tu pouvais te voir!

PIERRE

Il renonce.

Il va pourtant falloir réapprendre la vie.

Il éclate de rire.

Tout à coup, je pense aux meubles qui se trouvent payés! Aux primes d'assurances, à la facture du dentiste, à ma déclaration d'impôts – à tout ce qui maintenant n'a plus de sens.

Soudain grave.

L'humanité vient de faire l'acquisition du bien le plus précieux: la liberté!

MADELEINE

Qu'est-ce que nous allons devenir?

PIERRE

Pense à la responsabilité qui repose sur nous... Plus question de nous séparer, Madeleine.

MADELEINE

La fin du monde a son bon coté.

PIERRE

L'humanité est arrivée à un carrefour. Il s'agit maintenant de savoir si elle s'arrête avec nous, ou si nous allons lui donner une nouvelle chance.

MADELEINE

Nous n'avons pas le choix puisque nous sommes en vie!

PIERRE

Madeleine, les circonstances exigent que nous pensions grand.

MADELEINE

Et l'enfant? Et l'autre que je porte?

PIERRE

... Pourvu que ce soit une fille.

MADELEINE

Pourquoi?

PIERRE

Pour la suite du monde.

Man Inc.

MADELEINE
Scandalisée.

Pierre!

PIERRE

Tu serais Ève, je serais Adam. Nous aurions été chassés du paradis terrestre... Et voilà!

MADELEINE

En attendant il faut manger, Pierre, trouver un endroit où dormir... Tu penseras à la suite du monde demain!

PIERRE

Mais la suite du monde, Madeleine, c'est ça: manger, dormir, travailler, s'amuser...

MADELEINE

C'est comme avant, quoi!

PIERRE

Ce n'est pas comme avant puisque maintenant nous sommes libres.

MADELEINE

Libres de quoi?

PIERRE

... Oui, c'est vrai. La liberté me prend au dépourvu. Tout ce qu'on m'a enseigné à l'école se trouve dépassé. Il n'y a pas de modèle de ce que nous devons devenir. Et pourtant, je me demande si je pourrai enseigner autre chose.

MADELEINE

Il vaut peut-être mieux se raccrocher à ce que nous avons appris.

PIERRE

Mais alors, Madeleine, nos descendants grandiront comme nous avons grandi: au milieu des monuments et des clichés... Comment faire pour que ça se passe autrement? Dieu Lui-même est peut-être nécessaire... J'aurais cru, tu vois, qu'à l'occasion de la fin du monde Il se serait manifesté plus clairement.

MADELEINE

S'Il existe, nous devrons l'aider à se définir. Ou alors s'Il n'existe pas, nous devrons peut-être l'inventer...

PIERRE

Alors chaque fois que quelque chose nous échappera, on dira...

MADELEINE

... c'est la volonté de Dieu!

PIERRE

Et un jour d'orage, je monterai sur une montagne pour en revenir avec les tables de Loi...

MADELEINE

On devra déterminer ce qui est bien, ce qui est mal, ce qui est permis, ce qui est défendu...

PIERRE

C'est à ça qu'elle va servir, la liberté...

MADELEINE

En attendant, moi, j'ai faim! Tu ne sais pas ce que je mangerais?

PIERRE

Une pomme!!!

MADELEINE

Comment le sais-tu?

PIERRE

Ça me revient...

MADELEINE

Je te préviens! Je n'ai pas l'intention de passer ma vie à faire des enfants.

PIERRE

Pourquoi penses-tu que nous avons été épargnés? Nous avons maintenant un but dans la vie... Promets-moi, Madeleine, que nous allons nous efforcer de faire mieux: j'aimerais tellement qu'un jour on puisse dire qu'à partir de nous deux, ça s'est amélioré... L'homme nouveau – c'est nous deux!

SÉQUENCE 25

LES MÊMES
L'AUTRE FEMME
On frappe.

PIERRE

Qu'est-ce que tu dis?

MADELEINE

Rien...

On frappe.

PIERRE

Je ne devrais peut-être pas l'avouer, Madeleine, mais dans ma tête... c'est comme si on frappait.

MADELEINE
Inquiète.
C'est sûrement à cause du soleil...

L'autre femme entre enveloppée dans une serviette de bain. Sur la tête, un bonnet de douche. Dans une main, une valise à maquillage sur laquelle elle frappe comme à une porte.

PIERRE
Entrez!

MADELEINE
On croit rêver!

L'AUTRE
Dans l'autre main, elle a une pomme qu'elle achève de manger.
J'étais à prendre ma douche... Et puis, tout à coup, crac! Du sable partout... Alors, je survis. Et vous, ça va?

MADELEINE
Et vous osez croquer la pomme devant moi!

PIERRE
Allons! Allons! Madeleine, le soleil luit pour tout le monde, pour elle comme pour nous. Tu ne peux tout de même pas lui en vouloir de contribuer à la suite du monde. Si nous devons recommencer l'humanité, nous aurons plus vite fait à trois qu'à deux. C'est mathématique. Toi, par exemple, tu es déjà enceinte d'avant la fin du monde. Alors...

MADELEINE
Alors quoi?

Man Inc.

PIERRE

C'est comme si tu voulais tout l'oxygène pour toi toute seule.

MADELEINE

L'oxygène? Monsieur est notre oxygène?

PIERRE

C'est l'offre et la demande, Madeleine. Tu dois te rendre à l'évidence: je suis à la hausse!

MADELEINE

Je ne me rends à rien!

PIERRE

Et c'est tout ce que tu trouves à me dire au moment où ma vie prend un sens?

MADELEINE

Si c'est ainsi que tu entends refaire le monde, ne compte pas sur moi!

Elle s'éloigne avec la poussette.

PIERRE

Où vas-tu?

L'AUTRE

Alors, moi, je ne faisais que passer.

Elle s'éloigne.

PIERRE

Vous êtes folles, toutes les deux! Je ne peux pas refaire le monde tout seul.

MADELEINE

Oxygène...

L'AUTRE

On n'est que trois dans le monde et comme toujours je suis de trop.

MADELEINE
Elle pousse un cri.

PIERRE

Qu'est-ce que c'est?

L'AUTRE
Elle pousse aussi un cri.

Les deux femmes se lancent dans les bras l'une de l'autre.

MADELEINE

Une souris, là!

PIERRE

Vous m'avez fait peur...

L'AUTRE

Énorme!

MADELEINE

Il faut partir!

L'AUTRE

Tout de suite!

Man Inc.

PIERRE
C'est peut-être à cause des souris que les hommes pendant des millénaires ont été nomades...

SÉQUENCE 26
LES MÊMES
Ils entreprennent une longue marche vers l'inconnu.
Projection: Les images évoquent le désert puis, petit à petit, les abords d'une ville industrielle.
Musique FX
Marche sur place.

MADELEINE
C'est fou ce qu'il y a comme sable...

L'AUTRE
Quelle belle plage! Vous ne trouvez pas?

PIERRE
Ma femme a toujours voulu passer ses vacances à la mer...

Un temps.

L'AUTRE
Vers la salle.
Qu'est-ce que c'est que ça?

MADELEINE
Mais c'est l'Arc de Triomphe, voyons! Comme tout le monde.

PIERRE
Quelle belle ruine. L'homme est si peu de chose.

Un temps.

L'Autre
Tournée vers la salle.

Et ça?

Pierre
Les pyramides d'Égypte, voyons!

Madeleine
On dirait que les pyramides ont mieux résisté que l'Arc de Triomphe.

Pierre
C'est parce qu'elles ont été construites plus tôt... Nous sommes dans un «no man's land» où l'explosion a rassemblé tout ce qui reste sur terre: les monuments et nous...

Madeleine
Crois-tu que nous allons trouver de quoi manger?

L'Autre
L'essentiel, c'est le ciel!

Madeleine
Au fait, où allons-nous?

L'Autre
Est-ce que je pourrai envoyer des cartes postales?

Tournée vers la salle.

Et ça?

Man Inc.

MADELEINE

On ne vous a rien appris à l'école?

PIERRE

C'est la statue de la Liberté, mais vue de la mer...

Un temps.

J'ai tout à coup l'impression qu'avec nous, la connerie humaine a survécu...

MADELEINE

Tu prends ça trop à cœur! Dis-toi qu'on ne peut pas faire pire...

L'AUTRE

La liberté, qu'est-ce que nous en ferons?

MADELEINE

Avec un peu d'organisation, ça peut toujours servir. Il ne faut rien jeter...

PIERRE

On dirait une ville en ruines...

L'AUTRE

Alors moi, je descends à l'hôtel...

L'Autre sort.

Musique: Intro de *Chasse à l'homme.*
Musique FX

MADELEINE
Qui s'arrête.

Écoute...

PIERRE

Quoi?

MADELEINE

On dirait les bruits de la ville...

PIERRE

Comme si les ruines avaient conservé l'écho du passé...

Elle sort avec la poussette.

SÉQUENCE 27

PIERRE
LES DANSEURS
C'est «la chasse à l'homme». Les motards se lancent à la poursuite de Pierre à travers le labyrinthe urbain. C'est le retour à la réalité de la société de production et de consommation.
Musique: Chasse à l'homme.
Chorégraphie: Ad hoc
Projection: Images qui évoquent la ville, la société de consommation et la technologie de la société post-industrielle.

DIXIÈME TABLEAU:
Un arbre

PIERRE

Pierre entre lentement et prend place pour interpréter la chanson thème Un Arbre. Il est question de racines qui s'enfoncent et de branches qui s'élèvent. Et de l'importance de durer.
Musique: Un Arbre

Un arbre
Avec ses racines
Dans la terre
Et ses branches
Dans le vent

1

Le plus important
C'est d'avoir un arbre
De le regarder parfois
Et d'y penser souvent

Les saisons passent
Et les feuilles tombent
Les bourrasques, le givre
L'habitent un temps

Les beaux jours revenus
Les bourgeons éclatent

Sur les branches encore
Plus lourdes qu'autrefois

Il se couvre de feuilles
Que le soleil va brûler:
Ocre, orange et rouge
Elles meurent en fête

Il survit – l'arbre
D'une saison à l'autre
Il se renouvelle
Il dure – il est là

2

Le plus important
Devenir un arbre
Savoir vivre debout
Les racines bien en terre

Les saisons passent
Et les feuilles tombent
Les bourrasques, le givre
L'habitent un temps

Les beaux jours revenus
Les bourgeons éclatent
Sur les branches encore
Plus lourdes qu'autrefois

Le goût de vivre
Que le soleil va brûler
Il faut mourir un peu
Pour renaître à nouveau

Man Inc.

Tu survis – l'arbre
D'une saison à l'autre
Tu te renouvelles
Durer – tout est là

Noir

ONZIÈME TABLEAU:
La Naissance ou Pour la suite du monde

SÉQUENCE 29

PIERRE
L'AUTRE FEMME
(LES DANSEUSES en femmes enceintes)
Pierre se retrouve à la clinique d'accouchement où il cherche sa femme. Le couple se retrouve.
Pierre a un bouquet de fleurs à la main.
L'Autre femme, en infirmière, va le trouver.

L'AUTRE
Elle lui prend le bouquet des mains.
C'est la première fois qu'un mari m'offre des fleurs. Je suis à la «maternité» depuis une semaine seulement. Je ne sais pas si je pourrai tenir longtemps... Ça me met dans tous mes états. Pas vous? L'amour, c'est ici qu'on le fait pour de bon.

Elle se presse contre lui.
Ici, c'est toujours l'automne: la saison où les branches menacent de casser, tellement les fruits sont lourds... Quand je vois tous ces ventres luisants, tendus comme des peaux de tambour – ça m'excite.

Elle sort.

PIERRE
À l'Autre femme qui s'éloigne.
Dites-moi... Vous ne sauriez pas où se trouve ma femme?

Man Inc.

Avec leur ventre et leur grande liquette blanche, c'est fou ce qu'elles peuvent se ressembler...

Pour lui-même.
Tout ce que je n'aurai pas le courage de lui dire aujourd'hui, je ne pourrai jamais le lui dire.

SÉQUENCE 30

LES MÊMES
MADELEINE
Elle entre.

PIERRE

J'ai eu du mal à te trouver.

MADELEINE

Comment te sens-tu?

PIERRE

C'est pour bientôt?

MADELEINE

Tout à l'heure. On va provoquer l'accouchement...

PIERRE

Ah!...

Un temps.
J'ai mal dormi. Quand tu n'es pas là, je n'arrive pas à trouver ma place dans le lit... Aux premières lueurs du jour, j'étais debout. J'ai regardé dehors et j'ai pensé: on dirait un jour comme les autres, et pourtant... Et toi, comment te sens-tu?

MADELEINE

Ça va.

PIERRE

J'ai tellement à te dire. Mais je reste là, les mains vides...

MADELEINE

Ne cherche pas. Je comprends.

PIERRE

Comme un moteur qui s'emballe et qui a des ratés.

Les circonstances permettent parfois de trouver les mots et de dire ce qu'on n'a pas su trouver jusque-là. La vie, c'est peut-être de retrouver le sens des lieux communs... Mais ce n'est pas ce que je voulais te dire...

L'Autre femme revient.
Elle se place de façon à être vue par Pierre. Elle relève sa jupe pour rattacher son bas.

PIERRE

Il poursuit laborieusement.

Je t'avais acheté des fleurs... Mais il pleut... Alors, j'ai glissé... Et les fleurs...

Il s'efforce de rire.

Tu aurais vu toutes les fleurs au milieu de la rue...

Il prend sa femme par les épaules et pivote avec elle afin de tourner le dos à l'infirmière. L'Autre femme se retire.

J'ai envie de te demander pardon...

Man Inc.

Tu parles comme si j'allais mourir...

PIERRE
Je n'ai pas trouvé la force d'organiser notre vie, jour après jour.
De disposer des joies sur notre route... C'est bête! Quand la vie
est intéressante, on dirait que c'est malgré nous... Mais ce n'est
pas non plus ce que je voulais te dire.

L'Autre femme revient. Même jeu.

PIERRE
Il poursuit laborieusement.
Au sujet du bouquet, Madeleine, je t'ai menti. Hier, je me suis
dit: surtout, n'oublie pas d'apporter des fleurs... Et j'ai oublié... De
la bonne volonté, mais rien au bout...

*De nouveau, il prend sa femme par les épaules et pivote afin de tour-
ner le dos à l'infirmière qui sort.*
On dirait une trêve. Comme deux ennemis s'arrêtent un moment
pour souffler, et se demandent tout à coup pourquoi ils ont
employé tant d'énergie à se détruire l'un l'autre, et pourquoi,
demain ou dans quelques jours, ils vont recommencer...

L'Autre femme revient, mais cette fois elle fait signe à Madeleine.

MADELEINE
Il faut que j'y aille...

PIERRE
Il la retient.
Écoute... C'est tout ce que je n'ai pas pu te dire dont je voudrais
que tu te souviennes...

MADELEINE
Elle lui caresse la joue.
Je te retrouve après une longue absence. Tu n'es plus tout à fait le
même... Tu as un peu vieilli. Moi aussi... Mais nous avons tenu
bon. L'essentiel, c'est de survivre...

Le chœur des femmes enceintes entraîne Madeleine.

PIERRE
Après un moment.
Maintenant, je sais ce que je voulais te dire...

Mais elles sont déjà loin.
Ce sont peut-être les plus belles années de notre vie...

SÉQUENCE 31

PIERRE
LE TRIO
Pierre demeure seul.
Le trio prend place.
*Projection: Pendant le refrain, des symboles associés à l'accouchement
et à la naissance (carte du ciel, etc.)*
Musique: La Naissance

A)

SOPRANO	TÉNOR *(Parlé)*	BASSE *(Chanté)*
		La fleur
(Respiration)	1-2-3 Soufflez!	La fleur s'épanouit
(Respiration)	1-2-3 Soufflez!	La rivière fait son chemin
(Respiration)	1-2-3 Soufflez!	

Man Inc.

SOPRANO	TÉNOR	BASSE
(*Respiration*)	Encore	
(*Respiration*)	Encore	Jusqu'à la mer
(*Respiration*)	Encore	
(*Respiration*)	Poussez!	
(*Respiration*)	Poussez!	
(*Respiration*)	Poussez!	
(*Respiration*)	Toujours	
(*Respiration*)	Toujours	
(*Respiration*)	Toujours	
(*Respiration*)	Attrapez les barreaux	

B)

SOPRANO	TÉNOR	BASSE
	(*Parlé*)	(*Chanté*)
	Poussez chaque fois que la tête appuie	La douleur
(*Respiration*)	Encore	
(*Respiration*)	Encore	
(*Respiration*)	Encore	La douleur monte en toi
(*Respiration*)	Le voilà qui descend	La douleur
(*Respiration*)	Toujours	comme l'amour
(*Respiration*)	Toujours	comme l'amour
(*Respiration*)	Toujours	
(*Respiration*)	Toujours	
(*Respiration*)	Toujours	
(*Respiration*)	Le voilà qui descend	Tu as rendez-vous avec ton enfant au
(*Respiration*)	Le voilà qui descend	bout de l'effort
(*Respiration*)	Le voilà qui descend	

C)

SOPRANO	TÉNOR	BASSE
	(Parlé)	(Chanté)
(Respiration)	Poussez!	
(Respiration)	Poussez!	La fleur
(Respiration)	Poussez!	La fleur s'épanouit
(Respiration)	Encore	
(Respiration)	Encore	
(Respiration)	Encore	
(Chanté)	(Chanté)	(Chanté)
Tu ne peux rien	Tu ne peux rien	Tu ne peux rien
pour échapper	pour échapper	pour échapper
à l'amour	à l'amour	à l'amour

SÉQUENCE 32

TOUS

Musique: Gospel
Musique FX: Premier cri de l'enfant
Le tableau se termine par le premier cri de l'enfant qui vient de naître.

Pour la finale, tous se retrouvent sur scène pour un joyeux gospel, dans une atmosphère de fête d'enfants (acrobates, clowns, etc.)
Puis c'est la reprise de L'Arbre par Madeleine et Pierre à l'avant-scène. (Le sens de la vie se trouve peut-être dans la continuité, dans la suite du monde…)

R I D E A U

JACQUES LANGUIRAND
SAINT-BENOIT-DU-LAC, 1967.

IMPRESSION
IMPRIMERIE GAGNÉ

IMPRIMÉ AU CANADA